全国初级会计专业技术资格考试“岗课赛证融通”教材

普通高等学校应用型教材
会 计

经济法基础

第 2 版

主 编 梁文涛
副主编 苏 杉 张清亮

中国人民大学出版社
·北京·

前 言

“经济法基础”是应用型院校财经专业的一门专业核心课，服务于会计专业人才培养目标——培养具有一定企业法律知识、财会税收岗位能力强的应用型人才。本课程坚持“理实一体，学做合一”，以财会税收岗位能力的培养为主线，直接为培养学生从事财税工作应具备的基本知识、基本技能和核算操作能力服务。

全国初级会计专业技术资格考试实行全国统一组织、统一考试时间、统一考试大纲、统一考试命题、统一合格标准。全国初级会计专业技术资格考试每年举行一次。在国家机关、社会团体、企业、事业单位和其他组织中从事会计工作，并符合报名条件的人员，均可报考。全国初级会计专业技术资格考试科目包括“初级会计实务”和“经济法基础”。

为了满足各类院校、社会培训机构考生以及自学考生复习的需要，我们严格依据全国会计专业技术资格考试领导小组办公室最新发布的《2025 年度初级会计专业技术资格考试大纲》编写了《经济法基础》。本教材具有以下特色。

一、落实立德树人根本任务，加强会计职业道德教育

为贯彻落实党的二十大精神，进一步落实立德树人根本任务，本教材每章开头设置“素养提升”栏目，同时，在介绍具体内容时通过知识讲解、案例分析等方式引导学生提升职业道德修养。

二、严格依据新大纲编写

本教材严格按照全国会计专业技术资格考试领导小组办公室最新发布的《2025 年度初级会计专业技术资格考试大纲》中的“经济法基础”部分编写，以有针对性地满足广大考生的考试需求。本教材同时对《2025 年度初级会计专业技术资格考试大纲》中的“经济法基础”部分的个别知识点进行了更新。为了压缩教材篇幅，本书第 7 章和第 8 章通过电子版的形式呈现，读者可以扫二维码来阅读。

三、内容新颖，体现最新法律法规政策

本教材根据截稿之日（2025年1月15日）的最新经济法律法规编写。我国自2026年1月1日起施行《中华人民共和国增值税法》，而在2025年12月31日之前，我国仍然适用《中华人民共和国增值税暂行条例》，并且目前我国与《中华人民共和国增值税法》相关的配套细则文件尚未全部出台，因此本教材按照《中华人民共和国增值税暂行条例》同时结合《中华人民共和国增值税法》对第4章第2节“增值税法律制度”的内容进行编写。在本套教材加印、修订或再版时，将根据最新经济法律法规及时修正和完善，同时在PPT等教学资源中体现。

四、体例新颖，课证融通

本教材在讲解知识的同时，加入了“点拨指导”“特别提示”“举例说明”“区别比较”“答疑解惑”“知识链接”“知识拓展”“归纳总结”等模块，使全书重难点突出，知识结构层次分明，有利于考生全面、系统、扎实地掌握所学知识。

五、教学资源丰富

本教材给任课教师提供教学PPT课件、教学大纲等电子资源。任课教师可通过中国人民大学出版社官方网站索取上述课程资源。

本教材的出版得到了中国人民大学出版社的大力支持与帮助，在此表示特别感谢；在编写本教材过程中，参考借鉴了大量本学科相关著作、教材与论文，在此向作者表示由衷的感谢。由于作者水平有限，以及会计税收等法律、法规、政策不断修订变化，本教材难免存在不当之处，读者在实际运用时应当以最新的法律、法规、政策为准。同时竭诚欢迎广大读者批评指正，本教材任课教师QQ群号码是：498267290（仅供任课教师加入，加入时请说明本人的单位、姓名）。

本教材由梁文涛担任主编，苏杉、张清亮担任副主编。

本教材可以作为应用型院校的教材，也可以作为各种财税培训机构的培训教材，还可供企业董事长、经理、财务主管、税务经理、律师、注册会计师、税务师、会计师、管理会计师、纳税筹划师等各类关心财税的人士阅读。

目　录

第1章

总　论

素养提升

1. 通过学习法律基础知识，贯彻法治思想，深入开展法治宣传教育，增强全民法治观念。

2. 通过分析经济违法犯罪案例，加深学生对经济违法犯罪及其危害的认识，在杜绝自身经济违法犯罪的同时，增强对他人经济违法犯罪的识别和防范意识。

第1节　法律基础

一、法和法律

（一）法和法律的含义

1. 法的含义

法是由国家制定或认可，以权利义务为主要内容，由国家强制力保证实施的社会行为规范及其相应规范性文件等的总称。

【特别提示】古今中外对法的含义的理解并不一致。

2. 法律的含义

“法律”的含义分为广义和狭义两种。

广义的法律指法的整体，即“法”。就我国现行的法律而言，包括宪法、全国人民代表大会及其常务委员会（简称“全国人大及其常委会”）制定的法律、国务院制定的行政法规、地方人民代表大会及其常务委员会（简称“地方人大及其常委会”）制定的地方性法规以及民族自治地方的人大及其常委会制定的自治条例和单行条例等。在一般情况下，法和广义的法律同义。

狭义的法律专指全国人大及其常委会制定的法律。在某些场合，法和狭义的法律同义，如《中华人民共和国公司法》《中华人民共和国企业所得税法》等。

【特别提示】本书对于法和法律的含义并不严加区分。

（二）法的本质与特征

1. 法的本质

法的本质是统治阶级的国家意志的体现，它主要包含以下三层含义：

（1）法只能是统治阶级意志的体现，而且体现的是统治阶级的整体意志和根本利益，而不是统治阶级每个成员个人意志的简单相加。

（2）法体现的不是一般的统治阶级意志，而是统治阶级的国家意志。

（3）法是由统治阶级的物质生活条件决定的，是社会客观需要的反映。

2. 法的特征

法是一种特殊的行为规则和社会规范，它不仅具有行为规则和社会规范的一般共性，还具有以下四方面的特征：

（1）法是经过国家制定或认可才得以形成的规范，具有国家意志性。

【点拨指导】并非国家发布的所有文件都属于法。法需要通过特定的国家机关，按照特定的方式，以特定的法律文件为表现形式才能成立。

【特别提示】制定和认可是国家创制法的两种方式，也是统治阶级把自己的意志变为国家意志的两个途径。

（2）法凭借国家强制力的保证而获得普遍遵行的效力，具有国家强制性。

国家强制力以国家的强制机构（如军队、警察、法庭、监狱）为后盾，和国家制裁相联系，表现为对违法者采取国家强制措施。因此，法是最具有强制力的规范。

（3）法是确定人们在社会关系中的权利和义务的行为规范，具有规范性。

法的规范性包括法的概括性和法的利益导向性。法是调节人们行为的一种社会规范，具有能为人们提供一个行为模式、标准的属性，这体现了法的概括性。

法通过规定人们在社会关系中的权利和义务来分配利益，从而影响人们的动机和行为，进而影响社会关系，实现统治阶级的意志和要求，并维持社会秩序，这体现了法的利益导向性。

（4）法是明确而普遍适用的规范，具有明确公开性和普遍约束性。

法具有明确公开的内容，能使人们预知自己或他人一定行为的法律后果（可预测性），这体现了法的明确公开性。

凡是在国家权力管辖和法律调整的范围、期限内，对所有社会成员（包括统治阶级和被统治阶级）及其活动都普遍适用，这体现了法的普遍约束性。

【特别提示】一般而言，对法和法律的含义没有严加区分，法的特征、法律的特征，以及法律规范的特征，指的都是相同的对象。

二、法的分类和渊源

(一)法的分类

根据不同的标准,可以对法进行不同的分类。

(1)根据法的创制方式和表现形式,可分为成文法和不成文法。

成文法是指有权制定法律的国家权力机关,按照法定程序所制定的具有条文形式的规范性文件。不成文法是指国家机关认可的、不具有条文形式的习惯。

【特别提示】习惯法、判例法都属于不成文法。

(2)根据法的内容、效力和制定程序,可分为根本法和普通法。

根本法即宪法,它规定国家制度和社会制度的基本原则,具有最高法律效力,是普通法立法的依据。因此,根本法的制定和修改应当经过比普通法更为严格和复杂的程序。普通法是指宪法以外的所有法律,它根据宪法确认的基本原则就某个或某些方面的问题制定具体的规定,其法律效力低于宪法。

【特别提示】普通法不能违反宪法。也就是说,普通法不得与宪法相抵触。

(3)根据法的内容,可分为实体法和程序法。

实体法是指从实际内容上规定主体的权利和义务的法律。程序法是指为了保障主体权利和义务的实现而制定的有关程序方面的法律。

【举例说明】实体法,如《中华人民共和国民法典》(简称《民法典》)、《中华人民共和国刑法》(简称《刑法》)等;程序法,如《中华人民共和国民事诉讼法》(简称《民事诉讼法》)、《中华人民共和国刑事诉讼法》(简称《刑事诉讼法》)等。

【特别提示】对于具体的法律而言,其中往往既有实体法,又有程序法,如《中华人民共和国公司法》(简称《公司法》)中不仅规定了相关主体的权利,也规定了相关主体行使权利的程序。

(4)根据法的空间效力、时间效力或对人的效力,可分为一般法和特别法。

一般法是指在一国领域内对一般自然人、法人、组织和一般事项普遍适用的法律,并且在它被废除前是始终有效的。特别法是指仅在一国的特定区域内、或仅对特定主体、或仅在特定时期内、或仅对特定事项有效的法律。

【特别提示】一般法与特别法的划分是相对的。如《民法典》"合同编"的相关规定与《民法典》"总则编"的相关规定之间,就是特别法与一般法的关系;而《民法典》"合同编"的相关规定与《中华人民共和国保险法》(简称《保险法》)中关于保险合同的规定之间,又是一般法与特别法的关系。

(5)根据法的主体、调整对象和渊源,可分为国际法和国内法。

国际法是主要以国家为主体,主要以国家间的相互关系为调整对象,主要以国际条约和各国公认的国际惯例为渊源,以国家单独或集体的强制措施为实施保证的法律。国内法是主要以该国的自然人和社会组织为主体，主要以一国内部的社会关系为调整对象，主要以制定国立法机关颁布的规范性文件为渊源，以该国的强制力为实施保证的法律。

（6）根据法律运用的目的或者法律所调整的法律关系的状况，可分为公法和私法。

一般认为，根据法律运用的目的，可分为公法和私法。也就是说，公法是以保护公共利益为目的的法律，如宪法、行政法、刑法、诉讼法。私法是以保护私人利益为目的的法律，如民法、商法。也有观点认为，根据法律所调整的法律关系的状况，可分为公法和私法。也就是说，公法是调整国家与国家之间关系，国家与自然人、国家和法人之间权力与服从关系的法律。私法是调整平等主体之间的关系的法律，例如调整自然人与法人之间的民事、经济关系的法律。

归纳总结

根据不同标准对法的分类

（二）法的渊源

法的渊源是指由一定的有权国家机关制定的各种规范性法律文件的表现形式。我国法的主要渊源有宪法，法律，行政法规，地方性法规、自治条例和单行条例，特别行政区的法，规章，国际条约等。

【特别提示】判例不属于我国法的渊源，人民法院所作的判决书、最高人民法院指导案例等不能作为法的渊源。

1. 我国法的主要渊源

（1）宪法。

宪法由国家最高立法机关即全国人民代表大会（简称“全国人大”）制定和颁布，是国家的根本大法。宪法规定国家的基本制度和根本任务、公民的基本权利和义务、国家机构的组织原则和职权。

【特别提示】宪法具有最高的法律效力，其他一切法律、法规都必须依据宪法，都不得同宪法相抵触。宪法也具有最为严格的制定和修改程序。

【点拨指导】我国现行宪法是 1982 年 12 月 4 日第五届全国人大第五次会议通过的《中华人民共和国宪法》，全国人大于 1988 年、1993 年、1999 年、2004 年和 2018 年先后五次以宪法修正案的形式对现行宪法进行了修改和补充。

（2）法律。

法律是由全国人大及其常委会行使国家立法权，依照立法程序制定、修改和颁布的规范性文件。法律是从属于宪法的强制性规范，是宪法的具体化。法律通常规定和调整国家、社会和自然人生活中某一方面带根本性的社会关系或基本问题。

【特别提示】法律的效力和地位仅次于宪法，是制定其他规范性文件的依据。

法律分为基本法律和基本法律以外的法律两种。

基本法律是指全国人大制定和修改的刑事、民事、国家机构和其他方面的规范性文件。基本法律由全国人大制定和修改。在全国人大闭会期间，全国人民代表大会常务委员会（简称“全国人大常委会”）也有权对其进行部分补充和修改，但不得同该法律的基本原则相抵触。基本法律规定国家、社会和自然人生活中具有重大意义的基本问题。

基本法律以外的法律，又称非基本法律，它是由全国人大常委会制定和修改的。基本法律以外的法律规定国家、社会和自然人生活中某一方面的基本问题，其调整面相对较窄，内容较具体。

【举例说明】基本法律，如《中华人民共和国民事诉讼法》《中华人民共和国刑法》等。基本法律以外的法律，如《中华人民共和国会计法》《中华人民共和国公司法》《中华人民共和国税收征收管理法》等。

【特别提示】全国人大及其常委会有权就有关问题作出规范性决议或决定，它们与法律具有同等地位和效力。

【特别提示】根据《中华人民共和国立法法》（简称《立法法》），下列事项只能制定法律：①国家主权的事项；②各级人民代表大会、人民政府、监察委员会、人民法院和人民检察院的产生、组织和职权；③民族区域自治制度、特别行政区制度、基层群众自治制度；④犯罪和刑罚；⑤对公民政治权利的剥夺、限制人身自由的强制措施和处罚；⑥税种的设立、税率的确定和税收征收管理等税收基本制度；⑦对非国有财产的征收、征用；⑧民事基本制度；⑨基本经济制度以及财政、海关、金融和外贸的基本制度；⑩诉讼和仲裁制度；⑪必须由全国人民代表大会及其常务委员会制定法律的其他事项。

（3）行政法规。

行政法规是由国家最高行政机关即国务院根据宪法和法律，按照法定程序制定的有关行使行政权力，履行行政职责的规范性文件的总称。行政法规一般以条例、办法、规定等命名。

【特别提示】行政法规的效力和地位仅次于宪法和法律，高于地方性法规、规章，是一种重要的且数量很大的法的渊源。

【举例说明】行政法规，如国务院发布的《企业财务会计报告条例》等。

（4）地方性法规、自治条例和单行条例。

①地方性法规。省、自治区、直辖市的人大及其常委会在与宪法、法律、行政法规不相抵触的前提下，可以根据本行政区域的具体情况和实际需要，制定地方性法规。

设区的市的人大及其常委会根据本市的具体情况和实际需要，在不与宪法、法律、行政法规和本省、自治区的地方性法规相抵触的前提下，可以对城乡建设与管理、生态文明建设、历史文化保护、基层治理等方面的事项制定地方性法规，法律对设区的市制定地方性法规的事项另有规定的，从其规定。设区的市的地方性法规须报省、自治区的人大常委会批准后施行。

经济特区所在地的省、市的人大常委会根据全国人大的授权决定制定法规，在经济特区范围内实施。

【举例说明】地方性法规，如北京市人大常委会发布的《北京市城乡规划条例》等。

【举例说明】上海市人大及其常委会根据全国人大常委会的授权决定，制定浦东新区法规，在浦东新区实施。海南省人大及其常委会根据法律规定，制定海南自由贸易港法规，在海南自由贸易港范围内实施。

②自治条例和单行条例。民族自治地区（自治区、自治州、自治县）的人民代表大会有权依照当地民族的政治、经济和文化的特点，制定自治条例和单行条例。自治区的自治条例和单行条例报全国人大常委会批准后生效。自治州、自治县的自治条例和单行条例，报省、自治区、直辖市的人大常委会批准后生效。

【特别提示】自治条例和单行条例可以依照当地民族的特点，对法律和行政法规的规定作出变通规定，但不得违背法律或者行政法规的基本原则，不得对宪法和民族区域自治法的规定以及其他有关法律、行政法规专门就民族自治地方所作的规定作出变通规定。

【举例说明】自治条例和单行条例，如西藏自治区人大发布的《西藏自治区立法条例》等。

【特别提示】地方性法规的效力和地位高于本级和下级地方政府规章。

（5）特别行政区的法。

全国人大制定的特别行政区基本法以及特别行政区依法制定并报全国人大常委会备案的、在该特别行政区内有效的规范性法律文件，均属于特别行政区的法。对于在特别行政区实施的全国性法律，在基本法中明确列出，并且规定全国性法律除列于基本法附件以外的，不得在特别行政区实施；而列于基本法附件的法律，则由特别行政区在当地公布或者立法实施。

【特别提示】1990年4月4日第七届全国人大第三次会议通过的《中华人民共和国香港特别行政区基本法》第八条规定：香港原有法律，即普通法、衡平法、条例、附属立法和习惯法，除同本法相抵触或经香港特别行政区的立法机关作出修改者外，予以保留。

（6）规章。

规章分为部门规章和地方政府规章。

①部门规章。国务院各部、委员会、中国人民银行、审计署和具有行政管理职能的直属机构以及法律规定的机构，可以根据法律和国务院的行政法规、决定、命令，在本部门的权限范围内制定规章。没有法律或者国务院的行政法规、决定、命令的依据，部门规章不得设定减损公民、法人和其他组织权利或者增加其义务的规范，不得增加本部门的权力或者减少本部门的法定职责。

②地方政府规章。省、自治区、直辖市和设区的市、自治州的人民政府，可以根据法律、行政法规和本省、自治区、直辖市的地方性法规制定规章。没有法律、行政法

规、地方性法规的依据，地方政府规章不得设定减损公民、法人和其他组织权利或者增加其义务的规范。

【特别提示】部门规章的地位低于宪法、法律、行政法规，不得与它们相抵触。地方政府规章除不得与宪法、法律和行政法规相抵触外，还不得与上级和同级地方性法规相抵触。部门规章之间、部门规章与地方政府规章之间具有同等效力，在各自的权限范围内施行。

【特别提示】无论是部门规章还是地方政府规章，在法院审理行政案件时仅起参照作用，不起决定性作用。

（7）国际条约。

国际条约是指国际法主体之间以国际法为准则，为确立其相互之间的权利和义务而缔结的书面协议。国际条约属于国际法而不属于国内法的范畴，但由于我国签订和加入的国际条约对我国的国家机关、社会团体、企业、事业单位和公民也有约束力，因此这些国际条约与国内法同样具有拘束力，也是我国法的渊源之一。

【举例说明】国际条约，如《中华人民共和国和乌克兰关于民事和刑事司法协助的条约》以及中国加入世贸组织所签订的一系列文件等。

2. 法的效力范围

法的效力范围又称法的生效范围，是指法在什么时间和什么空间对什么人有效。

（1）法的时间效力。

①法的时间效力是指法的效力的起始和终止时限以及对其实施以前的事件和行为有无溯及力。

②法规定生效期限的方式主要有两种：一是明确规定一个具体生效时间；二是规定具备什么条件后开始生效。

③法的终止又称法的终止生效或法的终止效力，是指使法的效力绝对消灭。整体而言，法的终止有两类情形：一是明示终止，即直接用语言文字表示法的终止时间，这种方法为现代国家所普遍采用；二是默示终止，即不用明文规定法的终止时间，而是在实践中贯彻“新法优于旧法”的原则，当新法实施后，旧法在事实上被废止。

答疑解惑

在我国，最高人民法院所作的判决书，是否也是法的渊源之一？

归纳总结

法的渊源、制定机关、效力

我国法的终止方式主要有以下四种：a. 新法取代旧法，由新法明确规定旧法被废止（这是通常的做法）；b. 在完成一定的历史任务后不再继续适用；c. 由有权的国家机关发布专门的决议、决定予以废止；d. 同一国家机关制定的各个法，其名称有所不同，在内容上旧法与新法发生冲突或相互抵触时，以新法为准，旧法中的有关条款自动终止效力。

④法的溯及力又称法的溯及既往的效力，是指新法对其生效前发生的事件和行为是

否适用。如果不适用，新法就没有溯及力；如果适用，新法就有溯及力。我国法律采用从旧兼从轻原则，具体来说，原则上新法无溯及力，对行为人适用旧法，但如果新法对行为人的处罚较轻，则适用新法。

【点拨指导】《立法法》第九十三条规定：法律、行政法规、地方性法规、自治条例和单行条例、规章不溯及既往，但为了更好地保护公民、法人和其他组织的权利和利益而作的特别规定除外。

（2）法的空间效力。

①法的空间效力是指法在哪些空间范围或地域范围内发生效力。由于法的制定机关和内容不同，其效力范围也不同，一般分为域内效力与域外效力两个方面。

【特别提示】法的空间效力与国家主权直接相关，法直接体现国家主权，它适用于该国主权所及的一切领域，包括：a. 领陆、领水及其底土和领空；b. 延伸意义的领土，如驻外使馆；c. 在境外的飞行器和停泊在境外的船舶。

②域内效力。我国法的域内效力大致有以下两种情况：a. 在全国范围内有效。在我国，由全国人大及其常委会、国务院制定的规范性法律文件，如宪法、法律、行政法规，除法律有特别规定的外，均在全国范围内有效。b. 在我国局部地区有效。我国地方人大及其常委会、人民政府依法制定的地方性法规及地方政府规章，民族自治地方制定的自治条例与单行条例，在其管辖范围内有效。

③域外效力。在域外效力方面，我国在尊重领土主权的基础上，本着保护国家利益和公民权益的精神和原则，规定了某些法律或法律的某些条款具有域外效力。

【点拨指导】在民事婚姻家庭方面，我国某些法律实行有条件的域外效力原则。在刑事方面，我国刑法也规定了对某些发生在域外的犯罪应追究其刑事责任，如《刑法》第七条规定：中华人民共和国公民在中华人民共和国领域外犯本法规定之罪的，适用本法，但是按本法规定的最高刑为三年以下有期徒刑的，可以不予追究，中华人民共和国国家工作人员和军人在中华人民共和国领域外犯本法规定之罪的，适用本法。

（3）法的对人效力。

①法的对人效力，亦称法的对象效力，是指法适用于哪些人或法适用主体的范围。

②域内效力采用的原则。我国法律对人效力采用的是结合主义原则，即以属地主义为主，但又结合属人主义与保护主义的一项原则。具体来说：a. 属人主义原则，是指根据自然人的国籍来确定法的适用范围。按照这一原则，只要是本国人，不论在国内还是在国外，一律受本国法的约束。b. 属地主义原则，是指根据领土来确定法的适用范围。按照这一原则，只要是属一国管辖范围的一切人，不论是本国人还是外国人，一律受本国法的约束。c. 保护主义原则，是指从保护本国利益出发来确定法的适用范围。按照这一原则，只要损害了本国利益，不论侵犯者在何地域或是何国国籍，一律受本国法的约束。

③法的对人效力的两个方面。根据我国有关法律规定，法的对人效力主要包括以下

两个方面：一方面，对中国公民的效力。凡是中华人民共和国的公民，在中国领域内一律适用中国法律，平等地享有法律权利和承担法律义务。在国外的中国公民仍然受中国法律的保护，也有遵守中国法律的义务。

【点拨指导】由于各国法律规定的不同，必然会涉及中国法律与居住国法律之间的关系问题。总的原则是既要维护中国主权，也要尊重他国主权，也就是说，中国公民也要遵守居住国的法律。中国法律与居住国法律之间发生冲突时，应根据有关国际条约、惯例和两国签订的有关协定予以解决。

另一方面，对外国人的效力。我国既依照中国法律保护外国人的合法权益，又查处其违法犯罪行为。这实际上是国家主权在法律领域的体现。

【点拨指导】（1）凡在中国领域内的外国人均应遵守中国法律。

（2）在刑事领域，对有外交特权和豁免权的外国人犯罪需要追究刑事责任的，应通过外交途径解决。

（3）对于外国人的人身权利、财产权利、受教育权利和其他合法权利，我国法律均予以保护。

（4）外国人不能享有我国公民的某些权利，也不能承担我国公民的某些义务，如选举权、担任公职的权利以及服兵役的义务。

3. 法的效力冲突及其解决方式

法的效力冲突是指在适用法律的过程中，一国法律内部对同一问题作出不同规定而产生的冲突。

【点拨指导】法的效力等级又称效力位阶，指在一国法的体系中因制定法的国家机关地位不同而形成的法在效力上的等级差别。这种效力等级的形成同该国立法体制有直接关系。制定法的国家机关地位越高，其制定的法的效力等级就越高。

（1）解决法的效力冲突的一般原则。

①根本法优于普通法。在成文宪法国家，宪法是国家的根本法，具有最高的法律效力，普通法必须以宪法为依据，不得与宪法相抵触。这是国家法制统一的必然要求。在我国，宪法具有最高的法律效力，一切法律、行政法规、地方性法规、自治条例和单行条例、规章均不得与宪法相抵触。

②上位法优于下位法。不同效力位阶的法之间发生冲突，遵循上位法优于下位法的原则，适用上位法。具体来说：a. 宪法具有最高的法律效力（本项也同时属于“根本法优于普通法”原则）；b. 法律的效力高于行政法规、地方性法规、规章；c. 行政法规的效力高于地方性法规、规章；d. 地方性法规的效力高于本级和下级地方政府规章；e. 省、自治区人民政府制定的规章的效力高于本行政区域内设区的市、自治州人民政府制定的规章。

③新法优于旧法。同一国家机关在不同时期颁布的法产生冲突时，遵循新法优于旧法的原则。

④特别法优于一般法。特别法优于一般法原则的适用条件是：必须是同一国家机关制定的法。该原则包括以下两种情况：一是指在适用对象上，对特定主体和特定事项的法，优于对一般主体和一般事项的法；二是指在适用空间上，对特定时间和特定区域的法，优于平时和一般地区的法。

归纳总结

不同形式的规范性法律文件的效力层级

【特别提示】新法优于旧法原则、特别法优于一般法原则适用的前提条件均为同一国家机关制定。

【举例说明】新法优于旧法，如《中华人民共和国资源税暂行条例》是旧法，《中华人民共和国资源税法》是新法，二者对同一内容规定不一致的，应适用《中华人民共和国资源税法》的规定。特别法优于一般法，如《香港特别行政区基本法》是专门适用于香港特别行政区的特别法，《中华人民共和国宪法》是一般法，二者规定不一致的，在香港特别行政区内，应优先适用《香港特别行政区基本法》。

（2）解决法的效力冲突的特殊方式。

①新的一般规定与旧的特别规定不一致时的处理。

a. 法律之间对同一事项的新的一般规定与旧的特别规定不一致，不能确定如何适用时，由全国人大常委会裁决；b. 行政法规之间对同一事项的新的一般规定与旧的特别规定不一致，不能确定如何适用时，由国务院裁决。

②同一位阶的法的规定不一致时的处理。

地方性法规、规章之间不一致时，由有关机关依照规定的权限作出裁决：a. 同一机关制定的新的一般规定与旧的特别规定不一致时，由制定机关裁决；b. 地方性法规与部门规章之间对同一事项的规定不一致，不能确定如何适用时，由国务院提出意见，国务院认为应当适用地方性法规的，应当决定在该地方适用地方性法规的规定，认为应当适用部门规章的，应当提请全国人大常委会裁决；c. 部门规章之间、部门规章与地方政府规章之间对同一事项的规定不一致时，由国务院裁决。

③根据授权制定的法规与法律规定不一致时的处理。

根据授权制定的法规与法律不一致，不能确定如何适用时，由全国人大常委会裁决。

【点拨指导】“根据授权制定的法规”是指国务院根据全国人大的授权制定的行政法规，如《中华人民共和国增值税暂行条例》。

三、法律部门与法律体系

（一）法律部门与法律体系的含义

1. 法律部门的含义

法律部门又称部门法，是根据一定标准和原则划定的同类法律规范的总称。法律部门划分的标准主要涉及以下两个方面：

（1）法律调整的对象，即法律调整的社会关系。如调整国家从社会整体利益出发对市场经济活动进行干预、管理、调控所产生的社会经济关系的法律规范的总和构成经济法部门。

（2）法律调整的方法。如民法和刑法，都调整财产关系和人身关系，但民法是以自行调节为主要调整方式，而刑法则是以强制干预为主要调整方式；民法要求对损害予以财产赔偿，而刑法则要求对犯罪人处以严厉的人身惩罚。

2. 法律体系的含义

一个国家的法律规范可以分类组合为若干法律部门，而由这些法律部门组成的具有内在联系的、互相协调的统一整体则为法律体系。

（二）我国现行的法律部门与法律体系

我国现行法律体系大体可以划分为宪法及宪法相关法、民商法、行政法、经济法、劳动法与社会法、刑法、诉讼与非诉讼程序法等法律部门。

1. 宪法及宪法相关法

宪法是国家的根本法。宪法相关法是与宪法相配套、直接保障宪法实施和国家政权运作等方面的法律规范的总和。宪法相关法主要包括四个方面的法律：

（1）有关国家机构的产生、组织、职权和基本工作制度的法律。

（2）有关民族区域自治制度、特别行政区制度、基层群众自治制度的法律。

（3）有关维护国家主权、领土完整和国家安全的法律。

（4）有关保障公民基本政治权利的法律。

2. 民商法

民法、商法是规范民事、商事活动的法律规范的总和，所调整的是自然人、法人和其他组织之间以平等地位发生的各种法律关系。

【特别提示】自然人、法人和其他组织之间以平等地位发生的各种法律关系，称为横向关系。

（1）民法调整的是自然人、法人和其他组织等平等主体之间的财产关系和人身关系。

【举例说明】《中华人民共和国物权法》（简称《物权法》）、《中华人民共和国合同法》（简称《合同法》）属于民法。

（2）商法可以看作是民法的一个特殊部分，是在民法基本原则的基础上为适应现代商事活动的需要而逐渐发展起来的，是调整自然人、法人和其他组织等平等主体之间的商事关系或商事行为的法律，主要包括公司、破产、证券、期货、保险、票据、海商等方面的法律。

【举例说明】《中华人民共和国合伙企业法》（简称《合伙企业法》）、《中华人民共和国公司法》（简称《公司法》）、《中华人民共和国证券法》（简称《证券法》）等属于商法。

3. 行政法

行政法是规范国家行政管理活动的法律规范的总和，包括行政管理主体、行政行为、行政程序、行政监督以及国家公务员制度等方面的法律规范。行政法调整的是行政管理主体与行政管理相对人之间因行政管理活动而产生的法律关系。

【特别提示】行政管理主体与行政管理相对人之间因行政管理活动而发生的法律关系，称为纵向关系。

【点拨指导】行政管理主体，又称行政主体，是指享有行政职权，以自己的名义行使行政职权并独立承担责任的组织。在我国，行政主体包括国家行政机关和法律、法规授权的组织。行政管理相对人，又称行政相对人，是指行政管理法律关系中与行政主体相对应的另一方当事人，即行政主体的行政行为影响其权益的自然人、法人和其他组织。

【举例说明】《中华人民共和国行政许可法》（简称《行政许可法》）、《中华人民共和国行政处罚法》（简称《行政处罚法》）等属于行政法。

【特别提示】基于管理与被管理的纵向法律关系，行政管理主体与行政管理相对人的地位是不平等的，具体的行政行为由行政管理主体单方面依法作出，不需要双方平等协商。

4. 经济法

经济法是调整国家从社会整体利益出发对市场经济活动进行干预、管理、调控所产生的社会经济关系的法律规范的总和。经济法是在国家干预市场经济活动过程中逐渐发展起来的，它不仅与行政法的联系很密切，而且与民商法的联系很密切。在同一经济法中往往包括两种不同性质的法律规范，既有调整横向法律关系的，也有调整纵向法律关系的，如财政法律关系、会计法律关系、税收法律关系等，因而经济法具有相对的独立性。

【举例说明】《中华人民共和国企业国有资产法》（简称《企业国有资产法》）、《中华人民共和国反垄断法》（简称《反垄断法》）等属于经济法。

5. 劳动法与社会法

劳动法是调整有关劳动关系以及与劳动关系有密切联系的其他社会关系的法律规范的总和。社会法是调整有关社会保障和社会福利关系的法律规范的总和。社会法调整的是国家与社会之间、社会不同部分之间的法律关系。

【举例说明】《中华人民共和国劳动法》（简称《劳动法》）、《中华人民共和国劳动合同法》（简称《劳动合同法》）等属于劳动法；《中华人民共和国社会保障法》（简称《社会保障法》）、《中华人民共和国未成年人保护法》（简称《未成年人保护法》）等属于社会法。

6. 刑法

刑法是规范犯罪、刑事责任和刑事处罚的法律规范的总和。

【**特别提示**】刑法作为一个传统的法律部门，与其他法律部门相比，具有两个显著特征：一是所调整的社会关系最广泛；二是最具有强制性。

7. 诉讼与非诉讼程序法

诉讼与非诉讼程序法是调整因诉讼活动与非诉讼活动而产生的社会关系的法律规范的总和。我国的诉讼制度分为刑事诉讼、民事诉讼、行政诉讼三种。

【**点拨指导**】解决经济纠纷，除通过诉讼即打官司外，还可以通过仲裁这种非诉讼途径。

【**举例说明**】《中华人民共和国刑事诉讼法》（简称《刑事诉讼法》）、《中华人民共和国民事诉讼法》（简称《民事诉讼法》）、《中华人民共和国行政诉讼法》（简称《行政诉讼法》）等属于诉讼程序法。此外，针对海事诉讼的特殊性，我国制定了《中华人民共和国海事诉讼特别程序法》（简称《海事诉讼特别程序法》）。

【**举例说明**】《中华人民共和国调解法》（简称《调解法》）、《中华人民共和国仲裁法》（简称《仲裁法》）、《中华人民共和国公证法》（简称《公证法》）等属于非诉讼程序法。

四、法律关系

（一）法律关系的含义

法律关系是指法律规范所调整的权利与义务关系。社会关系是多种多样的，因而调整它的法律规范也是多种多样的。不同类型的法律关系如图 1－1 所示。

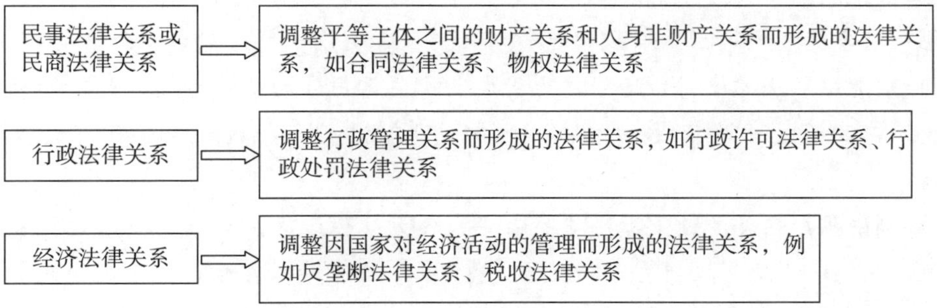

图 1－1　不同类型的法律关系

【**区别比较**】受法律规范调整的才属于法律关系；不受法律规范调整，仅受道德规范调整的（如恋爱中的“山盟海誓”），不属于法律关系。

（二）法律关系的要素

法律关系是由法律关系的主体、法律关系的内容和法律关系的客体三个要素构成的。

【**特别提示**】法律关系的三要素缺一不可。缺少其中任何一个要素，都不构成法律关系。

1. 法律关系的主体①

法律关系的主体，又称法律关系主体、法律主体，是指参加法律关系，依法享有权利和承担义务的当事人。

2. 法律关系的内容

法律关系的内容是指法律关系主体所享有的权利和承担的义务。

（1）法律权利。

法律权利是指法律关系主体依法享有的权益，具体可以表现为权利享有者依照法律规定有权自主决定作出或者不作出某种行为（行为权）、要求他人作出或者不作出某种行为（请求权）和一旦被侵犯，有权请求国家予以法律保护（获得法律保护权）。依法享有权利的主体称为权利主体或权利人。

【特别提示】权利是可以放弃的。

【举例说明】继承人依法享有继承权，可以接受继承，也可以放弃继承；所有权人可以自主占有、使用其财产以获得收益；债权人有权请求债务人偿还债务。

（2）法律义务。

法律义务是指法律关系主体依照法律规定所担负的必须作出某种行为或者不得作出某种行为的责任。依法承担义务的主体称为义务主体或义务人。

【特别提示】义务主体必须作出某种行为是指以积极的作为方式去履行义务，称为积极义务；义务主体不得作出某种行为是指以消极的不作为方式去履行义务，称为消极义务。

【举例说明】积极义务如纳税、服兵役等；消极义务如不得毁坏公共财物、不得侵害他人生命健康权等。

【特别提示】法律权利和义务作为构成法律关系内容的两个方面，是密切联系不可分离的，共同处于法律关系的统一体中。没有无义务的权利，也没有无权利的义务。

【举例说明】在大多数民事法律关系中，各方主体既享有权利，又承担义务。也就是说，任何一方既是权利主体，又是义务主体。如买卖关系中，买方承担向卖方支付价款的义务，同时享有获得卖方出售物的权利；卖方享有获得买方价款的权利，同时承担向买方支付出售物的义务。

【例】甲与乙签订了房屋出租协议，乙承诺将房屋出租给甲1年，并从甲处获得20 000元租金。要求：说明甲与乙所形成的法律关系中，法律关系的主体和内容。

【解析】法律关系的主体指参加法律关系，依法享有权利和承担义务的当事人，这里法律关系的主体是甲和乙，他们分别享有权利和承担义务；在这一法律关系中，内容主要有两项，分别是出租房屋和支付房屋租金。

① 关于“法律关系的主体”的详细内容见本章第二节。

3. 法律关系的客体

（1）法律关系客体的含义。

法律关系客体是指法律关系主体的权利和义务所指向的对象。权利和义务只有通过客体才能得到体现和落实。如果没有客体，权利与义务就失去了依附的目标和载体，也就不可能发生权利与义务。

（2）法律关系客体的内容和范围。

法律关系客体的内容和范围是由法律规定的。法律关系客体应当具备的特征是：能为人类所控制并对人类有价值。法律关系客体的具体内容及范围，在不同国家和不同历史时期不断演变。一般认为，法律关系的客体主要包括物，人身、人格，智力成果，信息、数据、网络虚拟财产和行为五大类：

①物。物是指能满足人们需要，具有一定的稀缺性，并能被人们现实支配和控制的各种物质资源。物既可以是自然物，如土地、矿藏、水流、森林等；也可以是人造物，如房屋、机器、产品等；还可以是财产物品的一般价值表现形式，如货币、有价证券等。物既可以是有体物也可以是无体物，有体物既可以是固定形态的，如机器、办公桌等；也可以是没有固定形态的，如天然气、电力等。无体物，如权利，依照相关法律的规定也可以作为物权客体。

【点拨指导】物是物权法律关系的客体。

②人身、人格。人身和人格分别代表人的物质形态和精神形态两个部分。一方面，人身和人格是生命权、身体权、健康权、姓名权、肖像权、名誉权、荣誉权、隐私权、婚姻自主权等人身权利所指向的客体。另一方面，人身和人格又是禁止非法拘禁他人、禁止对犯罪嫌疑人刑讯逼供、禁止侮辱或诽谤他人、禁止卖身为奴、禁止卖淫等法律义务所指向的客体。

特别提示

对于人身这一特殊客体必须注意几点

【举例说明】李某与甲医院签订协议，承诺自己死后将眼角膜无偿捐赠给甲医院。在本例中，李某与甲医院形成遗赠关系，该法律关系的主体是王某与甲医院；该法律关系的客体是眼角膜（李某人身的一部分）。

③智力成果。智力成果是指人们通过脑力劳动创造的能够带来经济价值的精神财富，如作品、发明、设计、商标等。

【点拨指导】智力成果通常有物质载体（记录、承载智力成果的物质形式），如书籍、图册、录像、录音等。但其价值并不在于物质载体本身，而在于物质载体中所包含的信息、知识、技术、标识和其他精神因素。

④信息、数据、网络虚拟财产。作为法律关系客体的信息，是指有价值的情报或资讯，如矿产情报、产业情报、国家机密、商业秘密、个人隐私等。随着信息时代的到

来，特别是互联网的扩展和数码存储技术的发展，信息在法律关系客体中的地位越来越重要。《中华人民共和国个人信息保护法》规定：个人信息是以电子或者其他方式记录的与已识别或者可识别的自然人有关的各种信息，不包括匿名化处理后的信息。《中华人民共和国网络安全法》规定：任何个人和组织不得窃取或者以其他非法方式获取个人信息，不得非法出售或者非法向他人提供个人信息。该条规定明确说明信息可以成为法律关系的客体，并且应该予以保护。《民法典》规定：法律对数据、网络虚拟财产的保护有规定的，依照其规定。该条规定明确了数据、网络虚拟财产的财产属性，说明其也可以成为法律关系的客体。

⑤行为。作为法律关系客体的行为是指法律关系主体为达到一定目的所进行的作为（积极行为）或不作为（消极行为），是人的有意识的活动，如物资采购、货物运输等。

归纳总结

法律关系客体的适用范围归纳

【举例说明】旅客运输合同的客体并非旅客，而是运送旅客的行为。保管合同的客体并非保管物，而是保管行为。

五、法律事实

任何法律关系的发生、变更和消灭，都要有法律事实的存在。法律事实是指由法律规范所确定的能够产生法律后果的事实。

【点拨指导】产生法律后果的事实，指的是直接引起法律关系发生、变更或消灭的情况。

按照是否以当事人的意志为转移的标准，可以将法律事实划分为法律事件、法律行为和事实行为。

（一）法律事件

法律事件是指不以当事人的主观意志为转移的，能够引起法律关系发生、变更和消灭的法定情况或者现象。事件可以是自然现象，也可以是某些社会现象。

法律事件分为绝对事件和相对事件两种。

（1）绝对事件（自然现象）：水灾、地震、台风等自然灾害或者生老病死、意外事故。

（2）相对事件（社会现象）：战争、重大政策的改变。

【点拨指导】自然灾害可引起保险赔偿关系的发生。人的死亡可引起婚姻关系、劳动合同关系的消灭，继承关系的发生。

【特别提示】法律事件，不管是绝对事件还是相对事件，都不以当事人的意志为转移，具有不可抗力的特征。而法律行为是以人的意志为转移的。

（二）法律行为

法律行为是指法律关系主体通过意思表示来设立、变更、终止法律关系的行为，如签订合同、行政许可等。

【特别提示】法律行为是引起法律关系发生、变更和消灭的最普遍的法律事实。

根据不同的标准，可以对法律行为进行不同的分类。

（1）根据行为是否符合法律规范的要求，法律行为可分为合法行为与违法行为。

合法行为是指行为人所实施的与法律规范要求相符合的行为；违法行为是指行为人所实施的违反法律规范的要求、应受惩罚的行为。

（2）根据行为的表现形式不同，法律行为可分为积极行为与消极行为。

积极行为又称作为，是指以积极的、主动的形式表现的，具有法律意义的行为；消极行为又称不作为，是指以消极的、抑制的形式表现的，具有法律意义的行为。

（3）根据行为人取得权利是否需要支付对价，法律行为可分为有偿行为和无偿行为。

有偿行为是指行为人取得权利时必须支付对价的法律行为；无偿行为是指行为人取得权利时不必支付对价的法律行为。

（4）根据作出意思表示的主体数量，法律行为可分为单方行为与多方行为。

单方行为是指由法律主体一方的意思表示即可成立的法律行为；多方行为是指由两个或两个以上的多方法律主体意思表示一致而成立的法律行为。

（5）根据行为是否需要特定形式或实质要件，法律行为可分为要式行为与非要式行为。

要式行为是指必须具备某种特定形式或程序才能成立的法律行为；非要式行为是指无须特定形式或程序即能成立的法律行为。

（6）根据主体实际参与行为的状态，法律行为可分为自主行为与代理行为。

自主行为是指法律主体在没有其他主体参与的情况下，以自己的名义独立从事的法律行为；代理行为是指法律主体根据法律授权或其他主体的委托，以被代理人的名义从事的法律行为。

归纳总结

依据不同的分类标准对法律行为的分类

【例】甲在单位领导乙的授意下，向A公司虚开了一张增值税专用发票并收取A公司一定的费用。要求：分析甲及其领导乙的行为是否构成法律行为，并判断属于哪一类法律行为。

【解析】甲及其领导乙的行为构成法律行为。从是否符合法律规范的要求来看，甲及其领导乙的行为属于违法行为；从行为的表现形式来看，该行为属于积极行为。

（三）事实行为

民事领域中，在法律行为之外还存在事实行为。事实行为是指与法律关系主体的意思表示无关，由法律直接规定法律后果的行为。

【举例说明】民事法律关系中常见的事实行为有无因管理行为、正当防卫行为、紧急避险行为、侵权行为、违约行为、遗失物的拾得行为、埋藏物的发现行为等。

第1节即测即评

第2节　法律主体

一、法律主体的分类

法律主体又称法律关系主体，是法律关系的参加者，即在法律关系中一定权利的享有者和一定义务的承担者。

【特别提示】什么人或者组织可以成为法律主体，是由一国法律规定和确认的。

【点拨指导】法律关系主体的数目因法律关系的具体情况而定，但由于最少要有两个主体，才能在它们之间形成以权利和义务为内容的法律关系，因此任何一个法律关系至少要有两个主体。

根据我国法律规定，法律关系主体包括自然人、法人、非法人组织、国家。

（一）自然人

1. 自然人的含义

自然人是指具有生命的个体的人，即生物学上的人，是基于出生而取得主体资格的人。自然人既包括中国公民，也包括居住在中国境内或在境内活动的外国公民和无国籍人。公民是各国法律关系的基本主体之一，是指具有一国国籍的自然人。

【点拨指导】自然人性质的特殊主体有个体工商户、农村承包经营户等。

2. 自然人的出生时间和死亡时间

自然人的出生时间和死亡时间以出生证明、死亡证明记载的时间为准，没有出生证明、死亡证明的，以户籍登记或者其他有效身份登记记载的时间为准。有其他证据足以推翻以上记载时间的，以该证据证明的时间为准。

【特别提示】自然人从出生时起到死亡时止，具有民事权利能力，依法享有民事权利，承担民事义务。

【点拨指导】自然人在出生之前也可以成为特殊法律关系的主体。例如《民法典》规定：涉及遗产继承、接受赠与等胎儿利益保护的，胎儿视为具有民事权利能力。但是，胎儿娩出时为死体的，其民事权利能力自始不存在。

3. 自然人的住所

自然人以户籍登记或者其他有效身份登记记载的居所为住所；经常居所与住所不一致的，经常居所视为住所。

（二）法人

1. 法人制度概述

法人制度是指法律赋予符合条件的团体以法律人格，使团体的人格与成员的人格独立开来，从而使这些团体成为独立的民事主体的制度。法人制度是近现代民法制度中重要的法律制度。

（1）法人的含义与成立。

法人是具有民事权利能力和民事行为能力，依法独立享有民事权利和承担民事义务的组织。法人应当依法成立，应当有自己的名称、组织机构、住所、财产或者经费。

法人的名称是法人独立于其成员的人格标志，是法人参与法律活动时用以区别于其他法人的特定化标志。法人的组织机构又称法人机关，它是依法律、条例、章程规定而产生，对内管理法人事务，对外代表法人从事民事活动。法人的组织机构主要有：意思机关、执行机关、代表机关、监督机关。法人以其主要办事机构所在地为住所。依法需要办理法人登记的，应当将主要办事机构所在地登记为住所。法人的财产或者经费是法人作为法律关系主体，参与法律活动、享受法律权利和承担法律义务的物质基础，也是法人承担法律责任的物质保障。法人以其全部财产独立承担民事责任。

（2）法人的分类。

法人分为营利法人、非营利法人和特别法人。

【点拨指导】这里的营利是指积极地取得利润并将其分配给出资人。营利不是指法人本身营利，而是指法人为出资人营利。仅法人本身营利，却不将所取得的利润分配给出资人而是作为自身积累的，则不属于营利法人。例如基金会等组织，虽然有投资保值增值而取得的利润，但没有股东出资人，因而不可能分配利润，则属于非营利法人。

【特别提示】区分营利法人与非营利法人的关键在于法人是否可以将取得的利润分配给出资人，而不是法人是否能够取得利润。

（3）法人的法定代表人。

依照法律或者法人章程的规定，代表法人从事民事活动的负责人，为法人的法定代表人。法定代表人以法人名义从事的民事活动，其法律后果由法人承受。

【特别提示】法人章程或者法人权力机构对法定代表人代表权的限制，不得对抗善意相对人。

【点拨指导】法定代表人因执行职务造成他人损害的，由法人承担民事责任。法人承担民事责任后，依照法律或者法人章程的规定，可以向有过错的法定代表人追偿。

（4）法人设立中的责任承担。

设立人为设立法人从事的民事活动，其法律后果由法人承受；法人未成立的，其法律后果由设立人承受，设立人为两人以上的，享有连带债权，承担连带债务。

【特别提示】设立人为设立法人以自己的名义从事民事活动产生的民事责任，第三人有权选择请求法人或者设立人承担。

（5）法人的合并和分立。

法人合并的，其权利和义务由合并后的法人享有和承担。法人分立的，其权利和义务由分立后的法人享有连带债权，承担连带债务，但是债权人和债务人另有约定的除外。

（6）法人解散和终止。

法人解散是指由于法人章程或者法律规定的事由出现，致使法人不能继续存在，从而停止积极活动，开始整理财产关系的程序。根据《民法典》的规定，出现下列情形之一的，法人解散：①法人章程规定的存续期间届满或者法人章程规定的其他解散事由出现；②法人的权力机构决议解散；③因法人合并或者分立需要解散；④法人依法被吊销营业执照、登记证书，被责令关闭或者被撤销；⑤法律规定的其他情形。

法人终止是指法人资格的丧失。法人终止虽然产生与自然人死亡相同的法律效果，但法人终止更具备社会属性，需要特定事由，并通过特定法律程序来推动。根据《民法典》的规定，有下列原因之一并依法完成清算、注销登记的，法人终止：①法人解散；②法人被宣告破产；③法律规定的其他原因。该规定明确将法人终止和法人解散区分开来，将法人解散作为法人终止的原因之一。

【特别提示】法人终止，法律、行政法规规定须经有关机关批准的，依照其规定。例如，《保险法》规定：保险公司因分立、合并需要解散，或者股东会、股东大会决议解散，或者公司章程规定的解散事由出现，经国务院保险监督管理机构批准后解散，经营有人寿保险业务的保险公司，除因分立、合并或者被依法撤销外，不得解散，保险公司解散，应当依法成立清算组进行清算。

（7）法人的清算。

法人解散的，除合并或者分立的情形外，清算义务人应当及时组成清算组进行清算。法人的董事、理事等执行机构或者决策机构的成员为清算义务人。法律、行政法规另有规定的，依照其规定。清算义务人未及时履行清算义务，造成损害的，应当承担民事责任；主管机关或者利害关系人可以申请人民法院指定有关人员组成清算组进行清算。

清算期间法人存续，但是不得从事与清算无关的活动。法人清算后的剩余财产，按照法人章程的规定或者法人权力机构的决议处理，法律另有规定的，依照其规定。清算结束并完成法人注销登记时，法人终止；依法不需要办理法人登记的，清算结束时，法人终止。法人被宣告破产的，依法进行破产清算并完成法人注销登记时，法人终止。

（8）法人的分支机构。

法人可以依法设立分支机构。法律、行政法规规定分支机构应当登记的，依照其规定。分支机构以自己的名义从事民事活动，产生的民事责任由法人承担；也可以先以该分支机构管理的财产承担，不足以承担的，由法人承担。

2. 营利法人

（1）营利法人的含义与成立。

营利法人是指以取得利润并分配给股东等出资人为目的成立的法人。营利法人包括公司制营利法人和非公司制营利法人。

【点拨指导】公司制营利法人主要是有限责任公司、股份有限公司。非公司制营利法人主要是没有采用公司制的全民所有制企业、集体所有制企业等。

营利法人经依法登记成立。依法设立的营利法人，由登记机关发给营利法人营业执照。营业执照签发日期为营利法人的成立日期。

【特别提示】营利法人从事经营活动，应当遵守商业道德，维护交易安全，接受政府和社会的监督，承担社会责任。

（2）营利法人的组织机构。

设立营利法人应当依法制定法人章程。

①权力机构。营利法人应当设权力机构。权力机构行使修改法人章程，选举或者更换执行机构、监督机构成员，以及法人章程规定的其他职权。

【点拨指导】营利法人的权力机构为股东会或者股东大会。

②执行机构。营利法人应当设执行机构。执行机构行使召集权力机构会议，决定法人的经营计划和投资方案，决定法人内部管理机构的设置，以及法人章程规定的其他职权。

【点拨指导】营利法人的执行机构为董事会或者执行董事的，董事长、执行董事或者经理按照法人章程的规定担任法定代表人；未设董事会或者执行董事的，法人章程规定的主要负责人为其执行机构和法定代表人。

③监督机构。营利法人设监事会或者监事等监督机构的，监督机构依法行使检查法人财务，监督执行机构成员、高级管理人员执行法人职务的行为，以及法人章程规定的其他职权。

【点拨指导】营利法人的监督机构为监事会或者监事等。

（3）营利法人的责任承担。

①营利法人的出资人不得滥用出资人权利损害法人或者其他出资人的利益；滥用出资人权利造成法人或者其他出资人损失的，应当依法承担民事责任。

②营利法人的出资人不得滥用法人独立地位和出资人有限责任损害法人债权人的利益；滥用法人独立地位和出资人有限责任，逃避债务，严重损害法人债权人的利益的，应当对法人债务承担连带责任。

③营利法人的控股出资人、实际控制人、董事、监事、高级管理人员不得利用其关联关系损害法人的利益；利用关联关系造成法人损失的，应当承担赔偿责任。

④营利法人的权力机构、执行机构作出决议的会议召集程序、表决方式违反法律、行政法规、法人章程，或者决议内容违反法人章程的，营利法人的出资人可以请求人民法院

撤销该决议。但是，营利法人依据该决议与善意相对人形成的民事法律关系不受影响。

3. 非营利法人

非营利法人是指为公益目的或者其他非营利目的成立，不向出资人、设立人或者会员分配所取得利润的法人。非营利法人包括事业单位、社会团体、基金会、社会服务机构等。

【特别提示】非营利法人只是不将取得的利润分配给出资人、设立人或者会员，并非不允许该法人从事营利性活动。

（1）事业单位。

按照《事业单位登记管理暂行条例》的规定，事业单位是指国家为了社会公益目的，由国家机关举办或者其他组织利用国有资产举办的，从事教育、科技、文化、卫生等活动的社会服务组织。具备法人条件，为适应经济社会发展需要，提供公益服务设立的事业单位，经依法登记成立，取得事业单位法人资格；依法不需要办理法人登记的，从成立之日起，具有事业单位法人资格。

（2）社会团体。

按照《社会团体登记管理条例》的规定，社会团体是指中国公民自愿组成，为实现会员共同意愿，按照其章程开展活动的非营利性社会组织。国家机关以外的组织可以作为单位会员加入社会团体。具备法人条件，基于会员共同意愿，为公益目的或者会员共同利益等非营利目的设立的社会团体，经依法登记成立，取得社会团体法人资格；依法不需要办理法人登记的，从成立之日起，具有社会团体法人资格。

（3）基金会、社会服务机构等。

捐助法人，是指具备法人条件，为公益目的以捐助财产设立的组织。基金会、社会服务机构等组织属于捐助法人。按照《基金会管理条例》的规定，基金会是指利用自然人、法人或者其他组织捐赠的财产，以从事公益事业为目的，按照规定成立的非营利性法人。社会服务机构通常是以"助人自助"为宗旨，由受过专门训练的社会工作者，作为职业的服务人员和志愿者组成，为特定的有需要的服务对象提供专业服务的人群组织。

另外，宗教活动场所法人是指取得捐助法人资格的宗教活动场所，如寺院、宫观、清真寺、教堂。信教公民的集体宗教活动，一般应当在经登记的宗教活动场所内进行。

4. 特别法人

实践中，有些法人的设立依据、目的、职能和责任最终承担等方面均与营利法人和非营利法人存在较大差别。因此，《民法典》中单列了一类法人即特别法人，主要包括机关法人、农村集体经济组织法人、城镇农村的合作经济组织法人、基层群众性自治组织法人。

（1）机关法人。

机关法人是指依据宪法、法律法规或政府的行政命令而设立、享有公权力的、以从事履行公共管理职能为主的各级国家机关。机关法人的成立目的、成立程序、运行程序、消灭程序等与其他法人组织存在明显差别。有独立经费的机关和承担行政职能的法定机构从成立之日起，具有机关法人资格，可以从事为履行职能所需要的民事活动。机关法人在存续过程中，偶尔会涉及民事法律关系，因此，《民法典》将其作为有民事主体资格的法人对待，以便于民事诉讼。

【特别提示】机关法人被撤销的，法人终止，其民事权利和义务由继任的机关法人享有和承担；没有继任的机关法人的，由作出撤销决定的机关法人享有和承担。

（2）农村集体经济组织法人（简称“农村集体经济组织”）。

农村集体经济组织是指利用农村集体的土地或其他财产，从事农业经营等活动的组织。农村集体经济组织依法取得法人资格，法律、行政法规对农村集体经济组织有规定的，依照其规定。根据《宪法》的规定，农村集体经济组织实行家庭承包经营为基础、统分结合的双层经营体制。农村中的生产、供销、信用、消费等各种形式的合作经济，是社会主义劳动群众集体所有制经济。参加农村集体经济组织的劳动者，有权在法律规定的范围内经营自留地、自留山、家庭副业和饲养自留畜。

（3）城镇农村的合作经济组织法人（简称“城镇农村的合作经济组织”）。

合作经济组织法人又称合作社法人，是指劳动者在互助基础上，自筹资金共同经营，共同劳动并分享收益的经济组织。合作经济组织的成员退社自由，对合作社的债务一般承担有限责任，合作社依法取得法人资格。城镇农村的合作经济组织对内具有共益性或者互益性，对外也可以从事经营活动。城镇农村的合作经济组织依法取得法人资格，法律、行政法规对城镇农村的合作经济组织有规定的，依照其规定。根据《宪法》的规定，城镇中的手工业、工业、建筑业、运输业、商业、服务业等行业的各种形式的合作经济，都是社会主义劳动群众集体所有制经济。根据《中华人民共和国农民专业合作社法》的规定，农民专业合作社是在农村家庭承包经营基础上，农产品的生产经营者或者农业生产经营服务的提供者、利用者自愿联合民主管理的互助性经济组织。

（4）基层群众性自治组织法人（简称“基层群众性自治组织”）。

居民委员会、村民委员会具有基层群众性自治组织法人资格，可以从事为履行职能所需要的民事活动。未设立村集体经济组织的，村民委员会可以依法代行村集体经济组织的职能。根据《中华人民共和国城市居民委员会组织法》的规定，居民委员会是居民自我管理、自我教育、自我服务的基层群众性自治组织；不设区的市、市辖区的人民政府或者它的派出机关对居民委员会的工作给予指导、支持和帮助；居民委员会协助不设区的市、市辖区的人民政府或者它的派出机关开展工作。根据《中华人民共和国村民委员会组织法》的规定，村民委员会是村民自我管理、自我教育、自我服务的基层群众性自治组织，实行民主选举、民主决策、民主管理、民主监督；村民委员会办理本村的公共事务和公益事业，调解民间纠纷，协助维护社会治安，向人民政府反映村民的意见、要求和提出建议；村民委员会向村民会议、村民代表会议负责并报告工作。

（三）非法人组织

1. 非法人组织的含义

非法人组织是指不具有法人资格，但是能够依法以自己的名义从事民事活动的组织。

非法人组织包括个人独资企业、合伙企业、不具有法人资格的专业服务机构等。非法人组织应当依照法律的规定登记。设立非法人组织，法律、行政法规规定须经有关机关批准的，依照其规定。

非法人组织的财产不足以清偿债务的，其出资人或者设立人承担无限责任，法律另有规定的，依照其规定。例如，合伙企业拥有自己的合伙财产，根据《中华人民共和国合伙企业法》的规定，普通合伙企业中，合伙人的出资、以合伙企业名义取得的收益和依法取得的其他财产均为合伙企业的财产，在承担债务时，首先以合伙企业的财产承担责任，只有在合伙企业财产不足以承担责任时，才由各合伙人承担无限连带责任。

2. 非法人组织的代表

非法人组织可以确定一人或者数人代表该组织从事民事活动。

3. 非法人组织的解散

有下列情形之一的，非法人组织解散：①章程规定的存续期间届满或者章程规定的其他解散事由出现；②出资人或者设立人决定解散；③法律规定的其他情形。

【特别提示】非法人组织解散的，应当依法进行清算。

（四）国家

在特殊情况下，国家可以作为一个整体成为法律关系的主体。

【点拨指导】在国内，国家是国家财产所有权唯一和统一的主体；在国际上，国家作为主权者，是国际公法关系的主体，也是对外贸易关系中的债权人或债务人。

二、法律关系的主体资格

法律关系的主体资格包括权利能力和行为能力两个方面。

（一）权利能力

权利能力是指法律关系主体能够参加某种法律关系，依法享有一定权利和承担一定义务的法律资格。

【点拨指导】权利能力是自然人或组织能够成为法律关系主体的资格，它是任何个人或组织参加法律关系的前提。

1. 自然人的权利能力

自然人从出生时起到死亡时止，具有民事权利能力，依法享有民事权利并承担民事义务。

【特别提示】自然人的民事权利能力一律平等。

2. 法人的权利能力

法人权利能力的范围由法人成立的宗旨和业务范围决定，自法人成立时产生，至法人终止时消灭。

（二）行为能力

行为能力是指法律关系主体通过自己的行为实际取得权利和履行义务的能力。法人的行为能力和权利能力是一致的，它们同时产生、同时消灭。而自然人的行为能力与权利能力是不一致的，具有行为能力必须首先具有权利能力，但具有权利能力并不必然具有行为能力。

确定自然人有无行为能力，一看能否认识自己行为的性质、意义和后果；二看能否控制自己的行为并对自己的行为负责。

【区别比较】权利能力：法律赋予自然人、法人或者其他组织享有权利、承担义务的资格（重点在于“有没有”）；行为能力：法律关系主体通过自己的行为实际取得权利和履行义务的能力（重点在于“能不能”）。

1. 自然人的民事行为能力

我国将自然人民事行为能力划分为三类，如表1-1所示。

表1-1 我国自然人民事行为能力分类

民事行为能力类别	含义	特征	民事法律行为的实施
完全民事行为能力人	达到法定年龄、智力健全、能够对自己行为负完全责任的自然人	成年人为完全民事行为能力人；16周岁以上的未成年人，以自己的劳动收入为主要生活来源的，视为完全民事行为能力人	完全民事行为能力人，可以独立实施民事法律行为
限制民事行为能力人	行为能力受到一定的限制，只有部分行为能力的自然人	8周岁以上的未成年人、不能完全辨认自己行为的成年人为限制民事行为能力人	限制民事行为能力人实施民事法律行为由其法定代理人代理或者经其法定代理人同意、追认；但是，限制民事行为能力人可以独立实施纯获利益的民事法律行为或者与其年龄、智力、精神健康状况相适应的民事法律行为
无民事行为能力人	完全不能以自己的行为行使权利、履行义务的自然人	不满8周岁的未成年人、8周岁以上的不能辨认自己行为的未成年人，以及不能辨认自己行为的成年人为无民事行为能力人	无民事行为能力人，由其法定代理人代理实施民事法律行为

注：“以上”均包括本数，“不满”均不包括本数。

【点拨指导】表1-1中，18周岁以上的自然人是成年人，不满18周岁的自然人为未成年人。

【特别提示】我国自然人民事行为能力的判定主要看两个因素：(1)年龄；(2)精神状态。这与肢体是否残缺、智力高低等无关。

【点拨指导】无民事行为能力人，由其法定代理人代理实施民事法律行为。限制民事行为能力人，实施民事法律行为由其法定代理人代理或者经其法定代理人同意、追认。但是，限制民事行为能力人可以独立实施纯获利益的民事法律行为或者与其年龄、智力、精神健康状况相适应的民事法律行为。

【特别提示】无民事行为能力人、限制民事行为能力人的监护人是其法定代理人。

【举例说明】

（1）小孙今年3周岁，智力超常，属于无民事行为能力人。

（2）小徐今年20周岁，先天腿部残疾，但精神状态正常，属于完全民事行为能力人。

（3）小王今年17周岁，仍依靠父母供养在校就读，属于限制民事行为能力人。

（4）小周今年17周岁，已经在汽车修理厂工作，以自己的工资收入为主要生活来源，属于完全民事行为能力人。

（5）小吴今年10周岁，精神状态无异常，属于限制民事行为能力人。

2. 自然人的刑事责任能力

（1）已满16周岁的人犯罪，应当负刑事责任。

（2）已满14周岁不满16周岁的人，犯故意杀人、故意伤害致人重伤或者死亡、强奸、抢劫、贩卖毒品、放火、爆炸、投放危险物质罪的，应当负刑事责任。

（3）已满12周岁不满14周岁的人，犯故意杀人、故意伤害罪，致人死亡或者以特别残忍手段致人重伤造成严重残疾，情节恶劣，经最高人民检察院核准追诉的，应当负刑事责任。

（4）已满12周岁不满18周岁的人犯罪，应当从轻或者减轻处罚。因不满16周岁不予刑事处罚的，责令其父母或者其他监护人加以管教；在必要的时候，依法进行专门矫治教育。

（5）已满75周岁的人故意犯罪的，可以从轻或者减轻处罚；过失犯罪的，应当从轻或者减轻处罚。

（6）精神病人在不能辨认或者不能控制自己行为的时候造成危害结果，经法定程序鉴定确认的，不负刑事责任，但是应当责令他的家属或者监护人严加看管和医疗；在必要的时候，由政府强制医疗。间歇性的精神病人在精神正常的时候犯罪，应当负刑事责任。尚未完全丧失辨认或者控制自己行为能力的精神病人犯罪的，应当负刑事责任，但是可以从轻或者减轻处罚。

第2节即测即评

（7）醉酒的人犯罪，应当负刑事责任。

（8）又聋又哑的人或者盲人犯罪，可以从轻、减轻或者免除处罚。

第3节　法律责任

一、法律责任的含义

法律责任可以从积极意义（正面）的法律责任与消极意义（反面）的法律责任这两个角度来理解。

积极意义上的法律责任（广义的法律责任）：所有组织和个人都有遵守法律的义务，

即将法律责任与法律义务的含义等同。

消极意义上的法律责任（狭义的法律责任）：法律关系主体由于违反法定的义务而应承受的不利的法律后果。现行立法所用的法律责任是消极意义上的法律责任。

二、法律责任的分类

根据我国法律的有关规定，可将法律责任分为民事责任、行政责任和刑事责任三种。

【特别提示】有时，民事责任和行政责任中的经济内容部分称为经济责任。

（一）民事责任

民事责任是指由于民事主体违反了约定或法定的义务所应承担的不利民事法律后果。承担民事责任的方式主要有：停止侵害；排除妨碍；消除危险；返还财产；恢复原状；修理、重作、更换；赔偿损失；支付违约金；消除影响、恢复名誉；赔礼道歉。

【点拨指导】上述承担民事责任的方式，可以单独适用，也可以合并适用。人民法院审理民事案件，除适用上述责任方式外，还可予以训诫、责令具结悔过、收缴进行非法活动的财物和非法所得，并可依照法律规定处以罚款、拘留。

（二）行政责任

行政责任是指违反法律法规规定的单位和个人所应承受的由国家行政机关或国家授权单位对其依行政程序所给予的制裁。

1. 行政处罚

行政处罚是指行政机关依法对违反行政管理秩序的公民、法人或者其他组织，以减损权益或者增加义务的方式予以惩戒的行为。行政处罚分为人身自由罚、行为罚、财产罚和声誉罚等多种形式。

根据《行政处罚法》的规定，行政处罚的具体种类包括以下六种：

（1）警告、通报批评。警告、通报批评是指行政主体对行政违法行为人实施的一种书面形式的谴责和告诫。我国行政机关实施的通报批评主要有两种：一种是行政机关内部对不依法履行职责的工作人员作出的行政处分；另一种是行政机关面向社会，在一定范围内公布违法行为人的违法事实，以导致其声誉和信誉受损害的处罚行为。《行政处罚法》规定的通报批评属于第二种。

【区别比较】警告是行政主体对行政违法行为人的违法行为予以及时纠正和警示的行政处罚，在实践中虽是公开进行的，但行政主体没有将行政违法行为人的违法事实向社会公布的义务；而通报批评是行政主体在一定范围内对行政违法行为人的违法事实向社会公布，可能对行政违法行为人的声誉、信誉造成损害，并可能会导致行政违法行为人其他更为重要的利益受到损害。

（2）罚款、没收违法所得、没收非法财物。罚款是行政主体对行政违法行为人强制收取一定数量金钱，剥夺一定财产权利的处罚形式。没收违法所得是行政主体将行政违法行为人占有的，通过违法途径或方法取得的收入收归国有的处罚方式；没收非法财物是行政主体将行政违法行为人非法占有的财产和物品收归国有的处罚方式。

（3）暂扣许可证件、降低资质等级、吊销许可证件。暂扣许可证件、降低资质等级、吊销许可证件是指行政主体依法暂扣或彻底收回行政违法行为人已获得的从事某种活动的权利、资格证书或降低其资质等级的处罚。暂扣许可证件和吊销许可证件是不同的。暂扣许可证件，是行政主体中止行政违法行为人从事某种活动的权利或其享有的某种资格，待行政违法行为人改正以后或经过一定期限后再予以恢复；吊销许可证件是行政主体对行政违法行为人从事某种活动的权利或其享有的某种资格的彻底取消。

（4）限制开展生产经营活动、责令停产停业、责令关闭、限制从业。限制开展生产经营活动是指行政主体在一定区域和时间内限制或禁止行政违法行为人从事某种生产、经营活动的处罚。责令停产停业是指行政主体强制命令行政违法行为人暂时或永久地停止生产、经营活动的处罚。责令停产停业一般附有限期整顿的要求，如果行政违法行为人在限期内纠正了违法行为，则可恢复生产、营业。责令关闭是指行政主体禁止行政违法行为人继续经营的处罚。限制从业是指行政主体限制行政违法行为人不得再从事本行业的处罚。

（5）行政拘留。行政拘留是指行政主体对违反治安管理的人在短期内限制其人身自由的一种强制性的处罚。

（6）法律、行政法规规定的其他行政处罚。

2. 行政处分

行政处分是指对违反法律法规规定的国家机关工作人员或被授权、委托的执法人员所实施的一种内部制裁性处理。

根据《中华人民共和国公务员法》，对因违法违纪应当承担纪律责任的公务员给予的行政处分种类有六类：警告、记过、记大过、降级、撤职、开除。

（三）刑事责任

刑事责任是指犯罪人因实施犯罪行为所应承受的由国家审判机关（法院）依照刑事法律给予的制裁后果，是法律责任中最严厉的责任形式。

刑事责任主要通过刑罚来实现，刑罚可分为主刑和附加刑两类。

1. 主刑

主刑，是对犯罪分子适用的主要刑罚方法，如表1-2所示。

表1-2 主刑的主要刑罚方法

刑罚方法	含义	期限
管制	由人民法院判决，对犯罪分子不予关押，但限制一定自由，交由公安机关管束和监督的刑罚	3个月以上2年以下
拘役	剥夺犯罪分子的短期人身自由，就近拘禁并强制劳动的刑罚	1个月以上6个月以下
有期徒刑	剥夺犯罪分子一定期限的人身自由，并实行劳动改造的刑罚	除特殊情况外，6个月以上15年以下
无期徒刑	剥夺犯罪分子终身人身自由，并实行劳动改造的刑罚	—
死刑	剥夺犯罪分子生命的刑罚，是最严厉的刑罚	—

【点拨指导】 死刑只适用于罪行极其严重的犯罪分子。对于应当判处死刑的犯罪分子，如果不是必须立即执行的，可以判处死刑同时宣告缓期 2 年执行。

2. 附加刑

附加刑，是补充、辅助主刑适用的刑罚方法。附加刑可以附加于主刑之后作为主刑的补充，同主刑一起适用；也可以独立适用。附加刑包括以下四种：

（1）罚金。罚金是指人民法院强制犯罪分子或犯罪的单位向国家缴纳一定数额金钱的刑罚方法。

（2）剥夺政治权利。剥夺政治权利是指剥夺犯罪人参加国家管理和政治活动权利的刑罚方法。

【特别提示】 剥夺的具体政治权利是指：选举权和被选举权；言论、出版、集会、结社、游行、示威自由的权利；担任国家机关职务的权利；担任国有公司、企业、事业单位和人民团体领导职务的权利。

（3）没收财产。没收财产是指将犯罪分子个人所有财产的一部分或者全部，强制无偿地收归国有的刑罚方法。

（4）驱逐出境。驱逐出境是指强迫犯罪的外国人离开中国国（边）境的刑罚方法。

【区别比较】 罚款属于行政责任，罚金属于刑事责任；没收违法所得、没收非法财物属于行政责任，没收财产属于刑事责任；行政拘留属于行政责任，拘役属于刑事责任。

3. 数罪并罚

判决宣告以前一人犯数罪的，除判处死刑和无期徒刑的以外，应当在总和刑期以下、数刑中最高刑期以上，酌情决定执行的刑罚。但是管制最高不能超过 3 年；拘役最高不能超过 1 年；有期徒刑总和刑期不满 35 年的，最高不能超过 20 年；总和刑期在 35 年以上的，最高不能超过 25 年。数罪中有判处附加刑的，附加刑仍须执行，其中附加刑种类相同的，合并执行；种类不同的，分别执行。

归纳总结

法律责任类别及承担责任的形式

第3节即测即评

第2章

会计法律制度

素养提升

1. 通过学习会计核算与监督技能，培养学生遵守“坚持诚信，守法奉公”“坚持准则，守责敬业”“坚持学习，守正创新”的会计人员职业道德规范，并能自觉遵守各项会计法律制度。

2. 通过上市公司财务造假案例分析，教育学生树立正确的世界观、人生观、价值观，提升学生会计职业道德水平，提高学生的会计职业素养，增强学生的法律意识。

第1节　会计法律制度概述

一、会计法律制度的含义

会计法律制度，简称会计法规，是指国家权力机关和行政机关制定的关于会计工作的法律、法规、规章和规范性文件的总称。会计法律制度是调整会计关系的法律规范，是会计人员从事会计工作必须严格遵守的行为准则。

会计关系是指会计机构和会计人员在办理会计事务过程中，以及国家在管理会计工作过程中发生的经济关系。

【特别提示】会计关系的主体：会计机构和会计人员；客体：与会计工作相关的具体事务。

【举例说明】经济关系包括：供销关系、债权债务关系、分配关系、税款征纳关系、管理与被管理关系等。

【点拨指导】会计法律制度的主要内容，如表2-1所示。

表 2-1　会计法律制度的主要内容

制定机关或者发布部门	法律文件
全国人大常委会	《会计法》
国务院	《总会计师条例》《企业财务会计报告条例》
财政部	《会计人员管理办法》《代理记账管理办法》《会计基础工作规范》、各类会计准则及其解释
财政部、国家档案局	《会计档案管理办法》
财政部、人力资源社会保障部	《会计专业技术人员继续教育规定》

二、《会计法》的适用范围

国家机关、社会团体、公司、企业、事业单位和其他组织（以下统称单位）办理会计事务必须依照《会计法》规定。

【点拨指导】《会计法》规定，国家实行统一的会计制度。

【特别提示】国家统一的会计制度是指国务院财政部门根据《会计法》制定的关于会计核算、会计监督、会计机构和会计人员以及会计工作管理的制度。

三、会计工作管理体制

1. 会计工作的行政管理

国务院财政部门主管全国的会计工作。县级以上地方各级人民政府财政部门管理本行政区域内的会计工作。

2. 单位内部的会计工作管理

单位负责人对本单位的会计工作和会计资料的真实性、完整性负责。

【特别提示】单位负责人是指单位法定代表人（针对法人组织）或者法律、行政法规规定代表单位行使职权的主要负责人（针对非法人企业）。

单位负责人应当保证会计机构、会计人员依法履行职责，不得授意、指使、强令会计机构、会计人员违法办理会计事项。

第1节即测即评

第 2 节　会计核算与监督

一、会计核算

会计核算是以货币为主要计量单位，运用专门的会计方法，通过确认、计量、记录、报告等环节，为经营决策和宏观经济管理提供依据的一项会计活动。

【特别提示】会计核算是会计工作的基本职能之一，是会计工作的重要环节。

（一）会计核算的基本要求

1. 依法建账

（1）各单位应当按照《会计法》和国家统一的会计制度规定建立会计账册，进行会计核算。

（2）各单位发生的各项经济业务事项应当统一进行会计核算，不得违反规定私设会计账簿进行登记、核算。

【特别提示】会计账簿是指由一定格式的账页组成的，以经过审核的会计凭证为依据，全面、系统、连续地记录各项经济业务的簿籍。

2. 根据实际发生的经济业务进行会计核算

各单位必须根据实际发生的经济业务事项进行会计核算，填制会计凭证，登记会计账簿，编制财务会计报告。会计核算以实际发生的经济业务为依据，体现了会计核算的真实性和客观性要求。

【特别提示】根据实际发生的经济业务进行会计核算的具体要求是：根据实际发生的经济业务，取得可靠的凭证，并据此登记账簿，编制财务会计报告，形成符合质量标准的会计资料（会计信息）。

3. 保证会计资料的真实和完整

（1）会计资料是指在会计核算过程中形成的、记录和反映实际发生的经济业务事项的资料，包括会计凭证、会计账簿、财务会计报告和其他会计资料。会计资料作为记录会计核算过程和结果的重要载体，是国家进行宏观调控、经营者进行管理、投资者进行决策的重要依据。

（2）会计资料的真实性和完整性，是对会计资料最基本的质量要求。各单位必须保证所提供的会计资料的真实性和完整性。

会计资料的真实性，主要是指会计资料所反映的内容和结果应当同单位实际发生的经济业务的内容及其结果相一致。会计资料的完整性，主要是指构成会计资料的各项要素必须齐全，使得会计资料能够如实、全面地记录和反映单位经济业务发生情况，便于会计资料使用者全面、准确地了解经济活动情况。

（3）不得伪造、变造会计资料。任何单位不得以虚假的经济业务事项或者资料进行会计核算。任何单位和个人不得伪造、变造会计凭证、会计账簿及其他会计资料，不得提供虚假的财务会计报告。

【区别比较】伪造会计资料（无中生有），包括伪造会计凭证、会计账簿及其他会计资料，是以虚假的经济业务为前提来编制会计凭证、会计账簿及其他会计资料，旨在以假乱真。变造会计资料（篡改事实），包括变造会计凭证、会计账簿及其他会计资料，是利用涂改、拼接、挖补等手段来改变会计凭证、会计账簿及其他会计资料的真实内容，以歪曲事实真相。

4. 正确采用会计处理方法

会计处理方法是指在会计核算中所采用的具体方法。采用不同的会计处理方法，会影响会计资料的一致性和可比性，进而影响会计资料的使用情况。

【特别提示】会计处理方法通常包括：收入确认的方法、企业所得税的会计处理方法、存货计价方法、坏账损失的核算方法、固定资产的折旧方法、编制合并会计报表的方法、外币折算的会计处理方法等。

各单位的会计核算应当按照规定的会计处理方法进行，保证会计指标的口径一致、相互可比和会计处理方法的前后各期一致，不得随意变更。确有必要变更的，应当按照国家统一的会计制度的规定变更，并将变更的原因、情况及影响在财务会计报告中说明。

5. 正确使用会计记录文字

（1）会计记录的文字应当使用中文。

（2）在民族自治地方，会计记录可以同时使用当地通用的一种民族文字。

（3）在中国境内的外商投资企业、外国企业和其他外国组织的会计记录可以同时使用一种外国文字。

6. 使用电子计算机进行会计核算必须符合法律规定

使用电子计算机进行会计核算，即会计电算化。会计电算化是以电子计算机为主体的信息技术在会计工作中的应用的简称，具体而言，是通过利用会计软件，采用电子计算机替代手工会计核算，以及对会计资料进行电脑分析和利用的现代记账手段。

《会计法》规定，使用电子计算机进行会计核算的，其软件及其生成的会计凭证、会计账簿、财务会计报告和其他会计资料，必须符合国家统一的会计制度的规定。

（二）会计核算的主要内容

会计核算的内容，是指应当进行会计核算的经济业务事项。根据《会计法》的规定，各单位应当对下列经济业务事项办理会计手续，进行会计核算：

（1）资产的增减和使用；

（2）负债的增减；

（3）净资产（所有者权益）的增减；

（4）收入、支出、费用、成本的增减；

（5）财务成果的计算和处理；

（6）需要办理会计手续、进行会计核算的其他事项。

【特别提示】会计核算的内容可按照会计六要素（资产、负债、所有者权益、收入、费用、利润）顺序记忆。

（三）会计年度

会计年度，是指以年度为单位进行会计核算的时间区间，是反映单位财务状况、核算经营成果的时间界限。根据《会计法》的规定，我国以公历年度为会计年度，即以每年公历 1 月 1 日起至 12 月 31 日止为一个会计年度。每一个会计年度还可以按照公历日期具体划分为半年度、季度、月度。

【点拨指导】小于年度的会计期间（如半年度、季度和月度），称为会计中期。

（四）记账本位币

记账本位币是指登记会计账簿和编制财务会计报告时用以计量的货币，也就是单位主要会计核算业务所使用的货币。根据《会计法》的规定，会计核算以人民币为记账本位币。业务收支以人民币以外的货币为主的单位，可以选定其中一种货币作为记账本位币，但是编报的财务会计报告应当折算为人民币。

（五）会计凭证

1. 会计凭证的含义和分类

会计凭证是指记录经济业务发生或者完成情况的书面证明，是登记账簿的依据。每个企业都必须按一定的程序填制和审核会计凭证，根据审核无误的会计凭证进行账簿登记，如实反映企业的经济业务。我国《会计法》对会计凭证的种类、取得、审核、更正等内容进行了规定。填制和审核会计凭证是会计核算的首要环节，对会计核算过程、会计资料质量起着至关重要的作用。

会计凭证按其来源和用途，分为原始凭证和记账凭证两种。

2. 原始凭证填制的基本要求

（1）原始凭证的含义。

原始凭证又称单据，是指在经济业务发生时，由业务经办人员直接取得或者填制，用以表明某项经济业务已经发生或完成情况并明确有关经济责任的一种原始凭据，如发票。

（2）原始凭证的来源。

①原始凭证是会计核算的原始依据，来源于实际发生的经济业务事项。

②原始凭证种类很多，既有来自单位外部的，也有单位自制的；既有国家统一印制的具有固定格式的发票，也有由发生经济业务事项双方认可并自行填制的凭据等。

（3）原始凭证的内容。

原始凭证的内容必须具备：①凭证的名称；②填制凭证的日期；③填制凭证单位名称或者填制人姓名；④经办人员的签名或者盖章；⑤接受凭证单位名称；⑥经济业务内容；⑦数量、单价和金额。

（4）原始凭证的基本要求。

①从外单位取得的原始凭证，必须盖有填制单位的公章；从个人取得的原始凭证，必须有填制人员的签名或者盖章。自制原始凭证必须有经办单位领导人或者其指定的人员签名或者盖章。对外开出的原始凭证，必须加盖本单位公章。

②凡填有大写和小写金额的原始凭证，大写与小写金额必须相符。购买实物的原始凭证，必须有验收证明。支付款项的原始凭证，必须有收款单位和收款人的收款证明。

③一式几联的原始凭证，应当注明各联的用途，只能以一联作为报销凭证。

④发生销货退回的，除填制退货发票外，还必须有退货验收证明；退款时，必须取得对方的收款收据或者汇款银行的凭证，不得以退货发票代替收据。

⑤职工公出借款凭据，必须附在记账凭证之后。收回借款时，应当另开收据或者退还借据副本，不得退还原借款收据。

⑥经上级有关部门批准的经济业务，应当将批准文件作为原始凭证附件。如果批准文件需要单独归档的，应当在凭证上注明批准机关名称、日期和文件字号。

（5）原始凭证的审核。

会计机构、会计人员必须按照国家统一的会计制度的规定对原始凭证进行审核：

①对不真实、不合法的原始凭证有权不予接受，并向单位负责人报告。

②对记载不准确、不完整的原始凭证予以退回，并要求按照国家统一的会计制度的规定进行更正、补充。

（6）原始凭证的更改。

①原始凭证记载的各项内容均不得涂改。

②原始凭证金额有错误的，应当由出具单位重开，不得在原始凭证上更正。

③原始凭证上除金额以外的其他事项有错误的，应当由出具单位重开或者更正，更正处应当加盖出具单位印章。

3. 记账凭证填制的基本要求

（1）记账凭证的含义。

记账凭证又称传票，是指对经济业务事项按其性质加以归类，确定会计分录，并据以登记会计账簿的凭证。它具有分类归纳原始凭证和满足登记会计账簿需要的作用。

（2）记账凭证的种类。

记账凭证按照用途可以分为专用记账凭证和通用记账凭证。其中，专用记账凭证按照其反映的经济业务的内容，可以分为收款凭证、付款凭证和转账凭证。

【区别比较】原始凭证来源于实际发生的经济业务事项，而记账凭证根据原始凭证及有关资料编制。原始凭证有可能来源于单位外部，而记账凭证由单位自制。

（3）记账凭证的内容。

记账凭证的内容必须具备：①填制凭证的日期；②凭证编号；③经济业务摘要；④会计科目；⑤金额；⑥所附原始凭证张数；⑦填制凭证人员、稽核人员、记账人员、会计机构负责人（会计主管人员）签名或者盖章。收款和付款记账凭证还应当由出纳人员签名或者盖章。

【特别提示】以自制的原始凭证或者原始凭证汇总表代替记账凭证的，也必须具备记账凭证应有的项目。

【点拨指导】实行会计电算化的单位，打印出的机制记账凭证要由制单人员、审核人员、记账人员及会计机构负责人（会计主管人员）盖章或者签名。

（4）记账凭证的基本要求。

①记账凭证应当根据经过审核的原始凭证及有关资料编制。

②填制记账凭证时，应当对记账凭证进行连续编号。

③一笔经济业务需要填制两张以上记账凭证的，可以采用分数编号法编号。记账凭证可以根据每一张原始凭证填制，或者根据若干张同类原始凭证汇总填制，也可以根据原始凭证汇总表填制。但不得将不同内容和类别的原始凭证汇总填制在一张记账凭证上。

④除结账和更正错误的记账凭证可以不附原始凭证外，其他记账凭证必须附有原始凭证。

⑤如果一张原始凭证涉及几张记账凭证，可以把原始凭证附在一张主要的记账凭证后面，并在其他记账凭证上注明附有该原始凭证的记账凭证的编号或者附原始凭证复印件。

⑥一张原始凭证所列支出需要几个单位共同负担的，应当将其他单位负担的部分，开给对方原始凭证分割单，进行结算。原始凭证分割单必须具备原始凭证的基本内容以及费用分摊情况等。

⑦记账凭证填制完经济业务事项后，如有空行，应当自金额栏最后一笔数字下的空行处至合计数上的空行处划线注销。

（5）记账凭证的更改。

①如果在填制记账凭证时发生错误，应当重新填制。

②已经登记入账的记账凭证，在当年内发现填写错误时，可以用红字填写一张与原内容相同的记账凭证，在摘要栏注明“注销某月某日某号凭证”字样，同时再用蓝字重新填制一张正确的记账凭证，注明“订正某月某日某号凭证”字样。

③如果会计科目没有错误，只是金额错误，也可以将正确数字与错误数字之间的差额，另编一张调整的记账凭证，调增金额用蓝字，调减金额用红字。

④发现以前年度记账凭证有错误的，应当用蓝字填制一张更正的记账凭证。

【特别提示】一张原始凭证所列的支出需要由两个以上的单位共同负担时，应当由保存该原始凭证的单位开具原始凭证分割单（而非复印件）给其他应负担的单位。

【点拨指导】原始凭证和记账凭证可按不同的方式再进行分类，如表2-2所示。

表2-2　原始凭证、记账凭证的不同分类

原始凭证	按照取得的来源不同	自制原始凭证和外来原始凭证
	按照填制的手续和内容不同	一次凭证、累计凭证和汇总凭证
	按照格式不同	专用原始凭证和通用原始凭证
记账凭证	按照填列方式不同	单式记账凭证和复式记账凭证
	按照其反映的经济业务的内容不同	收款凭证、付款凭证和转账凭证
	按照用途不同	专用记账凭证和通用记账凭证

4. 会计凭证的保管

（1）会计凭证登记完毕后，应当按照分类和编号顺序保管，不得散乱丢失。记账凭证应当连同所附的原始凭证或者原始凭证汇总表，按照编号顺序，折叠整齐，按期装订成册，并加具封面，注明单位名称、年度、月份和起讫日期、凭证种类、起讫号码，由装订人在装订线封签外签名或者盖章。

（2）对于数量过多的原始凭证，可以单独装订保管，在封面上注明记账凭证日期、编号、种类，同时在记账凭证上注明“附件另订”和原始凭证名称及编号。

（3）各种经济合同、存出保证金收据以及涉外文件等重要原始凭证，应当另编目录，单独登记保管，并在有关的记账凭证和原始凭证上相互注明日期和编号。

（4）原始凭证不得外借，其他单位如因特殊原因需要使用原始凭证时，经本单位会计机构负责人、会计主管人员批准，可以复制。向外单位提供的原始凭证复制件，应当在专设的登记簿上登记，并由提供人员和收取人员共同签名或者盖章。

【特别提示】原始凭证即使经过批准，也不能外借，只能复制。

（5）从外单位取得的原始凭证如有遗失，应当取得原开出单位盖有公章的证明，并注明原来凭证的号码、金额和内容等，由经办单位会计机构负责人、会计主管人员和单位领导人批准后，才能代作原始凭证。如果确实无法取得证明的，如火车、轮船、飞机票等凭证，由当事人写出详细情况，由经办单位会计机构负责人、会计主管人员和单位领导人批准后，代作原始凭证。

（六）会计账簿

1. 会计账簿的含义和种类

会计账簿是指由一定格式的账页组成的，以经过审核的会计凭证为依据，全面、系统、连续地记录各项经济业务的簿籍。《会计法》对会计账簿的种类、登记规则等内容进行了详细的规定。会计账簿是会计资料的重要组成部分，也是会计信息的主要载体之一。

会计账簿的种类，如表 2－3 所示。

表 2－3　会计账簿的种类

种类	用途	形式
总账（也称总分类账）	根据会计科目（也称总账科目）开设的账簿，用于分类登记单位的全部经济业务事项，提供资产、负债、资本、费用、成本、收入和成果等总括核算的资料	一般有订本账和活页账两种
明细账（也称明细分类账）	根据总账科目所属的明细科目设置，用于分类登记某一类经济业务事项，提供有关明细核算资料	通常使用活页账
日记账	一种特殊的序时明细账，它是按照经济业务事项发生的时间先后顺序，逐日逐笔地进行登记的账簿	包括库存现金日记账和银行存款日记账，库存现金日记账和银行存款日记账必须采用订本式账簿
其他辅助账簿（也称备查账簿）	对无法在上述账簿中登记的经济业务事项进行补充记录的账簿，为备忘备查而设置	主要包括各种租借设备、物资的辅助登记或有关应收、应付款项的备查簿，担保、抵押备查簿等

2. 启用会计账簿的基本要求

启用会计账簿时，应当在账簿封面上写明单位名称和账簿名称。在账簿扉页上应当附启用表，内容包括：启用日期、账簿页数、记账人员和会计机构负责人、会计主管人员姓名，并加盖名章和单位公章。

【特别提示】记账人员或者会计机构负责人、会计主管人员调动工作时，应当注明交接日期、接办人员或者监交人员姓名，并由交接双方人员签名或者盖章。

启用订本式账簿，应当从第一页到最后一页顺序编定页数，不得跳页、缺号。使用活页式账簿，应当按账户顺序编号，并须定期装订成册。装订后再按实际使用的账页顺序编定页码。另加目录，记明每个账户的名称和页次。

3. 登记会计账簿的基本要求

（1）准确完整。登记会计账簿时，应当将会计凭证日期、编号、业务内容摘要、金额和其他有关资料逐项记入账内，做到数字准确、摘要清楚、登记及时、字迹工整。

【点拨指导】账簿记录中的日期，应当填写记账凭证上的日期；以自制原始凭证（如收料单、领料单）作为记账依据的，账簿记录中的日期应当依照有关自制凭证上的日期填列。

【特别提示】每个会计事项，一方面要记入有关总账，另一方面要记入该总账所属的明细分类账（即平行登记的要求）。另外，应当注意的是，并不是所有的总账都需要细分并设立明细账，是否设立明细账应当视企业具体情况而定。

（2）注明记账符号。登记完毕后，要在记账凭证上签名或者盖章，并在记账凭证的“过账”栏内注明账簿页数或标明已经登账的符号，如“√”，表示已经记账完毕，避免重记、漏记。

（3）书写留空。账簿中书写的文字和数字上面要留有适当空格，不要写满格；一般应占格距的二分之一。

（4）正常记账使用蓝黑墨水，特殊记账使用红墨水。登记账簿要用蓝黑墨水或者碳素墨水书写，不得使用圆珠笔（银行的复写账簿除外）或者铅笔书写。下列情况，可以用红色墨水记账：按照红字冲账的记账凭证，冲销错误记录；在不设借贷等栏的多栏式账页中，登记减少数；在三栏式账户的余额栏前，未印明余额方向的，在余额栏内登记负数余额；根据国家统一会计制度的规定可以用红字登记的其他会计记录。

（5）顺序连续登记。各种账簿按页次顺序连续登记，不得跳行、隔页。如果发生跳行、隔页，应当将空行、空页划线注销，或者注明“此行空白”“此页空白”字样，并由记账人员签名或者盖章。

（6）结出余额的要求。凡需要结出余额的账户，结出余额后，应当在“借或贷”等栏内写明“借”或者“贷”等字样。没有余额的账户，应当在“借或贷”等栏内写“平”字，并在余额栏内用“θ”表示。现金日记账和银行存款日记账必须逐日结出余额。

（7）过次承前的要求。每一账页登记完毕结转下页时，应当结出本页合计数及余额，写在本页最后一行和下页第一行有关栏内，并在摘要栏内注明“过次页”和“承前页”字样；也可以将本页合计数及金额只写在下页第一行有关栏内，并在摘要栏内注明“承前页”字样。对需要结计本月发生额的账户，结计“过次页”的本页合计数应当为自本月初起至本页末止的发生额合计数；对需要结计本年累计发生额的账户，结计“过次页”的本页合计数应当为自年初起至本页末止的累计数；对既不需要结计本月发生额又不需要结计本年累计发生额的账户，可以只将每页末的余额结转次页。

【特别提示】实行会计电算化的单位，用计算机打印的会计账簿必须连续编号，经审核无误后装订成册，并由记账人员和会计机构负责人、会计主管人员签名或者盖章。

4. 账簿记录发生错误的更正方法

账簿记录发生错误，不准涂改、挖补、刮擦或者用药水消除字迹，不准重新抄写，必须按照下列方法进行更正：

（1）划线更正法。

划线更正法又称红线更正法。在结账前发现账簿记录有文字或数字错误，而记账凭证没有错误的，可以采用划线更正法。更正时，可在错误的文字或数字上划一条红线，表示注销，在红线的上方填写正确的文字或数字，并由记账及相关人员在更正处盖章。对于错误的数字，应全部划红线更正，不得只更正其中的错误数字。而对于文字错误，可只划去错误的部分，而不用把所有文字全部划去。

（2）红字更正法。

红字更正法又称红字冲账法，是用红字冲销原有错误的账户记录或凭证记录，以更正或调整账簿记录的一种方法。通常有如下两种情况：

①记账后在当年内发现记账凭证所记的会计科目有错误，从而引起记账错误，可以采用红字更正法。更正时，应用红字填写一张与原记账凭证完全相同的记账凭证，在摘要栏注明“冲销某月某日第×号记账凭证的错误”，并据以用红字登记入账，以示注销原记账金额，然后用蓝字填写一张正确的记账凭证，在摘要栏内写明“补记某月某日账”，并据以登记入账。

②记账后在当年内发现记账凭证所记的会计科目无错误而所记金额大于应记金额，从而引起记账错误，可以采用红字更正法。更正时应按多记的金额用红字编制一张与原记账凭证应借、应贷科目完全相同的记账凭证，在摘要栏内写明“冲销某月某日第×号记账凭证多记金额”字样，以冲销多记的金额，并据以登记入账。

（3）补充登记法。

补充登记法是在记账后发现记账凭证填写的会计科目无误，只是所记金额小于应记金额时采用的一种更正错账的方法。更正时应按少记的金额用蓝字编制一张与原记账凭证应借、应贷科目完全相同的记账凭证，在摘要栏内写明“补记某月某日第×号记账凭证少记金额”字样，以补充少记的金额，并据以登记入账。

5. 结账

各单位应当按照规定定期结账。结账前，必须将本期内所发生的各项经济业务全部登记入账。结账时，应当结出每个账户的期末余额。需要结出当月发生额的，应当在摘要栏内注明“本月合计”字样，并在下面通栏划单红线。需要结出本年累计发生额的，应当在摘要栏内注明“本年累计”字样，并在下面通栏划单红线；12 月末的“本年累计”就是全年累计发生额。全年累计发生额下面应当通栏划双红线。年度终了结账时，所有总账账户都应当结出全年发生额和年末余额。

年度终了，要把各账户的余额结转到下一会计年度，并在摘要栏注明“结转下年”字样；在下一会计年度新建有关会计账簿的第一行余额栏内填写上年结转的余额，并在摘要栏注明“上年结转”字样。

（七）财务会计报告

1. 财务会计报告的含义

财务会计报告也称财务报告，是指单位对外提供的、反映单位某一特定日期财务状况和某一会计期间经营成果、现金流量等会计信息的结构性表述文件。

2. 企业财务会计报告的构成

（1）企业财务会计报告包括会计报表、会计报表附注和财务情况说明书。

（2）企业财务会计报告按编制时间分为年度、半年度、季度和月度财务会计报告。年度、半年度财务会计报告应当包括：会计报表、会计报表附注、财务情况说明书。会计报表应当包括资产负债表、利润表、现金流量表及相关附表。季度、月度财务会计报告通常仅指会计报表，会计报表至少应当包括资产负债表和利润表。国家统一的会计制度规定季度、月度财务会计报告需要编制会计报表附注的，从其规定。

【特别提示】上述内容是考试大纲及指定教材的说法，是不准确的。根据企业会计准则的内容，“财务情况说明书”的内容已经并入“会计报表附注”中。上述内容准确的说法是：“财务报告，又称财务会计报告，包括财务报表和其他应当在财务报告中披露的相关信息和资料。财务报表，又称会计报表、财务会计报表，是对企业财务状况、经营成果和现金流量的结构性表述。一套完整的财务报表至少应当包括‘四表一注’，即资产负债表、利润表、现金流量表、所有者权益变动表和附注。财务报告按照编报时间，分为年报和中期报告。年报是年度财务报告的简称，是指以会计年度为基础编制的财务报告。中期报告是中期财务报告的简称，是指以中期为基础编制的财务报告。中期，是指短于一个完整的会计年度的报告期间。中期报告分为月度报告（简称月报）、季度报告（简称季报）和半年度报告（简称半年报）。中期财务报告至少应当包括资产负债表、利润表、现金流量表和附注。”但参加初级会计专业技术资格“经济法基础”考试时应以考试大纲及指定教材为准。

3. 企业财务会计报告的对外提供

（1）企业应当依照法律、行政法规和国家统一的会计制度关于财务会计报告的编制要求、提供对象和提供期限的规定，及时对外提供财务会计报告。

（2）向不同的会计资料使用者提供的财务会计报告，其编制依据应当一致。

（3）有关法律、行政法规规定财务会计报告须经注册会计师审计的，注册会计师及其所在的会计师事务所出具的审计报告应当随同财务会计报告一并提供。

（4）对外报送的财务会计报告，应当依次编写页码，加具封面，装订成册，加盖公章。封面上应当注明：单位名称，单位地址，财务报告所属年度、季度、月度，送出日期，财务会计报告应当由单位负责人和主管会计工作的负责人、会计机构负责人（会计主管人员）签名并盖章；设置总会计师的单位，还须由总会计师签名并盖章。

【点拨指导】单位负责人应当保证财务会计报告真实完整。

【特别提示】国有企业、国有控股的或者占主导地位的企业，应当至少每年向本企业的职工代表大会公布一次财务会计报告，并重点说明下列事项：

①反映与职工利益密切相关的信息，包括管理费用的构成情况，企业管理人员工资、福利和职工工资、福利费的发放、使用和结余情况，公益金的提取及使用情况，利润分配的情况以及其他与职工利益相关的信息；

②内部审计发现的问题及纠正情况；

③注册会计师审计的情况；

④国家审计机关发现的问题及纠正情况；

⑤重大的投资、融资和资产处置决策及其原因的说明等；

⑥需要说明的其他重要事项。

【特别提示】总会计师是主管本单位会计工作的行政领导，是单位行政领导成员，是单位会计工作的主要负责人。

【知识链接】代理记账机构为委托人编制的财务会计报告，经代理记账机构负责人和委托人负责人签名并盖章后，按照有关法律、法规和国家统一的会计制度的规定对外提供。

(5) 接受企业财务会计报告的组织或者个人，在企业财务会计报告未正式对外披露前，应当对其内容保密。

归纳总结

财务会计报告签名、盖章人归纳

(八) 账务核对和财产清查

1. 账务核对

账务核对又称对账，包括账实核对、账证核对、账账核对、账表核对，它是保证会计账簿记录质量的重要程序。《会计法》规定，各单位应当定期将会计账簿记录与实物、款项及有关资料相互核对，保证会计账簿记录与实物及款项的实有数额相符（账实相符）、会计账簿记录与会计凭证的有关内容相符（账证相符）、会计账簿之间相对应的记录相符（账账相符）、会计账簿记录与会计报表的有关内容相符（账表相符）。

【特别提示】对账工作每年至少进行一次。

(1) 账实核对，是指核对会计账簿记录与财产等实有数额是否相符。包括：库存现金日记账账面余额与库存现金实际库存数相核对，银行存款日记账账面余额定期与银行对账单相核对，各种财物明细账账面余额与财物实存数额相核对，各种应收、应付款明细账账面余额与有关债务、债权单位或者个人核对等。

(2) 账证核对，是指核对会计账簿记录与原始凭证、记账凭证的时间、凭证字号、内容、金额是否一致，记账方向是否相符。

（3）账账核对，是指核对不同会计账簿之间的账簿记录是否相符。包括：总账有关账户的余额核对，总账与明细账核对，总账与日记账核对，会计部门的财产物资明细账与财产物资保管和使用部门的有关明细账核对等。

（4）账表核对，是指核对会计账簿记录与会计报表有关内容是否相符。包括：会计报表中某些数字是否与总账的期末余额相符，会计报表中某些数字是否与有关明细账的期末余额相符，会计报表中某些数字是否与有关明细账的发生额相符等。

2. 财产清查

财产清查，是指通过对货币资金、实物资产和往来款项等进行实地盘点、账面核对以及查询、核对，以保证账账相符、账实相符的一种会计专门方法。财产清查既是会计核算工作的一项重要程序，又是财产物资管理的一项重要制度。各单位通过财产清查，可以确定各项财产物资的实存数与账存数是否相符，及时发现财产管理工作中存在的问题，调查分析产生的原因，制定相应的应对措施，做到账实相符，保证会计资料的真实、完整。在编制年度财务会计报告之前，各单位必须进行财产清查，并对账实不符等问题根据国家统一的会计制度的规定进行会计处理，以保证财务会计报告反映的会计信息真实、完整。

各单位应当建立财产清查制度。财产清查制度的主要内容包括：财产清查的范围、财产清查的组织、财产清查的期限和方法、对财产清查中发现问题的处理办法、对财产管理人员的奖惩办法。

二、会计档案管理

（一）会计档案的含义

会计档案是指单位在进行会计核算等过程中接收或形成的，记录和反映单位经济业务事项的，具有保存价值的文字、图表等各种形式的会计资料。

【特别提示】会计档案包括通过计算机等电子设备形成、传输和存储的电子会计档案。各单位的预算、计划、制度等文件资料属于文书档案，不属于会计档案。

单位应当加强会计档案管理工作，建立和完善会计档案的收集、整理、保管、利用和鉴定销毁等管理制度，采取可靠的安全防护技术和措施，保证会计档案的真实、完整、可用、安全。

（二）会计档案的归档

1. 会计档案的归档范围

下列会计资料应当进行归档：

（1）会计凭证，包括原始凭证、记账凭证；

（2）会计账簿类，包括总账、明细账、日记账、固定资产卡片及其他辅助性账簿；

（3）财务会计报告类，包括月度、季度、半年度财务会计报告和年度财务会计报告；

（4）其他会计资料，包括银行存款余额调节表、银行对账单、纳税申报表、会计档案移交清册、会计档案保管清册、会计档案销毁清册、会计档案鉴定意见书及其他具有保存价值的会计资料。

2. 会计档案的归档要求

（1）电子会计档案。单位可以利用计算机、网络通信等信息技术手段管理会计档案。同时满足下列条件的，单位内部形成的属于归档范围的电子会计资料可仅以电子形式保存，形成电子会计档案：

①形成的电子会计资料来源真实有效，由计算机等电子设备形成和传输；

②使用的会计核算系统能够准确、完整、有效接收和读取电子会计资料，能够输出符合国家标准归档格式的会计凭证、会计账簿、财务会计报表等会计资料，设定了经办、审核、审批等必要的审签程序；

③使用的电子档案管理系统能够有效接收、管理、利用电子会计档案，符合电子档案的长期保管要求，并建立了电子会计档案与相关联的其他纸质会计档案的检索关系；

④采取有效措施，防止电子会计档案被篡改；

⑤建立电子会计档案备份制度，能够有效防范自然灾害、意外事故和人为破坏的影响；

⑥形成的电子会计资料不属于具有永久保存价值或者其他重要保存价值的会计档案。

【特别提示】满足上述条件，单位从外部接收的电子会计资料附有符合《中华人民共和国电子签名法》规定的电子签名的，可仅以电子形式归档保存，形成电子会计档案。

（2）单位的会计机构或会计人员所属机构（以下简称“单位会计管理机构”）按照归档范围和归档要求，负责定期将应当归档的会计资料整理立卷，编制会计档案保管清册。

（3）当年形成的会计档案，在会计年度终了后，可由单位会计管理机构临时保管一年，再移交单位档案管理机构保管。因工作需要确需推迟移交的，应当经单位档案管理机构同意。单位会计管理机构临时保管会计档案最长不超过 3 年。临时保管期间，会计档案的保管应当符合国家档案管理的有关规定，且出纳人员不得兼管会计档案。

【点拨指导】出纳人员不得兼管会计档案。

（三）会计档案的移交和利用

1. 会计档案的移交

（1）单位会计管理机构在办理会计档案移交时，应当编制会计档案移交清册，并按照国家档案管理的有关规定办理移交手续。

（2）纸质会计档案移交时应当保持原卷的封装。电子会计档案移交时应当将电子会计档案及其原数据一并移交，且文件格式应当符合国家档案管理的有关规定。特殊格式的电子会计档案应当与其读取平台一并移交。

（3）单位档案管理机构接收电子会计档案时，应当对电子会计档案的准确性、完整性、可用性、安全性进行检测，符合要求的才能接收。

2. 会计档案的利用

（1）单位应当严格按照相关制度利用会计档案，在进行会计档案查阅、复制、借出时履行登记手续，严禁篡改和损坏。

（2）单位保存的会计档案一般不得对外借出。确因工作需要且根据国家有关规定必须借出的，应当严格按照规定办理相关手续。会计档案借用单位应当妥善保管和利用借入的会计档案，确保借入会计档案的安全完整，并在规定时间内归还。

（四）会计档案的保管期限

会计档案的保管期限分为永久和定期两类。会计档案的保管期限，从会计年度终了后的第一天算起。

【点拨指导】永久，即是指会计档案须永久保存；定期，是指会计档案保存应达到法定的时间，定期保管期限一般分为 10 年和 30 年。

【特别提示】《会计档案管理办法》规定的会计档案保管期限为最低保管期限。

【点拨指导】单位会计档案的具体名称如有与《会计档案管理办法》附表所列档案名称不相符的，应当比照类似档案的保管期限办理。

企业和其他组织会计档案的名称及保管期限，财政总预算、行政单位、事业单位和税收会计档案的名称及保管期限，有明确规定。

知识拓展

企业和其他组织会计档案的名称及保管期限表

（五）会计档案的鉴定和销毁

1. 会计档案的鉴定

（1）单位应当定期对已到保管期限的会计档案进行鉴定，并形成会计档案鉴定意见书。经鉴定，仍需继续保存的会计档案，应当重新划定保管期限；对保管期满，确无保存价值的会计档案，可以销毁。

知识拓展

财政总预算、行政单位、事业单位和税收会计档案的名称及保管期限表

（2）会计档案鉴定工作应当由单位档案管理机构牵头，组织单位会计、审计、纪检监察等机构或人员共同进行。

2. 会计档案的销毁

经鉴定可以销毁的会计档案，销毁的基本程序和要求如下。

（1）编制销毁清册。

单位档案管理机构编制会计档案销毁清册，列明拟销毁会计档案的名称、卷号、册数、起止年度、档案编号、应保管期限、已保管期限和销毁时间等内容。

（2）签署销毁意见。

单位负责人、档案管理机构负责人、会计管理机构负责人、档案管理机构经办人、会计管理机构经办人在会计档案销毁清册上签署意见。

【知识链接】财务会计报告由单位负责人和主管会计工作的负责人、会计机构负责人（会计主管人员）签名并盖章；设置总会计师的单位，还须由总会计师签名并盖章。

（3）监销。

①单位档案管理机构负责组织会计档案销毁工作，并与会计管理机构共同派员监销。

②监销人在会计档案销毁前，应当按照会计档案销毁清册所列内容进行清点核对；在会计档案销毁后，应当在会计档案销毁清册上签名或盖章。

③电子会计档案的销毁还应当符合国家有关电子档案的规定，并由单位档案管理机构、会计管理机构和信息系统管理机构共同派员监销。

归纳总结

会计档案销毁清册及销毁程序总结

3. 不得销毁的会计档案

（1）保管期满但未结清的债权债务会计凭证和涉及其他未了事项的会计凭证不得销毁，纸质会计档案应当单独抽出立卷，电子会计档案单独转存，保管到未了事项完结时为止。

（2）单独抽出立卷或转存的会计档案，应当在会计档案鉴定意见书、会计档案销毁清册和会计档案保管清册中列明。

（六）特殊情况下的会计档案处置

特殊情况下的会计档案处置，如表 2－4 所示。

表 2－4　特殊情况下的会计档案处置

<table>
<tr><th>特殊情形</th><th colspan="2">规定</th></tr>
<tr><td rowspan="3">单位分立情况下的会计档案处置</td><td>原单位存续</td><td>由分立后的存续方统一保管，其他方可以查阅、复制与其业务相关的会计档案</td></tr>
<tr><td>原单位解散</td><td>经各方协商后由其中一方代管或按规定处置，各方可以查阅、复制与其业务相关的会计档案</td></tr>
<tr><td colspan="2">（1）单位分立中未结清的会计事项所涉及的会计凭证，应当单独抽出由业务相关方保存，并按照规定办理交接手续
（2）单位因业务移交其他单位办理所涉及的会计档案，应当由原单位保管，承接业务单位可以查阅、复制与其业务相关的会计档案。对其中未结清的会计事项所涉及的会计凭证，应当单独抽出由承接业务单位保存，并按照规定办理交接手续</td></tr>
<tr><td rowspan="2">单位合并情况下的会计档案处置</td><td>原各单位解散或一方存续其他方解散</td><td>原各单位会计档案应当由合并后的单位统一保管</td></tr>
<tr><td>原各单位仍存续</td><td>仍应当由原各单位保管</td></tr>
<tr><td>建设单位项目建设会计档案的交接</td><td colspan="2">建设单位在项目建设期间形成的会计档案，需要移交给建设项目接受单位的，应当在办理竣工财务决算后及时移交，并按照规定办理交接手续</td></tr>
<tr><td>单位之间交接会计档案的手续</td><td colspan="2">（1）移交会计档案的单位，应当编制会计档案移交清册
（2）交接会计档案时，交接双方应当按照会计档案移交清册所列内容逐项交接，并由交接双方的单位有关负责人负责监督
（3）交接完毕后，交接双方经办人和监督人应当在会计档案移交清册上签名或盖章
（4）电子会计档案应当与其元数据一并移交，特殊格式的电子会计档案应当与其读取平台一并移交。档案接受单位应当对保存电子会计档案的载体及其技术环境进行检验，确保所接收电子会计档案的准确、完整、可用和安全</td></tr>
</table>

续表

特殊情形	规定
单位因撤销、解散、破产或其他原因终止时的会计档案处置	单位因撤销、解散、破产或其他原因而终止的，在终止或办理注销登记手续之前形成的会计档案，按照国家档案管理的有关规定处置

三、会计监督

会计监督是指单位内部的会计机构和会计人员、依法享有经济监督检查职权的政府有关部门、依法批准成立的社会审计中介组织，对国家机关、社会团体、企事业单位经济活动的合法性、合理性和会计资料的真实性、完整性以及本单位内部预算执行情况所进行的监督。

我国目前已形成了三位一体的会计监督体系，包括单位内部会计监督、以注册会计师为主体的社会监督和以政府财政部门为主体的政府监督。

（一）单位内部会计监督

1. 单位内部会计监督的含义

单位内部会计监督是指会计机构、会计人员依照法律的规定，通过会计手段对经济活动的合法性、合理性和有效性进行的一种监督。

【特别提示】单位内部会计监督的主体是各单位的会计机构、会计人员。单位内部会计监督的对象是单位的经济活动。

2. 单位内部会计监督的要求

（1）各单位应当建立、健全本单位内部会计监督制度，并将其纳入本单位内部控制制度。单位内部会计监督制度应当符合下列要求：

①记账人员与经济业务事项和会计事项的审批人员、经办人员、财物保管人员的职责权限应当明确，并相互分离、相互制约；

②重大对外投资、资产处置、资金调度和其他重要经济业务事项的决策和执行的相互监督、相互制约程序应当明确；

③财产清查的范围、期限和组织程序应当明确；

④对会计资料定期进行内部审计的办法和程序应当明确；

⑤国务院财政部门规定的其他要求。

（2）会计机构、会计人员对违反《会计法》和国家统一的会计制度规定的会计事项，有权拒绝办理或者按照职权予以纠正。

（3）会计机构、会计人员发现会计账簿记录与实物、款项及有关资料不相符的，按照国家统一的会计制度的规定有权自行处理的，应当及时处理；无权处理的，应当立即向单位负责人报告，请求查明原因，作出处理。

（4）单位负责人应当保证会计机构、会计人员依法履行职责，不得授意、指使、强令会计机构、会计人员违法办理会计事项。

3. 单位内部控制制度

（1）内部控制的含义与原则。

内部控制是指单位为实现控制目标，通过制定制度、实施措施和执行程序，对经济活动的风险进行防范和管控。

1）一般单位建立与实施内部控制应当遵循的原则。

①全面性原则。内部控制应当贯穿单位经济活动的决策、执行和监督全过程，覆盖单位及其所属单位的各种业务和事项。

②重要性原则。内部控制应当在全面控制的基础上，关注单位重要经济活动和经济活动的重大风险。

③制衡性原则。内部控制应当在治理结构、机构设置及权责分配、业务流程等方面相互制约、相互监督，同时兼顾运营效率。

④适应性原则。内部控制应当符合国家有关规定和单位的实际情况，并随着情况的变化及时加以调整。

⑤成本效益原则。内部控制应当权衡实施成本与预期效益，以适当的成本实现有效控制。

2）小企业建立与实施内部控制应当遵循的原则。

①风险导向原则。内部控制应当以防范风险为出发点，重点关注对实现内部控制目标造成重大影响的风险领域。

②适应性原则。内部控制应当与企业发展阶段、经营规模、管理水平等相适应，并随着情况的变化及时加以调整。

③实质重于形式原则。内部控制应当注重实际效果，而不局限于特定的表现形式和实现手段。

④成本效益原则。内部控制应当权衡实施成本与预期效益，以合理的成本实现有效控制。

（2）企业内部控制措施。

1）不相容职务分离控制。不相容职务分离控制要求企业全面系统地分析、梳理业务流程中所涉及的不相容职务，实施相应的分离措施，形成各司其职、各负其责、相互制约的工作机制。

【举例说明】不相容职务主要包括：授权批准与业务经办、业务经办与会计记录、会计记录与财产保管、业务经办与稽核检查、授权批准与监督检查等。

2）授权审批控制。授权审批控制要求企业根据常规授权和特别授权的规定，明确各岗位办理业务和事项的权限范围、审批程序和相应责任。

3）会计系统控制。会计系统控制要求企业严格执行国家统一的会计准则制度，加强会计基础工作，明确会计凭证、会计账簿和财务会计报告的处理程序，保证会计资料真实完整。

4）财产保护控制。财产保护控制要求企业建立财产日常管理和定期清查制度，采取财产记录、实物保管、定期盘点、账实核对等措施，确保财产安全。

5）预算控制。预算控制要求企业实施全面预算管理制度，明确各责任单位在预算管理中的职责权限，规范预算的编制、审定、下达和执行程序，强化预算约束。

6）运营分析控制。运营分析控制要求企业建立运营情况分析制度，经理层应当综合运用生产、购销、投资、筹资、财务等方面的信息，通过因素分析、对比分析、趋势分析等方法，定期开展运营情况分析，发现存在的问题，及时查明原因并加以改进。

7）绩效考评控制。绩效考评控制要求企业建立和实施绩效考评制度，科学设置考核指标体系，对企业内部各责任单位和全体员工的业绩进行定期考核和客观评价，将考核结果作为确定员工薪酬以及职务晋升、评优、降级、调岗、辞退等的依据。

（3）行政事业单位内部控制方法。

1）不相容岗位相互分离。不相容岗位相互分离要求合理设置内部控制关键岗位，明确划分职责权限，实施相应的分离措施，形成相互制约、相互监督的工作机制。

2）内部授权审批控制。内部授权审批控制要求明确各岗位办理业务和事项的权限范围、审批程序和相关责任，建立重大事项集体决策和会签制度。相关工作人员应当在授权范围内行使职权、办理业务。

3）归口管理。归口管理要求根据本单位实际情况，按照权责对等的原则，采取成立联合工作小组并确定牵头部门或牵头人员等方式，对有关经济活动实行统一管理。

4）预算控制。预算控制要求强化对经济活动的预算约束，使预算管理贯穿单位经济活动的全过程。

5）财产保护控制。财产保护控制要求建立资产日常管理制度和定期清查机制，采取资产记录、实物保管、定期盘点、账实核对等措施，确保资产安全完整。

6）会计控制。会计控制要求建立健全本单位财会管理制度，加强会计机构建设，提高会计人员业务水平，强化会计人员岗位责任制，规范会计基础工作，加强会计档案管理，明确会计凭证、会计账簿和财务会计报告处理程序。

7）单据控制。单据控制要求单位根据国家有关规定和单位的经济活动业务流程，在内部管理制度中明确界定各项经济活动所涉及的表单和票据，要求相关工作人员按照规定填制、审核、归档、保管单据。

8）信息内部公开。信息内部公开要求建立健全经济活动相关信息内部公开制度，根据国家有关规定和单位的实际情况，确定信息内部公开的内容、范围、方式和程序。

（二）会计工作的社会监督

1. 会计工作社会监督的含义

会计工作的社会监督，主要是指由注册会计师及其所在的会计师事务所等中介机构接受委托，依法对单位的经济活动进行审计，出具审计报告，发表审计意见的一种监督制度。

2. 会计工作社会监督的主体

（1）法律、行政法规规定须经注册会计师进行审计的单位，应当向受委托的会计师事务所如实提供会计凭证、会计账簿、财务会计报告和其他会计资料以及有关情况。任何单位或者个人不得以任何方式要求或者示意注册会计师及其所在的会计师事务所出具不实或者不当的审计报告。

（2）任何单位和个人对违反《会计法》和国家统一的会计制度规定的行为，有权检举。这也属于会计工作社会监督的范畴。

3. 注册会计师审计报告

（1）审计报告的含义和要素。

审计报告是指注册会计师根据审计准则的规定，在执行审计工作的基础上，对被审计单位财务报表发表审计意见的书面文件。

【特别提示】注册会计师应当就财务报表是否在所有重大方面按照适用的财务报告编制基础编制并实现公允反映形成审计意见。

【点拨指导】审计不是为了查账，也不是为了纠错，而是为了针对财务会计报告的合法性和公允性发表意见。

审计报告应当包括下列要素：标题；收件人；审计意见；形成审计意见的基础；管理层对财务报表的责任；注册会计师对财务报表审计的责任；按照相关法律法规的要求报告的事项（如适用）；注册会计师的签名和盖章；会计师事务所的名称、地址和盖章；报告日期。

（2）审计报告的种类和审计意见的类型。

审计报告分为无保留意见审计报告和非无保留意见审计报告。

审计意见的类型分为无保留意见和非无保留意见。无保留意见，是指当注册会计师认为财务报表在所有重大方面按照适用的财务报告编制基础的规定编制并实现公允反映时发表的审计意见。非无保留意见，是指对财务报表发表的保留意见、否定意见或无法表示意见。

当存在下列情形之一时，注册会计师应当在审计报告中发表非无保留意见：①根据获取的审计证据，得出财务报表整体存在重大错报的结论；②无法获取充分、适当的审计证据，不能得出财务报表整体不存在重大错报的结论。具体来说：

1）当存在下列情形之一时，注册会计师应当发表保留意见：①在获取充分、适当的审计证据后，注册会计师认为错报单独或汇总起来对财务报表影响重大，但不具有广泛性；②注册会计师无法获取充分、适当的审计证据以作为形成审计意见的基础，认为未发现的错报（如存在）对财务报表可能产生的影响重大，但不具有广泛性。

2）在获取充分、适当的审计证据后，如果认为错报单独或汇总起来对财务报表的影响重大且具有广泛性，注册会计师应当发表否定意见。

3）如果无法获取充分、适当的审计证据以作为形成审计意见的基础，认为未发现的错报（如存在）对财务报表可能产生的影响重大且具有广泛性，注册会计师应当发表无法表示意见。在极少数情况下，可能存在多个不确定事项。尽管注册会计师对每个单独的不确定事项获取了充分、适当的审计证据，但由于不确定事项之间可能存在相互影响，以及可能对财务报表产生累积影响，注册会计师不可能对财务报表形成审计意见。

在这种情况下，注册会计师应当发表无法表示意见。

（三）会计工作的政府监督

1. 会计工作政府监督的含义

会计工作的政府监督主要是指财政部门代表国家对各单位和单位中相关人员的会计行为实施的监督检查，以及对发现的违法会计行为实施的行政处罚。

【点拨指导】会计工作的政府监督是一种外部监督。

【特别提示】财政部门是指国务院财政部门、省级以上人民政府财政部门派出机构和县级以上人民政府财政部门。财政部门按照行政区域对会计事项实施监督。

2. 会计工作的政府监督主体

（1）国务院财政部门、省级以上人民政府财政部门派出机构和县级以上人民政府财政部门对各单位和单位中相关人员的会计行为实施的监督检查，以及对发现的违法会计行为实施的行政处罚。

（2）除财政部门外，审计、税务、金融管理等部门依照有关法律、行政法规规定的职责和权限，可以对有关单位的会计资料实施监督检查，并出具检查结论。

3. 财政部门会计监督的主要内容

（1）财政部门会计监督的范围。

财政部门对各单位以下情况实施会计监督：①是否依法设置会计账簿；②会计凭证、会计账簿、财务会计报告和其他会计资料是否真实、完整；③会计核算是否符合《会计法》和国家统一的会计制度的规定；④从事会计工作的人员是否具备专业能力、遵守职业道德。

（2）账户查询权。

国务院财政部门及其派出机构在对各单位会计凭证、会计账簿、财务会计报告和其他会计资料真实性、完整性实施监督检查中，发现重大违法嫌疑时，国务院财政部门及其派出机构可以向与被监督单位有经济业务往来的单位和被监督单位开立账户的金融机构查询有关情况，有关单位和金融机构应予以支持。

（3）保密义务。

依法对有关单位的会计资料实施监督检查的部门及其工作人员对在监督检查中知悉的国家秘密、工作秘密、商业秘密、个人隐私、个人信息负有保密的义务。

（4）会计信息质量检查。

会计信息质量检查是财政部门在总结多年会计监督实践经验的基础上，开拓创新出的一种实施会计监督的重要方式。会计信息质量检查是贯彻落实《会计法》、认真履行财政部门会计监督职责的基本要求，是严肃财经纪律、整顿和规范市场经济秩序的客观需要，是推进财政改革、加强财政管理的重要手段。财政部门要充分认识开展会计信息质量检查的重要意义，切实加强组织领导，采取有效措施，完善工作制度，创新工作方法，促进会计信息质量检查工作不断发展。

第2节即测即评

第3节　会计机构和会计人员

一、会计机构

会计机构，是指各单位办理会计事务的职能部门。根据《会计法》的规定，各单位应当根据会计业务的需要，依法采取下列一种方式组织本单位的会计工作：(1) 设置会计机构；(2) 在有关机构中设置会计岗位并指定会计主管人员；(3) 委托经批准设立从事会计代理记账业务的中介机构代理记账；(4) 国务院财政部门规定的其他方式。

二、代理记账机构

代理记账机构是指依法取得代理记账资格，从事代理记账业务的机构。代理记账是指代理记账机构接受委托办理会计业务。《会计基础工作规范》规定，没有设置会计记账机构或者配备会计人员的单位，应当根据《代理记账管理办法》的规定，委托会计师事务所或者持有代理记账许可证书的代理记账机构进行代理记账。

【特别提示】个人可以做兼职会计，但不属于代理记账。

(一) 代理记账机构的审批

(1) 会计师事务所及其分所可以依法从事代理记账业务。

(2) 除会计师事务所以外的机构从事代理记账业务，应当经县级以上地方人民政府财政部门批准，领取由财政部统一规定样式的代理记账许可证书。申请代理记账资格的机构应当同时具备以下条件：①为依法设立的企业；②专职从业人员不少于3名，专职从业人员是指仅在一个代理记账机构从事代理记账业务的人员；③主管代理记账业务的负责人具有会计师以上专业技术职务资格或者从事会计工作不少于3年，且为专职从业人员；④有健全的代理记账业务内部规范。

代理记账机构从业人员应当具有会计类专业基础知识和业务技能，能够独立处理基本会计业务，并由代理记账机构自主评价认定。

知识拓展

代理记账资格行政审批制度改革

(二) 代理记账机构的业务范围

代理记账机构可以接受委托办理下列业务：

(1) 根据委托人提供的原始凭证和其他资料，按照国家统一的会计制度的规定进行会计核算，包括审核原始凭证、填制记账凭证、登记会计账簿、编制财务会计报告等；

(2) 对外提供财务会计报告；

(3) 向税务机关提供税务资料；

(4) 委托人委托的其他会计业务。

（三）代理记账委托合同的必备内容

委托合同除应具备法律规定的基本条款外，应当明确下列内容：

（1）双方对会计资料真实性、完整性各自应当承担的责任；

（2）会计资料传递程序和签收手续；

（3）编制和提供财务会计报告的要求；

（4）会计档案的保管要求及相应的责任；

（5）终止委托合同应当办理的会计业务交接事宜。

（四）委托人、代理记账机构及其从业人员各自的义务

1. 委托人的义务

（1）对本单位发生的经济业务事项，应当填制或者取得符合国家统一的会计制度规定的原始凭证；

（2）应当配备专人负责日常货币收支和保管；

（3）及时向代理记账机构提供真实、完整的原始凭证和其他相关资料；

（4）对于代理记账机构退回的，要求按照国家统一的会计制度的规定进行更正、补充的原始凭证，应当及时予以更正、补充。

2. 代理记账机构及其从业人员的义务

（1）遵守有关法律、法规和国家统一的会计制度的规定，按照委托合同办理代理记账业务；

（2）对在执行业务中知悉的商业秘密予以保密；

（3）对委托人要求其作出不当的会计处理，提供不实的会计资料，以及其他不符合法律、法规和国家统一的会计制度行为的，予以拒绝；

（4）对委托人提出的有关会计处理相关问题予以解释。

【特别提示】代理记账机构为委托人编制的财务会计报告，经代理记账机构负责人和委托人负责人签名并盖章后，按照有关法律、法规和国家统一的会计制度的规定对外提供。

（五）对代理记账机构的管理

1. 代理记账机构每年应当向审批机关报送的材料

代理记账机构应当于每年4月30日之前，向审批机关报送下列材料：

（1）代理记账机构基本情况表；

（2）专职从业人员变动情况。

【特别提示】代理记账机构设立分支机构的，分支机构应当于每年4月30日之前向其所在地的审批机关报送上述材料。

2. 对代理记账机构的监督和检查

县级以上人民政府财政部门对代理记账机构及其从事代理记账业务的情况实施监督，随机抽取检查对象、随机选派执法检查人员，并将抽查情况及查处结果依法及时向社会公开。对委托代理记账的企业因违反财税法律、法规受到处理处罚的，县级以上人

民政府财政部门应当将其委托的代理记账机构列入重点检查对象。对其他部门移交的代理记账违法行为线索，县级以上人民政府财政部门应当及时予以查处。

3. 代理记账机构的注销

代理记账机构有下列情形之一的，审批机关应当办理注销手续，收回代理记账许可证书并予以公告：

（1）代理记账机构依法终止的；

（2）代理记账资格被依法撤销或撤回的；

（3）法律、法规规定的应当注销的其他情形。

（六）对代理记账从业人员的管理

1. 代理记账从业人员资质要求

代理记账从业人员应当具备下列资格条件和专业胜任能力：（1）具有会计类专业基础知识和业务技能，能够独立处理基本会计业务；（2）熟悉国家财经、税收法律、法规、规章和方针、政策，掌握本行业业务管理的有关知识；（3）恪守会计人员职业道德规范；（4）《代理记账管理办法》等规定的其他执业要求。

2. 代理记账从业人员工作原则

代理记账从业人员开展代理记账业务时，应当遵循以下原则：（1）遵守法律法规等有关规定，严格按照委托合同开展代理记账业务；（2）对工作中知悉的商业秘密、个人信息予以保密；（3）对委托人要求其作出不当的会计处理，提供不实的会计资料，以及其他违法违规行为的，应当拒绝办理；（4）依法向财政部门报告委托人的违法违规行为。

3. 对代理记账从业人员处理处罚

代理记账机构及其负责人、主管代理记账业务负责人及其从业人员违反规定出具虚假申请材料或者备案材料的，由县级以上人民政府财政部门给予警告，记入会计领域违法失信记录，根据有关规定实施联合惩戒，并向社会公告。代理记账机构从业人员在办理业务中违反会计法律、法规和国家统一的会计制度的规定，造成委托人会计核算混乱、损害国家和委托人利益的，由县级以上人民政府财政部门依据《会计法》等有关法律、法规的规定处理。

三、会计岗位设置

（一）会计工作岗位设置要求

1. 会计工作岗位的含义

会计工作岗位，是指一个单位会计机构内部根据业务分工而设置的职能岗位。

2. 会计工作岗位的主要种类

各单位应当根据会计业务需要设置会计工作岗位。会计工作岗位一般可分为：（1）会计机构负责人或者会计主管人员；（2）出纳；（3）财产物资核算；（4）工资核算；（5）成本费用核算；（6）财务成果核算；（7）资金核算；（8）往来结算；（9）总账报表；（10）稽核；（11）档案管理。

【特别提示】出纳是按照有关规定和制度，办理本单位的现金收付、银行结算及有关账务，保管库存现金、有价证券、财务印章及有关票据等工作的总称。

【点拨指导】单纯的收银、收费人员（如超市收银员、医院门诊收费员等）不是出纳人员。

【特别提示】会计机构中对正式移交之前的会计档案进行保管的工作岗位属于会计岗位；但档案管理部门中对正式移交之后的会计档案进行保管的会计档案管理岗位，不再属于会计岗位。

【点拨指导】开展会计电算化和管理会计的单位，可以根据需要设置相应工作岗位，也可以与其他工作岗位相结合。

3. 会计工作岗位的设置

（1）会计工作岗位，可以一人一岗、一人多岗或者一岗多人。

（2）出纳人员不得兼任稽核、会计档案保管和收入、费用、债权债务账目的登记工作。

（3）会计人员的工作岗位应当有计划地进行轮换。

【点拨指导】会计人员应当具备从事会计工作所需要的专业知识、专业技能，遵守职业道德。

（二）会计人员回避制度

（1）国家机关、国有企业、事业单位任用会计人员应当实行回避制度。

（2）国家机关、国有企业、事业单位的单位领导人（单位负责人）的直系亲属不得担任本单位的会计机构负责人、会计主管人员。

（3）国家机关、国有企业、事业单位的会计机构负责人、会计主管人员的直系亲属不得在本单位会计机构中担任出纳工作。

【特别提示】只有国家机关、国有企业、事业单位任用会计人员，才应当实行回避制度。

【特别提示】需要回避的直系亲属为：夫妻关系、直系血亲关系、三代以内旁系血亲以及姻亲关系。

四、会计人员

（一）会计人员的含义和范围

会计人员，是指根据《会计法》的规定，在国家机关、社会团体、企业、事业单位和其他组织（以下统称单位）中从事会计核算、执行会计监督等会计工作的人员。

点拨指导

直系亲属（夫妻关系、直系血亲关系、三代以内旁系血亲以及姻亲关系）

会计人员包括从事下列具体会计工作的人员：（1）出纳；（2）稽核；（3）资产、负债和所有者权益（净资产）的核算；（4）收入、费用（支出）的核算；（5）财务成果（政府预算执行结果）的核算；（6）财务会计报告（决算报告）编制；（7）会计监督；（8）会计机构内会计档案管理；（9）其他会计工作。担任单位会计机构负责人（会计主管人员）、总会计师的人员，属于会计人员。

（二）对会计人员的一般要求

（1）会计人员从事会计工作，应当符合下列要求：①遵守《中华人民共和国会计法》和国家统一的会计制度等法律法规；②具备良好的职业道德；③按照国家有关规定参加继续教育；④具备从事会计工作所需要的专业能力。

【点拨指导】会计人员具有会计类专业知识，基本掌握会计基础知识和业务技能，能够独立处理基本会计业务，表明具备从事会计工作所需要的专业能力。

（2）会计机构负责人或会计主管人员，是在一个单位内具体负责会计工作的中层领导人员。会计机构负责人、会计主管人员应当具备下列基本条件：①坚持原则，廉洁奉公；②具备会计师以上专业技术职务资格或者从事会计工作不少于 3 年；③熟悉国家财经法律、法规、规章和方针、政策，掌握本行业业务管理的有关知识；④有较强的组织能力；⑤身体状况能够适应本职工作的要求。

（三）会计工作的禁入规定

（1）因有提供虚假财务会计报告，做假账，隐匿或者故意销毁会计凭证、会计账簿、财务会计报告，贪污，挪用公款，职务侵占等与会计职务有关的违法行为被依法追究刑事责任的人员，不得再从事会计工作。

（2）因伪造、变造会计凭证、会计账簿，编制虚假财务会计报告，隐匿或者故意销毁依法应当保存的会计凭证、会计账簿、财务会计报告，尚不构成犯罪的，5 年内不得从事会计工作。

（3）会计人员具有违反国家统一的会计制度的一般违法行为，情节严重的，5 年内不得从事会计工作。

（四）会计专业职务与会计专业技术资格

1. 会计专业职务（会计职称）

根据《关于深化会计人员职称制度改革的指导意见》（人社部发〔2019〕8 号），会计人员职称层级分为初级、中级、副高级和正高级。初级职称只设助理级，高级职称分设副高级和正高级，形成初级、中级、高级层次清晰、相互衔接、体系完整的会计人员职称评价体系。初级、中级、副高级和正高级职称名称依次为助理会计师、会计师、高级会计师和正高级会计师。

【特别提示】会计专业职务不包括总会计师，也不包括注册会计师。

助理会计师应具备以下条件：（1）基本掌握会计基础知识和业务技能；（2）能正确理解并执行财经政策、会计法律法规和规章制度；（3）能独立处理一个方面或某个重要岗位的会计工作；（4）具备高中毕业（含高中、中专、职高、技校）以上学历。

会计师应具备以下条件：（1）系统掌握会计基础知识和业务技能；（2）掌握并能正确执行财经政策、会计法律法规和规章制度；（3）具有扎实的专业判断和分析能力，能独立负责某领域会计工作；（4）具备博士学位；或具备硕士学位，从事会计工作满 1 年；或具备第二学士学位或研究生班毕业，从事会计工作满 2 年；或具备大学本科学历或学士学位，从事会计工作满4年；或具备大学专科学历，从事会计工作满5年。

高级会计师应具备以下条件：（1）系统掌握和应用经济与管理理论、财务会计理论与实务；（2）具有较高的政策水平和丰富的会计工作经验，能独立负责某领域或一个单位的财务会计管理工作；（3）工作业绩较为突出，有效提高了会计管理水平或经济效益；（4）有较强的科研能力，取得一定的会计相关理论研究成果，或主持完成会计相关研究课题、调研报告、管理方法或制度创新等；（5）具备博士学位，取得会计师职称后，从事与会计师职责相关工作满2年；或具备硕士学位，或第二学士学位或研究生班毕业，或大学本科学历或学士学位，取得会计师职称后，从事与会计师职责相关工作满5年；或具备大学专科学历，取得会计师职称后，从事与会计师职责相关工作满10年。

正高级会计师应具备以下条件：（1）系统掌握和应用经济与管理理论、财务会计理论与实务，把握工作规律；（2）政策水平高，工作经验丰富，能积极参与一个单位的生产经营决策；（3）工作业绩突出，主持完成会计相关领域重大项目，解决重大会计相关疑难问题或关键性业务问题，提高单位管理效率或经济效益；（4）科研能力强，取得重大会计相关理论研究成果，或其他创造性会计相关研究成果，推动会计行业发展；（5）一般应具有大学本科及以上学历或学士以上学位，取得高级会计师职称后，从事与高级会计师职责相关工作满5年。

2. 会计专业技术资格

会计专业技术资格，是指担任会计专业职务的任职资格，简称“会计资格”。会计专业技术资格分为初级资格、中级资格和高级资格三个级别，分别对应初级、中级、副高级会计职称（会计专业职务）的任职资格。目前，初级、中级资格实行全国统一考试制度，高级会计师资格实行考试与评审相结合制度。

【特别提示】改革后的会计专业技术资格分为初级资格、中级资格和高级资格三个级别，分别对应初级、中级、副高级和正高级会计职称（会计专业职务）的任职资格。目前，初级、中级资格实行全国统一考试制度，副高级会计师资格实行考试与评审相结合制度，正高级会计师资格实行评审制度。该知识点在考试大纲及指定教材中未体现。参加初级会计专业技术资格“经济法基础”考试时应以考试大纲及指定教材为准。

通过全国统一考试取得初级或中级会计专业技术资格的会计人员，表明其已具备担任相应级别会计专业技术职务的任职资格。用人单位可根据工作需要和德才兼备的原则，从获得会计专业技术资格的会计人员中择优聘任。

（五）会计专业技术人员继续教育

1. 继续教育参加人员

根据《会计专业技术人员继续教育规定》，国家机关、企业、事业单位以及社会团体等组织（以下统称单位）具有会计专业技术资格的人员，或不具有会计专业技术资格但从事会计工作的人员（以下简称会计专业技术人员）享有参加继续教育的权利和接受继续教育的义务。

2. 继续教育科目

继续教育内容包括公需科目和专业科目。

（1）公需科目包括专业技术人员应当普遍掌握的法律法规、理论政策、职业道德、技术信息等基本知识。

（2）专业科目包括会计专业技术人员从事会计工作应当掌握的财务会计、管理会计、财务管理、内部控制与风险管理、会计信息化、会计职业道德、财税金融、会计法律法规等相关专业知识。

3. 学分要求

会计专业技术人员参加继续教育实行学分制管理，每年参加继续教育取得的学分不少于90学分。其中，专业科目一般不少于总学分的三分之二。

4. 单位责任

（1）用人单位应当保障专业技术人员参加继续教育的权利。

（2）用人单位应当建立本单位会计专业技术人员继续教育与使用、晋升相衔接的激励机制，将参加继续教育情况作为会计专业技术人员考核评价、岗位聘用的重要依据。

【特别提示】会计专业技术人员参加继续教育情况，应当作为聘任会计专业技术职务或者申报评定上一级资格的重要条件。

（六）总会计师

总会计师是主管本单位会计工作的行政领导，是单位行政领导成员，协助单位主要行政领导人工作，直接对单位主要行政领导人负责。

【点拨指导】凡设置总会计师的单位，在单位行政领导成员中，不设与总会计师职权重叠的副职。

【特别提示】总会计师组织领导本单位的财务管理、成本管理、预算管理、会计核算和会计监督等方面的工作，参与本单位重要经济问题的分析和决策。

国有的和国有资本占控股地位或者主导地位的大、中型企业必须设置总会计师。大、中型企业、事业单位、业务主管部门应当根据法律和国家有关的规定设置总会计师。总会计师由具有会计师以上专业技术资格的人员担任。事业单位和业务主管部门根据需要，经批准可以设置总会计师。其他单位可以根据业务需要，自行决定是否设置总会计师。

五、会计工作交接

（一）会计工作交接的含义与责任

1. 会计工作交接的含义

会计工作交接，是指会计人员调动工作、离职或者因故暂时不能工作时，与接管人员办理交接手续的一种工作程序。

2. 会计工作交接的责任

（1）会计人员工作调动或者因故离职，必须将本人所经管的会计工作全部移交给接替人员。移交人员对所移交的会计凭证、会计账簿、会计报表和其他有关资料的合法性、真实性承担法律责任。接替人员应当认真接管移交的工作，并继续办理移交的未了事项。

【特别提示】没有办清交接手续的，不得调动或者离职。

【点拨指导】不论是会计人员彻底离开会计工作岗位，还是因故暂时离开会计工作岗位，均应办理交接手续。

【特别提示】即便接替人员在交接时因疏忽没有发现所接会计资料在合法性、真实性方面的问题，如事后发现仍应由原移交人员承担法律责任，原移交人员不应以会计资料已移交而推脱责任。

（2）会计人员临时离职或者因病不能工作且需要接替或者代理的，会计机构负责人、会计主管人员或者单位领导人必须指定有关人员接替或者代理，并办理交接手续。

（3）临时离职或者因病不能工作的会计人员恢复工作的，应当与接替或者代理人员办理交接手续。

（4）移交人员因病或者其他特殊原因不能亲自办理移交的，经单位领导人批准，可由移交人员委托他人代办移交，但委托人应当承担对所移交的会计凭证、会计账簿、会计报表和其他有关资料的合法性、真实性的法律责任。

（5）单位撤销时，必须留有必要的会计人员，会同有关人员办理清理工作，编制决算。未移交前，不得离职。接收单位和移交日期由主管部门确定。单位合并、分立的，其会计工作交接手续比照上述有关规定办理。

（二）会计工作移交前的准备工作

会计人员办理移交手续前，必须及时做好以下工作：（1）已经受理的经济业务尚未填制会计凭证的，应当填制完毕。（2）尚未登记的账目，应当登记完毕，并在最后一笔余额后加盖经办人员印章。（3）整理应该移交的各项资料，对未了事项写出书面材料。（4）编制移交清册，列明应当移交的会计凭证、会计账簿、会计报表、印章、现金、有价证券、支票簿、发票、文件、其他会计资料和物品等内容；实行会计电算化的单位，从事该项工作的移交人员还应当在移交清册中列明会计软件及密码、会计软件数据磁盘（磁带等）及有关资料、实物等内容。

（三）会计工作交接的监交与会计工作交接要求

1. 会计工作交接的监交

（1）会计人员办理交接手续，必须有监交人负责监交。一般会计人员办理交接手续，由会计机构负责人、会计主管人员监交。

（2）会计机构负责人、会计主管人员办理交接手续，由单位负责人监交，必要时主管单位可以派人会同监交。

2. 会计工作交接要求

（1）移交人员在办理移交时，要按移交清册逐项移交；接替人员要逐项核对点收。具体来说：①现金、有价证券要根据会计账簿有关记录进行点交。库存现金、有价证券必须与会计账簿记录保持一致。不一致时，移交人员必须限期查清。②会计凭证、会计账簿、会计报表和其他会计资料必须完整无缺，如有短缺，必须查清原因，并在移交清册中注明，由移交人员负责。③银行存款账户余额要与银行对账单核对，如不一致，应当编制银行存款余额调节表调节相符，各种财产物资和债权债务的明细账户余额要与总账有关账户余额核对相符；必要时，要抽查个别账户的余额，与实物核对相符，或者与往来单位、个人核对清楚。④移交人员经管的票据、印章和其他实物等，必须交接清楚；移交人员从事会计电算化工作的，要对有关电子数据在实际操作状态下进行交接。⑤会计机构负责人、会计主管人员移交时，还必须将全部财务会计工作、重大财务收支和会计人员的情况等，向接替人员详细介绍。对需要移交的遗留问题，应当写出书面材料。

（2）交接完毕后，交接双方和监交人员要在移交清册上签名或者盖章，并应在移交清册上注明：单位名称，交接日期，交接双方和监交人员的职务、姓名，移交清册页数以及需要说明的问题和意见等。

（3）移交清册一般应当填制一式三份，交接双方各执一份，存档一份。

（4）接替人员应当继续使用移交的会计账簿，不得自行另立新账，以保持会计记录的连续性。

第3节即测即评

第 4 节　会计法律责任

违反会计法律制度应当承担的法律责任，在《会计法》及相关法律、法规、规章中都作出了相应的规定。本节主要介绍《会计法》对会计违法行为法律责任的规定。

一、违反国家统一会计制度行为的法律责任

1. 违反国家统一会计制度行为

①不依法设置会计账簿的；

②私设会计账簿的；

③未按照规定填制、取得原始凭证或者填制、取得的原始凭证不符合规定的；

④以未经审核的会计凭证为依据登记会计账簿或者登记会计账簿不符合规定的；

⑤随意变更会计处理方法的；

⑥向不同的会计资料使用者提供的财务会计报告编制依据不一致的；

⑦未按照规定使用会计记录文字或者记账本位币的；

⑧未按照规定保管会计资料，致使会计资料毁损、灭失的；

⑨未按照规定建立并实施单位内部会计监督制度或者拒绝依法实施的监督，或者不如实提供有关会计资料及有关情况的；

⑩任用会计人员不符合《会计法》规定的。

2. 违反《会计法》规定，实施上述“违反国家统一会计制度行为”的法律责任

违反《会计法》规定，有上述不依法设置会计账簿等会计违法行为之一的，由县级

以上人民政府财政部门责令限期改正，给予警告、通报批评，对单位可以并处20万元以下的罚款，对其直接负责的主管人员和其他直接责任人员可以处5万元以下的罚款；情节严重的，对单位可以并处20万元以上100万元以下的罚款，对其直接负责的主管人员和其他直接责任人员可以处5万元以上50万元以下的罚款；属于公职人员的，还应当依法给予处分；构成犯罪的，依法追究刑事责任；会计人员有上述所列行为之一，情节严重的，5年内不得从事会计工作；有关法律对上述所列行为的处罚另有规定的，依照有关法律的规定办理。

二、伪造、变造会计凭证、会计账簿，编制虚假财务会计报告，隐匿或者故意销毁依法应当保存的会计凭证、会计账簿、财务会计报告行为的法律责任

伪造、变造会计凭证、会计账簿，编制虚假财务会计报告，隐匿或者故意销毁依法应当保存的会计凭证、会计账簿、财务会计报告的，由县级以上人民政府财政部门责令限期改正，给予警告、通报批评，没收违法所得，违法所得20万元以上的，对单位可以并处违法所得1倍以上10倍以下的罚款，没有违法所得或者违法所得不足20万元的，可以并处20万元以上200万元以下的罚款；对其直接负责的主管人员和其他直接责任人员可以处10万元以上50万元以下的罚款，情节严重的，可以处50万元以上200万元以下的罚款；属于公职人员的，还应当依法给予处分；其中的会计人员，5年内不得从事会计工作；构成犯罪的，依法追究刑事责任。

【特别提示】根据《刑法》的规定，隐匿或者故意销毁依法应当保存的会计凭证、会计账簿、财务会计报告，情节严重的，处5年以下有期徒刑或者拘役，并处或者单处2万元以上20万元以下罚金。单位犯该罪的，对单位判处罚金，并对其直接负责的主管人员和其他直接责任人员，依照上述规定处罚。

【特别提示】根据《会计法》的规定，因有提供虚假财务会计报告，做假账，隐匿或者故意销毁会计凭证、会计账簿、财务会计报告，贪污，挪用公款，职务侵占等与会计职务有关的违法行为被依法追究刑事责任的人员，不得再从事会计工作。

三、授意、指使、强令会计机构、会计人员及其他人员伪造、变造会计凭证、会计账簿，编制虚假财务会计报告或者隐匿、故意销毁依法应当保存的会计凭证、会计账簿、财务会计报告行为的法律责任

授意、指使、强令会计机构、会计人员及其他人员伪造、变造会计凭证、会计账簿，编制虚假财务会计报告或者隐匿、故意销毁依法应当保存的会计凭证、会计账簿、财务会计报告的，由县级以上人民政府财政部门给予警告、通报批评，可以并处20万元以上100万元以下的罚款；情节严重的，可以并处100万元以上500万元以下的罚款；属于公职人员的，还应当依法给予处分；构成犯罪的，依法追究刑事责任。

四、单位负责人对依法履行职责、抵制违反《会计法》规定行为的会计人员实行打击报复的法律责任

单位负责人对依法履行职责、抵制违反《会计法》规定行为的会计人员以降级、撤职、调离工作岗位、解聘或者开除等方式实行打击报复，依法给予处分；构成犯罪的，依法追究刑事责任。对受打击报复的会计人员，应当恢复其名誉和原有职务、级别。

【特别提示】根据《刑法》的规定，公司、企业、事业单位、机关、团体的领导人，对依法履行职责、抵制违反《会计法》规定行为的会计人员实行打击报复，情节恶劣的，处 3 年以下有期徒刑或者拘役。

五、财政部门及有关行政部门工作人员在实施监督管理中违法行为的法律责任

财政部门及有关行政部门的工作人员在实施监督管理中滥用职权、玩忽职守、徇私舞弊或者泄露国家秘密、工作秘密、商业秘密、个人隐私、个人信息的，依法给予处分；构成犯罪的，依法追究刑事责任。违反《会计法》规定，将检举人姓名和检举材料转给被检举单位和被检举人个人的，依法给予处分。

【点拨指导】违反《会计法》规定，但具有《中华人民共和国行政处罚法》规定的从轻、减轻或者不予处罚情形的，依照其规定从轻、减轻或者不予处罚。

第4节即测即评

第3章

支付结算法律制度

素养提升

1. 通过学习使用不同的结算方式进行支付结算，培养学生遵守“坚持诚信，守法奉公”“坚持准则，守责敬业”“坚持学习，守正创新”的会计人员职业道德规范，并能自觉遵守各项支付结算法律制度。

2. 通过经济犯罪相关案例分析，教导学生识别并防范票据诈骗等各类诈骗、校园贷、传销、恶意透支信用卡等经济犯罪，拒绝高报酬诱惑，保护自己和他人的合法权益。

第1节　支付结算概述

一、支付结算的含义和支付结算服务组织

（一）支付结算的含义

支付结算是指单位、个人在社会经济活动中使用票据、银行卡和汇兑、托收承付、委托收款、信用证等结算方式进行货币给付及资金清算的行为。

【特别提示】支付结算是指转账结算，不包括现金结算。

【点拨指导】支付结算的主要功能是按照有关法律、行政法规规定，准确、及时、安全地完成资金从一方当事人向另一方当事人的转移。

（二）支付结算服务组织

我国的支付结算服务组织主要有中国人民银行、银行业金融机构（以下简称“银行”）、特许清算机构、非金融支付机构（以下简称“支付机构”）等。

特别提示

我国支付结算法律制度的主要内容

【点拨指导】中国人民银行作为我国的中央银行，负责建设运行支付清算系统，向银行、特许清算机构、支付机构提供账户、清算等服务。银行面向广大单位和个人提供账户、支付工具、结算等服务。特许清算机构主要向其成员机构提供银行卡、电子商业汇票等特定领域的清算服务。支付机构主要为个人和中小微企业提供网络支付、银行卡收单和多用途预付卡发行与受理等支付服务。

二、支付结算的工具

我国目前使用的人民币非现金支付工具主要包括“三票一卡”和结算方式等。随着网络的发展，网上银行、条码支付、网络支付等电子化支付方式出现并快速发展。

【特别提示】“三票一卡”是指三种票据（汇票、本票和支票）和银行卡，结算方式包括汇兑、托收承付和委托收款。

【特别提示】汇票包括商业汇票和银行汇票。

目前，我国已形成了以票据和银行卡为主体、以电子支付为发展方向的非现金支付工具体系。票据和汇兑是我国单位和个人广泛使用的重要支付工具，在大额支付中占据主导地位；银行卡收单、网络支付、预付卡、条码支付等在小额支付中占据主导地位；托收承付、国内信用证在我国的使用量较少。

三、支付结算的原则和要求

（一）支付结算的原则

支付结算原则是指参与支付结算活动的各方当事人（银行、单位和个人）形成的与经济活动相适应的原则，包括：恪守信用、履约付款原则；谁的钱进谁的账、由谁支配原则；银行不垫款原则。

（二）支付结算的要求

在具体支付结算实务中，有以下基本要求：

（1）单位、个人和银行办理支付结算，必须使用按中国人民银行统一规定印制的票据凭证和结算凭证。

未使用按中国人民银行统一规定印制的票据，票据无效；未使用中国人民银行统一规定格式的结算凭证，银行不予受理。

【特别提示】票据和结算凭证是办理支付结算的工具。

（2）票据和结算凭证上的签章和其他记载事项应当真实，不得伪造、变造。票据和结算凭证上的签章，为签名、盖章或者签名加盖章。单位、银行在票据上的签章和单位在结算凭证上的签章，为该单位、银行的盖章加其法定代表人或其授权的代理人的签名或盖章。个人在票据和结算凭证上的签章，为该个人本人的签名或盖章。

【特别提示】“伪造”是指无权限人假冒他人或虚构他人名义签章的行为，如伪造出票签章、背书签章、承兑签章和保证签章。“变造”是指无权更改票据内容的人，对票据上签章以外的记载事项加以改变的行为，其手段是在合法票据的基础上，对票据加以剪接、挖补、覆盖、涂改，从而非法改变票据的记载事项。

【区别比较】伪造的特点是无中生有；变造的特点是歪曲事实。

伪造、变造票据属于欺诈行为，构成犯罪的应追究其刑事责任。

出票金额、出票日期、收款人名称不得更改，更改的票据无效；更改的结算凭证，银行不予受理。对票据和结算凭证上的其他记载事项，原记载人可以更改，更改时应当由原记载人在更改处签章证明。

【点拨指导】伪造人不承担票据责任，而应追究其刑事责任。

（3）填写各种票据和结算凭证应当规范。

①基本规范要求。填写票据和结算凭证，必须做到要素齐全、数字正确、字迹清晰、不错漏、不潦草，防止涂改。

②填写收款人名称应当规范。单位和银行的名称应当记载全称或者规范化简称。规范化简称必须具有排他性，与全称在实质上具有同一性。

【举例说明】“中国证券监督管理委员会”的规范化简称为“中国证监会”。

③填写出票日期应当规范。票据的出票日期必须使用中文大写。为防止变造票据的出票日期，在填写月、日时，月为“壹”“贰”和“壹拾”的，日为“壹”至“玖”和“壹拾”“贰拾”“叁拾”的，应在其前加“零”；日为“拾壹”至“拾玖”的，应在其前加“壹”。

【归纳总结】票据出票日期的中文大写书写要求，如表3-1所示。

表3-1　票据出票日期的中文大写书写要求

日期	中文大写方式
月为壹、贰和壹拾	在日或月前加“零”
日为壹至玖以及壹拾、贰拾和叁拾	
日为拾壹至拾玖	在日前加“壹”

【举例说明】2月16日，应写成“零贰月壹拾陆日”；10月30日，应写成“零壹拾月零叁拾日”。

④填写金额应当规范。票据和结算凭证金额以中文大写和阿拉伯数码同时记载，二者必须一致，二者不一致的票据无效；二者不一致的结算凭证，银行不予受理。

归纳总结

会导致票据无效或结算凭证银行不予受理的情形

第1节即测即评

第2节　银行结算账户

一、银行结算账户的含义和种类

（一）银行结算账户的含义

银行结算账户是指银行为存款人开立的办理资金收付结算的活期存款账户。

【点拨指导】“银行”是指在中国境内经批准经营支付结算业务的银行业金融机构；“存款人”是指在中国境内开立银行结算账户的机关、团体、部队、企业、事业单位、其他组织（以下统称单位）、个体工商户和自然人。

（二）银行结算账户的种类

银行结算账户按存款人不同分为单位银行结算账户和个人银行结算账户。

单位银行结算账户是存款人以单位名称开立的银行结算账户。单位银行结算账户按用途分为基本存款账户、一般存款账户、专用存款账户、临时存款账户。

【特别提示】一般情况下，应当先开立基本存款账户，然后才能开立其他三个账户，但因注册验资而开立的临时存款账户等情形除外。因注册验资而开立的临时存款账户后期可以转为基本存款账户。

【特别提示】个体工商户凭营业执照以字号或经营者姓名开立的银行结算账户纳入单位银行结算账户管理。

个人银行结算账户是存款人凭个人身份证件以自然人名称开立的银行结算账户。

财政部门为实行财政国库集中支付的预算单位在银行开设的零余额账户按基本存款账户或专用存款账户管理。

【点拨指导】银行结算账户是社会资金运动的起点和终点，是支付结算工作开展的基础。

二、银行结算账户的开立、变更和撤销

（一）银行结算账户的开立

1. 开户银行的选择

存款人应在注册地或住所地开立银行结算账户。符合异地（跨省、市、县）开户条件的，也可以在异地开立银行结算账户。

【特别提示】存款人可以自主选择银行开立银行结算账户，除国家法律、行政法规和国务院规定外，任何单位和个人不得强令存款人到指定银行开立银行结算账户。

2. 银行结算账户开立与审查程序

（1）存款人填写“开立银行结算账户申请书”（以下简称“开户申请书”）。

存款人申请开立银行结算账户时，应填制开户申请书。开立单位银行结算账户时，应填写“开立单位银行结算账户申请书”，并加盖单位公章和法定代表人（单位负责人）或其授权代理人的签名或者盖章。存款人有组织机构代码、上级法人或主管单位的，应在“开立单位银行结算账户申请书”上如实填写相关信息。存款人有关联企业的，应填写“关联企业登记表”。申请开立个人银行结算账户时，存款人应填写“开立个人银行结算账户申请书”，并加盖其个人签章。

（2）开户银行审查存款人的开户申请书。

银行应对存款人的开户申请书填写的事项和相关证明文件的真实性、完整性、合规性进行认真审查。

3. 开户核准与备案

（1）开户申请书填写的事项齐全，符合开立核准类账户条件的，银行应将存款人的开户申请书、相关的证明文件和银行审核意见等开户资料报送中国人民银行当地分支机构，经其核准并核发开户许可证后办理开户手续。

【特别提示】需要中国人民银行核准的结算账户包括：①企业法人、非法人企业和个体工商户以外的其他单位开立的基本存款账户；②企业法人、非法人企业和个体工商户以外的其他单位开立的临时存款账户（因注册验资和增资验资开立的除外）；③预算单位专用存款账户；④合格境外机构投资者在境内从事证券投资开立的人民币特殊账户和人民币结算资金账户。

（2）企业（在境内设立的企业法人、非法人企业和个体工商户，下同）开立基本存款账户、临时存款账户已取消核准制，由银行向中国人民银行当地分支机构备案，无须颁发开户许可证。银行完成企业基本存款账户信息备案后，账户管理系统生成基本存款账户编号。银行应打印“基本存款账户信息”和存款人查询密码并交付企业。持有基本存款账户编号的企业申请开立一般存款账户、专用存款账户、临时存款账户时，应当向银行提供基本存款账户编号。

符合开立一般存款账户、非预算单位专用存款账户和个人银行结算账户条件的，银行应办理开户手续，并向中国人民银行当地分支机构备案。上述结算账户统称备案类结算账户。备案类结算账户的变更和撤销也应通过账户管理系统向中国人民银行当地分支机构报备。

【归纳总结】需要中国人民银行备案的结算账户包括：①企业开立基本存款账户；②企业开立临时存款账户；③一般存款账户；④非预算单位专用存款账户；⑤个人银行结算账户。

中国人民银行当地分支机构应于 2 个工作日内对开户银行报送的核准类账户的开户资料的合规性予以审核，符合开户条件的，予以核准，颁发基本（或临时或专用）存款账户开户许可证。不符合开户条件的，应在开户申请书上签署意见，连同有关证明文件一并退回报送银行，由报送银行转送存款人。

【特别提示】开户许可证是中国人民银行依法准予申请人在银行开立核准类银行结算账户的行政许可证件，是核准类银行结算账户合法性的有效证明。开户许可证有正本和副本之分，正本由申请人保管，副本由申请人开户银行留存。

4. 签订账户管理协议

开立银行结算账户时，银行应与存款人签订银行结算账户管理协议，明确双方的权利与义务。

（1）企业申请开立基本存款账户的，银行应当向企业法定代表人或单位负责人核实企业开户意愿，并留存相关工作记录。核实开户意愿，可采取面对面、视频等方式，具体方式由银行根据客户风险程度选择。

【特别提示】银行与企业签订的银行结算账户管理协议内容包括但不限于：银行与开户申请人办理银行结算账户业务应当遵守法律、行政法规以及中国人民银行的有关规定，不得利用银行结算账户从事各类违法犯罪活动；企业银行结算账户信息变更及撤销的情形、方式、时限；银行控制账户交易措施的情形和处理方式；其他需要约定的内容。

（2）对存在法定代表人或者负责人对单位经营规模及业务背景等情况不清楚、注册地和经营地均在异地等异常情况的单位，银行应当与其法定代表人或者负责人面签银行结算账户管理协议，并留存视频、音频资料等，开户初期原则上不开通非柜面业务，待后续了解后再审慎开通。

（3）银行在为存款人开通非柜面转账业务时，双方应签订协议，约定非柜面渠道向非同名银行账户和支付账户转账的日累计限额、笔数和年累计限额等，超出限额和笔数的，应当到银行柜面办理。

（4）预留签章的有关规定：①银行应建立存款人预留签章卡片，并将签章式样和有关证明文件的原件或复印件留存归档；②存款人为单位的，其预留签章为该单位的公章或财务专用章加其法定代表人（单位负责人）或其授权的代理人的签名或者盖章；③存款人为个人的，其预留签章为该个人的签名或者盖章。

5. 账户名称的要求

存款人在申请开立单位银行结算账户时，其申请开立的银行结算账户的账户名称、出具的开户证明文件上记载的存款人名称以及预留银行签章中公章或财务专用章的名称应保持一致，但以下情形除外：

（1）因注册验资开立的临时存款账户，其账户名称为市场监督管理部门核发的“企业名称预先核准通知书”或政府有关部门批文中注明的名称，其预留银行签章中公章或财务专用章的名称应是存款人与银行在银行结算账户管理协议中约定的出资人名称。

（2）预留银行签章中公章或财务专用章的名称依法可使用简称的，账户名称应与其保持一致。

（3）没有字号的个体工商户开立的银行结算账户，其预留签章中公章或财务专用章应是“个体户”字样加营业执照上载明的经营者的签名或盖章。

6. 银行账户的开立之日与业务办理

存款人开立单位银行结算账户，自正式开立之日起3个工作日后，方可使用该账户办理付款业务；但是，注册验资的临时存款账户转为基本存款账户、因借款转存开立的一般存款账户除外。企业银行结算账户自开立之日即可办理收付款业务。

【特别提示】实际上，“单位银行结算账户”与“企业银行结算账户”是同一概念。在上一段中，考试大纲及指定教材把旧规定和新规定都列出了，旧规定（已经过时）是“自正式开立之日起3个工作日后，方可使用该账户办理付款业务”，新规定是“自开立之日即可办理收付款业务”。但参加初级会计专业技术资格“经济法基础”考试时应以考试大纲及指定教材为准。

【点拨指导】对于核准类银行结算账户，“正式开立之日”为中国人民银行当地分支机构的核准日期；对于备案类银行结算账户，“正式开立之日”为开户银行为存款人办理开户手续的日期。

（二）银行结算账户的变更

1. 银行账户变更的基本要求

变更是指存款人的账户信息资料发生变化或改变。存款人变更账户名称、单位的法定代表人或主要负责人、地址等其他开户资料后，应及时向开户银行办理变更手续，填写“变更银行结算账户申请书”。银行发现企业名称、法定代表人或者单位负责人发生变更的，应当及时通知企业办理变更手续；企业自通知送达之日起在合理期限内仍未办理变更手续，且未提出合理理由的，银行有权采取措施适当控制账户交易。企业营业执照、法定代表人或者单位负责人有效身份证件列明有效期限的，银行应当于到期日前提示企业及时更新，有效期到期后，在合理期限内企业仍未更新，且未提出合理理由的，银行应当按规定中止其办理业务。属于申请变更单位银行结算账户的，应加盖单位公章和法定代表人（单位负责人）或其授权代理人的签名或者盖章；属于申请变更个人银行结算账户的，应加盖其个人签章。

2. 银行账户变更的时限

（1）存款人更改名称，但不改变开户银行及账号的，应于5个工作日内向开户银行提出银行结算账户的变更申请，并出具有关部门的证明文件。

（2）单位的法定代表人或主要负责人、住址以及其他开户资料发生变更时，应于5个工作日内书面通知开户银行并提供有关证明。

3. 开户许可证及相关信息的变更

属于变更开户许可证记载事项的，存款人办理变更手续时，应交回开户许可证，由中国人民银行当地分支机构换发新的开户许可证。对因办理变更手续收回的企业开户许可证原件，不再换发新的开户许可证。对企业名称、法定代表人或者单位负责人变更的，账户管理系统重新生成新的基本存款账户编号，银行应当打印“基本存款账户信息”并交付企业。企业遗失或损毁取消许可前基本存款账户开户许可证的，中国人民银行分支机构不再补发。企业可向基本存款账户开户银行申请打印“基本存款账户信息”。

【点拨指导】如果存款人拟改变开户银行及账号，不属于银行结算账户的变更。

（三）银行结算账户的撤销

1. 应当撤销账户的情形

有下列情形之一的，存款人应向开户银行提出撤销银行结算账户的申请：

（1）被撤并、解散、宣告破产或关闭的；

（2）注销、被吊销营业执照的；

（3）因迁址需要变更开户银行的；

（4）其他原因需要撤销银行结算账户的。

存款人有以上第（1）、（2）项情形的，应于5个工作日内向开户银行提出撤销银行结算账户的申请。

【特别提示】针对第（1）、（2）项情形，存款人超过规定期限未主动办理撤销银行结算账户手续的，银行有权停止其银行结算账户的对外支付。存款人因以上第（3）、（4）项情形撤销基本存款账户后，需要重新开立基本存款账户的，应在撤销其原基本存款账户后10日内申请重新开立基本存款账户。

【特别提示】“迁址”如不需要变更开户银行的，办理变更手续即可；如需要变更开户银行的，应先办理账户撤销手续，并在撤销原基本存款账户后10日内申请重新开立基本存款账户。

2. 撤销银行结算账户的程序

（1）存款人申请撤销银行结算账户时，应填写“撤销银行结算账户申请书”。属于申请撤销单位银行结算账户的，应加盖单位公章和法定代表人（单位负责人）或其授权代理人的签名或者盖章；属于申请撤销个人银行结算账户的，应加盖其个人签章。

（2）银行在收到存款人撤销银行结算账户的申请后，对于符合销户条件的，应在2个工作日内办理撤销手续。

（3）存款人撤销银行结算账户，必须与开户银行核对银行结算账户存款余额，交回各种重要空白票据及结算凭证和开户许可证（不含取消企业银行账户许可之后无开户许可证的企业），银行核对无误后方可办理销户手续。企业因转户原因撤销基本存款账户的，银行还应打印“已开立银行结算账户清单”并交付企业。

（4）存款人撤销核准类银行结算账户时，应交回开户许可证。

3. 撤销顺序

撤销银行结算账户时，应先撤销一般存款账户、专用存款账户、临时存款账户，将账户资金转入基本存款账户后，方可办理基本存款账户的撤销。

4. 不得撤销银行结算账户的情形

存款人尚未清偿其开户银行债务的，不得申请撤销该银行结算账户。

5. 强制撤销

对于按照账户管理规定应撤销而未办理销户手续的单位银行结算账户，银行通知该单位银行结算账户的存款人自发出通知之日起30日内办理销户手续，逾期视同自愿销户，未划转款项列入久悬未取专户管理。

归纳总结

在银行结算账户的开立、变更与撤销中，应当注意相关日期

三、各类具体银行结算账户的开立和使用

（一）基本存款账户

1. 基本存款账户的含义

基本存款账户是存款人因办理日常转账结算和现金收付需要开立的银行结算账户。

下列存款人，可以申请开立基本存款账户：（1）企业法人；（2）非法人企业；（3）机关、事业单位；（4）团级（含）以上军队、武警部队及分散执勤的支（分）队；（5）社会团体；（6）民办非企业组织；（7）异地常设机构；（8）外国驻华机构；（9）个体工商户；（10）居民委员会、村民委员会、社区委员会；（11）单位设立的独立核算的附属机构，包括食堂、招待所、幼儿园；（12）其他组织，即按照现行法律、行政法规的规定可以成立的组织，如业主委员会、村民小组；（13）境外机构。

【特别提示】个人不能开立基本存款账户。

【特别提示】级别不够不能开立基本存款账户。团级以上军队、武警部队及分散执勤的支（分）队能开立基本存款账户。

【特别提示】临时机构不能开立基本存款账户。外地常设机构出具证明材料能开立基本存款账户。

【特别提示】非独立核算不能开立基本存款账户。单位设立的独立核算的附属机构出具证明材料能开立基本存款账户。

2. 基本存款账户的开户证明文件

（1）企业法人，应出具企业法人营业执照。

（2）非法人企业，应出具企业营业执照。

（3）机关和实行预算管理的事业单位，应出具政府人事部门或编制委员会的批文或登记证书和财政部门同意其开户的证明，因年代久远、批文丢失等原因无法提供政府人事部门或编制委员会的批文或登记证书的，凭上级单位或主管部门出具的证明及财政部门同意其开户的证明开立基本存款账户。机关和实行预算管理的事业单位出具的政府人事部门或编制委员会的批文或登记证书上，有两个或两个以上名称的，可以分别开立基本存款账户。非预算管理的事业单位，应出具政府人事部门或编制委员会的批文或登记证书。

（4）军队、武警团级（含）以上单位以及分散执勤的支（分）队，应出具军队军级以上单位财务部门、武警总队财务部门的开户证明。

（5）社会团体，应出具社会团体登记证书，宗教组织还应出具宗教事务管理部门的批文或证明。

（6）民办非企业组织，应出具民办非企业登记证书。

（7）外地常设机构，应出具其驻在地政府主管部门的批文。对于已经取消对外地常设机构审批的省（市），应出具派出地政府部门的证明文件。

（8）外国驻华机构，应出具国家有关主管部门的批文或证明；外资企业驻华代表处、办事处，应出具国家登记机关颁发的登记证。

（9）个体工商户，应出具个体工商户营业执照。

（10）居民委员会、村民委员会、社区委员会，应出具其主管部门的批文或证明。

（11）单位附属独立核算的食堂、招待所、幼儿园，应出具其主管部门的基本存款账户开户许可证和批文。

（12）按照现行法律法规规定可以成立的业主委员会、村民小组等组织，应出具政府主管部门的批文或证明。

（13）境外机构，应出具其在境外合法注册成立的证明文件，及其在境内开展相关活动所依据的法规制度或政府主管部门的批准文件等开户资料。证明文件等开户资料为非中文的，还应同时提供对应的中文翻译。

开户时，应出具法定代表人或单位负责人有效身份证件。法定代表人或单位负责人授权他人办理的，还应出具法定代表人或单位负责人的授权书以及被授权人的有效身份证件。

3. 基本存款账户的使用

基本存款账户是存款人的主办账户，一个单位只能开立一个基本存款账户。存款人日常经营活动的资金收付及其工资、奖金和现金的支取，应通过基本存款账户办理。

【知识链接】存款人应首先开立基本存款账户，然后才能申请开立一般存款账户、专用存款账户、临时存款账户。

【例】甲公司刚成立，主营家电销售。受公司法定代表人刘某的授权，公司财务人员张某携带相关开户证明文件到A银行办理基本存款账户开户手续。要求：列举张某应携带的开户证明文件。

【解析】根据我国现行账户管理规定，该公司开立基本存款账户，至少需要提供以下开户证明文件：①行政审批（市场监督管理）部门颁发的营业执照；②法定代表人刘某的授权书；③法定代表人刘某和财务人员张某各自的身份证件。

（二）一般存款账户

1. 一般存款账户的含义

一般存款账户是存款人因借款或其他结算需要，在基本存款账户开户银行以外的银行营业机构开立的银行结算账户。

2. 一般存款账户的开户证明文件

存款人申请开立一般存款账户，应向银行出具其开立基本存款账户规定的证明文件、基本存款账户开户许可证或基本存款账户编号和下列证明文件：

（1）存款人因向银行借款需要，应出具借款合同；

（2）存款人因其他结算需要，应出具有关证明。

3. 一般存款账户的使用

一般存款账户用于办理存款人借款转存、借款归还和其他结算的资金收付。一般存款账户可以办理现金缴存，但不得办理现金支取。

【特别提示】开立一般存款账户没有数量限制，存款人可开立多个一般存款账户。

【知识链接】存款人自正式开立之日起3个工作日后，方可使用该账户办理付款业务；但因借款转存开立的一般存款账户除外。

【例】甲公司在A开户银行开有基本存款账户。本年[①]1月5日，该公司因贷款需要想在A银行开立一般存款账户。该公司财务人员前往A银行开立一般存款账户时，A银行工作人员拒绝办理该业务。要求：分析A银行工作人员的做法是否正确，并说明理论依据。

【解析】A银行工作人员的做法是正确的。一般存款账户应在基本存款账户开户银行以外的银行营业机构开立，甲公司已在A银行开立基本存款账户，因此，甲公司如需开立一般存款账户，应在A银行以外的其他银行开立。

（三）专用存款账户

1. 专用存款账户的含义

专用存款账户是存款人按照法律、行政法规和规章，对其特定用途资金进行专项管理和使用而开立的银行结算账户。

2. 专用存款账户的适用范围

对下列资金的管理和使用，存款人可以申请开立专用存款账户：（1）基本建设资金；（2）更新改造资金；（3）粮、棉、油收购资金；（4）证券交易结算资金；（5）期货交易保证金；（6）信托基金；（7）政策性房地产开发资金；（8）住房基金；（9）社会保障基金；（10）收入汇缴资金和业务支出资金；（11）党、团、工会设在单位的组织机构经费；（12）其他需要专项管理和使用的资金。

3. 专用存款账户的开户证明文件

存款人申请开立专用存款账户，应向银行出具其开立基本存款账户规定的证明文件、基本存款账户开户许可证或基本存款账户编号和下列证明文件：

（1）基本建设资金、更新改造资金、政策性房地产开发资金、住房基金、社会保障基金，应出具主管部门批文。

（2）粮、棉、油收购资金，应出具主管部门批文。

（3）证券交易结算资金，应出具证券公司或证券管理部门的证明。

（4）期货交易保证金，应出具期货公司或期货管理部门的证明。

① 没有特殊说明，本书中的“本年”均指2025年。

（5）收入汇缴资金和业务支出资金，应出具基本存款账户存款人有关的证明。

（6）党、团、工会设在单位的组织机构经费，应出具该单位或有关部门的批文或证明。

（7）其他按规定需要专项管理和使用的资金，应出具有关法规、规章或政府部门的有关文件。

【点拨指导】同一个证明文件，只能开立一个专用存款账户。

对于合格境外机构投资者在境内从事证券投资开立的人民币特殊账户和人民币结算资金账户，均纳入专用存款账户管理。其开立人民币特殊账户时应出具国家外汇管理部门的批复文件；开立人民币结算资金账户时，应出具证券监督管理部门的证券投资业务许可证。

4. 专用存款账户的使用

专用存款账户的适用范围及使用要求，如表3-2所示。

表3-2　专用存款账户的适用范围及使用要求

适用范围	使用要求
证券交易结算资金	对应的专用存款账户不得支取现金
期货交易保证金	
信托基金	
基本建设资金	对应的专用存款账户需要支取现金的，应在开户时报中国人民银行当地分支机构批准
更新改造资金	
政策性房地产开发资金	
粮、棉、油收购资金	对应的专用存款账户支取现金应按照国家现金管理的规定办理 **【点拨指导】**银行应按照国家对粮、棉、油收购资金使用管理的规定加强监督，不得办理不符合规定的资金收付和现金支取。
社会保障基金	
住房基金	
党、团、工会经费	
收入汇缴资金	收入汇缴账户除向其基本存款账户或预算外资金财政专用存款户划缴款项外，只收不付，不得支取现金
业务支出资金	业务支出账户除从其基本存款账户拨入款项外，只付不收，其现金支取必须按照国家现金管理的规定办理

（四）预算单位零余额账户

（1）预算单位零余额账户是指预算单位经财政部门批准，在国库集中专付代理银行和非税收入收缴代理银行开立的，用于办理国库集中收付业务的银行结算账户。

（2）预算单位零余额账户的性质为基本存款账户或专用存款账户。

【点拨指导】预算单位未开立基本存款账户，或原基本存款账户在国库集中支付改革后已经按财政部门要求撤销的，经同级财政部门批准，预算单位零余额账户作为基本存款账户；除上述情况外，预算单位零余额账户作为专用存款账户。

（3）预算单位使用财政性资金，应当按照规定的程序和要求，向财政部门提出设立零余额账户的申请，财政部门同意预算单位开设零余额账户后通知代理银行。

（4）代理银行根据《人民币银行结算账户管理办法》的规定，具体办理开设预算单位零余额账户业务，并将所开账户的开户银行名称、账号等详细情况书面报告财政部门和中国人民银行，由财政部门通知一级预算单位。

（5）预算单位根据财政部门的开户通知，具体办理预留印鉴手续。

【特别提示】印鉴卡内容如有变动，预算单位应及时通过一级预算单位向财政部门提出变更申请，办理印鉴卡更换手续。

（6）一个基层预算单位开设一个零余额账户。

【特别提示】预算单位零余额账户按基本存款账户或专用存款账户管理。

（7）预算单位零余额账户的使用规定：①用于财政授权支付；②可以办理转账、提取现金等结算业务；③可以向本单位按账户管理规定保留的相应账户划拨工会经费、住房公积金及提租补贴，以及财政部门批准的特殊款项；④不得违反规定向本单位其他账户和上级主管单位及所属下级单位账户划拨资金。

（五）临时存款账户

1. 临时存款账户的含义

临时存款账户是指存款人因临时需要并在规定期限内使用而开立的银行结算账户。

2. 临时存款账户的适用范围

（1）设立临时机构（如工程指挥部、筹备领导小组、摄制组）；

（2）异地临时经营活动（如建筑施工及安装单位等在异地的临时经营活动）；

（3）注册验资、增资；

（4）军队、武警单位承担基本建设或者异地执行作战、演习、抢险救灾、应对突发事件等临时任务。

【点拨指导】异地常设机构可以申请开立基本存款账户；异地临时经营活动可以申请开立临时存款账户。

3. 临时存款账户的开户证明文件

（1）临时机构，应出具其驻在地主管部门同意设立临时机构的批文。

（2）异地建筑施工及安装单位，应出具其营业执照正本或其隶属单位的营业执照正本，以及施工及安装地建设主管部门核发的许可证或建筑施工及安装合同。

【特别提示】外国及港、澳、台建筑施工及安装单位，应出具行业主管部门核发的资质准入证明。

（3）异地从事临时经营活动的单位，应出具其营业执照以及临时经营地市场监督管理部门的批文。

（4）境内单位在异地从事临时活动的，应出具政府有关部门批准其从事该项活动的证明文件。

（5）境外（含我国港、澳、台地区）机构在境内从事经营活动的，应出具政府有关部门批准其从事该项活动的证明文件。

（6）军队、武警单位因执行作战、演习、抢险救灾、应对突发事件等任务需要开立银行账户时，开户银行应当凭军队、武警团级以上单位后勤（联勤）部门出具的批件或证明，先予开户并同时启用，后补办相关手续。

（7）注册验资资金，应出具市场监督管理部门核发的企业名称预先核准通知书或有关部门的批文。

（8）增资验资资金，应出具股东会或董事会决议等证明文件。

【特别提示】除外国及我国港、澳、台地区建筑施工及安装单位以外，上述第（2）、（3）、（4）、（8）项还应出具基本存款账户开户许可证或基本存款账户编号。上述第（1）、（5）、（6）、（7）四项根本就没有基本存款账户，因此不需要出具基本存款账户开户许可证或基本存款账户编号。

4. 临时存款账户的使用

（1）临时存款账户用于办理临时机构以及存款人临时经营活动发生的资金收付。

（2）临时存款账户应根据有关开户证明文件确定的期限或存款人的需要确定其有效期限，最长不得超过2年。

（3）临时存款账户可以支取现金，但应当按国家现金管理的规定办理。

（4）注册验资的临时存款账户在验资期间只收不付。

【知识链接】基本存款账户、临时存款账户可以支取现金，一般存款账户不得办理现金支取。

（六）个人银行结算账户

1. 个人银行结算账户的含义

个人银行结算账户是指存款人因投资、消费、结算等需要而凭个人身份证件以自然人名称开立的银行结算账户。个人银行账户分为Ⅰ类银行账户、Ⅱ类银行账户和Ⅲ类银行账户。

（1）银行可通过Ⅰ类银行账户为存款人提供存款、购买投资理财产品等金融产品、转账、消费和缴费支付、支取现金等服务。

（2）Ⅱ类户可以办理存款、购买投资理财产品等金融产品、限额消费和缴费、限额向非绑定账户转出资金业务。经银行柜面、自助设备加以银行工作人员现场面对面确认身份的，Ⅱ类户还可以办理存取现金、非绑定账户资金转入业务，可以配发银行卡实体卡片。非绑定账户转入资金、存入现金日累计限额合计为1万元、年累计限额合计为20万元；消费和缴费、向非绑定账户转出资金、取出现金日累计限额合计为1万元、年累计限额合计为20万元。银行可以向Ⅱ类户发放本银行贷款资金并通过Ⅱ类户还款，发放贷款和贷款资金归还，不受转账限额规定。

（3）Ⅲ类户可以办理限额消费和缴费、限额向非绑定账户转出资金业务。经银行柜面、自助设备加以银行工作人员现场面对面确认身份的，Ⅲ类户还可以办理非绑定账户资金转入业务。Ⅲ类账户任一时点账户余额不得超过2 000元。

归纳总结

Ⅰ、Ⅱ和Ⅲ类银行账户业务项目比较

【特别提示】不得支取现金的账户包括：一般存款账户；Ⅲ类个人银行账户；证券交易结算资金、期货交易保证金和信托基金专用存款账户；收入汇缴账户；注册验资的临时存款账户。

2. 个人银行结算账户的开户方式

（1）柜面开户。

通过柜面受理银行账户开户申请的，银行可为开户申请人开立Ⅰ类户、Ⅱ类户或Ⅲ类户。个人开立Ⅱ、Ⅲ类户，可以绑定Ⅰ类户或者信用卡账户进行身份验证，不得绑定非银行支付机构开立的支付账户进行身份验证。在银行柜面开立的，则无须绑定Ⅰ类账户或者信用卡账户进行身份验证。

（2）自助机具开户。

通过远程视频柜员机和智能柜员机等自助机具受理银行账户开户申请，银行工作人员现场核验开户申请人身份信息的，银行可为其开立Ⅰ类户；银行工作人员未现场核验开户申请人身份信息的，银行可为其开立Ⅱ类户或Ⅲ类户。

（3）电子渠道开户。

通过网上银行和手机银行等电子渠道受理银行账户开户申请的，银行可为开户申请人开立Ⅱ类户或Ⅲ类户。

【特别提示】电子渠道开户的风险防范：银行通过电子渠道非面对面为个人开立Ⅱ类户或Ⅲ类户时，应当向绑定账户开户行验证Ⅱ类户或Ⅲ类户与绑定账户为同一人开立，且开户申请人登记验证的手机号码与绑定账户使用的手机号码保持一致，开立Ⅱ类户还应向绑定账户开户行验证绑定账户为Ⅰ类户或者信用卡账户。

3. 亲自办理与代理办理

开户申请人开立个人银行账户或者办理其他个人银行账户业务，原则上应当由开户申请人本人亲自办理；符合条件的，可以由他人代理办理。

个人银行结算账户的代理开户具体分为以下几种情况：

（1）由他人代理开户。

他人代理开立个人银行账户的，银行应要求代理人出具代理人、被代理人的有效身份证件以及合法的委托书等。银行认为有必要的，应要求代理人出具证明代理关系的公证书。

（2）所在单位代理开户。

①存款人开立代发工资、教育、社会保障（如社保、医保、军保）、公共管理（如

公共事业、拆迁、捐助、助农扶农）等特殊用途个人银行账户时，可由所在单位代理办理。

②单位代理个人开立银行账户的，应提供单位证明材料、被代理人有效身份证件的复印件或影印件。

③单位代理开立的个人银行账户，在被代理人持本人有效身份证件到开户银行办理身份确认、密码设（重）置等激活手续前，该银行账户只收不付。

（3）无民事行为能力或限制民事行为能力的开户申请人，由法定代理人或者人民法院、有关部门依法指定的人员代理办理。

（4）因行动不便、无自理能力等无法自行前往银行的存款人办理挂失、密码重置、销户等业务时，银行可通过与客户约定采取上门服务方式办理，也可在风险可控并有效核实客户身份和意愿的前提下，由当事人委托代理人代为办理。

4. 个人银行结算账户的开户证明文件

根据个人银行账户实名制的要求，存款人申请开立个人银行结算账户时，应向银行出具本人有效身份证件，银行通过有效身份证件仍无法准确判断开户申请人身份的，应要求其出具辅助身份证明材料。

有效身份证件包括：①在中华人民共和国境内已登记常住户口的中国公民的居民身份证；不满 16 周岁的，可以使用居民身份证或户口簿；②香港、澳门特别行政区居民的港澳居民往来内地通行证；③台湾地区居民的台湾居民来往大陆通行证；④定居国外的中国公民的中国护照；⑤外国公民的护照或者外国人永久居留证（外国边民，按照边贸结算的有关规定办理）；⑥法律、行政法规规定的其他身份证明文件。

辅助身份证明材料包括但不限于：①中国公民的户口簿、护照、机动车驾驶证、居住证、社会保障卡、军人和武装警察身份证件、公安机关出具的户籍证明、工作证；②香港、澳门特别行政区居民的香港、澳门特别行政区居民身份证；③台湾地区居民的在台湾居住的有效身份证明；④定居国外的中国公民的定居国外的证明文件；⑤外国公民的外国居民身份证、使领馆人员身份证件或者机动车驾驶证等其他带有照片的身份证件；⑥完税证明、水电煤缴费单等税费凭证。

5. 个人银行结算账户的使用

个人银行结算账户用于办理个人转账收付和现金存取。下列款项可以转入个人银行结算账户：

（1）工资、奖金收入；

（2）稿费、演出费等劳务收入；

（3）债券、期货、信托等投资的本金和收益；

（4）个人债权或产权转让收益；

（5）个人贷款转存；

（6）证券交易结算资金和期货交易保证金；

（7）继承、赠与款项；

（8）保险理赔、保费退还等款项；

（9）纳税退还；

（10）农、副、矿产品销售收入；

（11）其他合法款项。

单位从其银行结算账户支付给个人银行结算账户的款项，每笔超过5万元的，应向其开户银行提供下列付款依据：

（1）代发工资协议和收款人清单；

（2）奖励证明；

（3）新闻出版、演出主办等单位与收款人签订的劳务合同或支付给个人款项的证明；

（4）证券公司、期货公司、信托投资公司、奖券发行或承销部门支付或退还给自然人款项的证明；

（5）债权或产权转让协议；

（6）借款合同；

（7）保险公司的证明；

（8）税收征管部门的证明；

（9）农、副、矿产品购销合同；

（10）其他合法款项的证明。

【特别提示】从单位银行结算账户支付给个人银行结算账户的款项应纳税的，税收代扣单位付款时应向其开户银行提供完税证明。

当个人持出票人为单位的支票向开户银行委托收款，将款项转入其个人银行结算账户的，或个人持申请人为单位的银行汇票和银行本票向开户银行提示付款，将款项转入其个人银行结算账户的，个人应出具上述第（1）～（10）项中规定的有关收款依据。存款人应对其提供的收款依据或付款依据的真实性、合法性负责。

从单位银行结算账户向个人银行结算账户支付款项单笔超过5万元人民币时，付款单位若在付款用途栏或备注栏注明事由，可不再另行出具付款依据，但付款单位应对支付款项事由的真实性、合法性负责。但是，对具有下列一种或多种特征的可疑交易，银行应关闭单位银行结算账户的网上银行转账功能，要求存款人到银行网点柜台办理转账业务，并出具书面付款依据或相关证明文件：（1）账户资金集中转入，分散转出，跨区域交易；（2）账户资金快进快出，不留余额或者留下一定比例余额后转出，过渡性质明显；（3）拆分交易，故意规避交易限额；（4）账户资金金额较大，对外收付金额与单位经营规模、经营活动明显不符；（5）其他可疑情形。如存款人未提供相关依据或相关依据不符合规定，银行应拒绝办理转账业务。

（七）异地银行结算账户

1. 异地银行结算账户的含义

异地银行结算账户，是存款人在其注册地或住所地行政区域之外（跨省、市、县）

开立的银行结算账户。

2. 异地银行结算账户的适用范围

异地银行结算账户适用于下列情形：

(1) 营业执照注册地与经营地不在同一行政区域（跨省、市、县）需要开立基本存款账户的；

(2) 办理异地借款和其他结算需要开立一般存款账户的；

(3) 存款人因附属的非独立核算单位或派出机构发生的收入汇缴或业务支出需要开立专用存款账户的；

(4) 异地临时经营活动需要开立临时存款账户的；

(5) 自然人根据需要在异地开立个人银行结算账户的。

3. 异地银行结算账户的开户证明文件

存款人需要在异地开立单位银行结算账户，除出具开立基本存款账户、一般存款账户、专用存款账户和临时存款账户规定的有关证明文件和基本存款账户开户许可证或基本存款账户编号外，还应出具下列相应的证明文件：

(1) 异地借款的存款人，在异地开立一般存款账户的，应出具在异地取得贷款的借款合同。

(2) 因经营需要在异地办理收入汇缴和业务支出的存款人，在异地开立专用存款账户的，应出具隶属单位的证明。

【特别提示】存款人需要在异地开立个人银行结算账户的，应出具在住所地开立账户所需的证明文件。

四、银行结算账户的管理

(一) 银行结算账户的实名制管理

银行结算账户的实名制管理主要包括以下两个方面：

(1) 存款人应以实名开立银行结算账户，并对其出具的开户（变更、撤销）申请资料实质内容的真实性负责，法律、行政法规另有规定的除外。

(2) 存款人应按照账户管理规定使用银行结算账户办理结算业务，不得出租、出借银行结算账户，不得利用银行结算账户套取银行信用或进行洗钱活动。

(二) 银行结算账户资金的管理

单位、个人和银行应当按照《人民币银行结算账户管理办法》和《企业银行结算账户管理办法》的规定开立、使用账户。在银行开立存款账户的单位和个人办理支付结算，账户内须有足够的资金保证支付。银行依法为单位、个人在银行开立的存款账户内的存款保密，维护其资金的自主支配权。对单位银行结算账户的存款和有关资料，除国家法律、行政法规另有规定外，银行有权拒绝任何单位或个人查询；对个人银行结算账户的存款和有关资料，除国家法律另有规定外，银行有权拒绝任何单位或个人查询；除国家法律另有规定外，银行不得为任何单位或个人冻结、扣划款项，不得停止单位、个人存款的正常支付。

（三）银行结算账户变更事项的管理

存款人申请临时存款账户展期，变更、撤销单位银行结算账户以及补（换）发开户许可证时，可由法定代表人或单位负责人直接办理，也可授权他人办理。

【点拨指导】 若由法定代表人或单位负责人直接办理，除出具相应的证明文件外，还应出具法定代表人或单位负责人的身份证件；若授权他人办理，除出具相应的证明文件外，还应出具法定代表人或单位负责人的身份证件及其出具的授权书，以及被授权人的身份证件。

（四）存款人预留银行签章的管理

存款人预留银行签章的管理如表3-3所示。

表3-3　存款人预留银行签章的管理

情形	办理人员	证明文件
单位遗失公章或财务专用章	—	书面申请、开户许可证、营业执照等
单位更换预留公章或财务专用章	法定代表人或单位负责人	（1）书面申请、原预留公章或财务专用章等（若无法提供原预留公章或财务专用章，应出具原印鉴卡片、开户许可证、营业执照正本等）；法定代表人或单位负责人的身份证件
	授权他人	（2）除了（1）以外，还需提供授权书，以及被授权人的身份证件
个人遗失或更换预留个人印章或更换签字人	—	经签名确认的书面申请，以及原预留印章或签字人的个人身份证件
单位存款人申请更换预留个人签章	法定代表人或单位负责人	加盖该单位公章的书面申请以及法定代表人或单位负责人的身份证件
	授权他人	加盖该单位公章的书面申请、法定代表人或单位负责人的身份证件（非必须）、该单位出具的授权书以及被授权人的身份证件

（五）银行结算账户的对账管理

银行结算账户的存款人应与银行按规定核对账务。存款人收到对账单或对账信息后，应及时核对账务并在规定期限内向银行发出对账回单或确认信息。

归纳总结

可授权他人办理的事项

第2节即测即评

第 3 节　银行非现金支付业务

目前，我国银行非现金支付业务主要有票据业务、银行卡业务和汇兑等传统结算方式，以及随着互联网技术发展而日益广泛使用的银行卡收单、网上银行、条码支付等新型支付方式。

一、票据

（一）票据的含义和种类

我国《票据法》中规定的“票据”包括汇票、本票和支票，是指由出票人签发的、约定自己或委托付款人在见票时或指定的日期，无条件支付给收款人或持票人一定金额的有价证券。

【点拨指导】票据包括汇票、本票和支票。其中，汇票根据出票人的不同又分为商业汇票和银行汇票。因此，在我国，票据通常包括商业汇票、银行汇票、银行本票和支票四大类。

【特别提示】票据的含义有广义和狭义之分。上文所述的票据是狭义上的票据；广义上的票据包括各种有价证券和凭证，如股票、企业债券、发票、提单等。本章所述票据是狭义上的票据。

【特别提示】本票仅限于银行本票，不存在商业本票。

【特别提示】票据行为包括出票、背书、承兑和保证四种。

（二）票据当事人

票据当事人是指在票据法律关系中享有票据权利、承担票据义务的当事人，也称票据法律关系主体。票据当事人分为基本当事人和非基本当事人。

1. 基本当事人

基本当事人是指在票据作成和交付时就已经存在的票据当事人，包括出票人、付款人和收款人三种。汇票和支票的基本当事人有出票人、付款人与收款人；本票（银行本票）的基本当事人有出票人与收款人。

（1）出票人是指按照法定方式签发票据并将票据交付给收款人的票据当事人。

【点拨指导】银行汇票的出票人为银行；商业汇票（包括商业承兑汇票和银行承兑汇票）的出票人为银行以外的企业和其他组织；银行本票的出票人为出票银行；支票的出票人为在银行开立支票存款账户的企业、其他组织和个人。

（2）收款人是指票据正面记载的到期后有权收取票据所载金额的票据当事人。

（3）付款人是指由出票人委托付款或自行付款的票据当事人。

【点拨指导】银行汇票的付款人是出票银行。商业承兑汇票的付款人是合同中应给付款项的一方当事人，也是该汇票的承兑人；银行承兑汇票的付款人是承兑银行；

支票的付款人是出票人的开户银行。

【特别提示】基本当事人是构成票据法律关系的必要主体。

【特别提示】银行本票是由出票人签发，承诺自己在见票时无条件付款，其付款人就是出票人，所以基本当事人只有出票人和收款人。

2. 非基本当事人

非基本当事人是指在票据作成并交付后，通过一定的票据行为加入票据关系而享有一定权利、承担一定义务的当事人，包括承兑人、背书人、被背书人、保证人等。

（1）承兑人是指接受汇票出票人的付款委托，同意承担支付票款义务的票据当事人。承兑人是汇票主债务人。

【特别提示】承兑人只在远期商业汇票中出现。

【点拨指导】付款人在承兑之前称为付款人，在承兑之后才称为承兑人。

（2）背书人是指在转让票据时，在票据背面或粘单上签字或盖章，并将该票据交付给受让人的原票据收款人或原持有人。

（3）被背书人是指在转让票据的背书活动过程中，被记名受让票据或接受票据转让的人（受让人）。

【特别提示】背书后，被背书人成为票据新的持有人，享有票据的所有权利。

（4）保证人是指票据债务人以外的为票据债务提供担保的人。

【特别提示】保证人在被保证人不能履行票据付款责任时，以自己的金钱履行票据付款义务，然后取得持票人的权利，向票据债务人追索。

（三）票据行为

票据行为是指票据当事人以承担票据债务为目的、以在票据上签名或盖章为权利与义务成立要件的法律行为，包括出票、背书、承兑和保证四种。

【点拨指导】票据行为不包括提示付款和付款。

1. 出票

（1）出票的含义。

出票是指出票人签发票据并将其交付给收款人的票据行为。出票包括签发和交付两种行为，二者缺一不可。具体内容如下：①签发票据，是指出票人依照《票据法》的规定作成票据，即在原始票据上记载法定事项并签章；②交付票据，即将作成的票据交付给他人占有。

【知识链接】出票人，是指依法定方式签发票据并将票据交付给收款人的人；收款人，是指票据正面记载的到期后有权收取票据所载金额的人。

（2）出票的基本要求。

出票人必须与付款人具有真实的委托付款关系，并且具有支付票据金额的可靠资金来源。

【特别提示】出票人不得签发无对价的票据用以骗取银行或者其他票据当事人的资金。

【知识链接】付款人，是指由出票人委托付款或自行承担付款责任的人。

（3）票据的记载事项。

出票人和其他票据当事人在票据上的记载事项必须符合《票据法》等的规定。票据记载事项是指依法在票据上记载的票据相关内容。票据记载事项一般分为必须记载事项、相对记载事项、任意记载事项和记载不产生《票据法》上的效力的事项等。

①必须记载事项，也称必要记载事项，是指《票据法》规定必须记载的，如果不记载，票据行为即为无效的事项。

【举例说明】出票时表明票据种类的事项，必须记明“汇票”“本票”“支票”，否则票据无效。再如，票据行为当事人必须按照法定程序在票据上签章，出票人在票据上的签章不符合《票据法》规定的，票据无效；承兑人、保证人在票据上的签章不符合《票据法》规定的，其签章无效，但不影响其他符合规定签章的效力；背书人在票据上的签章不符合《票据法》规定的，其签章无效，但不影响其前手符合规定签章的效力。

②相对记载事项，是指除了必须记载事项以外，《票据法》规定的其他应当记载的事项，这些事项如果未记载，则由法律另行规定予以明确，并不影响票据的效力。

【特别提示】《票据法》规定，背书由背书人签章并记载背书日期。这里的“背书日期”就属于相对记载事项。背书未记载日期的，根据《票据法》的规定，视为在到期日前背书，并不影响票据的效力。

③任意记载事项，是指《票据法》未要求必须记载，若不记载则不影响票据效力，若记载则产生票据效力的事项。

【特别提示】《票据法》规定，出票人在汇票上记载“不得转让”字样的，汇票不得转让。其中的“不得转让”事项即为任意记载事项。

④记载不产生《票据法》上的效力的事项，是指除了绝对记载事项、相对记载事项、任意记载事项外，法律未要求记载而可以记载的一些事项，但这些事项不具有票据效力，银行不负审查责任。

【举例说明】《票据法》规定，汇票上可以记载本法规定事项以外的其他出票事项，但是该记载事项不具有汇票上的效力。

（4）出票的效力。

票据出票人制作票据，应当按照法定条件在票据上签章，并按照所记载的事项承担票据责任。出票人签发汇票后，即承担该汇票承兑或付款的责任。出票人在汇票得不到承

归纳总结

票据的记载事项及其效力

兑或者付款时，应当向持票人清偿《票据法》第七十条、第七十一条规定的金额和费用。

知识拓展

《票据法》第七十条、第七十一条规定

2. 背书

（1）背书的含义和种类。

背书是在票据背面或者粘单上记载有关事项并签章的行为。按背书的目的，将背书分为转让背书和非转让背书，如表3－4所示。

表3－4　转让背书和非转让背书

分类		目的	效力
转让背书		以转让票据权利为目的	转让票据权利
非转让背书	委托收款背书	以背书人委托被背书人行使票据权利为目的	被背书人有权代背书人行使被委托的票据权利，但不得再以背书转让票据权利
	质押背书	以担保债务而在票据上设定质权为目的	被背书人依法实现其质权时，可以行使票据权利

【特别提示】票据贴现属于转让背书。

（2）背书记载事项。

①必须记载事项（未记载，则背书行为无效）：转让背书应记载背书人签章、被背书人名称。委托收款背书应记载“委托收款”字样、被背书人和背书人签章。质押背书应记载“质押”字样、质权人和出质人签章。

②可以补记事项：被背书人名称。以背书转让或者以背书将一定的票据权利授予他人行使时，必须记载被背书人名称。背书人未记载被背书人名称即将票据交付他人的，持票人在票据被背书人栏内记载自己的名称与背书人记载具有同等法律效力。

③相对记载事项（未记载，适用法律推定）：背书日期；背书未记载日期的，视为在票据到期日前背书。

【特别提示】票据凭证不能满足背书人记载事项的需要，可以加附粘单，粘附于票据凭证上。粘单上的第一记载人，应当在票据和粘单的粘接处签章。

【点拨指导】粘单的第一记载人是指第一手使用粘单的背书人。

（3）背书的效力背书人以背书转让票据后，即承担保证其后手所持票据承兑和付款的责任。

①背书连续是指在票据转让中，转让票据的背书人与受让票据的被背书人在票据上的签章依次前后衔接。

②票据的第一背书人为票据收款人，最后的持票人为最后背书的被背书人，中间的背书人为前手背书的被背书人。连续的背书如图3－1所示。

③以背书转让的票据，背书应当连续。持票人以背书的连续，证明其票据权利。

④非经背书转让，而以其他合法方式取得票据的，依法举证，证明其票据权利。

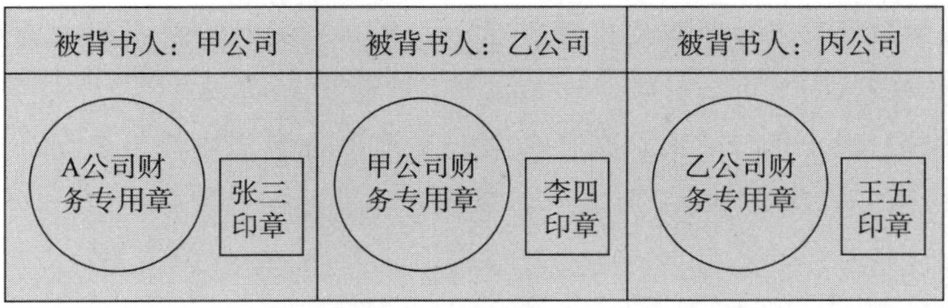

图3-1　连续的背书

【点拨指导】前一手背书的被背书人为后一手背书的背书人。

（4）背书特别规定。

①附条件背书——条件无效。背书不得附有条件，背书附有条件的，所附条件不具有票据上的效力。

②部分背书——背书无效。部分背书是指将票据金额的一部分转让或者将票据金额分别转让给两人以上的背书。部分背书属于无效背书。

③禁转背书。禁转背书是指票据上记载了“不得转让”字样，此时票据不得转让。

【举例说明】出票人记载“不得转让”字样的，票据不得背书转让。

【举例说明】背书人在票据上记载“不得转让”字样，其后手再背书转让的，原背书人对后手的被背书人不承担保证责任，只对直接的被背书人承担责任。

【特别提示】背书人记载“不得转让”不属于背书附条件。

④期后背书。票据被拒绝承兑、被拒绝付款或者超过付款提示期限的，不得背书转让；背书转让的，背书人应当承担票据责任。

归纳总结

背书行为的效力

3. 承兑

（1）承兑的含义。

承兑是指汇票付款人承诺在汇票到期日支付汇票金额并签章的票据行为。

【特别提示】承兑仅适用于商业汇票。

（2）承兑的程序。

承兑的程序包括提示承兑、受理承兑等。

①提示承兑。

提示承兑是指持票人向付款人出示汇票，并要求付款人承诺付款的行为。因汇票付款日期的形式不同，提示承兑的期限也不一样。具体规定如下：a. 定日付款或者出票后定期付款的汇票，持票人应当在汇票到期日前向付款人提示承兑。b. 见票后定期付款的汇票，持票人应当自出票日起1个月内向付款人提示承兑。汇票未按照规定期限提示承兑的，持票人丧失对其前手的追索权。c. 见票即付的汇票无须提示承兑。

【特别提示】汇票未按照规定期限提示承兑的，丧失对其前手的追索权，但不丧失对出票人的权利。

【点拨指导】由于银行汇票、银行本票和支票均为见票即付的票据，因此不涉及提示承兑的问题。只有远期商业汇票才涉及提示承兑的问题。

②受理承兑。

付款人收到持票人提示承兑的汇票时，应当向持票人签发收到汇票的回单。回单上应当记明汇票提示承兑日期并签章。付款人对向其提示承兑的汇票，应当自收到提示承兑的汇票之日起3日内承兑或者拒绝承兑。

（3）承兑记载事项。

①必须记载事项：在汇票正面记载“承兑”字样；承兑人签章；见票后定期付款的汇票，应当在承兑时记载付款日期。

②相对记载事项：承兑日期；汇票上未记载承兑日期的，应当以收到提示承兑的汇票之日起3日内的最后一日为承兑日期。

（4）承兑的效力。

付款人承兑汇票，不得附有条件；承兑附有条件的，视为拒绝承兑。付款人承兑汇票后，应当承担到期付款的责任。

【知识链接】背书时附有条件的，所附条件不具有票据上的效力，即不影响背书行为本身的效力，被背书人仍可依该背书取得票据权利。

【点拨指导】出票人责任：①出票人应于汇票到期日前将汇票款项存入承兑银行。②出票人于汇票到期日未能足额交存票款，承兑银行除凭票向持票人无条件付款外，对出票人尚未支付的汇票金额按照每天0.5‰计收利息。

4. 保证

（1）保证的含义。

保证是指票据债务人以外的人作为保证人，为担保特定债务人对票据债务的履行而在票据上记载有关事项并签章的行为。

【特别提示】国家机关、以公益为目的的事业单位、社会团体、企业法人的分支机构和职能部门作为票据保证人的，票据保证无效，但经国务院批准为使用外国政府或者国际经济组织贷款进行转贷，国家机关提供票据保证的除外。

（2）保证的记载事项。

①必须记载事项：表明“保证”的字样；保证人名称和住所；被保证人的名称；保证日期；保证人签章。

【特别提示】保证人未在票据或者粘单上记载“保证”字样而另行签订保证合同或者保证条款的，不属于票据保证。

②相对记载事项：a. 保证人在票据或者粘单上未记载“被保证人名称”的，已承

兑的票据，承兑人为被保证人；未承兑的票据，出票人为被保证人。b. 保证人在票据或者粘单上未记载“保证日期”的，出票日期为保证日期。

【知识链接】背书未记载日期的，视为在票据到期日前背书。

（3）保证责任的承担。

被保证的票据，保证人应当与被保证人对持票人承担连带责任。票据到期后得不到付款的，持票人有权向保证人请求付款，保证人应当足额付款。保证人为二人以上的，保证人之间承担连带责任。

（4）保证的效力。

①保证人对合法取得票据的持票人所享有的票据权利承担保证责任。但是，被保证人的债务因票据记载事项欠缺而无效的除外。保证不得附条件，附条件的，不影响对票据的保证责任（即所附条件无效，保证有效）。

②保证人清偿票据债务后，可以行使持票人对被保证人及其前手的追索权。

【知识链接】背书不得附有条件。背书时附有条件的，所附条件不具有票据上的效力（但背书依然是有效的）。

【特别提示】付款人承兑汇票不能附有条件；承兑附有条件的，视为拒绝承兑。

【特别提示】出票时应当记载无条件支付的委托（承诺），否则票据无效。

（四）票据权利与责任

1. 票据权利的含义和分类

票据权利是指票据持票人请求票据债务人支付票据金额的权利。票据权利包括付款请求权和票据追索权。

归纳总结

票据行为未记载日期的法律后果

（1）付款请求权。

付款请求权是指持票人向汇票的承兑人、本票的出票人、支票的付款人出示票据要求付款的权利。付款请求权是第一顺序权利，又称主要票据权利。

【特别提示】行使付款请求权的当事人或持票人可以是票据记载的收款人或最后被背书人；承担付款请求权付款义务的主要是主债务人。

（2）票据追索权。

票据追索权是指票据当事人行使付款请求权遭到拒绝或有其他法定原因存在时，向其前手请求偿还票据金额及其他法定费用的权利。票据追索权是第二顺序权利，又称偿还请求权利。

【特别提示】行使追索权的当事人除票据记载的收款人和最后被背书人外，还可能是代为清偿票据债务的保证人和背书人。

【点拨指导】保证人和背书人能够成为票据追索权行使的主体的前提是代为清偿票据债务。

持票人可以不按照票据债务人的先后顺序，对其中任何一人、数人或者全体行使追索权。持票人对票据债务人中的一人或者数人已经进行追索的，对其他票据债务人仍可以行使追索权。被追索人清偿债务后，与持票人享有同一权利。

【举例说明】 甲签发一张票据给乙，甲的开户银行为丙，则甲为出票人，乙为收款人，此时乙为票据持票人，因此乙可以行使付款请求权。如果乙向丙提示付款且丙支付款项之后，丙将票据收回，票据上的一切权利和义务都会消灭。如果丙拒绝付款，则丙将票据还给乙，同时丙要出具拒绝付款理由书。然后，乙才可以向前手进行追索。

【举例说明】 甲签发一张票据给乙，甲的开户银行为丙，保证人为丁。乙将票据背书转让给了戊，此时戊为票据持票人。若戊为这张票据的最后被背书人，则戊可以向丙行使付款请求权，如果丙拒绝付款，则丙将票据还给戊，同时丙要出具拒绝付款理由书。然后，戊可以行使追索权，在行使追索权时，可以同时向一人或多人行使。假设戊向乙行使追索权，乙支付款项之后，可以向前手行使追索权，即可以向甲或者丁行使追索权。假设乙向丁行使追索权，丁支付款项之后可继续向甲行使追索权。

2. 票据权利的取得

（1）取得票据权利的基本要求。

①签发、取得和转让票据，应当遵守诚实信用的原则，具有真实的交易关系和债权债务关系。

②票据的取得，必须给付对价，即应当给付票据双方当事人认可的相对应的代价。

③因税收、继承、赠与可以依法无偿取得票据，不受给付对价的限制，但是，所享有的票据权利不得优于其前手的权利。

【特别提示】 前手是指在票据签章人或者持票人之前签章的其他票据债务人。

上文所述“不得优于”的含义是指不能超过，且必须受到前手权利状态的影响，具体内容如下：①如果前手是善意的、已付对价的当事人，享有完整有效的票据权利，无偿取得之人也享有同样的票据权利；②如果前手是因欺诈等取得票据的，不享有票据权利，无偿取得之人也不享有票据权利；③如果前手因善意取得票据但未付对价或对价不相当，该前手的权利应受其再前手权利的影响，无偿取得之人也受前手的影响。

（2）取得票据享有票据权利的情形。

①依法接受出票人签发的票据；

②依法接受背书转让的票据；

③因税收、继承、赠与可以依法无偿取得票据。

（3）取得票据不享有票据权利的情形。

①以欺诈、偷盗或者胁迫等手段取得票据的，或者明知有上述情形，出于恶意取得票据的；

②持票人因重大过失取得不符合《票据法》规定的票据的。

【举例说明】甲签发一张票据给乙，乙将票据赠与丙，丙依法无偿取得票据（依法无偿取得票据的情形有三种：税收、继承和赠与）。丙享有的票据权利不得优于前手。此时，丙是否享有票据权利，关键要看乙是否享有票据权利。乙若享有票据权利，丙才享有票据权利。

【举例说明】甲签发一张票据给乙，假设丙从乙手中盗取了该票据。由于丙没有支付对价，因此，丙不享有票据权利。之后丙又将票据背书转让给了丁，如果丁知道票据是盗取获得的，则丁不享有票据权利；如果丁不知情且没有支付合理的对价，丁也不享有票据权利；如果丁不知情且支付了合理的对价，丁就是善意取得票据，可以享有票据权利。

3. 票据权利的行使与保全

票据权利的行使是指票据持票人请求票据付款人支付票据金额的行为。

【特别提示】行使付款请求权以获得票款，行使追索权以请求清偿法定的金额和费用等，均属于票据权利的行使。

票据权利的保全是指票据持票人为了防止票据权利的丧失而依法采取的措施。

【特别提示】根据《票据法》的规定，按照规定期限提示承兑、要求承兑人或付款人提供拒绝承兑或拒绝付款的证明以保全追索权等，均属于票据权利的保全。

【点拨指导】由于票据权利的保全行为多数情况下同时是票据权利的行使行为，因此《票据法》在一般情况下将两者一并进行规定。

票据权利行使与保全的方法通常包括“按期提示”和“依法证明”两种。

（1）按期提示。

按期提示是指票据持票人要按照规定期限向票据债务人提示票据，包括提示承兑或提示付款，以及时保全或行使追索权。

【点拨指导】《票据法》规定，汇票未按照规定期限提示承兑的，持票人丧失对其前手的追索权；本票的持票人未按照规定期限提示见票的，丧失对出票人以外的前手的追索权。

【特别提示】逾期提示承兑的，丧失对出票人以外其他前手的追索权；逾期提示付款的，将丧失对一般前手的追索权，但不丧失对出票人、承兑人（如果有）的追索权。

（2）依法证明。

依法证明是指票据持票人为证明其曾经依法行使票据权利而被拒绝或者根本无法行使票据权利而以法律规定的时间和方式取得相关的证据。

【点拨指导】《票据法》规定，持票人不能出示拒绝证明、退票理由书或者未按照规定期限提供其他合法证明的，丧失对其前手的追索权。

【特别提示】我国《票据法》对票据权利行使和保全的地点和时间有以下规定：持票人对票据债务人行使票据权利，或者保全票据权利，应当在票据当事人的营业场所和营业时间内进行，票据当事人无营业场所的，应当在其住所进行。

4. 票据丧失的补救

票据丧失是指票据因灭失、遗失、被盗等原因而使票据权利人失去其对票据的占有。票据一旦丧失，票据的债权人若不采取措施补救就不能阻止债务人向拾获者或偷取者履行义务，从而造成正当票据权利人经济上的损失。票据丧失后，失票人可以采取挂失止付、公示催告和普通诉讼三种形式进行补救。

（1）挂失止付。

1）挂失止付的含义。

挂失止付是指失票人将票据丧失的情况通知付款人或代理付款人，由收到通知的付款人或代理付款人审查后暂停支付票据款项的一种方式。

2）可以挂失止付的票据。

只有确定付款人或者代理付款人的票据丧失时，才可进行挂失止付，具体包括：①已承兑的商业汇票；②支票；③填明“现金”字样和代理付款人的银行汇票；④填明“现金”字样的银行本票。

【特别提示】尚未承兑的商业汇票，不能挂失止付。

3）挂失止付的地位。

挂失止付并不是票据丧失后采取的必经措施，而只是一种暂时性的预防措施，最终还要通过申请公示催告或提起普通诉讼来补救票据权利。

4）挂失止付的具体程序。

①申请。失票人需要挂失止付的，应填写挂失止付通知书并签章。挂失止付通知书应当记载下列事项：票据丧失的时间、地点、原因；票据的种类、号码、金额、出票日期、付款日期、付款人名称、收款人名称；挂失止付人的姓名、营业场所或者住所以及联系方法。

【特别提示】缺少上述记载事项之一的，银行不予受理。

②受理。付款人或者代理付款人收到挂失止付通知书后，查明挂失票据确未付款的，应立即暂停支付。付款人或者代理付款人自收到挂失止付通知书之日起 12 日内没有收到人民法院的止付通知书的，自第 13 日起，持票人提示付款则依法向持票人付款的，不再承担责任。

【特别提示】付款人或者代理付款人在收到挂失止付通知书之前，已经向持票人付款的，不再承担责任。但是，付款人或者代理付款人以恶意或者重大过失付款的除外。

【点拨指导】承兑人或者承兑人开户行收到挂失止付通知或者公示催告等司法文书并确认相关票据未付款的，应当于当日依法暂停支付并在上海票据交易所登记或者委托开户行登记相关信息。

（2）公示催告。

1）公示催告的含义。

公示催告是指在票据丧失后由失票人向票据支付地人民法院提出申请，请求人民法院以公告方式催告不确定的利害关系人在法定期间内申报权利，逾期未申报者，权利失效，而由人民法院通过除权判决宣告所丧失的票据无效的一种程序。

【点拨指导】申请公示催告的主体必须是可以背书转让的票据的最后持票人。

2）公示催告的具体程序。

①申请。根据《票据法》的规定，失票人应当在通知挂失止付后 3 日内，也可以在票据丧失后，依法向人民法院申请公示催告，或者向人民法院提起诉讼。

【特别提示】此处人民法院所在地为“票据支付地”，而非“被告住所地”，因为利害关系人不明确。

失票人申请公示催告的，应填写公示催告申请书，申请书应当载明下列内容：票面金额；出票人、持票人、背书人；申请的理由、事实；通知票据付款人或者代理付款人挂失止付的时间；付款人或者代理付款人的名称、通讯地址、电话号码等。

【知识链接】挂失止付并非公示催告的必经前置程序。

②受理。人民法院决定受理公示催告申请，应当同时通知付款人及代理付款人停止支付，并自立案之日起 3 日内发出公告，催促利害关系人申报权利。付款人或者代理付款人收到人民法院发出的止付通知，应当立即停止支付，直至公示催告程序终结。非经发出止付通知的人民法院许可，擅自解付的，不得免除票据责任。

③公告。人民法院决定受理公示催告申请后发布的公告应当在全国性的报纸或者其他媒体上刊登，并于同日公布于人民法院公告栏内。人民法院所在地有证券交易所的，还应当同日在该交易所公布。公告期间不得少于 60 日，且公示催告期间届满日不得早于票据付款日后 15 日。

【特别提示】在公示催告期间，转让票据权利的行为无效，以公示催告的票据质押、贴现，因质押、贴现而接受该票据的持票人主张票据权利的，人民法院不予支持，但公示催告期间届满以后人民法院作出除权判决以前取得该票据的除外。

④判决。

a. 利害关系人应当在公示催告期间向人民法院申报。

b. 人民法院收到利害关系人的申报后，应当裁定终结公示催告程序，并通知申请人和支付人。申请人或者申报人可以向人民法院起诉，以主张自己的权利。

c. 没有人申报的，人民法院应当根据申请人的申请，作出除权判决，宣告票据无效。

d. 判决应当公告，并通知支付人。自判决公告之日起，申请人有权向支付人请求支付。

e. 利害关系人因正当理由不能在判决前向人民法院申报的，自知道或者应当知道判决公告之日起 1 年内，可以向作出判决的人民法院起诉。

【举例说明】某地人民法院在某全国性的报刊上刊登一则公示催告，公告甲银行网点承兑的一张 50 万元的银行承兑汇票丢失，公告期间为本年 6 月 1 日至 8 月 1 日；本年 7 月 8 日，甲银行网点突然收到异地乙银行网点发来的该银行承兑汇票的委托收款，本年 7 月 8 日，由于在公示催告期间甲银行网点不能对委托收款发来的银行承兑汇票付款，只能根据人民法院的止付通知要求拒绝付款。

（3）普通诉讼。

普通诉讼是指以失票人作为原告，以承兑人或出票人作为被告，请求人民法院判决其向失票人付款的诉讼活动。如果与票据上的权利有利害关系的人是明确的，则无须公示催告，可按一般的票据纠纷向人民法院提起诉讼。

【知识链接】失票人应当在通知挂失止付后 3 日内，也可以在票据丧失后，依法向人民法院申请公示催告，或者向人民法院提起诉讼。

【特别提示】因票据纠纷提起的诉讼，由票据支付地或者被告住所地的人民法院管辖。

5. 票据权利时效

票据权利时效是指票据权利人如果在时效期间内不行使票据权利，即引起票据权利丧失。《票据法》根据不同情况，将票据权利时效划分为 2 年、6 个月、3 个月。

《票据法》规定，票据权利在以下期限内不行使而消灭：

（1）持票人对票据的出票人和承兑人的权利，自票据到期日起 2 年。见票即付的汇票、本票，自出票日起 2 年。

（2）持票人对支票出票人的权利，自出票日起 6 个月。

【特别提示】持票人对出票人和承兑人的权利，包括付款请求权和追索权。

（3）持票人对前手的追索权，自被拒绝承兑或者被拒绝付款之日起 6 个月。

（4）持票人对前手的再追索权，自清偿日或者被提起诉讼之日起 3 个月。

【特别提示】以上两种情况所指的追索权，不包括对出票人、承兑人的追索权。

持票人因超过票据权利时效或者因票据记载事项欠缺而丧失票据权利的，仍享有民事权利，可以请求出票人或者承兑人返还其与未支付的票据金额相当的利益。

【点拨指导】票据权利丧失，但仍然享有民事权利。

6. 票据责任

归纳总结

各种票据权利的时效

票据责任是指票据债务人向票据持票人支付票据金额的义务，包括付款责任与清偿责任。

（1）票据责任人及其票据责任。

①汇票承兑人——因承兑而承担付款义务；②本票的出票人——因出票而承担自己付款的义务；③支票的付款人——在与出票人有资金关系时承担付款义务；④汇票、本票、支票的背书人，汇票、支票的出票人、保证人——在票据不获承兑或不获付款时承担清偿义务。

（2）提示付款。

持票人未按照规定期限提示付款的，在作出说明后，承兑人或者付款人仍应当继续对持票人承担付款责任。

【特别提示】 通过委托收款银行或者通过票据交换系统向付款人提示付款的，视同持票人提示付款。

本票持票人未按照规定提示付款的，丧失对出票人以外的前手的追索权；支票持票人超过规定的期限提示付款的，付款人可以不予付款，付款人不予付款的，出票人仍应对持票人承担票据责任。

归纳总结

票据提示付款的期限和票据权利时效

（3）付款人付款。

持票人依照规定提示付款的，付款人必须在当日足额付款。付款人及其代理付款人付款时，应当审查汇票背书的连续，并审查提示付款人合法身份证明或者有效证件。

【特别提示】 票据金额为外币的，按照付款日的市场汇价，以人民币支付。票据当事人对票据支付的货币种类另有约定的，从其约定。

（4）拒绝付款。

票据权利的抗辩是指票据债务人根据《票据法》有关规定，对票据债权人拒绝履行义务的行为。票据债务人可以对不履行约定义务的与自己有直接债权债务关系的持票人进行抗辩，但不得以自己与出票人或者与持票人的前手之间的抗辩事由，对抗持票人。当然，若持票人明知存在抗辩事由而取得票据的除外。

（5）获得付款。

持票人获得付款的，应当在票据上签收，并将汇票交给付款人。持票人委托银行收款的，受委托的银行将代收的汇票金额转账收入持票人账户，视同签收。

【特别提示】 电子商业汇票的持票人可委托本行代为发出提示付款、逾期提示付款行为申请。

（6）相关银行的责任。

持票人委托的收款银行的责任，限于按照汇票上记载事项将汇票金额转入持票人账户。付款人委托的付款银行的责任，限于按照汇票上记载事项从付款人账户支付汇票金额。付款人及其代理付款人以恶意或者有重大过失付款的，应当自行承担责任。对定日付款、出票后定期付款或者见票后定期付款的汇票，付款人在到期日前付款的，由付款人自行承担所产生的责任。

（7）票据责任解除。

付款人依法足额付款后，全体汇票债务人的责任解除。

（五）票据追索

1. 票据追索适用的情形

票据追索适用于两种情形，分别为到期后追索和到期前追索。

（1）到期后追索，是指票据到期被拒绝付款的，持票人对背书人、出票人以及票据的其他债务人行使的追索。

（2）到期前追索，是指票据到期日前，持票人对下列情形之一行使的追索：①汇票被拒绝承兑的；②承兑人或者付款人死亡、逃匿的；③承兑人或者付款人被依法宣告破产的或者因违法被责令终止业务活动的。

【点拨指导】持票人行使追索权的条件是作为主债务人的承兑人或者付款人丧失支付能力，持票人的付款请求权不能实现时才能行使追索权。

2. 被追索人的确定

汇票的出票人、背书人、承兑人和保证人对持票人承担连带责任。持票人在行使追索权时，可遵循以下规定：

（1）持票人行使追索权，可以不按照票据债务人的先后顺序，对其中任何一人、数人或者全体行使追索权。

（2）持票人对票据债务人中的一人或者数人已经进行追索的，对其他票据债务人仍可以行使追索权。

归纳总结

被追索人（追索对象）的确定

【知识链接】被追索人清偿债务后，与持票人享有同一权利。

3. 追索的内容

（1）持票人行使追索权，可以请求被追索人支付下列金额和费用：①被拒绝付款的汇票金额；②汇票金额自到期日或者提示付款日起至清偿日止，按照中国人民银行规定的利率计算的利息；③取得有关拒绝证明和发出通知书的费用。

【特别提示】被追索人清偿债务时，持票人应当交出票据和有关拒绝证明，并出具所收到利息和费用的收据。

【点拨指导】追索金额包括汇票金额、利息和费用，但不包括持票人的间接损失。

（2）被追索人依照前述规定清偿后，可以向其他汇票债务人行使再追索权，请求其他汇票债务人支付下列金额和费用：①已清偿的全部金额；②前项金额自清偿日起至再追索清偿日止，按照中国人民银行规定的利率计算的利息；③发出通知书的费用。

【特别提示】行使再追索权的被追索人获得清偿时，应当交出汇票和有关拒绝证明，并出具所收到利息和费用的收据。

4. 追索权的行使

（1）获得有关证明。

持票人行使追索权时，应当提供被拒绝承兑或者拒绝付款的有关证明。持票人提示承兑或者提示付款被拒绝的，承兑人或者付款人必须出具拒绝证明，或者出具退票理由书。未出具拒绝证明或者退票理由书的，应当承担由此产生的民事责任。

其中，拒绝证明应当包括下列事项：①被拒绝承兑、付款的票据种类及其主要记载事项；②拒绝承兑、付款的事实依据和法律依据；③拒绝承兑、付款的时间；④拒绝承兑人、拒绝付款人的签章。

退票理由书应当包括下列事项：①所退票据的种类；②退票的事实依据和法律依据；③退票时间；④退票人签章。

持票人因承兑人或者付款人死亡、逃匿或者其他原因，不能取得拒绝证明的，可以依法取得其他有关证明，包括：医院或者有关单位出具的承兑人、付款人死亡证明；司法机关出具的承兑人、付款人逃匿证明；公证机关出具的具有拒绝证明效力的文书；承兑人自己作出并发布的表明其没有支付票款能力的公告。

承兑人或者付款人被人民法院依法宣告破产的，人民法院的有关司法文书具有拒绝证明的效力。承兑人或者付款人因违法被责令终止业务活动的，有关行政主管部门的处罚决定具有拒绝证明的效力。

【点拨指导】持票人不能出示拒绝证明、退票理由书或者未按照规定期限提供其他合法证明的，丧失对其前手的追索权。但是，承兑人或者付款人仍应当对持票人承担责任。

（2）行使追索权。

持票人应当自收到被拒绝承兑或者被拒绝付款的有关证明之日起 3 日内，将被拒绝事由书面通知其前手；其前手应当自收到通知之日起 3 日内书面通知其再前手。持票人也可以同时向各票据债务人发出书面通知。

【特别提示】上述书面通知应当记明汇票的主要记载事项，并说明该汇票已被退票。

未按照规定期限通知的，持票人仍可以行使追索权。因延期通知给其前手或者出票人造成损失的，由没有按照规定期限通知的汇票当事人承担对该损失的赔偿责任，但是所赔偿的金额以汇票金额为限。

【特别提示】在规定期限内将通知按照法定地址或者约定的地址邮寄的，视为已经发出通知。

5. 追索的效力

被追索人依照规定清偿债务后，其责任解除，与持票人享有同一权利。

归纳总结

不同情形下与追索权相关的法律后果

（六）银行汇票

1. 银行汇票的含义和适用范围

（1）银行汇票的含义。

银行汇票是出票银行签发的，由其在见票时按照实际结算金额无条件支付给收款人或者持票人的票据。银行汇票的付款人是出票银行。

（2）银行汇票的适用范围。

银行汇票可以用于转账，填明“现金”字样的银行汇票也可以用于支取现金。银行汇票的格式见二维码。

举例说明

银行汇票（票样）

【点拨指导】单位和个人各种款项结算，均可使用银行汇票。

【特别提示】签发现金银行汇票，申请人和收款人必须均为个人。申请人或者收款人为单位的，银行不得为其签发现金银行汇票。

【知识链接】填明“现金”字样和代理付款人的银行汇票丧失后，可以挂失止付。

2. 银行汇票的出票

（1）申请。

申请人使用银行汇票，应向出票银行填写“银行汇票申请书”，填明收款人名称、汇票金额、申请人名称、申请日期等事项并签章，签章为其预留银行的签章。申请人和收款人均为个人，需要使用银行汇票向代理付款人支取现金的，申请人须在“银行汇票申请书”上填明代理付款人名称，在“出票金额”栏先填写“现金”字样，后填写汇票金额。申请人或者收款人为单位的，不得在“银行汇票申请书”上填明“现金”字样。

（2）签发并交付。

出票银行受理银行汇票申请书，收妥款项后签发银行汇票，并将银行汇票和解讫通知一并交给申请人。签发银行汇票必须记载下列事项：①表明“银行汇票”的字样；②无条件支付的承诺；③出票金额；④付款人名称；⑤收款人名称；⑥出票日期；⑦出票人签章。欠缺记载上列事项之一的，银行汇票无效。

【知识链接】本票的必须记载事项无“付款人名称”，支票的必须记载事项无“收款人名称”。

签发现金银行汇票，申请人和收款人必须均为个人，收妥申请人交存的现金后，在银行汇票“出票金额”栏先填写“现金”字样，后填写出票金额，并填写代理付款人名称。申请人或者收款人为单位的，银行不得为其签发现金银行汇票。

申请人应将银行汇票和解讫通知一并交付给汇票上记明的收款人。

收款人受理银行汇票时，应审查下列事项：①银行汇票和解讫通知是否齐全、汇票号码和记载的内容是否一致；②收款人是否确为本单位或本人；③银行汇票是否在提示付款期限内；④必须记载的事项是否齐全；⑤出票人签章是否符合规定，是否有压数机压印出票金额，并与大写出票金额一致；⑥出票金额、出票日期、收款人名称是否更改，更改的其他记载事项是否由原记载人签章证明。

3. 银行汇票实际结算金额的填写

收款人受理申请人交付的银行汇票时，应在出票金额以内，根据实际需要的款项办理结算，并将实际结算金额和多余金额准确、清晰地填入银行汇票和解讫通知的有关栏内。对于结算金额的具体规定如下：

（1）银行汇票的实际结算金额低于出票金额的，其多余金额由出票银行退交申请人。

（2）未填明实际结算金额和多余金额或实际结算金额超过出票金额的，银行不予受理。

（3）银行汇票的实际结算金额一经填写不得更改，更改实际结算金额的银行汇票无效。

【知识链接】 票据和结算凭证的金额、出票或签发日期、收款人名称不得更改，更改的票据无效；更改的结算凭证，银行不予受理。

4. 银行汇票背书

被背书人受理银行汇票时，除按照收款人受理银行汇票进行相应的审查外，还应审查下列事项：

（1）银行汇票是否记载实际结算金额，有无更改，其金额是否超过出票金额；

（2）背书是否连续，背书人签章是否符合规定，背书使用粘单的是否按规定签章；

（3）背书人为个人的身份证件。

【特别提示】 银行汇票的背书转让以不超过出票金额的实际结算金额为准。未填写实际结算金额或实际结算金额超过出票金额的银行汇票不得背书转让。

5. 银行汇票提示付款

（1）持票人向银行提示付款时，须同时提交银行汇票和解讫通知，缺少任何一联，银行不予受理。

（2）提示付款期限：

①银行汇票限于见票即付，提示付款期限自出票日起 1 个月；

②持票人超过付款期限提示付款的，代理付款人不予受理；

答疑解惑

什么是“解讫通知”？

③持票人超过期限向代理付款银行提示付款不获付款的，须在票据权利时效内向出票银行作出说明，并提供本人身份证件或单位证明，持银行汇票和解讫通知向出票银行请求付款。

【点拨指导】 上述“票据权利时效内”指的是自出票日起 2 年。

（3）在银行开立存款账户的持票人向开户银行提示付款时，应在汇票背面“持票人向银行提示付款签章”处签章，签章须与预留银行签章相同，并将银行汇票和解讫通知、进账单送交开户银行。未在银行开立存款账户的个人持票人，可以向任何一家银行机构提示付款。提示付款时，应在汇票背面“持票人向银行提示付款签章”处签章，并填明本人身份证件名称、号码及发证机关，由其本人向银行提交身份证件及其复印件。

6. 银行汇票退款和丧失

（1）银行汇票退款。

①申请人因银行汇票超过付款提示期限或其他原因要求退款时，应将银行汇票和解讫通知同时提交到出票银行。

【特别提示】申请人为单位的，应出具该单位的证明；申请人为个人的，应出具本人的身份证件。

②出票银行对于转账银行汇票的退款，只能转入原申请人账户。

【特别提示】对于符合规定填明“现金”字样银行汇票的退款，才能退付现金。

③申请人缺少解讫通知要求退款的，出票银行应于银行汇票提示付款期满1个月后办理。

（2）银行汇票丧失。

银行汇票丧失，失票人可以凭人民法院出具的享有票据权利的证明，向出票银行请求付款或退款。

【例】本年1月8日，甲公司从乙公司购买了一批电脑，双方约定采用银行汇票的方式支付货款。在乙公司发出货物之前，甲公司只交付给乙公司银行汇票（第二联），乙公司财务人员凭银行汇票（第二联）向本公司的开户银行A银行提示付款。要求：说明A银行是否能受理该银行汇票。

【解析】A银行不能受理该银行汇票。银行汇票持票人向银行提示付款时，必须同时提交银行汇票（第二联）和解讫通知（第三联），否则银行不予受理。实务中，部分银行汇票申请人（购买方）并不是同时将银行汇票（第二联）和解讫通知（第三联）交付收款人（销售方），而是先交付给收款人银行汇票（第二联），待收到货物后再交付给收款人解讫通知（第三联），从而影响收款人向银行提示付款。本例中，乙公司应当向甲公司索要解讫通知（第三联），并提交银行汇票（第二联）和解讫通知（第三联）给本公司的开户银行A银行提示付款。若只有银行汇票（第二联），则A银行不应受理。

（七）商业汇票

1. 商业汇票的含义、种类和适用范围

（1）商业汇票的含义。

商业汇票是出票人签发的，委托付款人在指定日期无条件支付确定的金额给收款人或者持票人的票据。

（2）商业汇票的种类。

商业汇票的付款人为承兑人，按照承兑人的不同分为商业承兑汇票和银行承兑汇票。商业承兑汇票由银行以外的付款人承兑，银行承兑汇票由银行承兑。

举例说明

商业承兑汇票和银行承兑汇票（票样）

【特别提示】电子商业汇票是指出票人依托上海票据交易所电子商业汇票系统（以下简称电子商业汇票系统），以数据电文形式制作的，委托付款人在指定日期无条件支付确定的金额给收款人或者持票人的票据。电子商业汇票分为电子银行承兑汇票和电子商业承兑汇票。电子银行承兑汇票由银行业金融机构、财务公司承兑；电子商业承兑汇票由金融机构以外的法人或其他组织承兑。电子商业汇票的出票、承兑、背书、保证、提示付款和追索等业务，必须通过电子商业汇票系统办理。

（3）商业汇票的适用范围。

在银行开立存款账户的法人以及其他组织之间，必须具有真实的交易关系或债权债务关系，才能使用商业汇票。

【归纳总结】单位和个人都可使用的结算方式包括：汇兑、委托收款、银行汇票、银行本票、支票；只有单位之间可以使用而个人不能使用的结算方式包括：国内信用证、托收承付、商业汇票。

2. 商业汇票的出票

（1）出票人的资格条件。

①商业承兑汇票的出票人为在银行开立存款账户的法人以及其他组织，并与付款人具有真实的委托付款关系，具有支付汇票金额的可靠资金来源。

②银行承兑汇票的出票人必须是在承兑银行开立存款账户的法人以及其他组织，并与承兑银行具有真实的委托付款关系，资信状况良好，具有支付汇票金额的可靠资金来源。

【特别提示】出票人办理电子商业汇票业务，还应同时具备签约开办对公业务的企业网银等电子服务渠道，与银行签订《电子商业汇票业务服务协议》。

【特别提示】自2017年1月1日起，单张出票金额在300万元以上的商业汇票应全部通过电票办理；自2018年1月1日起，原则上单张出票金额在100万元以上的商业汇票应全部通过电票办理。

（2）出票人的确定。

商业承兑汇票可以由付款人签发并承兑，也可以由收款人签发交由付款人承兑。银行承兑汇票应由在承兑银行开立存款账户的存款人签发。

（3）出票的记载事项。

1）纸质商业汇票必须记载事项：①表明“商业承兑汇票”或“银行承兑汇票”的字样；②无条件支付的委托；③确定的金额；④付款人名称；⑤收款人名称；⑥出票日期；⑦出票人签章。欠缺上述记载事项之一的，商业汇票无效。

【特别提示】如果商业汇票记载的是“附条件支付的委托”，则商业汇票无效。

【知识链接】所有票据的金额必须是确定的数额，如果汇票上记载的金额是不确定的（如100万元以下），汇票无效；所有票据的金额应当以中文大写和阿拉伯数码同时记载，二者必须一致，否则票据无效；所有票据的“金额、出票日期、收款人名称”不能更改，否则票据无效；汇票的“金额、收款人名称”不能授权补记，汇票在出票时未记载“金额、收款人名称”的，该汇票无效。

【知识链接】出票日期必须使用中文大写；在填写月、日时，月为“壹”“贰”和“壹拾”的，日为“壹”至“玖”以及“壹拾”“贰拾”和“叁拾”的，应当在其前加“零”；日为“拾壹”至“拾玖”的，应当在其前加“壹”。

【特别提示】出票人签章是指该单位的财务专用章或者公章（不能是发票专用章、合同专用章等），加其法定代表人或其授权的代理人的签名或者盖章。

2）电子商业汇票必须记载事项。

电子商业汇票信息以电子商业汇票系统的记录为准。电子商业汇票出票必须记载下列事项：①表明“电子商业承兑汇票”或“电子银行承兑汇票”的字样；②无条件支付的委托；③确定的金额；④出票人名称；⑤付款人名称；⑥收款人名称；⑦出票日期；⑧票据到期日；⑨出票人签章。

【特别提示】电子商业汇票与纸质汇票相比，必须记载事项多出“出票人名称”和“票据到期日”。

3）商业汇票的付款期限记载的形式：①定日付款，付款期限自出票日起计算，并在汇票上记载具体的到期日；②出票后定期付款，付款期限自出票日起按月计算，并在汇票上记载；③见票后定期付款，付款期限自承兑或拒绝承兑日起按月计算，并在汇票上记载。

【特别提示】电子商业汇票的付款期限只允许作定日付款的记载。

【特别提示】商业汇票的付款期限应当与真实交易的履行期限相匹配，自出票日起至到期日止，最长不得超过6个月。

3. 商业汇票的承兑

商业汇票承兑时，应当遵循以下规定：

（1）商业汇票可以在出票时向付款人提示承兑后使用，也可以在出票后先使用再向付款人提示承兑。

（2）商业汇票的付款人拒绝承兑的，必须出具拒绝承兑的证明。

（3）商业汇票的付款人承兑汇票后，应当承担到期付款的责任。

（4）银行承兑汇票的出票人或持票人向银行提示承兑时，银行的信贷部门负责按照有关规定和审批程序，对出票人的资格、资信、购销合同和汇票记载的内容进行认真审查，必要时可由出票人提供担保。

（5）对资信良好的企业申请电子商业汇票承兑的，金融机构可通过审查合同、发票等材料的影印件，企业电子签名的方式，对电子商业汇票的真实交易关系和债权债务关系进行在线审核。对电子商务企业申请电子商业汇票承兑的，金融机构可通过审查电子订单或电子发票的方式，对电子商业汇票的真实交易关系和债权债务关系进行在线审核。

（6）银行承兑汇票符合规定和承兑条件的，与出票人签订承兑协议。

（7）银行承兑汇票的承兑银行，应按票面金额的一定比例向出票人收取手续费，银行承兑汇票手续费为市场调节价。

【特别提示】未按规定期限提示承兑的，丧失对一般前手的追索权，但不丧失对出票人的票据权利。

【特别提示】银行承兑汇票由银行承兑，商业承兑汇票由银行以外的付款人承兑。电子银行承兑汇票由银行业金融机构、财务公司承兑，电子商业承兑汇票由金融机构以外的法人或其他组织承兑。

4. 商业汇票的信息登记

纸质票据贴现前，金融机构办理承兑、质押、保证等业务，应当不晚于业务办理的次一工作日在上海票据交易所完成相关信息登记工作。纸质商业承兑汇票完成承兑后，承兑人开户行应当根据承兑人委托代其进行承兑信息登记。承兑信息未能及时登记的，持票人有权要求承兑人补充登记承兑信息。纸质票据票面信息与登记信息不一致的，以纸质票据票面信息为准。电子商业汇票签发、承兑、质押、保证、贴现等信息应当通过电子商业汇票系统同步传送至票据市场基础设施。

【特别提示】票据市场基础设施，即上海票据交易所，是中国人民银行指定的提供票据交易、登记托管、清算结算和信息服务的机构。

【特别提示】票据信息登记与电子化通过票据市场基础设施完成，而非通过中国人民银行大额支付系统完成。

【特别提示】纸质票据票面信息与登记信息不一致的，以纸质票据票面信息为准。

5. 商业汇票的信息披露

商业承兑汇票的承兑人应当于承兑完成日次一个工作日内，在中国人民银行认可的票据信息披露平台披露每张票据的承兑相关信息，包括出票日期、承兑日期、票据号码、出票人名称、承兑人名称、承兑人社会信用代码、票面金额、票据到期日等。承兑人应当于每月前 10 日内披露承兑信用信息，包括累计承兑发生额、承兑余额、累计逾期发生额、逾期余额等。承兑人对披露信息的真实性、准确性、及时性和完整性负责。企业签收商业承兑汇票前，可以通过票据信息披露平台查询票据承兑信息，加强风险识别与防范。

6. 商业汇票的贴现

（1）贴现的含义。

贴现是指票据持票人在票据未到期前为提前获取现金向银行贴付一定利息而发生的票据转让行为。贴现按照交易方式，分为买断式和回购式。

【特别提示】银行汇票等见票即付的票据无贴现问题。

（2）贴现的基本规定。

①贴现条件。

商业汇票的持票人向银行办理贴现必须具备下列条件：a. 票据未到期；b. 票据未

记载“不得转让”事项；c. 在银行开立存款账户的企业法人以及其他组织；d. 与出票人或者直接前手之间具有真实的商品交易关系。

【特别提示】贴现条件中，不再要求提供增值税发票和商品发运单据复印件。

电子商业汇票贴现必须记载：贴出人名称；贴入人名称；贴现日期；贴现类型；贴现利率；实付金额；贴出人签章。

②贴现方式。

电子商业汇票回购式贴现赎回应作成背书，并记载原贴出人名称、原贴入人名称、赎回日期、赎回利率、赎回金额、原贴入人签章。

贴现人办理纸质票据贴现时，应当通过票据市场基础设施查询票据承兑信息，并在确认纸质票据必须记载事项与已登记承兑信息一致后，为贴现申请人办理贴现，贴现申请人无须提供合同、发票等资料；信息不存在或者纸质票据必须记载事项与已登记承兑信息不一致的，不得办理贴现。贴现人办理纸质票据贴现后，应当在票据上记载“已电子登记权属”字样，该票据不再以纸质形式进行背书转让、设立质押或者其他交易行为。

【点拨指导】贴现人应当对纸质票据妥善保管。已贴现票据应当通过票据市场基础设施办理背书转让、质押、保证、提示付款等票据业务。

贴现人可以按市场化原则选择商业银行对纸质票据进行保证增信。保证增信行对纸质票据进行保管并为贴现人的偿付责任进行先行偿付。

纸质票据贴现后，其保管人可以向承兑人发起付款确认。付款确认可以采用实物确认或者影像确认，两者具有同等效力。承兑人要求实物确认的，银行承兑汇票保管人应当将票据送达承兑人，实物确认后，纸质票据由其承兑人代票据权利人妥善保管；商业承兑汇票保管人应当将票据通过承兑人开户行送达承兑人进行实物确认，实物确认后，纸质票据由商业承兑汇票开户行代票据权利人妥善保管。承兑人收到票据影像确认请求或者票据实物后，应当在3个工作日内作出或者委托其开户行作出同意或者拒绝到期付款的应答。拒绝到期付款的，应当说明理由。电子商业汇票一经承兑即视同承兑人已进行付款确认。

【知识链接】实物确认是指票据保管人将票据实物送达承兑人或者承兑人开户行，由承兑人在对票据真实性和背书连续性审查的基础上对到期付款责任进行确认。影像确认是指票据保管人将票据影像信息发送至承兑人或者承兑人开户行，由承兑人在对承兑信息和背书连续性审查的基础上对到期付款责任进行确认。

【特别提示】承兑人或者承兑人开户行进行付款确认后，除挂失止付、公示催告等合法抗辩情形外，应当在持票人提示付款后付款。

③贴现利息的计算。

贴现的期限从其贴现之日起至汇票到期日止。实付贴现金额按票面金额扣除贴现日至汇票到期前1日的利息计算。承兑人在异地的纸质商业汇票，贴现的期限以及贴现利息的计算应另加3天的划款日期。

【点拨指导】 贴现利息＝票面金额×贴现率×贴现期÷360

贴现期为贴现日至汇票到期前1日。

【例】 A公司向B公司签发一张银行承兑汇票以支付货款，票面金额为50万元，出票日期为3月15日，到期日为同年6月15日。6月5日，B公司以该票据向银行办理贴现。已知同期银行年贴现率为3.6%，一年按360天计算。要求：(1)如果贴现银行和承兑银行在同一城市，计算银行实付B公司贴现金额。(2)如果承兑银行在异地，计算银行实付B公司贴现金额。

【解析】(1)如果贴现银行和承兑银行在同一城市：

银行实付B公司贴现金额＝500 000－500 000×3.6%÷360×10
＝499 500(元)

(2)如果承兑银行在异地：

银行实付B公司贴现金额＝500 000－500 000×3.6%÷360×(10＋3)
＝499 350(元)

④贴现的收款。

贴现到期，贴现银行应向付款人收取票款。不获付款的，贴现银行应向其前手追索票款。贴现银行追索票款时可从申请人的存款账户直接收取票款。

办理电子商业汇票贴现以及提示付款业务，可选择票款对付方式或同城票据交换、通存通兑、汇兑等方式清算票据资金。

【特别提示】 电子商业汇票当事人在办理回购式贴现业务时，应明确赎回开放日、赎回截止日。

7. 商业汇票的到期处理

(1)票据到期后偿付顺序。

①票据未经承兑人付款确认和保证增信即交易的，若承兑人未付款，应当由贴现人先行偿付。该票据在交易后又经承兑人付款确认的，应当由承兑人付款；若承兑人未付款，应当由贴现人先行偿付。

②票据经承兑人付款确认且未保证增信即交易的，应当由承兑人付款；若承兑人未付款，应当由贴现人先行偿付。

③票据保证增信后即交易且未经承兑人付款确认的，若承兑人未付款，应当由保证增信行先行偿付；保证增信行未偿付的，应当由贴现人先行偿付。

④票据保证增信后且经承兑人付款确认的，应当由承兑人付款；若承兑人未付款，应当由保证增信行先行偿付；保证增信行未偿付的，应当由贴现人先行偿付。

(2)提示付款。

商业汇票的提示付款期限，自汇票到期日起10日，持票人应在提示付款期内向付款人提示付款。

【知识链接】见票即付的汇票：自出票日起1个月内向付款人提示付款；定日付款、出票后定期付款、见票后定期付款的汇票：自到期日起10日内向承兑人（付款人）提示付款。

①持票人在提示付款期内通过票据市场基础设施提示付款的，承兑人应当在提示付款当日进行应答或者委托其开户行进行应答。承兑人存在合法抗辩事由拒绝付款的，应当在提示付款当日出具或者委托其开户行出具拒绝付款证明，并通过票据市场基础设施通知持票人。

【特别提示】承兑人或者承兑人开户行在提示付款当日未作出应答的，视为拒绝付款，票据市场基础设施提供拒绝付款证明并通知持票人。

商业承兑汇票承兑人在提示付款当日同意付款的，承兑人账户余额足够支付票款的，承兑人开户行应当代承兑人作出同意付款应答，并于提示付款日向持票人付款。承兑人账户余额不足以支付票款的，则视同承兑人拒绝付款。承兑人开户行应当于提示付款日代承兑人作出拒付应答并说明理由，同时通过票据市场基础设施通知持票人。

银行承兑汇票的承兑人已于到期前进行付款确认的，票据市场基础设施应当根据承兑人的委托于提示付款日代承兑人发送指令划付资金至持票人资金账户。

②纸质商业汇票的持票人应在提示付款期限内通过开户银行委托收款或直接向付款人提示付款的，对异地委托收款的，持票人可匡算邮程，提前通过开户银行委托收款。超过提示付款期限提示付款的，持票人开户银行不予受理，但在作出说明后，承兑人或者付款人仍应当继续对持票人承担付款责任。

商业承兑汇票的付款人开户银行收到通过委托收款寄来的汇票，将汇票留存并及时通知付款人。付款人收到开户银行的付款通知，应在当日通知银行付款。付款人在接到通知日的次日起3日内（遇法定休假日顺延，下同）未通知银行付款的，视同付款人承诺付款，银行应于付款人接到通知日的次日起第4日（遇法定休假日顺延，下同）上午开始营业时，将票款划给持票人。

付款人提前收到由其承兑的商业汇票，应通知银行于汇票到期日付款。付款人在接到通知日的次日起3日内未通告银行付款，付款人接到通知日的次日起第4日在汇票到期日之前的，银行应于汇票到期日将票款划给持票人。付款人存在合法抗辩事由拒绝支付的，应自接到通知的次日起3日内，作成拒绝付款证明送交开户银行，银行将拒绝付款证明和商业承兑汇票邮寄持票人开户银行转交持票人。

纸质银行承兑汇票的承兑银行应在汇票到期日或到期日后的见票当日支付票款。承兑银行存在合法抗辩事由拒绝支付的，应自接到商业汇票的次日起3日内作出拒绝付款证明，连同银行承兑汇票邮寄持票人开户银行转交持票人。

③银行承兑汇票的出票人应于汇票到期前将票款足额交存其开户银行。银行承兑汇票的出票人于汇票到期日未能足额交存票款时，承兑银行除凭票向持票人无条件付款

外，对出票人尚未支付的汇票金额按照每天5‱计收利息。

【特别提示】保证增信行或者贴现人承担偿付责任时，应当委托票据市场基础设施代其发送指令划付资金至持票人资金账户。

（八）银行本票

1. 本票的含义和适用范围

本票是出票人签发的，承诺自己在见票时无条件支付确定的金额给收款人或者持票人的票据。

【特别提示】在我国实务中，本票仅限于银行本票，即银行出票、银行付款。

银行本票可以用于转账，注明“现金”字样的银行本票可以用于支取现金。

单位和个人在同一票据交换区域需要支付各种款项，均可以使用银行本票。银行本票见二维码。

2. 银行本票的出票

（1）申请。

申请人使用银行本票，应向银行填写“银行本票申请书”，填明收款人名称、申请人名称、支付金额、申请日期等事项并签章。

举例说明

银行本票（票样）

申请人和收款人均为个人需要支取现金的，应在“金额”栏先填写“现金”字样，后填写支付金额。申请人或收款人为单位的，不得申请签发现金银行本票。

【特别提示】银行本票由银行出票、银行自己付款，向银行申请签发银行本票的当事人（即本票申请人）并非出票人。

【特别提示】银行本票的基本当事人只有出票人和收款人。

（2）受理。

出票银行受理“银行本票申请书”，收妥款项，签发银行本票交给申请人。签发银行本票必须记载下列事项：①表明“银行本票”的字样；②无条件支付的承诺；③确定的金额；④收款人名称；⑤出票日期；⑥出票人签章。欠缺记载上列事项之一的，银行本票无效。

【特别提示】银行本票的必须记载事项为6项。由于银行本票由出票人本人付款，因此银行本票的必须记载事项中无“付款人名称”。

【知识链接】支票的必须记载事项中无“收款人名称”。

用于转账的，在银行本票上划去“现金”字样；申请人和收款人均为个人需要支取现金的，在银行本票上划去“转账”字样。出票银行在银行本票上签章后交给申请人。申请人或收款人为单位的，银行不得为其签发现金银行本票。

【点拨指导】出票银行必须具有支付本票金额的可靠资金来源，并保证支付。

（3）交付。

申请人应将银行本票交付给本票上记明的收款人。收款人受理银行本票时，应审查下列事项：①收款人是否确为本单位或本人；②银行本票是否在提示付款期限内；③必须记载的事项是否齐全；④出票人签章是否符合规定，不定额银行本票是否有压数机压印的出票金额，并与大写出票金额一致；⑤出票金额、出票日期、收款人名称是否更改，更改的其他记载事项是否由原记载人签章证明。

【点拨指导】收款人可以将银行本票背书转让给被背书人。被背书人受理银行本票时，除进行上述审查外，还应审查下列事项：背书是否连续，背书人签章是否符合规定，背书使用粘单的是否按规定签章；背书人为个人的，审查其身份证件。

3. 银行本票的付款

（1）银行本票见票即付，银行本票的提示付款期限自出票日起最长不得超过2个月。

（2）本票的出票人在持票人提示见票时，必须承担付款的责任。持票人超过提示付款期限不获付款的，在票据权利时效内（自出票之日起2年）向出票银行作出说明，并提供本人身份证件或单位证明，可持银行本票向出票银行请求付款。

【点拨指导】持票人未按照规定提示付款的，丧失对出票人以外的前手的追索权。

（3）在银行开立存款账户的持票人向开户银行提示付款时，应在银行本票背面“持票人向银行提示付款签章”处签章，签章须与预留银行签章相同，并将银行本票、进账单送交开户银行。银行审查无误后办理转账。

（4）未在银行开立存款账户的个人持票人，凭注明“现金”字样的银行本票向出票银行支取现金的，应在银行本票背面签章，记载本人身份证件名称、号码及发证机关，并交验本人身份证件及其复印件。

4. 银行本票的退款和丧失

（1）申请。

申请人因银行本票超过提示付款期限或其他原因要求退款时，应将银行本票提交到出票银行。申请人为单位的，应出具该单位的证明；申请人为个人的，应出具本人的身份证件。

（2）资金去向。

①出票银行对于在本行开立存款账户的申请人，只能将款项转入原申请人账户。

②对于现金银行本票和未在本行开立存款账户的申请人，才能退付现金。

（3）本票丧失。

失票人可以凭人民法院出具的其享有票据权利的证明，向出票银行请求付款或退款。

【区别比较】银行汇票与银行本票的比较，如表3-5所示。

表 3-5 银行汇票与银行本票的比较

	银行汇票	银行本票
出票人	银行	银行
适用主体	单位和个人	单位和个人
适用范围	同城、异地	同城
基本当事人	出票人、付款人、收款人	出票人、收款人
票据金额	出票金额、实际结算金额	出票金额
提示付款期限	出票日起 1 个月	出票日起 2 个月
对出票人的票据时效	出票日起 2 年	出票日起 2 年

（九）支票

1. 支票的含义、种类和适用范围

（1）支票的含义。

支票是出票人签发的，委托办理支票存款业务的银行或者其他金融机构在见票时无条件支付确定的金额给收款人或者持票人的票据。

支票的基本当事人包括出票人、付款人和收款人。出票人即存款人，是在批准办理支票业务的银行机构开立可以使用支票的存款账户的单位和个人；付款人是出票人的开户银行；持票人是票面上填明的收款人，也可以是经背书转让的被背书人。

（2）支票的种类。

支票有现金支票、转账支票和普通支票三种。

①支票上印有“现金”字样的为现金支票，现金支票只能用于支取现金。现金支票见二维码。

举例说明

现金支票（票样）

②支票上印有“转账”字样的为转账支票，转账支票只能用于转账。转账支票见二维码。

③支票上未印有“现金”或“转账”字样的为普通支票，普通支票可以用于支取现金，也可以用于转账。普通支票见二维码。

转账支票（票样）

举例说明

普通支票（票样）

【点拨指导】现金支票仅限于收款人向付款人提示付款，不能背书转让。

【特别提示】在普通支票左上角划两条平行线的，为划线支票，划线支票只能用于转账，不得支取现金。划线支票仅作为普通支票的特殊形式，不属于支票的种类之一。划线支票见二维码。

（3）支票的适用范围。

单位和个人在同一票据交换区域的各种款项结算，均可以使用支票。使用支票影像交换系统，实现支票全国通用。

【特别提示】银行汇票、银行本票、支票均允许个人使用。个人不得使用的支付结算方式有：商业汇票；托收承付；国内信用证。

举例说明

划线支票（票样）

归纳总结

支票的种类、特点及适用范围

2. 支票的出票

（1）开立支票存款账户。

开立支票存款账户，申请人必须使用本名，提交证明其身份的合法证件，并应当预留其本名的签名式样和印鉴。开立支票存款账户和领用支票，应当有可靠的资信。

（2）出票。

1）支票的记载事项。

①必须记载事项：a. 表明“支票”的字样；b. 无条件支付的委托；c. 确定的金额；d. 付款人名称；e. 出票日期；f. 出票人签章。支票上未记载前款规定事项之一的，支票无效。

【点拨指导】支票的必须记载事项有6项，无“收款人名称”。

【特别提示】支票的付款人为支票上记载的出票人开户银行。

②授权补记事项：a. 金额；b. 收款人名称。

【点拨指导】支票的金额、收款人名称，可以由出票人授权补记，未补记前不得背书转让和提示付款。

【特别提示】出票人可以在支票上记载自己为收款人。

③相对记载事项：a. 付款地：支票上未记载付款地的，付款地为付款人的营业场所；

b. 出票地：支票上未记载出票地的，出票地为出票人的营业场所、住所地或经常居住地。

【特别提示】支票的相对记载事项中有“付款地”，但无“付款日期”；有“出票地”，但无“出票日期”。

【区别比较】只有支票的“金额、收款人名称”可由出票人授权补记，汇票、本票的“金额、收款人名称”均不得由出票人授权补记。

2）签发支票的注意事项。

①支票的出票人所签发的支票金额不得超过其付款时在付款人处实有的存款金额。出票人签发的支票金额超过其付款时在付款人处实有的存款金额的，为空头支票。

【特别提示】支票的出票人所签发的支票金额不得超过其付款时（而非出票时、签发时、开具时）在付款人处实有的存款金额。

【特别提示】禁止签发空头支票。

②支票的出票人不得签发与其预留本名的签名式样或者印鉴不符的支票。

【特别提示】支票上的出票人的签章，出票人为单位的，为与该单位在银行预留签章一致的财务专用章或者公章加其法定代表人或者其授权的代理人的签名或者盖章；出票人为个人的，为与该个人在银行预留签章一致的签名或者盖章。

【特别提示】支票的出票人预留银行签章是银行审核支票付款的依据。出票人不得签发与其预留银行签章不符的支票。

3. 支票付款

（1）提示付款。

①支票的提示付款期限自出票日起10日。持票人可以委托开户银行收款或直接向付款人提示付款。用于支取现金的支票仅限于收款人向付款人提示付款。

【知识链接】支票的持票人超过提示付款期限提示付款的，出票人的开户银行不予受理，付款人不予付款，将丧失对出票人以外的前手的追索权，但出票人仍应当承担付款责任。

②持票人委托开户银行收款时，应作委托收款背书，在支票背面背书人签章栏签章，记载“委托收款”字样、背书日期，在被背书人栏记载开户银行名称，并将支票和填制的进账单送交开户银行。持票人持用于转账的支票向付款人提示付款时，应在支票背面背书人签章栏签章，并将支票和填制的进账单送交出票人开户银行。

③收款人持用于支取现金的支票向付款人提示付款时，应在支票背面“收款人签章”处签章，持票人为个人的，还需交验本人身份证件，并在支票背面注明证件名称、号码及发证机关。

（2）付款。

①出票人必须按照签发的支票金额承担保证向该持票人付款的责任。出票人在付款人处的存款足以支付支票金额时，付款人应当在见票当日足额付款。

②付款人依法支付支票金额的，对出票人不再承担受委托付款的责任，对持票人不

再承担付款的责任。但付款人以恶意或者有重大过失付款的除外。

【举例说明】甲市的 A 公司向乙市的 B 公司购买货物，合同约定购货价款共计 200 万元，并约定使用转账支票结算。

A 公司利用其开户银行 C 银行领购的凭证签发支票，出票人为 A 公司，付款银行为 C 银行，收款人为 B 公司，A 公司作出票人签章后将支票交付 B 公司。支票中，基本当事人有 A 公司、C 银行和 B 公司。但由于支票属于见票即付的票据，C 银行并未承兑票据，只是票据上的关系人，而非票据债务人。

如果 B 公司没有将支票背书转让，可以在出票日起 10 日内作成委托收款背书委托自己的开户银行 D 银行收款。

D 银行将委托收款凭证和债务证明寄给 C 银行，如果 A 公司账户资金足以支付，C 银行划出款项；如果 A 公司账户资金不足支付，C 银行直接作成拒绝付款证明，连同 D 银行寄交的资料退还 D 银行，A 公司应承担签发空头支票的法律责任（罚款、赔偿金）。

二、其他结算方式

（一）汇兑

归纳总结

与票据相关的时间规定

1. 汇兑的含义和种类

（1）汇兑的含义。

汇兑是汇款人委托银行将其款项支付给收款人的结算方式。

【特别提示】单位和个人的各种款项的结算，均可使用汇兑结算方式。

（2）汇兑的种类。

汇兑分为信汇、电汇两种，由汇款人选择使用。

【点拨指导】信汇是以邮寄方式将汇款凭证转给外地收款人指定的汇入行。电汇是以电报方式将汇款凭证转给收款人指定的汇入行。

【特别提示】随着网络的发展和普及，现在主要的汇兑方式是电汇。

2. 办理汇兑的程序

（1）签发汇兑凭证。

签发汇兑凭证必须记载下列事项：①表明“信汇”或“电汇”的字样；②无条件支付的委托；③确定的金额；④收款人名称；⑤汇款人名称；⑥汇入地点、汇入行名称；⑦汇出地点、汇出行名称；⑧委托日期；⑨汇款人签章。汇兑凭证上欠缺上列记载事项之一的，银行不予受理。

【点拨指导】汇兑凭证记载的汇款人名称、收款人在银行开立存款账户的，必须记载其账号。欠缺记载的，银行不予受理。

(2) 银行受理。

汇出银行受理汇款人签发的汇兑凭证，经审查无误后，应及时向汇入银行办理汇款，并向汇款人签发汇款回单。

【特别提示】汇款回单只能作为汇出银行受理汇款的依据，不能作为该笔汇款已转入收款人账户的证明。

(3) 汇入处理。

汇入银行对开立存款账户的收款人，应将汇入的款项直接转入收款人账户，并向其发出收账通知。

【特别提示】收账通知是银行将款项确已收入收款人账户的凭据。

3. 汇兑的撤销

汇款人对汇出银行尚未汇出的款项可以申请撤销。申请撤销时，应出具正式函件或本人身份证件及原信、电汇回单。

【特别提示】上文中所提到的“汇款人”就是付款人。

(二) 委托收款

1. 委托收款的含义和适用范围

(1) 委托收款的含义。

委托收款是收款人委托银行向付款人收取款项的结算方式。

(2) 委托收款的适用范围。

单位和个人凭已承兑商业汇票、债券、存单等付款人债务证明办理款项的结算，均可以使用委托收款结算方式。

【点拨指导】委托收款在同城、异地均可以使用。

2. 办理委托收款的程序

(1) 签发托收凭证。

签发托收凭证必须记载下列事项：①表明“委托收款”的字样；②确定的金额；③付款人名称；④收款人名称；⑤委托收款凭据名称及附寄单证张数；⑥委托日期；⑦收款人签章。欠缺记载上列事项之一的，银行不予受理。

【特别提示】①委托收款以银行以外的单位为付款人的，委托收款凭证必须记载付款人开户银行名称；②以银行以外的单位或在银行开立存款账户的个人为收款人的，委托收款凭证必须记载收款人开户银行名称；③以未在银行开立存款账户的个人为收款人的，委托收款凭证必须记载被委托银行名称。

(2) 委托。

收款人办理委托收款应向银行提交委托收款凭证和有关的债务证明。

(3) 付款。

银行接到寄来的委托收款凭证及债务证明，审查无误后办理付款。

①以银行为付款人的，银行应在当日将款项主动支付给收款人。

②以单位为付款人的，银行应及时通知付款人，按照有关办法规定，需要将有关债务证明交给付款人的应交给付款人，并签收。付款人应于接到通知的当日书面通知银行付款。按照有关办法规定，付款人未在接到通知日的次日起3日内通知银行付款的，视同付款人同意付款，银行应于付款人接到通知日的次日起第4日上午开始营业时，将款项划给收款人。

【特别提示】银行在办理划款时，付款人存款账户不足支付的，应通过被委托银行向收款人发出未付款项通知书。

③拒绝付款。付款人审查有关债务证明后，对收款人委托收取的款项需要拒绝付款的，可以办理拒绝付款。

【特别提示】①以银行为付款人的，应自收到委托收款及债务证明的次日起3日内出具拒绝证明，连同有关债务证明、凭证寄给被委托银行，转交收款人；②以单位为付款人的，应在付款人接到通知日的次日起3日内出具拒绝证明，持有债务证明的，应将其送交开户银行。银行将拒绝证明、债务证明和有关凭证一并寄给被委托银行，转交收款人。

三、银行卡

（一）银行卡的含义和分类

1. 银行卡的含义

银行卡是指经批准由商业银行向社会发行的具有消费信用、转账结算、存取现金等全部或部分功能的信用支付工具。

【点拨指导】银行卡凭借使用方便、集多功能于一体的特点，成为人们使用比较广泛的一种支付工具。

2. 银行卡的分类

按不同标准，可以对银行卡做不同的分类。

（1）银行卡按是否具有透支功能的分类，如表3-6所示。

表3-6　银行卡按是否具有透支功能的分类

银行卡类别	进一步细分		具体含义
信用卡（可以透支）	信用卡按是否向发卡银行交存备用金的分类	贷记卡	发卡银行给予持卡人一定的信用额度，持卡人可在信用额度内先消费、后还款的信用卡
		准贷记卡	持卡人须先按发卡银行要求交存一定金额的备用金，当备用金账户余额不足支付时，可在发卡银行规定的信用额度内透支的信用卡

续表

银行卡类别	进一步细分		具体含义
借记卡（不具备透支功能）	借记卡按功能不同的分类	转账卡	实时扣账的借记卡，具有转账结算、存取现金和消费功能
		专用卡	具有专门用途、在特定区域使用的借记卡，具有转账结算、存取现金功能。其中，专门用途是指在百货、餐饮、饭店、娱乐行业以外的用途
		储值卡	发卡银行根据持卡人的要求将其资金转至卡内储存，交易时直接从卡内扣款的预付钱包式借记卡

【点拨指导】借记卡的主要功能包括消费、存取款、转账、代收付、外汇买卖、投资理财、网上支付等。

【举例说明】借记卡是卡上有 20 000 元才能消费 20 000 元；贷记卡是卡上一分钱也没有，也能在信用额度内消费 20 000 元（假设发卡银行给予持卡人的信用额度为 20 000 元或以上）；准贷记卡是先要交存一定金额的备用金，如按银行的要求交 5 000 元备用金，当备用金账户余额不足支付时，才能在信用额度内消费 20 000 元（假设发卡银行给予持卡人的信用额度为 20 000 元或以上）。

此外，联名卡（或认同卡）是商业银行与营利性机构或非营利性机构合作发行的银行卡附属产品，其所依附的银行卡品种必须是经批准的品种，并应当遵守相应品种的业务章程或管理办法。发卡银行和联名单位应当为联名卡持卡人在联名单位用卡提供一定比例的折扣优惠或特殊服务。

（2）银行卡按币种不同分为人民币卡、外币卡。

外币卡是持卡人与发卡银行以除人民币以外的货币作为清算货币的银行卡。

【举例说明】目前国内商户可受理维萨（VISA）、万事达（MasterCard）、美国运通（American Express）、大来（Diners Club）等信用卡组织发行的外卡。

（3）银行卡按发行对象不同分为单位卡、个人卡。

（4）银行卡按信息载体不同分为磁条卡、芯片（IC）卡。

（二）银行卡账户和交易

1. 银行卡申领、注销和丧失

（1）银行卡的申领。

申领信用卡，应按规定填制申请表，连同有关资料一并送交发卡银行。发卡银行可根据申请人的资信程度，要求其提供担保。担保的方式有保证、抵押或质押。银行卡及其账户只限经发卡银行批准的持卡人本人使用，不得出租和转借。

个人申请贷记卡时应当满足下列条件：

①年满 18 周岁，有固定职业和稳定收入，工作单位和户口在常住地的城乡居民。

②填写申请表，并在持卡人处亲笔签字。

③向发卡银行提供本人及附属卡持卡人、担保人的身份证复印件；外地、境外人员及现役军官以个人名义领卡应出具当地公安部门签发的临时户口或有关部门开具的证

明，并须提供具备担保条件的担保单位或有当地户口、在当地工作的担保人。

（2）银行卡的注销。

持卡人在还清全部交易款项、透支本息和有关费用后，可申请办理销户。对于持卡人因死亡等原因而需办理的注销和清户，应按照《民法典》和《中华人民共和国公证法》等法规办理。

【特别提示】发卡行受理注销申请之日起45日后，被注销信用卡账户方能清户。

（3）银行卡的丧失。

持卡人丧失银行卡，应立即持本人身份证件或其他有效证明，并按规定提供有关情况，向发卡银行或代办银行申请挂失，发卡银行或代办银行审核后办理挂失手续。

2. 银行卡交易的基本规定

（1）信用卡预借现金业务。

信用卡预借现金业务包括现金提取、现金转账和现金充值。

①现金提取是指持卡人通过柜面和自动柜员机（ATM）等自助机具，以现钞形式获得信用卡预借现金额度内资金。

②现金转账是指持卡人将信用卡预借现金额度内的资金划转到本人银行结算账户。

③现金充值是指持卡人将信用卡预借现金额度内的资金划转到本人在非银行支付机构开立的支付账户。

（2）信用卡的交易限额。

①信用卡持卡人通过ATM自助机具办理现金提取业务，每卡每日累计不得超过人民币1万元。

②持卡人通过柜面办理现金提取业务、通过各类渠道办理现金转账业务的每卡每日限额，由发卡机构与持卡人通过协议约定。

③发卡机构可自主确定是否提供现金充值服务，并与持卡人协议约定每卡每日限额。

④发卡机构不得将持卡人信用卡预借现金额度内资金划转至其他信用卡，以及非持卡人的银行结算账户或支付账户。

⑤发卡银行应当对借记卡持卡人在ATM取款设定交易上限，每卡每日累计提款不得超过2万元人民币。储值卡的面值或卡内币值不得超过1 000元人民币。

（3）贷记卡持卡人的待遇。

贷记卡持卡人非现金交易享受的优惠条件有：

①免息还款期待遇。银行记账日至发卡银行规定的到期还款日之间为免息还款期。

②最低还款额待遇。持卡人在到期还款日前偿还所使用全部银行款项有困难的，可按照发卡银行规定的最低还款额还款。

【特别提示】贷记卡持卡人非现金交易可享受免息还款期待遇和最低还款额待遇。

【点拨指导】持卡人透支消费享受免息还款期待遇和最低还款额待遇的条件和标准等，由发卡机构自主确定。

【特别提示】贷记卡持卡人透支消费方可享受免息还款期待遇、最低还款额待遇；准贷记卡透支、贷记卡持卡人透支取现不享受上述待遇。

（4）发卡银行追偿的途径。

发卡银行通过以下途径追偿透支款项和诈骗款项：扣减持卡人保证金、依法处理抵押物和质物；向保证人追索透支款项；通过司法机关的诉讼程序进行追偿。

（三）银行卡计息与收费

发卡银行对准贷记卡及借记卡（不含储值卡）账户内的存款，按照中国人民银行规定的同期同档次存款利率及计息办法计付利息。

1. 信用卡透支利率

自2021年1月1日起，信用卡透支利率由发卡机构与持卡人自主协商确定，取消信用卡透支利率上限和下限管理。

【特别提示】信用卡透支的计结息方式，以及对信用卡溢缴款是否计付利息及其利率标准，由发卡机构自主确定。

2. 发卡机构的提示义务

（1）发卡机构应在信用卡协议中以显著方式提示信用卡利率标准和计结息方式、免息还款期和最低还款额待遇的条件和标准，以及向持卡人收取违约金的详细情形和收取标准等与持卡人有重大利害关系的事项，确保持卡人充分知悉并确认接受。

【特别提示】对于信用卡利率标准，应注明日利率和年利率。

（2）发卡机构调整信用卡利率的，应至少提前45个自然日按照约定方式通知持卡人。持卡人有权在新利率标准生效之前选择销户，并按照已签订的协议偿还相关款项。

3. 违约金和服务费用

（1）取消信用卡滞纳金，对于持卡人违约逾期未还款的行为，发卡机构应与持卡人通过协议约定是否收取违约金，以及相关收取方式和标准。

（2）发卡机构向持卡人提供超过授信额度用卡服务的，不得收取超限费。

（3）发卡机构对向持卡人收取的违约金和年费、取现手续费、货币兑换费等服务费用不得计收利息。

归纳总结

由发卡机构自主决定的事项

归纳总结

银行卡透支及其利息的规定

（四）银行卡收单

1. 银行卡收单业务的含义

银行卡收单业务是指收单机构与特约商户签订银行卡受理协议，在特约商户按约定受理银行卡并与持卡人达成交易后，为特约商户提供交易资金结算服务的行为。

【点拨指导】具体来说，银行卡收单业务就是持卡人在与银行签约的特约商户那里刷卡消费，银行将持卡人刷卡消费的资金在规定周期内结算给与银行签约的特约商户，并从中扣取一定比例手续费作为服务费的行为。

银行卡收单机构主要包括：（1）从事银行卡收单业务的银行业金融机构；（2）获得银行卡收单业务许可、为实体特约商户提供银行卡受理并完成资金结算服务的支付机构；（3）获得网络支付业务许可、为网络特约商户提供银行卡受理并完成资金结算服务的支付机构。

【特别提示】特约商户是指与收单机构签订银行卡受理协议、按约定受理银行卡并委托收单机构为其完成交易资金结算的企事业单位、个体工商户或其他组织，以及按照国家工商行政管理机关有关规定，开展网络商品交易等经营活动的自然人。

特约商户可分为实体特约商户和网络特约客户。实体特约客户是指通过实体经营场所提供商品或服务的特约商户；网络特约商户是指基于公共网络信息系统提供商品或服务的特约商户。

2. 银行卡收单业务管理规定

（1）特约商户管理。

①收单机构应当对特约商户实行实名制管理，严格审核特约商户的营业执照等证明文件，以及法定代表人或负责人有效身份证件等申请材料。特约商户为自然人的，收单机构应当审核其有效身份证件。特约商户使用单位银行结算账户作为收单银行结算账户的，收单机构还应当审核其合法拥有该账户的证明文件。

②收单机构应当与特约商户签订银行卡受理协议，就可受理的银行卡种类、开通的交易类型、收单银行结算账户的设置和变更、资金结算周期、结算手续费标准、差错和纠纷处置等事项，明确双方的权利、义务和违约责任。

③特约商户的收单银行结算账户应当为其同名单位银行结算账户，或其指定的、与其存在合法资金管理关系的单位银行结算账户。特约商户为个体工商户和自然人的，可使用其同名个人银行结算账户作为收单银行结算账户。

④收单机构应当对实体特约商户收单业务进行本地化经营和管理，通过在特约商户及其分支机构所在省（自治区、直辖市）域内的收单机构或其分支机构提供收单服务，不得跨省（自治区、直辖市）域开展收单业务。

【点拨指导】对于连锁式经营或集团化管理的特约商户，收单机构或经其授权的特约商户所在地的分支机构可与特约商户签订总对总银行卡受理协议，并严格落实本地化服务和管理责任。

（2）业务与风险管理。

收单机构应当强化业务和风险管理措施，建立特约商户检查制度、资金结算风险管理制度、收单交易风险监测系统以及特约商户收单银行结算账户设置和变更审核制度等。

①风险评级。建立对实体特约商户、网络特约商户分别进行风险评级的制度。对于风险等级较高的特约商户，收单机构应当对其开通的受理卡种和交易类型进行限制，并采取强化交易监测、设置交易限额、延迟结算、增加检查频率、建立特约商户风险准备金等风险管理措施。

②资金结算。收单机构应按协议约定及时将交易资金结算到特约商户的收单银行结算账户，资金结算时限最迟不得超过持卡人确认可直接向特约商户付款的支付指令生效日起 30 个自然日，因涉嫌违法违规等风险交易需延迟结算的除外。

收单机构应当根据交易发生时的原交易信息发起银行卡交易差错处理、退货交易，将资金退至持卡人原银行卡账户。若持卡人原银行卡账户已撤销，则应当退至持卡人指定的本人的其他银行账户。

③风险事件。收单机构发现特约商户发生疑似银行卡套现、洗钱、欺诈、移机、留存或泄露持卡人账户信息等风险事件的，应当对特约商户采取延迟资金结算、暂停银行卡交易或收回受理终端（关闭网络支付接口）等措施，并承担因未采取措施导致的风险损失责任；涉嫌违法犯罪活动的，应当及时向公安机关报案。

3. 结算收费

（1）结算收费的基本规定。

结算收费的基本规定如表 3－7 所示。

表 3－7　银行卡结算收费的基本规定

<table>
<tr><th>收费项目</th><th>收费方式</th><th>管理方式</th><th>费率及封顶标准</th></tr>
<tr><td>收单服务费</td><td>收单机构向商户收取</td><td>实行市场调节价</td><td>由收单机构与商户协商确定具体费率</td></tr>
<tr><td rowspan="2">发卡行服务费</td><td rowspan="2">发卡机构向收单机构收取</td><td rowspan="2">实行政府指导价、上限管理</td><td>借记卡：不超过交易金额的 0.35%（单笔交易收费金额不超过 13 元）</td></tr>
<tr><td>贷记卡：不超过交易金额的 0.45%（不实行单笔收费封顶控制）</td></tr>
<tr><td>网络服务费</td><td>银行卡清算机构分别向收单、发卡机构计收</td><td>实行政府指导价、上限管理</td><td>费率不超过交易金额的 0.065%，由收单、发卡机构各承担 50%（即分别向发卡、收单机构计收的费率均不超过交易金额的 0.032 5%）</td></tr>
</table>

（2）费率优惠措施。

对非营利性的医疗机构、教育机构、社会福利机构、养老机构、慈善机构刷卡交易，实行发卡行服务费、网络服务费全额减免。

四、银行的电子支付

电子支付是指单位、个人通过计算机、手机等电子终端发出支付指令，依托网络系统以电子信息传递形式进行的货币支付与资金转移。电子支付服务的主要提供方有银行和支付机构，银行的电子支付方式主要有网上银行、手机银行和条码支付等，支付机构的电子支付方式主要有网络支付、条码支付等。本节主要介绍银行的电子支付。

（一）网上银行

1. 网上银行的含义

网上银行（Internet bank or E-bank），也称网络银行，简称网银，就是银行在互联网上设立虚拟银行柜台，使开户、查询、对账、转账、信贷、网上证券、投资理财等传统银行服务不再通过物理的银行分支机构来实现，而是借助于网络与信息技术手段在互联网上实现。

【点拨指导】由于网上银行不受时间、空间限制，可以在任何时间（Anytime）、任何地点（Anywhere），以任何方式（Anyway）为客户提供金融服务，因此，网上银行又被称为“3A银行”。

【特别提示】传统的网上银行主要通过计算机终端银行网站进行操作，在一定程度上受到互联网设施的限制。随着移动通信技术的发展和智能手机的普及，网上银行的另一种形式——手机银行已经兴起。手机银行又称移动银行，是指利用手机、平板电脑或其他移动设备实现银行与客户的对接，为客户办理相关银行业务或提供金融服务。我国的手机银行主要经历了短信、WAP、App三个发展阶段，目前主要以手机银行App方式为主。

2. 网上银行的分类

按照不同的标准，网上银行可以分为不同的类型，如表3－8所示。

表3－8　网上银行的分类

分类标准	银行类型	具体内容
按主要服务对象不同	企业网上银行	主要服务于企事业单位。企事业单位可以通过企业网络银行实时了解财务状况，及时调度资金，轻松处理工资发放和大批量的网络支付业务
	个人网上银行	主要服务于个人。个人可以通过个人网络银行实时查询、转账，进行网络支付和汇款
按经营组织不同	分支型网上银行	传统银行利用互联网作为新的服务手段，建立银行站点，为客户提供在线服务而设立的网上银行。它实际上是传统银行服务在互联网上的延伸
	纯网上银行	专门为提供在线银行服务而成立的，也被称为只有一个站点的银行

3. 网上银行的主要功能

（1）企业网上银行子系统的主要功能。

企业网上银行子系统的主要业务功能包括：①账户信息查询；②支付指令；③B2B

(Business to Business）网上支付；④批量支付。

【特别提示】B2B（“商业机构之间的商业往来活动”的简称），是指企业与企业之间进行的电子商务活动。

（2）个人网上银行子系统的主要功能。

个人网上银行子系统的具体业务功能包括：①账户信息查询；②人民币转账业务；③银证转账业务；④外汇买卖业务；⑤账户管理业务；⑥B2C（Business to Customer）网上支付。

【特别提示】B2C（“商业机构对消费者的电子商务”的简称），是指企业与消费者之间进行的在线式零售商业活动，包括网上购物和网上拍卖等。

（二）条码支付

1. 条码支付的含义

条码支付是指银行、支付机构应用条码技术，实现收付款人之间货币资金转移的业务活动。条码支付业务包括付款扫码和收款扫码。

【特别提示】付款扫码是指付款人通过移动终端识读收款人展示的条码完成支付的行为。收款扫码是指收款人通过识读付款人移动终端展示的条码完成支付的行为。

【点拨指导】支付机构向客户提供基于条码技术付款服务的，应当取得网络支付业务许可；支付机构为实体特约商户和网络特约商户提供条码支付收单服务的，应当分别取得银行卡收单业务许可和网络支付业务许可。

2. 条码支付服务市场的构成

目前，我国常见的条码支付除银行及支付机构的条码支付外，还有由中国银联携手各商业银行、支付机构共同开发建设、共同维护运营的便民支付服务，以及融合了多个银行和支付机构的支付端口、提供聚合类型二维码的聚合支付。

【特别提示】银联便民支付服务除条码支付功能外，还可以实现转账、缴费、信用卡还款等多项功能，并集合了部分银行的信用卡申请、理财信贷等服务，成为我国条码支付服务市场的重要构成之一。聚合支付又称第四方支付，由提供聚合支付服务的机构或银行融合不同支付机构及银行的多个支付接口，将不同机构分别生成的二维码聚合为一个二维码，使商户仅需提供一个二维码即可实现付款人自主选择使用不同银行或支付机构的App扫码付款的功能。

3. 条码支付的交易验证

条码支付业务可以组合选用下列三种要素进行交易验证：（1）仅客户本人知悉的要素，如静态密码；（2）仅客户本人持有并特有的，不可复制或者不可重复利用的要素，如经过安全认证的数字证书、电子签名，以及通过安全渠道生成和传输的一次性密码；（3）客户本人生物特征要素，如指纹。

4. 条码支付的限额[①]

根据交易验证方式和风险防范能力的不同，条码支付有四种限额要求，如表3-9所示。

表3-9　条码支付的四种限额要求

交易验证方式	风险防范能力	限额要求
采用包括数字证书或电子签名在内的两类（含）以上有效要素对交易进行验证	A级	银行、支付机构可与客户通过协议自主约定单日累计限额
采用不包括数字证书、电子签名在内的两类（含）以上有效要素对交易进行验证	B级	同一客户单个银行账户或所有支付账户单日累计交易金额应不超过5 000元
采用不足两类要素对交易进行验证	C级	同一客户单个银行账户或所有支付账户单日累计交易金额应不超过1 000元
使用静态条码	D级	同一客户单个银行账户或所有支付账户单日累计交易金额应不超过500元

5. 收款扫码服务禁止使用静态条码

银行、支付机构提供收款扫码服务的，应使用动态条码，设置条码有效期、使用次数等方式，防止条码被重复使用导致重复扣款，确保条码真实有效。

6. 条码支付特约商户管理

（1）一般特约商户管理。

银行、支付机构拓展条码支付特约商户，应遵循“了解你的客户”原则，确保所拓展的是依法设立、合法经营的特约商户。银行、支付机构拓展特约商户应落实实名制规定，严格审核特约商户的营业执照等证明文件，以及法定代表人或负责人的有效身份证件等申请材料，确认申请材料的真实性、完整性、有效性，并留存申请材料的影印件或复印件。

（2）小微特约商户管理。

对依据法律法规和相关监管规定免于办理工商注册登记的实体特约商户（小微商户），在遵循“了解你的客户”原则的前提下，可以通过审核商户主要负责人身份证明文件和辅助证明材料为其提供条码支付收单服务。

【特别提示】辅助证明材料包括但不限于营业场所租赁协议或者产权证明、集中经营场所管理方出具的证明文件等能够反映小微商户真实、合法从事商品或服务交易活动的材料。

以同一个身份证件在同一家银行、支付机构办理的全部小微商户基于信用卡的条码支付收款金额日累计不超过1 000元、月累计不超过10 000万元。

7. 条码支付的风险管理

（1）条码支付的风险管理措施。

条码支付的风险管理措施主要有：①银行、支付机构应提升风险识别能力，采取有

① 该内容在《2025年度初级会计专业技术资格考试大纲》中已经删除，本教材仍保留。

效措施防范风险，及时发现处理可疑交易信息及风险事件；②评估业务相关的洗钱和恐怖融资风险，采取与风险水平相适应的管控措施；③对特约商户进行检查、评估，并结合特约商户风险等级及交易类型等因素，设置或与其约定单笔及日累计交易限额；④对风险等级较高的特约商户，应采用强化交易监测、建立特约商户风险准备金、延迟清算等风险管理措施；⑤确保客户身份或账户信息安全，防止泄露，并根据收付款不同业务场景设置条码有效性和使用次数；⑥充分披露条码支付业务产品类型、办理流程、操作规程、收费标准等信息，明确业务风险点及相关责任承担机制、风险损失赔付方式及操作方式。

（2）条码支付的风险监测体系。

银行、支付机构应建立条码支付交易风险监测体系，及时发现可疑交易，并采取阻断交易、联系客户核实交易等方式防范交易风险。

（3）条码支付风险事件的应对措施。

银行、支付机构发现特约商户发生疑似套现、洗钱、恐怖融资、欺诈、留存或泄露账户信息等风险事件的，应对特约商户采取延迟资金结算、暂停交易、冻结账户等措施，并承担因未采取措施导致的风险损失责任；发现涉嫌违法犯罪活动的，应及时向公安机关报案。

第3节即测即评

第 4 节　支付机构非现金支付业务

一、支付机构的含义和支付业务的类型

（一）支付机构的含义

支付机构是指在中华人民共和国境内依法设立，除银行业金融机构外取得支付业务许可，从事根据收款人或者付款人提交的电子支付指令转移货币资金等支付业务的有限责任公司或者股份有限公司。

中国人民银行依法对支付机构实施监督管理。设立支付机构应当经中国人民银行批准，取得支付业务许可，由中国人民银行颁发支付业务许可证并予以公告。支付业务许可证应当载明支付机构可以从事的业务类型和经营地域范围。

【特别提示】未经依法批准，任何单位或个人不得从事或变相从事支付业务。支付机构拟终止支付业务的，应当向中国人民银行申请注销支付业务许可。

（二）支付业务的类型

支付机构支付业务根据能否接收付款人预付资金，分为储值账户运营和支付交易处理两种类型。储值账户运营分为储值账户运营Ⅰ类和储值账户运营Ⅱ类；支付交易处理分为支付交易处理Ⅰ类和支付交易处理Ⅱ类。

互联网支付，或者同时开展互联网支付和移动电话支付（固定电话支付、数字电视

支付）的，归入储值账户运营Ⅰ类，支付业务许可证登记的业务类型为储值账户运营Ⅰ类。预付卡发行与受理、预付卡受理归入储值账户运营Ⅱ类，支付业务许可证登记的业务类型为储值账户运营Ⅱ类（经营地域范围）、储值账户运营Ⅱ类（仅限于线上实名支付账户充值）、储值账户营Ⅱ类（仅限于经营地域范围预付卡受理）。

银行卡收单归入支付交易处理Ⅰ类，支付业务许可证登记的业务类型为支付交易处理Ⅰ类（经营地域范围）。仅开展移动电话支付、固定电话支付、数字电视支付，不开展互联网支付的，归入支付交易处理Ⅱ类，支付业务许可证登记的业务类型为支付交易处理Ⅱ类。

二、网络支付

（一）网络支付的含义

网络支付是指收款人或付款人通过计算机、移动终端等电子设备，依托公共网络或专用网络信息系统远程发起支付指令，且付款人电子设备不与收款人特定专属设备交互，由支付机构为收付款人提供货币资金转移服务的活动。

（二）网络支付机构

依法取得《支付业务许可证》，获准办理互联网支付、移动电话支付、固定电话支付、数字电视支付等网络支付业务的支付机构可以办理网络支付业务。

【特别提示】支付机构应当遵循主要服务电子商务发展和为社会提供小额、快捷、便民小微支付服务的宗旨，基于客户的银行账户或者支付账户提供网络支付服务。

目前从事网络支付的支付机构主要有以下两类。

1. 金融型支付企业

金融型支付企业是采用独立第三方支付模式，不负有担保功能，仅为用户提供支付产品和支付系统解决方案，侧重于行业需求和开拓行业应用，立足于企业端的支付企业。

2. 互联网支付企业

互联网支付企业是依托于自有的电子商务网站并提供担保功能的第三方支付模式，以在线支付为主，立足于个人消费者端的支付企业。

（三）支付账户

1. 支付账户的含义

支付账户，是指支付机构根据用户真实意愿为其开立的，用于发起支付指令、反映交易明细、记录资金余额的电子簿记载体。

2. 支付账户的使用要求

支付账户不得透支，不得出借、出租、出售，不得利用支付账户从事或者协助他人从事非法活动。

3. 支付账户的开户要求

（1）支付机构为客户开立支付账户的，应当对客户实行实名制管理，登记并采取有效措施验证客户身份基本信息，按规定核对有效身份证件并留存有效身份证件复印件或者影印件，建立客户唯一识别编码，并在与客户业务关系存续期间采取持续的身份识别措施，确保有效核实客户身份及其真实意愿，不得开立匿名、假名支付账户。

（2）支付机构在为单位和个人开立支付账户时，应当与单位和个人签订协议，约定支付账户与支付账户、支付账户与银行账户之间的日累计转账限额和笔数，超出限额和笔数的，不得再办理转账业务。

（3）支付机构为单位开立支付账户，应当参照《人民币银行结算账户管理办法》的相关规定，要求单位提供相关证明文件，并自主或者委托合作机构以面对面的方式核实客户身份，或者以非面对面方式通过至少 3 个合法安全的外部渠道对单位基本信息进行多重交叉验证。

（4）支付机构应当严格审核单位开户证明文件的真实性、完整性和合规性，开户申请人与开户证明文件所属人的一致性，并向单位法定代表人或负责人核实开户意愿，留存相关工作记录。支付机构可以采取面对面、视频等方式向单位法定代表人或负责人核实开户意愿，具体方式由支付机构根据客户风险评级情况确定。

（5）支付机构可以为个人客户开立Ⅰ类、Ⅱ类、Ⅲ类支付账户，具体如表 3-10 所示。

表 3-10　支付机构可以为个人客户开立的支付账户

个人客户身份基本信息验证渠道	可以为个人客户开立的支付账户	功能
以非面对面方式通过至少 1 个合法安全的外部渠道进行身份基本信息验证，且首次在该支付机构开立支付账户	Ⅰ类支付账户	账户余额可用于消费和转账，余额付款交易自账户开立起累计不超过 1 000 元（包括支付账户向客户本人同名银行账户转账）
自主或委托合作机构以面对面方式核实身份或者以非面对面方式通过至少 3 个合法安全的外部渠道进行身份基本信息多重交叉验证	Ⅱ类支付账户	账户余额可用于消费和转账，所有支付账户的余额付款交易年累计不超过 10 万元（不包括支付账户向客户本人同名银行账户转账）
以面对面方式核实身份或以非面对面方式通过至少 5 个合法安全的外部渠道进行身份基本信息多重交叉验证	Ⅲ类支付账户	账户余额可以用于消费、转账以及购买投资理财等金融类产品，所有支付账户的余额付款交易年累计不超过 20 万元（不包括支付账户向客户本人同名银行账户转账）

【特别提示】客户身份基本信息外部验证渠道包括但不限于政府部门数据库、商业银行信息系统、商业化数据库等。其中，通过商业银行验证个人客户身份基本信息的，应为Ⅰ类银行账户或信用卡。

【知识链接】个人银行结算账户可以为个人客户开立Ⅰ类、Ⅱ类、Ⅲ类支付账户。

（四）网络支付的相关规定

1. 网络支付的交易验证及限额要求

网络支付业务交易验证的要素与条码支付业务相同，已在第 3 节介绍，在此不再赘述。根据交易验证方式和风险防范能力的不同，支付机构对个人客户使用支付账户余额付款的交易有三种限额要求，具体如表3-11所示。

表3-11　支付机构对个人客户使用支付账户余额付款的交易限额要求

网络支付的交易验证方式	限额要求
包括数字证书或电子签名在内的两类（含）以上有效要素进行验证	单日累计限额由支付机构与客户通过协议自主约定
不包括数字证书、电子签名在内的两类（含）以上有效要素进行验证	单个客户所有支付账户单日累计金额应不超过5 000元（不包括支付账户向客户本人同名银行账户转账）
不足两类有效要素进行验证	单个客户所有支付账户单日累计金额应不超过1 000元（不包括支付账户向客户本人同名银行账户转账），且支付机构应当承诺无条件全额承担此类交易的风险损失赔付责任

2. 业务管理与风险管理

（1）业务管理。

支付机构向客户开户银行发送支付指令，扣划客户银行账户资金的，应当事先或在首笔交易时自主识别客户身份并分别取得客户和银行的协议授权，同意其向客户的银行账户发起支付指令扣划资金。

银行应当事先或在首笔交易时自主识别客户身份并与客户直接签订授权协议，明确约定扣款适用范围和交易验证方式，设立与客户风险承受能力相匹配的单笔和单日累计交易限额，承诺无条件全额承担此类交易的风险损失先行赔付责任。

除单笔金额不超过200元的小额支付业务，公共事业缴费、税费缴纳、信用卡还款等收款人固定并且定期发生的支付业务，支付机构不得代替银行进行交易验证。

【特别提示】被人民银行评价为“A”类的支付机构可与银行通过协议自主约定由支付机构代替进行交易验证的情形，但应在交易中向银行完整、准确发送交易渠道、交易终端或接口类型、交易类型、商户名称、商户编码、商户类别码、收付款客户名称和账号等交易信息；银行应核实支付机构验证手段或渠道的安全性，且对客户资金安全的管理责任不因支付机构代替验证而转移。

（2）风险管理。

支付机构应建立客户风险评级管理制度和机制以及交易风险管理制度和交易监测系统，动态调整客户风险评级及相关风险控制措施，对疑似欺诈、套现、洗钱、非法融资、恐怖融资等交易，及时采取调查核实、延迟结算、终止服务等措施；充分提示网络支付业务的潜在风险，对高风险业务在操作前、操作中进行风险警示；履行客户信息保护责任，不得存储客户银行卡的磁道信息或芯片信息、验证码、密码等敏感信息，原则上不得存储银行卡有效期。

三、预付卡

（一）预付卡的含义和分类

1. 预付卡的含义

前文已经对预付卡下了简要的定义，具体来说，预付卡是指发卡机构以特定载体和形式发行的、可在发卡机构之外购买商品或服务的预付价值。

2. 预付卡的分类

（1）预付卡按发卡人不同可划分为多用途预付卡和单用途预付卡。

多用途预付卡，是由专营发卡机构发行，可跨地区、跨行业、跨法人使用的预付卡；单用途预付卡，是由商业企业发行，只在本企业或同一品牌连锁商业企业购买商品、服务的预付卡。

【点拨指导】单用途预付卡与多用途预付卡的监管要求不相同。单用途预付卡的发卡企业应在开展单用途预付卡业务之日起30日内在商务部门进行备案；多用途预付卡的发卡机构必须取得中国人民银行颁发的支付业务许可证，在核准地域范围内开展业务，人民银行对多用途预付卡备付金实行集中存管。

【特别提示】本节所讲的预付卡为多用途预付卡。

（2）预付卡按是否记载持卡人身份信息分为记名预付卡和不记名预付卡。

（二）预付卡的相关规定

1. 预付卡的限额

预付卡以人民币计价，不具有透支功能。单张记名预付卡资金限额不得超过5 000元，单张不记名预付卡资金限额不得超过1 000元。

2. 预付卡的期限

预付卡的期限指的是预付卡卡面记载的有效期限或有效期截止日。记名预付卡可挂失，可赎回，不得设置有效期。不记名预付卡不挂失，不赎回，法律法规另有规定的除外。不记名预付卡有效期不得少于3年。

超过有效期尚有资金余额的预付卡，发卡机构应当提供延期、激活、换卡等服务，保障持卡人继续使用。

3. 预付卡的办理

办理预付卡时，应当遵循以下规定：

（1）实名制购买。

个人或单位购买记名预付卡或一次性购买不记名预付卡1万元以上的，应当使用实名并向发卡机构提供有效身份证件。

（2）发卡机构识别购买者身份。

①发卡机构应当识别购卡人、单位经办人的身份，核对有效身份证件，登记身份基本信息，并留存有效身份证件的复印件或影印件。

②代理他人购买预付卡的，发卡机构应当采取合理方式确认代理关系，核对代理人和被代理人的有效身份证件，登记代理人和被代理人的身份基本信息，并留存代理人和被代理人的有效身份证件的复印件或影印件。

③使用实名购买预付卡的，发卡机构应当登记购卡人姓名或单位名称、单位经办人姓名、有效身份证件名称和号码、联系方式、购卡数量、购卡日期、购卡总金额、预付卡卡号及金额等信息。

（3）购买预付卡的限制。

单位一次性购买预付卡5 000元以上，个人一次性购买预付卡5万元以上的，应当通过银行转账等非现金结算方式购买，不得使用现金。购卡人不得使用信用卡购买预付卡。

4. 预付卡的充值

预付卡通过现金或银行转账方式进行充值，不得使用信用卡为预付卡充值。一次性充值金额5 000元以上的，不得使用现金。单张预付卡充值后的资金余额不得超过规定限额。

【知识链接】 单张记名预付卡资金限额不得超过5 000元，单张不记名预付卡资金限额不得超过1 000元。

【点拨指导】 预付卡现金充值通过发卡机构网点进行，但单张预付卡同日累计现金充值在200元以下的，可通过自助充值终端、销售合作机构代理等方式充值。

5. 预付卡的使用

预付卡在发卡机构拓展、签约的特约商户中使用。预付卡不得用于或变相用于提取现金；不得用于购买、交换非本发卡机构发行的预付卡、单一行业卡及其他商业预付卡或向其充值；卡内资金不得向银行账户或向非本发卡机构开立的网络支付账户转移。

6. 预付卡的赎回

记名预付卡可在购卡3个月后办理赎回，赎回时，持卡人应当出示预付卡及持卡人和购卡人的有效身份证件。由他人代理赎回的，应当同时出示代理人和被代理人的有效身份证件。

【特别提示】 单位购买的记名预付卡，只能由单位办理赎回。

7. 预付卡的发卡机构

预付卡发卡机构必须是经中国人民银行核准，取得《支付业务许可证》的支付机构。发卡机构要依法严格按照核准的业务类型和业务覆盖范围从事预付卡业务。同时，还应遵守以下规定：

（1）发卡机构应当采取有效措施加强对购卡人和持卡人信息的保护，确保信息安全，防止信息泄露和滥用。未经购卡人和持卡人同意，不得用于与购卡人和持卡人的预付卡业务无关的目的。

（2）发卡机构应当严格进行发票管理，严格按照《中华人民共和国发票管理办法》的有关规定开具发票。

（3）发卡机构要加强预付卡资金管理，维护持卡人合法权益，发卡机构接受的、客户用于未来支付需要的预付卡资金，不属于发卡机构的自有财产，发卡机构不得挪用、挤占。

（4）发卡机构对客户备付金需100%集中交存中国人民银行。

【区别比较】 记名预付卡与不记名预付卡的比较，如表3－12所示。

表3－12　记名预付卡与不记名预付卡的比较

	记名预付卡	不记名预付卡
区分标准	记载持卡人身份信息	不记载持卡人身份信息
单张限额	5 000元	1 000元
可否挂失	可挂失	不可挂失
可否赎回	购卡后3个月可赎回	不可赎回
有效期	无	不得低于3年超期可延期、激活、换卡
是否提供身份证	需要	一次性购买1万元以上需要，否则不需要
可否使用信用卡购买及充值	否	否
转账购买的情形	单位：一次性购买5 000元以上	
	个人：一次性购买50 000元以上	
转账充值的情形	一次性充值5 000元以上	
使用规定	特约商户中使用 不得用于或变相用于提现 不得用于购买非本机构发行的预付卡 卡内资金不得向银行账户或非本发卡机构开立的网络支付账户转移	
发卡机构的资金管理	发卡机构必须在商业银行开立备付金专用存款账户存放预付资金，不得挪用、挤占	

归纳总结

各类结算方式的适用范围

第4节即测即评

第5节　支付结算纪律与法律责任

一、支付结算纪律

支付结算纪律是银行、支付机构、单位和个人办理支付结算业务所应遵守的基本规定。

（一）单位和个人办理的支付结算纪律

（1）不准签发没有资金保证的票据或远期支票，套取银行信用；

（2）不准签发、取得和转让没有真实交易和债权债务的票据，套取银行和他人资金；

（3）不准无理拒绝付款，任意占用他人资金；

（4）不准违反规定开立和使用账户。

（二）银行的支付结算纪律

（1）不准以任何理由压票、任意退票、截留挪用客户和他行资金；

（2）不准无理拒绝支付应由银行支付的票据款项；

（3）不准受理无理拒付、不扣少扣滞纳金；

（4）不准违章签发、承兑、贴现票据，套取银行资金；

（5）不准签发空头银行汇票、银行本票和办理空头汇款；

（6）不准在支付结算制度之外规定附加条件，影响汇路畅通；

（7）不准违反规定为单位和个人开立账户；

（8）不准拒绝受理、代理他行正常结算业务。

（三）支付机构的支付结算纪律

支付机构不得伪造、变造电子支付指令，不得以任何形式挪用、占用、借用用户备付金，不得以用户备付金为自己或他人提供担保。

二、违反支付结算法律制度的法律责任

银行、单位和个人违反结算纪律，要分别承担相应的法律责任。根据目前的法律、法规和规章的规定，对于下列行为，应依法分别承担民事、行政和刑事责任。

（一）无理拒付、占用他人资金行为的法律责任

票据的付款人对见票即付或者到期的票据，故意压票、拖延支付的，银行机构违反票据承兑等结算业务的规定，不予兑现，不予收付入账，压单、压票或者违反规定退票的，由国务院银行保险监督管理机构（现为国家金融监督管理总局）责令其改正，有违法所得的，没收违法所得。违法所得5万元以上的，并处违法所得1倍以上5倍以下罚款；没有违法所得或者违法所得不足5万元的，处5万元以上50万元以下罚款。

（二）违反账户管理规定的行为的法律责任

（1）存款人开立、撤销银行结算账户违反规定的行为：①违反规定开立银行结算账户；②伪造、变造证明文件欺骗银行开立银行结算账户；③违反规定不及时撤销银行结算账户。

属于非经营性存款人的，给予警告并处以1 000元的罚款；属于经营性存款人的，给予警告并处以1万元以上3万元以下的罚款；构成犯罪的，移交司法机关依法追究刑事责任。

【特别提示】 非经营性存款人不一定是个人，经营性存款人也不一定是企业。

（2）存款人使用银行结算账户违反规定的行为：①违反规定将单位款项转入个人银行结算账户；②违反规定支取现金；③利用开立银行结算账户逃废银行债务；④出租、出借银行结算账户；⑤从基本存款账户之外的银行结算账户转账存入、将销货收入存入或现金存入单位信用卡账户；⑥法定代表人或主要负责人、存款人地址以及其他开户资

料的变更事项未在规定期限内通知银行。

有上述第①项至第⑤项行为的，对于非经营性的存款人，给予警告并处以1 000元罚款；对于经营性的存款人，给予警告并处以5 000元以上3万元以下的罚款；存款人有上述所列第⑥项行为的，给予警告并处以1 000元的罚款。

（3）伪造、变造、私自印制开户许可证的存款人，属于非经营性的处以1 000元罚款；属于经营性的处以1万元以上3万元以下的罚款；构成犯罪的，移交司法机关依法追究刑事责任。

（三）票据欺诈等行为的法律责任

1. 票据欺诈应承担的法律责任

票据欺诈行为主要有以下六种：

（1）伪造、变造票据的；

（2）故意使用伪造、变造的票据的；

（3）签发空头支票或者故意签发与其预留的本名签名式样或者印鉴不符的支票，骗取财物的；

（4）签发无可靠资金来源的汇票、本票，骗取资金的；

（5）汇票、本票的出票人在出票时作虚假记载，骗取财物的；

（6）冒用他人的票据，或者故意使用过期或者作废的票据，骗取财物的。

对于上述第（1）项行为，处5年以下有期徒刑或者拘役，并处或者单处2万元以上20万元以下罚金；情节严重的，处5年以上10年以下有期徒刑，并处5万元以上50万元以下罚金；情节特别严重的，处10年以上有期徒刑或者无期徒刑，并处5万元以上50万元以下罚金或者没收财产。单位犯上述罪行的，对单位判处罚金，并对其直接负责的主管人员和其他责任人员，依照上述规定处罚。

2. 妨害信用卡管理应承担的法律责任

具有以下情形之一，妨害信用卡管理的，处3年以下有期徒刑或者拘役，并处或者单处1万元以上10万元以下罚金；数量巨大或者有其他严重情节的，处3年以上10年以下有期徒刑，并处2万元以上20万元以下罚金：

（1）明知是伪造的信用卡而持有、运输的，或者明知是伪造的空白信用卡而持有、运输，数量较大的；

（2）非法持有他人信用卡，数量较大的；

（3）使用虚假的身份证明骗领信用卡的；

（4）出售、购买、为他人提供伪造的信用卡或者以虚假的身份证明骗领信用卡的；

（5）窃取、收买或者非法提供他人信用卡信息资料的。

3. 信用卡诈骗应承担的法律责任

具有以下情形之一，进行信用卡诈骗活动，数额较大的，处5年以下有期徒刑或者拘役，并处2万元以上20万元以下罚金；数额巨大或者有其他严重情节的，处5年以上10年以下有期徒刑，并处5万元以上50万元以下罚金；数额特别巨大或者有其他特别严重情节的，处10年以上有期徒刑或者无期徒刑，并处5万元以上50万元以下罚金或者没收财产：

（1）使用伪造的信用卡，或者使用以虚假的身份证明骗领的信用卡的；

（2）使用作废的信用卡的；

（3）冒用他人信用卡的；

（4）恶意透支的。

（四）非法出租、出借、出售、购买银行结算账户或支付账户行为的法律责任

银行和支付机构对经公安机关认定的出租、出借、出售、购买银行结算账户（含银行卡）或者支付账户的单位和个人及相关组织者，假冒他人身份或者虚构代理关系开立银行结算账户或者支付账户的单位和个人，5年内暂停其银行账户非柜面业务、支付账户所有业务，并不得为其新开立账户。惩戒期满后，受惩戒的单位和个人办理新开立账户业务的，银行和支付机构应加大审核力度。中国人民银行将上述单位和个人信息移送金融信用信息基础数据库并向社会公布。

第5节即测即评

第 4 章

税法概述及货物和劳务税法律制度

素养提升

1. 我国出台了与农产品相关的增值税减免税政策，有利于鼓励农业生产，保护农业生产者的利益，保障国家粮食安全，加快建设农业强国。

2. 我国对某些高档消费品、奢侈品（如高档化妆品、贵重首饰及珠宝玉石、高尔夫球及球具）征收消费税，有利于引导群众理性消费，限制铺张浪费，体现了“弘扬勤俭节约精神，培育时代新风新貌”的精神。

第 1 节　税收法律制度概述

一、税收与税收法律关系

（一）税收与税法

1. 税收的含义与特征

税收是国家为行使其职能、满足社会公共需要，凭借公共权力，按照法律所规定的标准和程序，参与国民收入分配，强制、无偿且固定地取得财政收入的一种方式。

【点拨指导】 税收体现了国家与纳税人在征税与纳税利益分配上的一种特定分配关系。

【特别提示】 税收不仅是经济领域的问题，还是政治领域、社会领域的大问题。

【特别提示】 税收的特征：强制性；无偿性；固定性。

2. 税法的含义

税法，又称税收法律制度，是指有权的国家机关制定的有关调整税收关系的法律规范的总称。

【特别提示】 税法的调整对象是国家与社会成员在征纳税上的权利与义务关系。

【点拨指导】 税法的本质是正确处理国家与纳税人之间因税收而产生的税收法律关系和社会关系，既要保证国家税收收入，也要保护纳税人的权利，两者缺一不可。

（二）税收法律关系

1. 税收法律关系的含义

税收法律关系，是指税法所确认和调整的、国家与纳税人之间税收分配过程中形成的权利义务关系。税收法律关系与其他法律关系一样也是由主体、客体和内容三个方面构成的。

2. 税收法律关系的主体

税收法律关系的主体，是指税收法律关系中享有权利和承担义务的当事人。在我国，税收法律关系的主体包括征纳双方，即征税主体和纳税主体。

征税主体一方是代表国家行使征税职责的国家税务机关，包括国家各级税务机关和海关；纳税主体一方是履行纳税义务的人，包括法人、自然人和其他组织，包括在华的外国企业、组织、外籍人、无国籍人，以及在华虽然没有机构、场所但有来源于中国境内所得的外国企业或组织。

【特别提示】 广义的纳税主体包括纳税人和扣缴义务人，狭义的纳税主体只包括纳税人。

3. 税收法律关系的客体

税收法律关系的客体，是指税收法律关系主体的权利、义务所共同指向的对象，也就是征税对象。

【举例说明】 流转税法律关系的客体就是销售货物、劳务、服务、无形资产或者不动产收入；所得税法律关系的客体就是生产经营所得和其他所得；房产税法律关系的客体就是房产。

4. 税收法律关系的内容

税收法律关系的内容，是指税收法律关系主体享有的权利和应承担的义务。

【点拨指导】 税收法律关系的内容是税收法律关系中最实质的东西，也是税法的核心。

二、税法要素

税法要素，也称税法的构成要素，又称课税要素，是指各种单行税法具有的共同的基本要素的总称。在税法体系里，既包括税收实体法，也包括税收程序法。税法要素一般包括纳税人、征税对象、税率、计税依据、纳税环节、纳税期限、纳税地点、税收优惠、法律责任等。

（一）纳税人

纳税人又称纳税义务人，是指法律、行政法规规定负有纳税义务的单位和个人。

【区别比较】负税人：实际负担税款的单位或个人。

代扣代缴义务人：有义务从持有的纳税人的收入中扣除其应纳税款并代为缴纳的单位或个人。如支付给个人工资、薪金所得的企业为个人所得税的代扣代缴义务人。

代收代缴义务人：有义务借助与纳税人的经济交往而向纳税人收取应纳税款并代为缴纳的单位。如委托加工应税消费品的受托方企业为消费税的代收代缴义务人。

代征代缴义务人：受税务机关委托而向纳税人代征税款的单位或个人。

【点拨指导】代扣代缴义务人和代收代缴义务人统称为扣缴义务人。

（二）征税对象

征税对象又称课税对象、纳税的客体，是指税法规定对什么征税，是税收法律关系中权利义务所指向的对象。

【点拨指导】征税对象是区别一种税与另一种税的重要标志。

【举例说明】所得税的征税对象为所得额；车船税的征税对象为车辆、船舶。

与征税对象相关的概念是税目，它是指税法中具体规定应当征税的项目，是征税对象的具体化。

【特别提示】设置税目的目的：进一步明确同一税种下征税的具体范围；对同一税种下不同的征税项目加以区分，从而制定高低不同的税率。

【举例说明】我国的消费税有烟、酒、高档化妆品等 15 个税目。但我国并非所有的税种都有税目，如我国的企业所得税就没有税目。

（三）税率

1. 税率的含义和意义

税率是税额与计税金额（或计税数量单位）之间的比例，是计算税额的尺度。税率的高低直接体现国家的政策要求，直接关系到国家的财政收入和纳税人的负担。税率体现征税的深度。

2. 税率的形式

税率的形式主要有以下几种：

（1）比例税率。

比例税率，是指对同一征税对象或同一税目不论其数额的大小，均按规定的同一比例征税的税率。比例税率是相对累进税率、定额税率而言的。根据不同的情况，比例税率又可划分为不同的征税比例，主要有行业比例税率、产品比例税率、地区差别比例税率、有免征额的比例税率、分档比例税率和幅度比例税率等。

【举例说明】我国车辆购置税采取比例税率。

（2）累进税率。

累进税率，是指对同一征税对象，随着数额的增大，征收比例也随之增高的税率。征税对象按数额大小划分等级，规定不同税率。征税对象数额越大，税率越高。累进税率又分为全额累进税率、超额累进税率和超率累进税率三种。

①全额累进税率。

全额累进税率，是以征税对象的全部数额为基础计征税款的累进税率。具体来说，全额累进税率是按征税对象数额的逐步递增划分为若干等级，并按各个不同的等级规定逐步提高的税率。征税对象的数额达到哪一个等级，全额按相应的税率计算征税。

【特别提示】目前，我国的税收法律制度中不采用全额累进税率。

②超额累进税率。

超额累进税率，是分别以征税对象数额超过前级的部分为基础计征税款的累进税率。具体来说，超额累进税率是按征税对象数额的逐步递增划分为若干等级，并按各个不同的等级规定相应的递增税率，对每个等级分别计算税额。

【举例说明】我国个人所得税对居民个人的综合所得和经营所得采取超额累进税率。

③超率累进税率。

超率累进税率，是以征税对象数额的相对率为累进依据，按超累方式计征税款的累进税率。具体来说，超率累进税率是按征税对象的某种递增比例划分若干等级，并按各个不同的等级规定相应的递增税率，对每个等级分别计算税额。

【举例说明】我国的土地增值税采取超率累进税率。

（3）定额税率。

定额税率，又称固定税额，是指按征税对象的计算单位直接规定一个固定的税额。

【举例说明】我国的车船税、城镇土地使用税、耕地占用税等税种采取定额税率。

（四）计税依据

计税依据又称税基，是税法规定的据以计算各种应征税款的依据或标准。

计税依据一般有两种：一是从价计征；二是从量计征。从价计征，是以计税金额为计税依据，计税金额是指征税对象的数量乘以计税单价的数额。从量计征，是以征税对象的重量、体积、数量等为计税依据。

【举例说明】我国的增值税、车辆购置税等税种采取从价计征方式。我国的车船税、城镇土地使用税、耕地占用税等税种采取从量计征方式。

（五）纳税环节

纳税环节是指税法规定的征税对象在从生产到消费的流转过程中应当缴纳税款的环节。

【举例说明】我国的增值税对流转的每一个环节都征税，具有不同于其他税种的特点。我国的消费税主要在生产销售、自产自用、委托加工、进口环节征收，个别应税消费品在批发、零售环节征收。

（六）纳税期限

纳税期限，是指纳税人的纳税义务发生后应依法缴纳税款的期限。广义的纳税期限包括纳税义务发生时间、纳税期限、缴库期限。税法中规定纳税期限是为了保证国家财政收入的及时实现，也是税收强制性和固定性的具体体现。税法根据不同的情况规定不同的纳税期限，纳税人应当在规定的期限内缴纳税款。

（七）纳税地点

纳税地点是指根据各个税种纳税对象的纳税环节和有利于对税款的源泉进行控制而规定的纳税人（包括代征代缴、代扣代缴、代收代缴义务人）的具体纳税地点。

【举例说明】 比较常见的纳税地点有纳税人住所地、纳税人经营地、不动产所在地等。

（八）税收优惠

1. 税收优惠的含义和目的

税收优惠，是指国家对某些纳税人和征税对象给予税收上的减免等支持或照顾的一种特殊政策。制定税收优惠政策，一方面是为了支持或鼓励某些特定行业或项目的发展，另一方面是为了照顾某些纳税人的特殊困难。

2. 税收优惠的主要形式

（1）减税和免税。

减税是指对应征税款少征一部分税款，而免税是指对应征税款全部免征税款。减税和免税具体分为两种情况：一种是税法规定的长期减免税项目；另一种是税法给予的一定期限内的减免税措施，期满之后仍照章征收。

【特别提示】 我国税收法律制度大量采取减税和免税的税收优惠形式。

（2）起征点。

起征点又称“征税起点”，是征税对象达到一定数额开始征税的界限，对征税对象数额未达到起征点的不征税，达到或超过起征点的按全部数额征税。

【举例说明】 自 2011 年 11 月 1 日起，增值税按期限纳税的起征点为月销售额 5 000～20 000 元，按次纳税的起征点为每次（日）销售额 300～500 元。增值税起征点的适用范围仅限于个人。

（3）免征额。

免征额是在征税对象的全部数额中免予征税的数额，对免征额的部分不征税，仅对超过免征额的部分征税。

【举例说明】 自 2019 年 1 月 1 日起，非居民个人的工资、薪金所得，以每月收入额减除费用 5 000 元后的余额为应纳税所得额。这里的减除额 5 000 元就是免征额。

【点拨指导】 享受免征额的纳税人要比享受同额起征点的纳税人税负轻。起征点只能照顾一部分纳税人，而免征额则可以照顾适用范围内的所有纳税人。

（九）法律责任

法律责任，是指行为人因实施了违反国家税法规定的行为而应承受的不利的法律后果。

【特别提示】税收违法行为是指违反税法规定的行为，包括作为和不作为。

【特别提示】税法中的法律责任包括行政责任和刑事责任。

【点拨指导】纳税人和税务机关人员违反税法规定，均将依法承担法律责任。

三、现行税种与征收机关

（一）我国现行税收征收机关

目前，我国的税收分别由税务机关、海关负责征收管理。

（二）税务机关征收管理的税种

税务机关主要负责下列税种及非税收入等的征收和管理：（1）进口环节增值税以外的增值税；（2）进口环节消费税以外的消费税；（3）企业所得税；（4）个人所得税；（5）城市维护建设税、教育费附加和地方教育附加；（6）房产税；（7）契税；（8）土地增值税；（9）城镇土地使用税；（10）车船税；（11）车辆购置税；（12）印花税；（13）资源税；（14）烟叶税；（15）耕地占用税；（16）环境保护税；（17）出口退税（增值税、消费税）；（18）部分非税收入和社会保险费。

【特别提示】2018年3月17日发布的《国务院机构改革方案》规定：改革国税地税征管体制。将省级和省级以下国税地税机构合并，具体承担所辖区域内各项税收、非税收入征管等职责。国税地税机构合并后，实行以国家税务总局为主与省（自治区、直辖市）人民政府双重领导管理体制。2018年6月15日，按照党中央、国务院关于国税地税征管体制改革的决策部署，在前期做好统一思想、顶层设计、动员部署等工作的基础上，全国各省（自治区、直辖市）级以及计划单列市国税局、地税局合并且统一挂牌，标志着国税地税征管体制改革迈出阶段性关键一步。此次省级新税务局挂牌后，在2018年7月底前，市、县级税务局逐级分步完成集中办公、新机构挂牌等改革事项。

（三）海关征收管理的税种

海关主要负责下列税种的征收和管理：（1）关税；（2）船舶吨税；（3）税务机关委托海关代征（海关受托代征）的进口环节增值税、消费税。

第1节即测即评

第2节　增值税法律制度①

增值税是对在中华人民共和国境内（简称境内）销售货物、加工修理修配劳务（简称劳务）、服务、无形资产、不动产，以及进口货物的单位和个人（包括个体工商户），就其销售货物、劳务、服务、无形资产或者不动产的增值额和进口货物金额为计税依据而课征的一种流转税。

【特别提示】根据自2026年1月1日起施行的《中华人民共和国增值税法》（简称《增值税法》）的规定，“加工修理修配劳务”不再单独列示，而是并入“服务”，且“加工修理修配劳务”更名为“加工修理修配服务”。因此，根据《增值税法》的规定，增值税是对在中华人民共和国境内（简称境内）销售货物、服务、无形资产、不动产（简称应税交易），以及进口货物的单位和个人（包括个体工商户），就其销售货物、服务、无形资产、不动产的增值额和进口货物金额为计税依据而课征的一种流转税。

一、增值税纳税人

（一）纳税人

在中华人民共和国境内销售货物、劳务、服务、无形资产、不动产以及进口货物的单位和个人（包括个体工商户），为增值税的纳税人。

【点拨指导】单位，是指企业、行政单位、事业单位、军事单位、社会团体及其他单位。个人，是指个体工商户和其他个人。

【特别提示】根据《增值税法》的规定，在中华人民共和国境内（以下简称境内）销售货物、服务、无形资产、不动产（以下称应税交易），以及进口货物的单位和个人（包括个体工商户），为增值税的纳税人，应当依照本法规定缴纳增值税。

对于销售货物、提供加工修理修配劳务或者进口货物的行为，单位租赁或者承包给其他单位或者个人经营的，以承租人或者承包人为纳税人。

对于销售服务、无形资产或者不动产的行为，单位以承包、承租、挂靠方式经营的，承包人、承租人、挂靠人（以下统称承包人）以发包人、出租人、被挂靠人（以下统称发包人）名义对外经营并由发包人承担相关法律责任的，以该发包人为纳税人。否则，以承包人为纳税人。2017年7月1日（含）以后，资管产品运营过程中发生的增值税应税行为，以资管产品管理人为增值税纳税人。

---

① 《中华人民共和国增值税法》自2026年1月1日起施行。2025年12月31日之前，我国仍然适用《中华人民共和国增值税暂行条例》，并且目前我国与《中华人民共和国增值税法》相关的配套细则文件尚未全部出台，因此本教材本次出版按照《中华人民共和国增值税暂行条例》、同时结合《中华人民共和国增值税法》对“增值税法律制度”的内容进行编写。

（二）纳税人的分类

根据纳税人的经营规模以及会计核算健全程度的不同，增值税的纳税人可分为小规模纳税人和一般纳税人，并实行不同的征收和管理方式。

1. 小规模纳税人

小规模纳税人是指年销售额在规定标准以下，并且会计核算不健全，不能按规定报送有关税务资料的增值税纳税人。

自2018年5月1日起，增值税小规模纳税人标准统一为年应征增值税销售额（简称“年应税销售额”，指销售货物、劳务、服务、无形资产、不动产年应征增值税销售额之和）500万元及以下。

【点拨指导】年应税销售额，是指纳税人在连续不超过12个月或4个季度的经营期内累计应征增值税销售额，包括纳税申报销售额、稽查查补销售额、纳税评估调整销售额。经营期是指在纳税人存续期内的连续经营期间，含未取得销售收入的月份或季度。纳税申报销售额是指纳税人自行申报的全部应征增值税销售额，其中包括免税销售额和税务机关代开发票销售额。稽查查补销售额和纳税评估调整销售额计入查补税款申报当月（或当季）的销售额，不计入税款所属期销售额。

【特别提示】自2020年2月1日起，增值税小规模纳税人（除其他个人外）发生增值税应税行为，需要开具增值税专用发票的，可以自愿使用增值税发票管理系统自行开具。选择自行开具增值税专用发票的小规模纳税人，税务机关不再为其代开增值税专用发票。

2. 一般纳税人

一般纳税人，是指年应税销售额超过规定的小规模纳税人标准的企业和企业性单位（以下简称企业）。

增值税纳税人（以下简称纳税人），年应税销售额超过财政部、国家税务总局规定的小规模纳税人标准的，除税法另有规定外，应当向其机构所在地主管税务机关办理一般纳税人登记。

【特别提示】自2015年4月1日起，增值税一般纳税人资格实行登记制，登记事项由增值税纳税人向其主管税务机关办理。

下列纳税人不办理一般纳税人登记：

（1）按照政策规定，选择按照小规模纳税人纳税的；

（2）年应税销售额超过规定标准的其他个人。

【点拨指导】按照政策规定，选择按照小规模纳税人纳税的情形主要包括以下两类：①对于原增值税纳税人来说，超过小规模纳税人标准的非企业性单位、不经常发生应税行为的企业可选择按小规模纳税人纳税；②对于“营改增”纳税人来说，年应税销售额超过小规模纳税人标准但不经常发生应税行为的单位和个体工商户可选择按照小规模纳税人纳税。

纳税人年应税销售额超过财政部、国家税务总局规定的标准，且符合有关政策的规定，选择按小规模纳税人纳税的，应当向主管税务机关提交书面说明。个体工商户以外的其他个人年应税销售额超过规定标准的，不需要向主管税务机关提交书面说明。

年应税销售额未超过规定标准的纳税人，会计核算健全，能够提供准确税务资料的，可以向主管税务机关办理一般纳税人登记。会计核算健全，是指能够按照国家统一的会计制度规定设置账簿，根据合法、有效凭证进行核算。

【特别提示】经营规模的大小并不是增值税一般纳税人登记的唯一标准，规模虽小，但如果会计核算健全，能够提供准确税务资料的，也可以向主管税务机关办理登记，成为一般纳税人。

【特别提示】根据《增值税法》的规定，本法所称小规模纳税人，是指年应征增值税销售额未超过500万元的纳税人。小规模纳税人会计核算健全，能够提供准确税务资料的，可以向主管税务机关办理登记，按照本法规定的一般计税方法计算缴纳增值税。根据国民经济和社会发展的需要，国务院可以对小规模纳税人的标准作出调整，报全国人民代表大会常务委员会备案。

符合增值税一般纳税人条件的纳税人应当向主管税务机关办理登记，以取得法定资格，未办理一般纳税人登记手续的，应按销售额依照增值税税率计算应纳税额，不得抵扣进项税，也不得使用增值税专用发票。经税务机关审核登记的一般纳税人，可按规定领用和使用增值税专用发票，按税法的规定计算缴纳增值税。

【特别提示】除国家税务总局另有规定外，纳税人一经登记为一般纳税人，不得再转为小规模纳税人。

除财政部、国家税务总局另有规定外，纳税人自其选择的一般纳税人资格生效之日起，按照增值税一般计税方法计算应纳税额，并按照规定领用增值税专用发票。

【点拨指导】在增值税一般纳税人登记制下，除财政部、国家税务总局另有规定外，纳税人可根据需要，自行选择当月1日或次月1日作为一般纳税人资格生效之日，按照增值税一般计税方法计算应纳税额，并按照规定领用增值税专用发票。

（三）扣缴义务人

中华人民共和国境外的单位或者个人在境内提供应税劳务，在境内未设有经营机构的，以其境内代理人为扣缴义务人；在境内没有代理人的，以购买方为扣缴义务人。

中华人民共和国境外的单位或者个人在境内发生营改增应税行为，在境内未设有经营机构的，以购买方为增值税扣缴义务人。

二、增值税征税范围

增值税的征税范围主要包括在中国境内销售货物、销售劳务、销售服务、销售无形资产、销售不动产、进口货物。

（一）销售货物

销售货物，是指有偿转让货物的所有权。货物，是指有形动产，包括电力、热力、气体在内。有偿，是指从购买方取得货币、货物或者其他经济利益。

【特别提示】在中国境内销售货物，是指销售货物的起运地或者所在地在境内。

（二）销售劳务

销售劳务，是指有偿提供加工、修理修配劳务。加工，是指受托加工货物，即委托方提供原料及主要材料，受托方按照委托方的要求，制造货物并收取加工费的业务；修理修配，是指受托对损伤和丧失功能的货物进行修复，使其恢复原状和功能的业务。

【特别提示】单位或者个体工商户聘用的员工为本单位或者雇主提供加工、修理修配劳务不属于增值税征税范围。

【特别提示】在中国境内销售劳务，是指提供的劳务发生地在境内。

（三）销售服务

销售服务，是指提供交通运输服务、邮政服务、电信服务、建筑服务、金融服务、现代服务、生活服务。

1. 交通运输服务

交通运输服务，是指利用运输工具将货物或者旅客送达目的地，使其空间位置得到转移的业务活动，包括陆路运输服务、水路运输服务、航空运输服务和管道运输服务。

（1）陆路运输服务。

陆路运输服务，是指通过陆路（地上或者地下）运送货物或者旅客的运输业务活动，包括铁路运输服务和其他陆路运输服务。

【特别提示】出租车公司向使用本公司自有出租车的出租车司机收取的管理费用，按照陆路运输服务缴纳增值税。

（2）水路运输服务。

水路运输服务，是指通过江、河、湖、川等天然、人工水道或者海洋航道运送货物或者旅客的运输业务活动。水路运输的程租、期租业务，属于水路运输服务。

【点拨指导】程租业务，是指运输企业为租船人完成某一特定航次的运输任务并收取租赁费的业务。期租业务，是指运输企业将配备有操作人员的船舶承租给他人使用一定期限，承租期内听候承租方调遣，不论是否经营，均按天向承租方收取租赁费，发生的固定费用均由船东负担的业务。

（3）航空运输服务。

航空运输服务，是指通过空中航线运送货物或者旅客的运输业务活动。航空运输的湿租业务属于航空运输服务。

【点拨指导】湿租业务，是指航空运输企业将配备有机组人员的飞机承租给他人使用一定期限，承租期内听候承租方调遣，不论是否经营，均按一定标准向承租方收取租赁费，发生的固定费用均由承租方承担的业务。

航天运输服务，按照航空运输服务缴纳增值税。

【点拨指导】航天运输服务，是指利用火箭等载体将卫星、空间探测器等空间飞行器发射到空间轨道的业务活动。

（4）管道运输服务。

管道运输服务，是指通过管道设施输送气体、液体、固体物质的运输业务活动。

无运输工具承运业务，按照交通运输服务缴纳增值税。

【点拨指导】无运输工具承运业务，是指经营者以承运人身份与托运人签订运输服务合同，收取运费并承担承运人责任，然后委托实际承运人完成运输服务的经营活动。

2. 邮政服务

邮政服务，是指中国邮政集团公司及其所属邮政企业提供邮件寄递、邮政汇兑和机要通信等邮政基本服务的业务活动，包括邮政普遍服务、邮政特殊服务和其他邮政服务。

（1）邮政普遍服务。

邮政普遍服务，是指函件、包裹等邮件寄递，以及邮票发行、报刊发行和邮政汇兑等业务活动。

（2）邮政特殊服务。

邮政特殊服务，是指义务兵平常信函、机要通信、盲人读物和革命烈士遗物的寄递等业务活动。

（3）其他邮政服务。

其他邮政服务，是指邮册等邮品销售、邮政代理等业务活动。

【特别提示】邮政储蓄业务按照金融服务缴纳增值税。

3. 电信服务

电信服务，是指利用有线、无线的电磁系统或者光电系统等各种通信网络资源，提供语音通话服务，传送、发射、接收或者应用图像、短信等电子数据和信息的业务活动。包括基础电信服务和增值电信服务。

（1）基础电信服务。

基础电信服务，是指利用固网、移动网、卫星、互联网，提供语音通话服务的业务活动，以及出租或者出售带宽、波长等网络元素的业务活动。

（2）增值电信服务。

增值电信服务，是指利用固网、移动网、卫星、互联网、有线电视网络，提供短信和彩信服务、电子数据和信息的传输及应用服务、互联网接入服务等的业务活动。

【特别提示】卫星电视信号落地转接服务，按照增值电信服务缴纳增值税。

4. 建筑服务

建筑服务，是指各类建筑物、构筑物及其附属设施的建造、修缮、装饰，线路、管道、设备、设施等的安装以及其他工程作业的业务活动，包括工程服务、安装服务、修缮服务、装饰服务和其他建筑服务。

【特别提示】物业服务企业为业主提供的装修服务，按照建筑服务缴纳增值税。纳税人将建筑施工设备出租给他人使用并配备操作人员的，按照建筑服务缴纳增值税。

（1）工程服务。

工程服务，是指新建、改建各种建筑物、构筑物的工程作业，包括与建筑物相连的各种设备或者支柱、操作平台的安装或者装设工程作业，以及各种窑炉和金属结构工程作业。

（2）安装服务。

安装服务，是指生产设备、动力设备、起重设备、运输设备、传动设备、医疗实验设备以及其他各种设备、设施的装配、安置工程作业，包括与被安装设备相连的工作台、梯子、栏杆的装设工程作业，以及被安装设备的绝缘、防腐、保温、油漆等工程作业。

【特别提示】固定电话、有线电视、宽带、水、电、燃气、暖气等经营者向用户收取的安装费、初装费、开户费、扩容费以及类似收费，按照安装服务缴纳增值税。

（3）修缮服务。

修缮服务，是指对建筑物、构筑物进行修补、加固、养护、改善，使之恢复原来的使用价值或者延长其使用期限的工程作业。

（4）装饰服务。

装饰服务，是指对建筑物、构筑物进行修饰装修，使之美观或者具有特定用途的工程作业。

（5）其他建筑服务。

其他建筑服务，是指上述工程作业之外的各种工程作业服务，如钻井（打井）、拆除建筑物或者构筑物、平整土地、园林绿化、疏浚（不包括航道疏浚）、建筑物平移、搭脚手架、爆破、矿山穿孔、表面附着物（包括岩层、土层、沙层等）剥离和清理等工程作业。

【特别提示】疏浚属于其他建筑服务，但航道疏浚属于物流辅助服务。

5. 金融服务

金融服务，是指经营金融保险的业务活动，包括贷款服务、直接收费金融服务、保险服务和金融商品转让。

（1）贷款服务。

贷款，是指将资金贷与他人使用而取得利息收入的业务活动。

各种占用、拆借资金取得的收入，包括金融商品持有期间（含到期）利息（保本收益、报酬、资金占用费、补偿金等）收入、信用卡透支利息收入、买入返售金融商品利息收入、融资融券收取的利息收入，以及融资性售后回租、押汇、罚息、票据贴现、转贷等业务取得的利息及利息性质的收入，按照贷款服务缴纳增值税。

融资性售后回租，是指承租方以融资为目的，将资产出售给从事融资性售后回租业务的企业后，从事融资性售后回租业务的企业将该资产出租给承租方的业务活动。

【区别比较】融资性售后回租属于金融服务——贷款服务；融资租赁属于现代服务——租赁服务。此外，融资租赁可进一步分为动产融资租赁和不动产融资租赁，前者适用13%的税率，后者适用9%的税率。

【特别提示】以货币资金投资收取的固定利润或者保底利润，按照贷款服务缴纳增值税。

（2）直接收费金融服务。

直接收费金融服务，是指为货币资金融通及其他金融业务提供相关服务并且收取费用的业务活动。包括提供货币兑换、账户管理、电子银行、信用卡、信用证、财务担保、资产管理、信托管理、基金管理、金融交易场所（平台）管理、资金结算、资金清算、金融支付等服务。

（3）保险服务。

保险服务，是指投保人根据合同约定，向保险人支付保险费，保险人对于合同约定的可能发生的事故因其发生所造成的财产损失承担赔偿保险金责任，或者当被保险人死亡、伤残、疾病或者达到合同约定的年龄、期限等条件时承担给付保险金责任的商业保险行为。包括人身保险服务和财产保险服务。

（4）金融商品转让。

金融商品转让，是指转让外汇、有价证券、非货物期货和其他金融商品所有权的业务活动。其他金融商品转让包括基金、信托、理财产品等各类资产管理产品和各种金融衍生品的转让。

6. 现代服务

现代服务，是指围绕制造业、文化产业、现代物流产业等提供技术性、知识性服务的业务活动，包括研发和技术服务、信息技术服务、文化创意服务、物流辅助服务、租赁服务、鉴证咨询服务、广播影视服务、商务辅助服务和其他现代服务。

（1）研发和技术服务。

研发和技术服务，包括研发服务、合同能源管理服务、工程勘察勘探服务、专业技术服务。

（2）信息技术服务。

信息技术服务，是指利用计算机、通信网络等技术对信息进行生产、收集、处理、加工、存储、运输、检索和利用，并提供信息服务的业务活动，包括软件服务、电路设计及测试服务、信息系统服务、业务流程管理服务和信息系统增值服务。

（3）文化创意服务。

文化创意服务，包括设计服务、知识产权服务、广告服务和会议展览服务。

【特别提示】广告的制作、发布均属于文化创意服务——广告服务。

【点拨指导】宾馆、旅馆、旅社、度假村和其他经营性住宿场所提供会议场地及配套服务的活动，按照会议展览服务缴纳增值税。

（4）物流辅助服务。

物流辅助服务，包括航空服务、港口码头服务、货运客运场站服务、打捞救助服务、装卸搬运服务、仓储服务和收派服务。

【特别提示】货运客运场站服务中的车辆停放服务属于不动产租赁服务。

（5）租赁服务。

租赁服务，包括融资租赁服务和经营租赁服务。融资性售后回租不按照本税目缴纳增值税。

【区别比较】有形动产融资租赁、不动产融资租赁，应按现代服务——租赁服务缴纳增值税。但融资性售后回租服务，应按金融服务——贷款服务缴纳增值税。

【特别提示】将建筑物、构筑物等不动产或者飞机、车辆等有形动产的广告位出租给其他单位或者个人用于发布广告，按照经营租赁服务缴纳增值税。

【特别提示】车辆停放服务、道路通行服务（包括过路费、过桥费、过闸费等）等按照不动产经营租赁服务缴纳增值税。

水路运输的光租业务、航空运输的干租业务，属于经营租赁。

【点拨指导】光租业务，是指运输企业将船舶在约定的时间内出租给他人使用，不配备操作人员，不承担运输过程中发生的各项费用，只收取固定租赁费的业务活动。

干租业务，是指航空运输企业将飞机在约定的时间内出租给他人使用，不配备机组人员，不承担运输过程中发生的各项费用，只收取固定租赁费的业务活动。

【归纳总结】水路运输的程租、期租业务属于“交通运输服务——水路运输服务”；航空运输的湿租业务属于“交通运输服务——航空运输服务”；水路运输的光租业务、航空运输的干租业务属于“现代服务——租赁服务”。

【点拨指导】通过实质重于形式原则来区分：程租、期租、湿租是连人（司机等）带交通工具一起出租，实质上是提供运输服务；干租、光租是只出租交通工具不带人（司机等），实质上是提供租赁服务。

（6）鉴证咨询服务。

鉴证咨询服务，包括认证服务、鉴证服务和咨询服务。

【特别提示】技术咨询服务按照鉴证咨询服务缴纳增值税。

（7）广播影视服务。

广播影视服务，包括广播影视节目（作品）的制作服务、发行服务和播映（含放映）服务。

（8）商务辅助服务。

商务辅助服务，包括企业管理服务、经纪代理服务、人力资源服务、安全保护服务。

【特别提示】货物运输代理服务、代理报关服务、代理记账服务按经纪代理服务缴纳增值税。

【知识链接】无运输工具承运属于交通运输服务。

【特别提示】纳税人提供武装守护押运服务按照安全保护服务缴纳增值税。

(9) 其他现代服务。

其他现代服务，是指除研发和技术服务、信息技术服务、文化创意服务、物流辅助服务、租赁服务、鉴证咨询服务、广播影视服务和商务辅助服务以外的现代服务。

【特别提示】纳税人对安装运行后的电梯提供的维护保养服务，按照其他现代服务缴纳增值税。纳税人提供植物养护服务，按照其他生活服务缴纳增值税。

7. 生活服务

生活服务，是指为满足城乡居民日常生活需求提供的各类服务活动，包括文化体育服务、教育医疗服务、旅游娱乐服务、餐饮住宿服务、居民日常服务和其他生活服务。

(1) 文化体育服务。

文化体育服务，包括文化服务和体育服务。

【特别提示】纳税人在游览场所经营索道、摆渡车、电瓶车、游船等取得的收入，按照文化体育服务缴纳增值税。

(2) 教育医疗服务。

教育医疗服务，包括教育服务和医疗服务。

(3) 旅游娱乐服务。

旅游娱乐服务，包括旅游服务和娱乐服务。

(4) 餐饮住宿服务。

餐饮住宿服务，包括餐饮服务和住宿服务。

【特别提示】提供餐饮服务的纳税人销售的外卖食品，按照餐饮服务缴纳增值税。纳税人以长（短）租形式出租酒店式公寓并提供配套服务的，按照住宿服务缴纳增值税。

(5) 居民日常服务。

居民日常服务，是指主要为满足居民个人及其家庭日常生活需求提供的服务，包括市容市政管理、家政、婚庆、养老、殡葬、照料和护理、救助救济、美容美发、按摩、桑拿、氧吧、足疗、沐浴、洗染、摄影扩印等服务。

(6) 其他生活服务。

其他生活服务，是指除文化体育服务、教育医疗服务、旅游娱乐服务、餐饮住宿服务和居民日常服务之外的生活服务。

(四) 销售无形资产

销售无形资产，是指转让无形资产所有权或者使用权的业务活动。无形资产，是指不具有实物形态，但能带来经济利益的资产，包括技术、商标、著作权、商誉、自然资源使用权和其他权益性无形资产。技术，包括专利技术和非专利技术。自然资源使用权，包括土地使用权、海域使用权、探矿权、采矿权、取水权和其他自然资源使用权。其他权益性无形资产，包括基础设施资产经营权、公共事业特许权、配额、经营权（包括特许经营权、连锁经营权、其他经营权）、经销权、分销权、代理权、会员权、席位权、网络游戏虚拟道具、域名、名称权、肖像权、冠名权、转会费等。

【特别提示】技术转让服务、商标和著作权转让服务按照销售无形资产缴纳增值税。

（五）销售不动产

销售不动产，是指转让不动产所有权的业务活动。不动产，是指不能移动或者移动后会引起性质、形状改变的财产，包括建筑物、构筑物等。建筑物，包括住宅、商业营业用房、办公楼等可供居住、工作或者进行其他活动的建造物。构筑物，包括道路、桥梁、隧道、水坝等建造物。转让建筑物有限产权或者永久使用权的，转让在建的建筑物或者构筑物所有权的，以及在转让建筑物或者构筑物时一并转让其所占土地的使用权的，按照销售不动产缴纳增值税。

【特别提示】单独转让土地使用权，按照销售无形资产缴纳增值税。

【点拨指导】个人转让住房，在2016年4月30日前已签订转让合同，2016年5月1日以后办理产权变更事项的，应缴纳增值税，不缴纳营业税。

（六）进口货物

进口货物，是指申报进入中国海关境内的货物。只要是报关进口的应税货物，均属于增值税的征税范围，除享受免税政策外，在进口环节缴纳增值税。

（七）非经营活动的界定

销售服务、无形资产或者不动产，是指有偿提供服务、有偿转让无形资产或者不动产，但属于下列非经营活动的情形除外：（1）行政单位收取的同时满足以下条件的政府性基金或者行政事业性收费：①由国务院或者财政部批准设立的政府性基金，由国务院或者省级人民政府及其财政、价格主管部门批准设立的行政事业性收费；②收取时开具省级以上（含省级）财政部门监（印）制的财政票据；③所收款项全额上缴财政。（2）单位或者个体工商户聘用的员工为本单位或者雇主提供取得工资的服务。（3）单位或者个体工商户为聘用的员工提供服务。（4）财政部和国家税务总局规定的其他情形。

【点拨指导】有偿，是指取得货币、货物或者其他经济利益。

【特别提示】根据《增值税法》的规定，销售货物、服务、无形资产、不动产，是指有偿转让货物、不动产的所有权，有偿提供服务，有偿转让无形资产的所有权或者使用权。

（八）境内销售服务、无形资产或者不动产的界定

1. 在境内销售服务、无形资产或者不动产的含义

在境内销售服务、无形资产或者不动产，是指：（1）服务（租赁不动产除外）或者无形资产（自然资源使用权除外）的销售方或者购买方在境内；（2）所销售或者租赁的不动产在境内；（3）所销售自然资源使用权的自然资源在境内；（4）财政部和国家税务总局规定的其他情形。

2. 不属于在境内销售服务或者无形资产的情形

下列情形不属于在境内销售服务或者无形资产：（1）境外单位或者个人向境内单位或者个人销售完全在境外发生的服务。（2）境外单位或者个人向境内单位或者个人销售完全在境外使用的无形资产。（3）境外单位或者个人向境内单位或者个人出租完全在境外使用的有形动产。（4）财政部和国家税务总局规定的其他情形。

【特别提示】考试大纲及指定教材中此处内容不全面，全面的说法应为：（1）境外单位或者个人向境内单位或者个人销售完全在境外发生的服务。（2）境外单位或者个人向境内单位或者个人销售完全在境外使用的无形资产。（3）境外单位或者个人向境内单位或者个人出租完全在境外使用的有形动产。（4）境外单位或者个人为出境的函件、包裹在境外提供的邮政服务、收派服务。（5）境外单位或者个人向境内单位或者个人提供的工程施工地点在境外的建筑服务、工程监理服务。（6）境外单位或者个人向境内单位或者个人提供的工程、矿产资源在境外的工程勘察勘探服务。（7）境外单位或者个人向境内单位或者个人提供的会议展览地点在境外的会议展览服务。（8）财政部和国家税务总局规定的其他情形。但参加初级会计专业技术资格“经济法基础”考试时应以考试大纲及指定教材为准。

【举例说明】英国甲公司向我国境内的乙公司出租一机器设备，但该设备被乙公司安排在其法国分公司丙公司使用，甲公司从乙公司取得租金收入不属于在我国境内销售服务或者无形资产，不征增值税。也就是说，乙公司不需要代扣代缴甲公司的增值税。

【特别提示】根据《增值税法》的规定，在境内发生应税交易，是指下列情形：①销售货物的，货物的起运地或者所在地在境内；②销售或者租赁不动产、转让自然资源使用权的，不动产、自然资源所在地在境内；③销售金融商品的，金融商品在境内发行，或者销售方为境内单位和个人；④除上述第②、③项规定外，销售服务、无形资产的，服务、无形资产在境内消费，或者销售方为境内单位和个人。

（九）视同销售行为

1. 视同销售货物

根据《增值税暂行条例实施细则》的规定，单位或者个体工商户的下列行为，视同销售货物，征收增值税：

①将货物交付其他单位或者个人代销；

②销售代销货物；

③设有两个以上机构并实行统一核算的纳税人，将货物从一个机构移送到其他机构用于销售，但相关机构设在同一县（市）的除外；

④将自产或者委托加工的货物用于非增值税应税项目；

【特别提示】由于自2016年5月1日起全面营改增，因此营业税退出了历史舞台，此处的“非增值税应税项目”已经失去了意义。根据财税〔2016〕36号文件精神及增值税相关原理，本条失效。

⑤将自产或者委托加工的货物用于集体福利或者个人消费；

⑥将自产、委托加工或者购进的货物作为投资，提供给其他单位或者个体工商户；

⑦将自产、委托加工或者购进的货物分配给股东或者投资者；

⑧将自产、委托加工或者购进的货物无偿赠送其他单位或者个人。

【特别提示】购进的货物用于“投分送”（投资、分配、无偿赠送）的，视同销售货物；购进货物用于“集个”（集体福利、个人消费）的，不视同销售货物，不需要计算增值税，对应的进项税额也不得抵扣。

【点拨指导】视同销售是一个税收含义，在会计上有时并不作为销售处理（如第③项和第⑧项）。上述视同销售行为之所以要征收增值税，其主要目的是：一是确保增值税抵扣链完整；二是防止纳税人逃避纳税；三是体现配比原则。

【特别提示】将购进的货物用于集体福利或者个人消费（注意上述第⑤项并没有包括“购进”）的，不属于视同销售。此类行为属于销项不计、进项不抵（即第⑤项如果是购进的，则此类货物在购进时属于不得抵扣增值税进项税额事项。此类购进的货物在用于集体福利或个人消费时不属于视同销售，不计算增值税销项税额；若此类购进货物的增值税进项税额已经抵扣，应该对其做进项税额转出处理）。需要特别注意第⑤项与第⑥、⑦、⑧项在范围上的不同之处。

【举例说明】上述第⑤项中所称集体福利或者个人消费是指企业内部设置的供职工使用的食堂、浴室、宿舍、幼儿园等福利设施及设备、物品等，或者以福利、奖励、津贴等形式发放给职工个人的物品。

【知识链接】视同销售货物的行为一般不以资金形式反映出来，因而会出现无直接销售额的情况，主管税务机关有权核定其销售额。

2. 视同销售服务、无形资产或者不动产

根据《营业税改征增值税试点实施办法》的规定，单位或者个人的下列情形视同销售服务、无形资产或者不动产，征收增值税：（1）单位或者个体工商户向其他单位或者个人无偿提供服务，但用于公益事业或者以社会公众为对象的除外；（2）单位或者个人向其他单位或者个人无偿转让无形资产或者不动产，但用于公益事业或者以社会公众为对象的除外；（3）财政部和国家税务总局规定的其他情形。

归纳总结

是否属于视同销售行为的判断

【特别提示】根据国家指令无偿提供的铁路运输服务、航空运输服务，属于用于公益事业的服务。

【点拨指导】纳税人出租不动产，租赁合同中约定免租期的，不属于视同销售服务。

【特别提示】根据《增值税法》的规定，有下列情形之一的，视同应税交易，应当依照本法规定缴纳增值税：①单位和个体工商户将自产或者委托加工的货物用于集体福利或者个人消费；②单位和个体工商户无偿转让货物；③单位和个人无偿转让无形资产、不动产或者金融商品。

（十）混合销售

一项销售行为如果既涉及货物又涉及服务，则为混合销售。从事货物的生产、批发或者零售的单位和个体工商户的混合销售行为，按照销售货物缴纳增值税；其他单位和个体工商户的混合销售行为，按照销售服务缴纳增值税。

上述从事货物的生产、批发或者零售的单位和个体工商户，包括以从事货物的生产、批发或者零售为主，并兼营销售服务的单位和个体工商户。

【特别提示】自 2017 年 5 月 1 日起，纳税人在销售活动板房、机器设备、钢结构件等自产货物的同时提供建筑、安装服务，不属于混合销售，应分别核算货物和建筑服务的销售额，分别适用不同的税率或者征收率。

【举例说明】生产企业在销售货物的同时提供运输服务，按照销售货物缴纳增值税；培训机构在提供培训的同时销售培训纸质资料，按照销售服务缴纳增值税。

【例】甲公司为增值税一般纳税人，主要从事货物销售，本年 1 月销售货物同时提供运输服务，取得货物销售款 339 000 元（含增值税）、运费 3 270 元（含增值税）。要求：计算甲公司上述业务的增值税销项税额。

【解析】

增值税销项税额＝(339 000＋3 270)÷(1＋13%)×13%＝39 376.19(元)

【特别提示】根据《增值税法》的规定，纳税人发生一项应税交易涉及两个以上税率、征收率的，按照应税交易的主要业务适用税率、征收率。

（十一）兼营

兼营，是指纳税人的经营中包括销售货物、劳务、服务、无形资产或者不动产的行为。

纳税人兼营销售货物、劳务、服务、无形资产或者不动产，适用不同税率或者征收率的，应当分别核算适用不同税率或者征收率的销售额；未分别核算销售额的，按照以下方法从高适用税率或者征收率：

（1）兼有不同税率的销售货物、劳务、服务、无形资产或者不动产，从高适用税率。

（2）兼有不同征收率的销售货物、劳务、服务、无形资产或者不动产，从高适用征收率。

（3）兼有不同税率和征收率的销售货物、劳务、服务、无形资产或者不动产，从高适用税率。

【特别提示】判断混合销售的关键是“同时”；判断兼营的关键是“并”。

【特别提示】根据《增值税法》的规定，纳税人发生两项以上应税交易涉及不同税率、征收率的，应当分别核算适用不同税率、征收率的销售额；未分别核算的，从高适用税率。

【例】甲商场为增值税一般纳税人，分设商品销售部和餐饮部。本年1月甲商场商品销售部取得不含增值税销售额80万元，其中适用税率13%的商品销售额为60万元，适用税率9%的商品销售额为20万元；餐饮部取得不含增值税销售额10万元，适用税率均为6%。甲商场对上述业务均能分别核算。要求：计算甲商场上述业务的增值税销项税额。

【解析】

增值税销项税额＝60×13%＋20×9%＋10×6%＝10.2（万元）

（十二）不征收增值税项目

归纳总结

混合销售、兼营两种特殊行为的比较

①根据国家指令无偿提供的铁路运输服务、航空运输服务，属于《营业税改征增值税试点实施办法》第十四条规定的用于公益事业的服务。

②存款利息。

③被保险人获得的保险赔付。

④房地产主管部门或者其指定机构、公积金管理中心、开发企业以及物业管理单位代收的住宅专项维修资金。

⑤纳税人在资产重组过程中，通过合并、分立、出售、置换等方式，将全部或者部分实物资产以及与其相关联的债权、负债和劳动力一并转让给其他单位和个人，其中涉及的货物转让行为。

⑥纳税人在资产重组过程中，通过合并、分立、出售、置换等方式，将全部或者部分实物资产以及与其相关联的债权、负债和劳动力一并转让给其他单位和个人，其中涉及的不动产、土地使用权转让行为。

⑦纳税人取得的财政补贴收入，与其销售货物、劳务、服务、无形资产、不动产的收入或者数量直接挂钩的，应按规定计算缴纳增值税。纳税人取得的其他情形的财政补贴收入，不属于增值税应税收入，不征收增值税。

【特别提示】根据《增值税法》的规定，有下列情形之一的，不属于应税交易，不征收增值税：①员工为受雇单位或者雇主提供取得工资、薪金的服务；②收取行政事业性收费、政府性基金；③依照法律规定被征收、征用而取得补偿；④取得存款利息收入。

三、增值税税率和征收率

一般纳税人在一般计税方法下适用三档比例税率：一档是基本税率；一档是低税

率；一档是零税率。

【特别提示】 自 2017 年 7 月 1 日起，简并增值税税率结构，将原来 13%的增值税税率调整为 11%。自 2018 年 5 月 1 日起，一般纳税人发生增值税应税销售行为或者进口货物，原适用 17%和 11%税率的，税率分别调整为 16%、10%。自 2019 年 4 月 1 日起，一般纳税人发生增值税应税销售行为或者进口货物，原适用 16%税率的，税率调整为 13%；原适用 10%税率的，税率调整为 9%。

一般纳税人在简易计税方法下适用征收率。小规模纳税人缴纳增值税适用征收率。

自 2019 年 4 月 1 日起，增值税税率和征收率的具体适用范围如下。

（一）增值税税率

1. 适用 13%税率的项目

增值税的基本税率为 13%，适用于纳税人销售或者进口货物（适用 9%的低税率的除外）、销售劳务、销售有形动产租赁服务。

2. 适用 9%税率的项目

（1）一般纳税人销售或者进口下列货物，按低税率计征增值税，税率为 9%：①粮食等农产品、食用植物油、食用盐；②自来水、暖气、冷气、热水、煤气、石油液化气、天然气、二甲醚、沼气、居民用煤炭制品；③图书、报纸、杂志、音像制品、电子出版物；④饲料、化肥、农药、农机、农膜；⑤国务院规定的其他货物。

【点拨指导】 粮食包括稻谷、大米、大豆、小麦、杂粮、鲜山芋、山芋干、山芋粉以及经过加工的面粉（各种花式面粉除外）。

【特别提示】 农产品，是指种植业、养殖业、林业、牧业、水产业生产的各种植物、动物的初级产品。具体征税范围暂继续按照《财政部、国家税务总局关于印发〈农业产品征税范围注释〉的通知》（财税字〔1995〕52 号）及现行相关规定执行。其中：玉米胚芽属于初级农产品，玉米浆、玉米皮、玉米纤维（又称喷浆玉米皮）和玉米蛋白粉不属于初级农产品；淀粉不属于农产品。

【点拨指导】 音像制品，是指正式出版的录有内容的录音带、录像带、唱片、激光唱盘和激光视盘。

【特别提示】 电子出版物，是指以数字代码方式，使用计算机应用程序，将图文声像等内容信息编辑加工后存储在具有确定的物理形态的磁、光、电等介质上，通过内嵌在计算机、手机、电子阅读设备、电子显示设备、数字音/视频播放设备、电子游戏机、导航仪以及其他具有类似功能的设备上读取使用，具有交互功能，用以表达思想、普及知识和积累文化的大众传播媒体。

（2）一般纳税人销售交通运输服务、邮政服务、基础电信服务、建筑服务、不动产租赁服务，销售不动产，转让土地使用权，税率为 9%。

3. 适用 6%税率的项目

一般纳税人销售增值电信服务、金融服务、现代服务和生活服务，销售土地使用权以外的无形资产，税率为6%。

【点拨指导】境内的购买方为境外单位和个人扣缴增值税的，按照适用税率扣缴增值税。

4. 适用零税率的项目

（1）纳税人出口货物或者劳务，适用增值税零税率，但国务院另有规定的除外。

（2）中华人民共和国境内的单位和个人销售的下列服务或者无形资产，适用增值税零税率：①国际运输服务；②航天运输服务；③向境外单位提供的完全在境外消费的下列服务：研发服务，合同能源管理服务，设计服务，广播影视节目（作品）的制作和发行服务，软件服务，电路设计及测试服务，信息系统服务，业务流程管理服务，离岸服务外包业务，转让技术；④国务院规定的其他服务。

【特别提示】零税率是税收优惠的一种体现，是为了鼓励企业出口而采用的一种税率。

【点拨指导】零税率不同于免税。以出口货物为例，出口货物免税仅指在出口环节不征收增值税，其出口前相应的进项税额不能抵扣，也不能退还；而零税率是指对出口货物除了在出口环节不征增值税销项税额（一般计税方法下）或者应纳增值税额（简易计税方法下）外，还要将该产品在出口前相应的不能抵扣的进项税额按照税法规定的计算公式计算后予以退还，使该出口产品在出口时完全不含增值税税额，从而以无税产品的形式进入国际市场。

【特别提示】根据《增值税法》的规定，（1）纳税人销售货物、加工修理修配服务、有形动产租赁服务，进口货物，除本条第（2）项、第（4）项、第（5）项规定外，税率为13%。（2）纳税人销售交通运输、邮政、基础电信、建筑、不动产租赁服务，销售不动产，转让土地使用权，销售或者进口下列货物，除本条第（4）项、第（5）项规定外，税率为9%：①农产品、食用植物油、食用盐；②自来水、暖气、冷气、热水、煤气、石油液化气、天然气、二甲醚、沼气、居民用煤炭制品；③图书、报纸、杂志、音像制品、电子出版物；④饲料、化肥、农药、农机、农膜。（3）纳税人销售服务、无形资产，除本条第（1）项、第（2）项、第（5）项规定外，税率为6%。（4）纳税人出口货物，税率为零；国务院另有规定的除外。（5）境内单位和个人跨境销售国务院规定范围内的服务、无形资产，税率为零。

（二）增值税征收率

增值税征收率适用于小规模纳税人以及一般纳税人适用简易计税方法的特定项目。增值税征收率为3%。财政部和国家税务总局另有规定的除外。

1. 征收率的一般规定

小规模纳税人采用简易办法（简易计税方法）征收增值税，征收率一般为3%。一般纳税人在特殊情况下，也按简易办法依照征收率计算缴纳增值税。具体的适用范围为：

（1）一般纳税人销售自己使用过的属于《增值税暂行条例》第十条规定的不得抵扣且

未抵扣进项税额的固定资产，按简易办法依照3%征收率减按2%征收增值税；一般纳税人可以放弃减免，按照简易办法依照3%征收率缴纳增值税，并可以开具增值税专用发票。

（2）一般纳税人销售自己使用过的其他固定资产应区分不同情形征收增值税：

①销售自己使用过的2009年1月1日以后购进或者自制的固定资产，按照适用税率征收增值税。

②2008年12月31日以前未纳入扩大增值税抵扣范围试点的纳税人，销售自己使用过的2008年12月31日以前购进或者自制的固定资产，按照简易办法依照3%征收率减按2%征收增值税。

③2008年12月31日以前已纳入扩大增值税抵扣范围试点的纳税人，销售自己使用过的在本地区扩大增值税抵扣范围试点以前购进或者自制的固定资产，按照简易办法依照3%征收率减按2%征收增值税；销售自己使用过的在本地区扩大增值税抵扣范围试点以后购进或者自制的固定资产，按照适用税率征收增值税。

【知识链接】2008年12月31日之前购进的固定资产，其进项税额不得抵扣；自2009年1月1日起，增值税一般纳税人外购的用于生产经营的固定资产（自用的应征消费税的汽车、摩托车、游艇除外），其进项税额可以抵扣；自2013年8月1日起，一般纳税人购进自用的应征消费税的汽车、摩托车、游艇，其进项税额准予从销项税额中抵扣。

【点拨指导】销售自己使用过的2013年8月1日以后购进或者自制的应征消费税的摩托车、汽车、游艇，按照适用税率征收增值税。

销售自己使用过的2013年7月31日以前购进或者自制的应征消费税的摩托车、汽车、游艇，按照简易办法依照3%征收率减按2%征收增值税。

【例】甲公司为增值税一般纳税人，本年5月对外转让一台其使用过的作为固定资产核算的机器设备，含增值税的转让价格为103 000元。甲公司于2006年11月购进该机器设备。要求：计算甲公司上述业务的应纳增值税。

【解析】

应纳增值税＝103 000÷(1＋3%)×2%＝2 000(元)

【例】甲公司为增值税一般纳税人，本年5月对外转让一台其使用过的作为固定资产核算的机器设备，含增值税转让价格为103 000元。甲公司于2011年11月购进该机器设备。该设备适用的增值税税率为13%。要求：计算甲公司上述业务的增值税销项税额。

【解析】

增值税销项税额＝103 000÷(1＋13%)×13%＝11 849.56(元)

【例】甲公司为增值税一般纳税人，本年5月对外转让一辆其使用过的作为固定资产核算的小汽车（消费税的应税产品），含增值税的转让价格为103 000元。甲公司于2012年11月购进该小汽车。要求：计算甲公司上述业务的应纳增值税。

【解析】

应纳增值税＝103 000÷(1＋3%)×2%＝2 000(元)

【例】甲公司为增值税一般纳税人，本年5月对外转让一辆其使用过的作为固定资产核算的小汽车（消费税的应税产品），含增值税转让价格为103 000元。甲公司于2014年11月购进该小汽车。要求：计算甲公司上述业务的增值税销项税额。

【解析】

增值税销项税额＝103 000÷(1＋13%)×13%＝11 849.56(元)

（3）一般纳税人销售自己使用过的除固定资产以外的物品，应当按照适用税率征收增值税。

（4）小规模纳税人（除其他个人外，下同）销售自己使用过的固定资产，减按2%征收率征收增值税；小规模纳税人可以放弃减免，依照3%征收率缴纳增值税，并可以开具增值税专用发票。小规模纳税人销售自己使用过的除固定资产以外的物品，应按3%的征收率征收增值税。

（5）纳税人销售旧货，按照简易办法依照3%征收率减按2%征收增值税。

旧货，是指进入二次流通的具有部分使用价值的货物（含旧汽车、旧摩托车和旧游艇），但不包括自己使用过的物品。自2020年5月1日至2027年12月31日，从事二手车经销业务的纳税人销售其收购的二手车，按照简易办法依3%征收率减按0.5%征收增值税。

归纳总结

一般纳税人销售自己使用过的物品或旧货的计税归纳

归纳总结

小规模纳税人销售自己使用过的物品或旧货的计税归纳

（6）一般纳税人销售自产的下列货物，可选择按照简易办法依照3%征收率计算缴纳增值税，具体适用范围为：

①县级及县级以下小型水力发电单位生产的电力。小型水力发电单位，是指各类投资主体建设的装机容量为5万千瓦以下（含5万千瓦）的小型水力发电单位。

②建筑用和生产建筑材料所用的砂、土、石料。

③以自己采掘的砂、土、石料或其他矿物连续生产的砖、瓦、石灰（不含黏土实心砖、瓦）。

④用微生物、微生物代谢产物、动物毒素、人或动物的血液或组织制成的生物制品。

⑤自来水（对属于一般纳税人的自来水公司销售自来水按简易办法依照3%征收率征收增值税，不得抵扣其购进自来水取得增值税扣税凭证上注明的增值税税款）。

⑥商品混凝土（仅限于以水泥为原料生产的水泥混凝土）。

【特别提示】一般纳税人销售自产的上述货物，选择简易办法计算缴纳增值税后，36 个月内不得变更。

（7）一般纳税人销售货物属于下列情形之一的，暂按简易办法依照 3%征收率计算缴纳增值税：

①寄售商店代销寄售物品（包括居民个人寄售的物品在内）；

②典当业销售死当物品。

（8）建筑企业一般纳税人提供建筑服务属于老项目的，可以选择简易办法依照 3%的征收率征收增值税。

（9）自 2020 年 3 月 1 日至 2021 年 3 月 31 日，湖北省增值税小规模纳税人，适用 3%征收率的应税销售收入，免征增值税；适用 3%预征率的预缴增值税项目，暂停预缴增值税。自 2021 年 4 月 1 日至 2022 年 3 月 31 日，湖北省增值税小规模纳税人，适用 3%征收率的应税销售收入，减按 1%征收率征收增值税；适用 3%预征率的预缴增值税项目，减按 1%预征率预缴增值税。自 2020 年 3 月 1 日至 2022 年 3 月 31 日，除湖北省外，其他省、自治区、直辖市的增值税小规模纳税人，适用 3%征收率的应税销售收入，减按 1%征收率征收增值税；适用 3%预征率的预缴增值税项目，减按 1%预征率预缴增值税。自 2022 年 4 月 1 日至 2022 年 12 月 31 日，增值税小规模纳税人适用 3%征收率的应税销售收入，免征增值税；适用 3%预征率的预缴增值税项目，暂停预缴增值税。自 2023 年 1 月 1 日至 2027 年 12 月 31 日，增值税小规模纳税人适用 3%征收率的应税销售收入，减按 1%征收率征收增值税；适用 3%预征率的预缴增值税项目，减按 1%预征率预缴增值税。

2. 征收率的特殊规定

（1）小规模纳税人转让其取得的不动产，按照 5%的征收率征收增值税。

（2）一般纳税人转让其 2016 年 4 月 30 日前取得的不动产，选择简易计税方法计税的，按照 5%的征收率征收增值税。

（3）小规模纳税人出租其取得的不动产（不含个人出租住房），按照 5%的征收率征收增值税。

（4）一般纳税人出租其 2016 年 4 月 30 日前取得的不动产，选择简易计税方法计税的，按照 5%的征收率征收增值税。

（5）房地产开发企业（一般纳税人）销售自行开发的房地产老项目，选择简易计税方法计税的，按照 5%的征收率征收增值税。

（6）房地产开发企业（小规模纳税人）销售自行开发的房地产项目，按照 5%的征收率征收增值税。

（7）一般纳税人提供劳务派遣服务，可以按照《财政部 国家税务总局关于全面推开营业税改征增值税试点的通知》（财税〔2016〕36 号）的有关规定，以取得的全部价款和价外费用为销售额，按照一般计税方法计算缴纳增值税；也可以选择差额纳税，以取得的全部价款和价外费用，扣除代用工单位支付给劳务派遣员工的工资、福利和为其办理社会保险及住房公积金后的余额为销售额，按照简易计税方法依5%的征收率计算缴纳增值税。

（8）自2021年10月1日起，住房租赁企业中的增值税一般纳税人向个人出租住房取得的全部出租收入，可以选择适用简易计税方法，按照5%的征收率减按1.5%计算缴纳增值税，或适用一般计税方法计算缴纳增值税。自2021年10月1日起，住房租赁企业中的增值税小规模纳税人向个人出租住房，按照5%的征收率减按1.5%计算缴纳增值税。

【特别提示】根据《增值税法》的规定，适用简易计税方法计算缴纳增值税的征收率为3%。

四、增值税应纳税额的计算

增值税的计税方法，主要包括一般计税方法和简易计税方法。一般情况下，我国目前对一般纳税人增值税的计算采用一般计税方法，某些特殊情况下采用或者选择采用简易计税方法；对小规模纳税人增值税的计算采用简易计税方法。

（一）一般计税方法应纳税额的计算

1. 一般计税方法应纳税额的计算公式

一般计税方法，也就是国际上通行的购进扣税法，即先按当期销售额和适用税率计算出销项税额（这是对全部销售金额的征税），然后对当期购进项目已经缴纳的税款（所含税款）进行抵扣，从而间接计算出当期增值额部分的应纳税额。

增值税一般纳税人在一般计税方法下销售货物、劳务、服务、无形资产、不动产（统称应税销售行为），应纳税额为当期销项税额抵扣当期进项税额后的余额。应纳税额的计算公式为：

应纳税额＝当期销项税额－当期进项税额

【特别提示】当期销项税额小于当期进项税额不足抵扣时，其不足部分可以结转下期继续抵扣。

【特别提示】根据《增值税法》的规定，①纳税人发生应税交易，应当按照一般计税方法，通过销项税额抵扣进项税额计算应纳税额的方式，计算缴纳增值税；本法另有规定的除外。②小规模纳税人可以按照销售额和征收率计算应纳税额的简易计税方法，计算缴纳增值税。③中外合作开采海洋石油、天然气增值税的计税方法等，按照国务院的有关规定执行。

【特别提示】根据《增值税法》的规定，按照一般计税方法计算缴纳增值税的，应纳税额为当期销项税额抵扣当期进项税额后的余额。

【特别提示】根据《增值税法》的规定，当期进项税额大于当期销项税额的部分，纳税人可以按照国务院的规定选择结转下期继续抵扣或者申请退还。

2. 销项税额的计算公式

一般纳税人在一般计税方法下发生应税销售行为，按照销售额和税法规定的税率计算收取的增值税额，为销项税额。销项税额的计算公式为：

销项税额＝销售额×适用税率

【点拨指导】一般纳税人计算增值税应纳税额时，主要考虑两个因素：一是销售额；二是进项税额。

【特别提示】根据《增值税法》的规定，销项税额，是指纳税人发生应税交易，按照销售额乘以本法规定的税率计算的增值税税额。

3. 销售额的确定

（1）销售额的含义和内容。

销售额为纳税人发生应税销售行为收取的全部价款和价外费用，但是不包括收取的销项税额。

【点拨指导】如果销售的货物是消费税应税产品，则全部价款中包括消费税。如果销售的货物是进口产品，则全部价款中包括进口关税。

【特别提示】根据《增值税法》的规定，销售额，是指纳税人发生应税交易取得的与之相关的价款，包括货币和非货币形式的经济利益对应的全部价款，不包括按照一般计税方法计算的销项税额和按照简易计税方法计算的应纳税额。

价外费用，包括价外向购买方收取的手续费、补贴、基金、集资费、返还利润、奖励费、违约金、滞纳金、延期付款利息、赔偿金、代收款项、代垫款项、包装费、包装物租金、储备费、优质费、运输装卸费以及其他各种性质的价外收费。

上述价外费用无论其会计制度如何核算，均应并入销售额计算销项税额。但下列项目不包括在销售额内：

①受托加工应征消费税的消费品所代收代缴的消费税。

②同时符合以下条件代为收取的政府性基金或者行政事业性收费：由国务院或者财政部批准设立的政府性基金，由国务院或者省级人民政府及其财政、价格主管部门批准设立的行政事业性收费；收取时开具省级以上财政部门印制的财政票据；所收款项全额上缴财政。

③销售货物的同时代办保险等而向购买方收取的保险费，以及向购买方收取的代购买方缴纳的车辆购置税、车辆牌照费。

④以委托方名义开具发票代委托方收取的款项。

【特别提示】一般情况下，价外费用本身为含增值税的价外费用，在计算增值税销项税时，需换算成不含增值税的价外费用。其换算公式为：

不含税价外费用＝含税价外费用÷(1＋税率)

（2）含税销售额的换算。

增值税属于价外税，计算销项税额时，销售额中不应含有增值税税额。如果销售额中包含了增值税税额（对于销售方来说，实际上是销项税额），则应将含税销售额换算成不含税销售额。其换算公式为：

销售额＝含税销售额÷(1＋增值税税率)

【点拨指导】增值税属于价外税，一般情况下，题目中会明确指出销售额是否含增值税。在未明确指出的情况下，注意以下原则：①商业企业的零售价肯定含增值税；②增值税专用发票注明的不含税销售额肯定不含增值税；③价外费用和收取的包装物押金视为含增值税的收入。

【特别提示】一般纳税人采用一般计税方法计算销项税额的基数销售额是不含增值税的，小规模纳税人或一般纳税人采用简易计税方法计算应纳增值税额的基数销售额也是不含增值税的，如果是含增值税的销售额，先要换算成不含增值税的销售额，然后再计算。

【特别提示】根据《增值税法》的规定，增值税为价外税，应税交易的销售额不包括增值税税额。增值税税额，应当按照国务院的规定在交易凭证上单独列明。

(3) 视同销售行为销售额的确定。

1) 视同销售货物的销售额的确定。

纳税人发生视同销售货物行为而无销售额的，其销售额要按照如下规定的顺序来确定：第一，按纳税人最近时期同类货物的平均销售价格确定；第二，按其他纳税人最近时期同类货物的平均销售价格确定；第三，按组成计税价格确定。组成计税价格的计算公式为：

①若销售的货物不属于消费税应税消费品：

组成计税价格＝成本＋利润＝成本×(1＋成本利润率)

②若销售的货物属于消费税应税消费品：

a. 实行从价定率办法计算纳税的组成计税价格计算公式：

组成计税价格＝成本＋利润＋消费税
＝成本×(1＋成本利润率)＋消费税
＝成本×(1＋成本利润率)÷(1－消费税比例税率)

b. 实行从量定额办法计算纳税的组成计税价格计算公式：

组成计税价格＝成本＋利润＋消费税
＝成本×(1＋成本利润率)＋消费税
＝成本×(1＋成本利润率)＋计税数量×消费税定额税率

c. 实行复合计税办法计算纳税的组成计税价格计算公式：

组成计税价格＝成本＋利润＋消费税
＝成本×(1＋成本利润率)＋消费税
＝[成本×(1＋成本利润率)＋计税数量×消费税定额税率]
÷(1－消费税比例税率)

【点拨指导】上述公式中的成本包括两种情况：销售自产货物的为实际生产成本；销售外购货物的为实际采购成本。公式中的成本利润率由国家税务总局确定，一般为10%。但属于应采用从价定率及复合计税办法征收消费税的货物，其组成计税价格中的成本利润率为国家税务总局确定的应税消费品的成本利润率（详见本章第3节消费税法律制度）。

【特别提示】纳税人销售货物或者劳务的价格明显偏低并无正当理由的，由税务机关按照上述方法核定其销售额。

2）视同销售服务、无形资产或者不动产的销售额的确定。

纳税人发生视同销售服务、无形资产或者不动产而无销售额的，主管税务机关有权按照下列顺序确定销售额：第一，按照纳税人最近时期销售同类服务、无形资产或者不动产的平均价格确定；第二，按照其他纳税人最近时期销售同类服务、无形资产或者不动产的平均价格确定；第三，按照组成计税价格确定。组成计税价格的计算公式为：

组成计税价格＝成本×(1＋成本利润率)

成本利润率由国家税务总局确定。

【特别提示】纳税人提供应税行为的价格明显偏低或者偏高且不具有合理商业目的的，由税务机关按照上述方法核定其销售额。

【点拨指导】不具有合理商业目的，是指以谋取税收利益为主要目的，通过人为安排，减少、免除、推迟缴纳增值税税款，或者增加退还增值税税款。

【特别提示】根据《增值税法》的规定，发生视同应税交易以及销售额为非货币形式的，纳税人应当按照市场价格确定销售额。销售额明显偏低或者偏高且无正当理由的，税务机关可以依照《税收征收管理法》和有关行政法规的规定核定销售额。

(4）混合销售行为销售额的确定。

混合销售的销售额为货物销售额与服务销售额的合计。

(5）兼营行为销售额的确定。

纳税人兼营不同税率的货物、劳务、服务、无形资产或者不动产，应当分别核算不同税率或者征收率的销售额；未分别核算销售额的，从高适用税率。

(6）特殊销售方式下销售额的确定。

①折扣方式销售。折扣销售，在会计上又叫商业折扣，它是指销货方在销售货物时，因购货方购货数量较大等原因而给予购货方的价格优惠。纳税人采取折扣方式销售货物，如果销售额和折扣额在同一张发票上分别注明，可以按折扣后的销售额征收增值税；如果将折扣额另开发票，不论其在财务上如何处理，均不得从销售额中减除折扣额。

【点拨指导】销售额和折扣额在同一张发票上分别注明，指销售额和折扣额在同一张发票上的“金额”栏分别注明的，可按折扣后的销售额征收增值税。未在同一张发票“金额”栏注明折扣额，而仅在发票的“备注”栏注明折扣额的，折扣额不得从销售额中减除。

【特别提示】 销售折扣，在会计上又叫现金折扣，它是指销货方在销售货物或提供应税劳务后，为了鼓励购货方及早偿还货款而协议许诺给予购货方的一种折扣优待（如：10天内付款，货款折扣2%；20天内付款，货款折扣1%；30天内全价付款）。销售折扣发生在销货之后，是一种融资性质的理财费用，因此，销售折扣不得从销售额中扣除。

【特别提示】 纳税人向购买方开具专用发票后，由于累计购买一定量或市场价格下降等原因，销货方给予购货方的价格优惠或补偿等折扣、折让行为，可按规定开具红字增值税专用发票。

【特别提示】 纳税人销售服务、无形资产或者不动产，将价款和折扣额在同一张发票上分别注明的，以折扣后的价款为销售额；未在同一张发票上分别注明的，以价款为销售额，不得扣减折扣额。

【例】 甲商场为增值税一般纳税人，其销售的月饼标明零售价20元/斤，甲商场本年10月8折对外销售200斤。月饼增值税税率为13%。要求：（1）如果销售额与折扣额在同一张发票上的“金额”栏分别注明，计算甲公司上述业务的增值税销项税额；（2）如果将折扣额另开发票，计算甲公司上述业务的增值税销项税额。

【解析】 零售价为含增值税价格。

（1）如果销售额与折扣额在同一张发票上的“金额”栏分别注明：

增值税销项税额＝20×200×80%÷(1＋13%)×13%＝368.14(元)

（2）如果将折扣额另开发票：

增值税销项税额＝20×200÷(1＋13%)×13%＝460.18(元)

②以旧换新方式销售。以旧换新方式销售是指纳税人在销售货物时，折价收回同类旧货物，并以折价款冲抵新货物价款的一种销售方式。纳税人采取以旧换新方式销售货物，应按新货物的同期销售价格确定销售额，不得扣减旧货物的收购价格。

【特别提示】 对金银首饰以旧换新业务，可以按销售方实际收取的不含增值税的全部价款征收增值税。

【例】 甲超市为增值税一般纳税人，采取以旧换新方式销售电视机。本年1月甲超市销售新电视机80台，每台零售价为4 000元，每台旧电视机折价300元。要求：计算甲公司上述业务的增值税销项税额。

【解析】

增值税销项税额＝4 000×80÷(1＋13%)×13%＝36 814.16(元)

【例】 甲金店为增值税一般纳税人，本年1月采取以旧换新方式向消费者销售金项链80条，新项链每条零售价为4 000元，每条旧项链折价1 200元。要求：计算甲公司上述业务的增值税销项税额。

【解析】

$$增值税销项税额=(4\ 000-1\ 200)\times 80\div(1+13\%)\times 13\%$$
$$=25\ 769.91(元)$$

③还本销售方式销售。还本销售是指纳税人在销售货物并收到全部价款后，按约定的时间，一次或分次退还给购货方全部或部分价款的一种销售方式。退还的货款即为还本支出。纳税人采取还本销售方式销售货物，其销售额就是货物的销售价格，不得从销售额中减除还本支出。

【特别提示】还本销售方式实际上是一种筹资行为，它是以货物换取资金的使用价值，到期还本不付息的行为。

④以物易物方式销售。以物易物是指购销双方不是通过货币结算，而是通过同等价款的货物相互结算，实现货物购销的一种方式。以物易物双方都应分别作购销处理，以各自发出的货物确定销售额并计算销项税额，以各自收到的货物确定购货额并计算进项税额。在以物易物的交易活动中，应分别开具合法的票据，如收到的货物不能取得相应的增值税专用发票或其他合法扣税凭证的，不能抵扣进项税额。

【点拨指导】以物易物双方是否可以抵扣进项税额要看能否取得对方开具的增值税专用发票或其他合法票据、是否是换入的、是否为能够抵扣进项税额的货物等因素。若能取得对方开具的增值税专用发票或其他合法票据且换入的是能够抵扣进项税额的货物，则可以抵扣进项税额。

⑤直销方式销售。直销是指直销企业招募直销员，由直销员在固定营业场所之外直接向消费者销售产品的经销方式。直销按照收取货款方式的不同主要有以下两种情形。

一是直销企业先将货物销售给直销员，直销员再将货物销售给消费者的，直销企业的销售额为其向直销员收取的全部价款和价外费用。直销员将货物销售给消费者时，应按照现行规定缴纳增值税。

二是直销企业通过直销员向消费者销售货物，直接向消费者收取货款，直销企业的销售额为其向消费者收取的全部价款和价外费用。

（7）包装物押金。

包装物是指纳税人包装本单位货物的各种物品。一般情况下，销货方向购货方收取出租、出借包装物的押金，购货方在规定时间内将包装物返还给销货方，销货方再将收取的包装物押金退还给购货方。纳税人为销售货物而出租、出借包装物收取的押金，单独记账核算的，且时间在1年以内，又未过期的，不并入销售额计算缴纳增值税；但对因逾期未收回包装物不再退还的包装物押金，应按所包装货物的适用税率计算缴纳增值税。

【点拨指导】“逾期”是指按合同约定实际逾期或以1年为期限，对收取1年以上的押金，无论是否退还均并入销售额计算缴纳增值税。

【特别提示】包装物押金是含增值税收入，在并入销售额征税时，需要先将该押金换算为不含增值税收入，再计算缴纳增值税。

【区别比较】包装物押金不同于包装物租金，包装物租金属于价外费用，在销售货物的同时随同货款一并计算缴纳增值税。

【特别提示】自1995年6月1日起，对销售除啤酒、黄酒外的其他酒类产品而收取的包装物押金，无论是否返还以及会计上如何核算，均应并入当期销售额计算缴纳增值税。

【例】甲公司为增值税一般纳税人，本年5月销售啤酒，取得不含增值税销售额300万元，收取啤酒的包装物押金26万元，没收逾期啤酒的包装物押金6万元。甲公司收取包装物押金单独记账，并约定包装物应当于提货之日起6个月内返还，逾期未归还者没收押金。啤酒适用增值税税率为13%。要求：计算甲公司上述业务的增值税销项税额。

【解析】

$$增值税销项税额=[300+6\div(1+13\%)]\times13\%=39.69(万元)$$

【例】甲公司为增值税一般纳税人，本年5月销售白酒，取得不含增值税销售额300万元，收取白酒的包装物押金26万元，没收逾期白酒的包装物押金6万元。甲公司收取包装物押金单独记账，并约定包装物应当于提货之日起6个月内返还，逾期未归还者没收押金。白酒适用增值税税率为13%。要求：计算甲公司上述业务的增值税销项税额。

【解析】

$$增值税销项税额=[300+26\div(1+13\%)]\times13\%=41.99(万元)$$

（8）“营改增”行业销售额的规定。

①贷款服务，以提供贷款服务取得的全部利息及利息性质的收入为销售额。

【点拨指导】自2018年1月1日起，金融机构开展贴现、转贴现业务，以其实际持有票据期间取得的利息收入作为贷款服务销售额计算缴纳增值税。此前贴现机构已就贴现利息收入全额缴纳增值税的票据，转贴现机构转贴现利息收入继续免征增值税。

②直接收费金融服务，以提供直接收费金融服务收取的手续费、佣金、酬金、管理费、服务费、经手费、开户费、过户费、结算费、转托管费等各类费用为销售额。

③金融商品转让，按照卖出价扣除买入价后的余额为销售额。转让金融商品出现的正负差，按盈亏相抵后的余额为销售额。若相抵后出现负差，可结转下一纳税期与下期转让金融商品销售额相抵，但年末时仍出现负差的，不得转入下一个会计年度。

【点拨指导】金融商品的买入价，可以选择按照加权平均法或者移动加权平均法进行核算，选择后36个月内不得变更。

纳税人无偿转让股票时，转出方以该股票的买入价为卖出价，按照金融商品转让计算缴纳增值税；在转入方将上述股票再转让时，以原转出方的卖出价为买入价，按照金融商品转让计算缴纳增值税。

【特别提示】金融商品转让，不得开具增值税专用发票。

④经纪代理服务，以取得的全部价款和价外费用，扣除向委托方收取并代为支付的政府性基金或者行政事业性收费后的余额为销售额。向委托方收取的政府性基金或者行政事业性收费，不得开具增值税专用发票。

⑤航空运输企业的销售额，不包括代收的民航发展基金（原机场建设费）和代售其他航空运输企业客票而代收转付的价款。

⑥试点纳税人中的一般纳税人提供客运场站服务，以其取得的全部价款和价外费用，扣除支付给承运方运费后的余额为销售额。

⑦纳税人提供旅游服务，可以选择以取得的全部价款和价外费用，扣除向旅游服务购买方收取并支付给其他单位或者个人的住宿费、餐饮费、交通费、签证费、门票费和支付给其他接团旅游企业的旅游费用后的余额为销售额。

【点拨指导】选择上述办法计算销售额的试点纳税人，向旅游服务购买方收取并支付的上述费用，不得开具增值税专用发票，可以开具普通发票。

⑧试点纳税人提供建筑服务适用简易计税方法的，以取得的全部价款和价外费用扣除支付的分包款后的余额为销售额。

⑨房地产开发企业中的一般纳税人销售其开发的房地产项目（选择简易计税方法的房地产老项目除外），以取得的全部价款和价外费用，扣除受让土地时向政府部门支付的土地价款后的余额为销售额。房地产老项目是指《建筑工程施工许可证》注明的合同开工日期在2016年4月30日前的房地产项目。

【点拨指导】向政府部门支付的土地价款，包括土地受让人向政府部门支付的征地和折迁补偿费用、土地前期开发费用和土地出让收益等。

（9）销售额确定的特殊规定。

①纳税人兼营免税、减税项目的，应当分别核算免税、减税项目的销售额；未分别核算的，不得免税、减税。

②纳税人销售货物、劳务、服务、无形资产或者不动产，开具增值税专用发票后，发生开票有误或者销售折让、中止、退回等情形的，应当按照国家税务总局的规定开具红字增值税专用发票；未按照规定开具红字增值税专用发票的，不得扣减销项税额或者销售额。

（10）外币销售额的折算。

纳税人按人民币以外的货币结算销售额的，其销售额的人民币折合率可以选择销售额发生的当天或者当月1日的人民币外汇中间价。纳税人应在事先确定采用何种折合率，确定后在1年内不得变更。

4. 进项税额的确定

纳税人购进货物、劳务、服务、无形资产、不动产支付或者负担的增值税额，为进项税额。

【特别提示】根据《增值税法》的规定，进项税额，是指纳税人购进货物、服务、无形资产、不动产支付或者负担的增值税税额。

（1）准予从销项税额中抵扣的进项税额。

增值税一般纳税人下列进项税额准予从销项税额中抵扣：

1）从销售方取得的增值税专用发票（含机动车销售统一发票）上注明的增值税额。

【点拨指导】增值税扣税凭证，是指增值税专用发票、海关进口增值税专用缴款书、农产品收购发票或者销售发票（含农产品核定扣除的进项税额）、代扣代缴税收完税凭证和符合规定的国内旅客运输发票等。

【特别提示】自2009年1月1日起，增值税一般纳税人外购的用于生产经营的固定资产，其进项税额可以抵扣。

【特别提示】自2013年8月1日起，一般纳税人购进自用的应征消费税的汽车、摩托车、游艇，其进项税额准予从销项税额中抵扣。

【知识链接】2016年5月1日后取得并在会计制度上按固定资产核算的不动产，以及2016年5月1日后取得的不动产在建工程，其进项税额应按照有关规定分2年从销项税额中抵扣，第一年抵扣比例为60%，第二年抵扣比例为40%。取得的不动产，包括以直接购买、接受捐赠、接受投资入股、自建以及抵债等各种形式取得的不动产，不包括房地产开发企业自行开发的房地产项目。融资租入的不动产以及在施工现场修建的临时建筑物、构筑物，其进项税额不适用上述分2年抵扣的规定。自2019年4月1日起，上述规定停止执行，即纳税人取得不动产或者不动产在建工程的进项税额不再分2年抵扣。此前按照上述规定尚未抵扣完毕的待抵扣进项税额，可自2019年4月税款所属期起从销项税额中抵扣。

【知识链接】视同销售行为所涉及的购进货物、劳务、服务、无形资产或者不动产的进项税额，凡符合规定的，允许作为当期进项税额予以抵扣。

【知识链接】上期期末留抵税额，本期准予抵扣。

2）从海关取得的海关进口增值税专用缴款书上注明的增值税额。

3）自2019年4月1日起，纳税人购进农产品，按下列规定抵扣进项税额：

①除第②项规定外，纳税人购进农产品，取得一般纳税人开具的增值税专用发票或海关进口增值税专用缴款书的，以增值税专用发票或海关进口增值税专用缴款书上注明的增值税额为进项税额；从按照简易计税方法依照3%征收率计算缴纳增值税的小规模纳税人取得增值税专用发票的，以增值税专用发票上注明的金额和9%的扣除率计算进项税额；取得（开具）农产品销售发票或收购发票的，以农产品销售发票或收购发票上注明的农产品买价和9%的扣除率计算进项税额（买价是指纳税人购进农产品在农产品

收购发票或者销售发票上注明的价款和按照规定缴纳的烟叶税)。

②纳税人购进用于生产或者委托加工 13％税率货物的农产品，按照 10％的扣除率计算进项税额。

【点拨指导】 自 2016 年 5 月 1 日起全面营改增，有人因此误以为营改增试点结束。实际上现在仍处于营业税改征增值税试点期间，至于营改增试点何时结束，需要等国家税务总局发布相关文件。

③继续推进农产品增值税进项税额核定扣除试点，纳税人购进农产品进项税额已实行核定扣除的，仍按照《财政部 国家税务总局关于在部分行业试行农产品增值税进项税额核定扣除办法的通知》(财税〔2012〕38 号)、《财政部 国家税务总局关于扩大农产品增值税进项税额核定扣除试点行业范围的通知》(财税〔2013〕57 号) 执行。其中，财税〔2012〕38 号文附件 1《农产品增值税进项税额核定扣除试点实施办法》第四条第（二）项规定的扣除率调整为 9％；第（三）项规定的扣除率调整为按上述第①项、第②项规定执行。

④纳税人从批发、零售环节购进适用免征增值税政策的蔬菜、部分鲜活肉蛋而取得的普通发票，不得作为计算抵扣进项税额的凭证。

⑤纳税人购进农产品既用于生产销售或委托加工 13％税率货物又用于生产销售其他货物服务的，应当分别核算用于生产销售或委托加工 13％税率货物和其他货物服务的农产品进项税额。未分别核算的，统一以增值税专用发票或海关进口增值税专用缴款书上注明的增值税额为进项税额，或以农产品收购发票或销售发票上注明的农产品买价和 9％的扣除率计算进项税额。

⑥销售发票，是指农业生产者销售自产农产品适用免征增值税政策而开具的普通发票。

4) 自境外单位或者个人购进劳务、服务、无形资产或者境内的不动产，从税务机关或者扣缴义务人取得的代扣代缴税款的完税凭证上注明的增值税额。纳税人凭完税凭证抵扣进项税额的，应当具备书面合同、付款证明和境外单位的对账单或者发票。资料不全的，其进项税额不得从销项税额中抵扣。

5) 自用的应征消费税的摩托车、汽车、游艇，2013 年 8 月 1 日（含）以后购入的，其进项税额准予从销项税额中抵扣。

6) 自 2019 年 4 月 1 日起，购进国内旅客运输服务，其进项税额允许从销项税额中抵扣。纳税人购进国内旅客运输服务未取得增值税专用发票的，暂按照以下规定确定进项税额：

①取得增值税电子普通发票的，为发票上注明的税额。

②取得注明旅客身份信息的航空运输电子客票行程单的，按照下列公式计算进项税额：

$$航空旅客运输进项税额=(票价+燃油附加费)\div(1+9\%)\times 9\%$$

③取得注明旅客身份信息的铁路车票的，按照下列公式计算进项税额：

铁路旅客运输进项税额＝票面金额÷(1＋9％)×9％

④取得注明旅客身份信息的公路、水路等其他客票的，按照下列公式计算进项税额：

公路、水路等其他旅客运输进项税额＝票面金额÷(1＋3％)×3％

【特别提示】根据《财政部 国家税务总局关于全面推开营业税改征增值税试点的通知》（财税〔2016〕36号）的附件2《营业税改征增值税试点有关事项的规定》，原增值税一般纳税人购进货物或者接受劳务，用于《销售服务、无形资产或者不动产注释》所列项目的，不属于《增值税暂行条例》第十条规定不得抵扣进项税额的项目，其进项税额准予从销项税额中抵扣。

【点拨指导】纳税人购进货物、劳务、服务、无形资产、不动产，取得的增值税扣税凭证不符合法律、行政法规或者国务院税务主管部门有关规定的，其进项税额不得从销项税额中抵扣。

【特别提示】根据《增值税法》的规定，纳税人应当凭法律、行政法规或者国务院规定的增值税扣税凭证从销项税额中抵扣进项税额。

【特别提示】自2023年1月1日至2027年12月31日，允许先进制造业企业按照当期可抵扣进项税额加计5％抵减应纳增值税税额。自2023年1月1日至2027年12月31日，对生产销售先进工业母机主机、关键功能部件、数控系统的增值税一般纳税人，允许按当期可抵扣进项税额加计15％抵减企业应纳增值税税额。自2023年1月1日至2027年12月31日，允许集成电路设计、生产、封测、装备、材料企业，按照当期可抵扣进项税额加计15％抵减应纳增值税税额。

（2）不得从销项税额中抵扣的进项税额。

下列项目的进项税额不得从销项税额中抵扣：

①用于简易计税方法计税项目、免征增值税项目、集体福利或者个人消费的购进货物、劳务、服务、无形资产和不动产。其中涉及的固定资产、无形资产、不动产，仅指专用于上述项目的固定资产、无形资产（不包括其他权益性无形资产）、不动产。纳税人的交际应酬消费属于个人消费。

【特别提示】自2018年1月1日起，纳税人租入固定资产、不动产，既用于一般计税方法计税项目，又用于简易计税方法计税项目、免征增值税项目、集体福利或者个人消费的，其进项税额准予从销项税额中全额抵扣。

【区别比较】纳税人购进的固定资产、无形资产（不包括其他权益性无形资产）、不动产，如果既用于增值税应税项目（不含简易计税方法计税项目、免征增值税项目），也用于简易计税方法计税项目、免征增值税项目、集体福利或者个人消费的，其进项税额可以抵扣。纳税人购进的固定资产、无形资产（不包括其他权益性无形资产）、不动产，如果专用于简易计税方法计税项目、免征增值税项目、集体福利或者个人消费的，其进项税额不得抵扣。

【特别提示】由于销售建筑服务、销售不动产已经营改增，因此纳税人将购进的货物用于修建厂房仓库、装修办公楼的，其进项税额可以抵扣；但是将购进的货物用于集体福利（如修建职工宿舍食堂、单位幼儿园）或个人消费的，其进项税额不得抵扣。

②非正常损失的购进货物，以及相关的劳务和交通运输服务。

③非正常损失的在产品、产成品所耗用的购进货物（不包括固定资产）、劳务和交通运输服务。

④非正常损失的不动产，以及该不动产所耗用的购进货物、设计服务和建筑服务。

⑤非正常损失的不动产在建工程所耗用的购进货物、设计服务和建筑服务。

【特别提示】纳税人新建、改建、扩建、修缮、装饰不动产，均属于不动产在建工程。

⑥购进的贷款服务、餐饮服务、居民日常服务和娱乐服务。

【特别提示】2019年3月31日之前，购进的旅客运输服务，其进项税额不得从销项税额中抵扣；自2019年4月1日起，购进的旅客运输服务，其进项税额允许从销项税额中抵扣。

⑦纳税人接受贷款服务向贷款方支付的与该笔贷款直接相关的投融资顾问费、手续费、咨询费等费用，其进项税额不得从销项税额中抵扣。

⑧财政部和国家税务总局规定的其他情形。

上述第④项、第⑤项所称货物，是指构成不动产实体的材料和设备，包括建筑装饰材料和给排水、采暖、卫生、通风、照明、通讯、煤气、消防、中央空调、电梯、电气、智能化楼宇设备及配套设施。

【特别提示】不动产、无形资产的具体范围按照《销售服务、无形资产、不动产注释》执行。

【点拨指导】固定资产，是指使用期限超过12个月的机器、机械、运输工具以及其他与生产经营有关的设备、工具、器具等有形动产。

【点拨指导】非正常损失，是指因管理不善造成货物被盗、丢失、霉烂变质，以及因违反法律法规造成货物或者不动产被依法没收、销毁、拆除的情形。

【特别提示】因不可抗力造成的损失，相应的进项税额可抵扣。

【特别提示】一般纳税人按照简易办法征收增值税的，不得抵扣进项税额。

【特别提示】根据《增值税法》的规定，纳税人的下列进项税额不得从其销项税额中抵扣：（1）适用简易计税方法计税项目对应的进项税额；（2）免征增值税项目对应的进项税额；（3）非正常损失项目对应的进项税额；（4）购进并用于集体福利或者个人消费的货物、服务、无形资产、不动产对应的进项税额；（5）购进并直接用于消费的餐饮服务、居民日常服务和娱乐服务对应的进项税额；（6）国务院规定的其他进项税额。

（3）扣减进项税额的规定。

1）已抵扣进项税额的购进货物（不含固定资产）、劳务、服务，发生税法规定的不得从销项税额中抵扣情形（简易计税方法计税项目、免征增值税项目除外）的，应当将该进项税额从当期进项税额中扣减；无法确定该进项税额的，按照当期实际成本计算应扣减的进项税额。

【例】甲公司为增值税一般纳税人，本年5月外购一批瓷砖拟用于销售，取得的增值税专用发票上注明价款80万元，增值税额10.4万元。甲公司本年5月取得的增值税专用发票符合抵扣规定并于当月抵扣了进项税额。甲公司本年7月将该批瓷砖中的30%用于本公司职工食堂装修。要求：计算甲公司本年7月应转出的进项税额。

【解析】

应转出的进项税额＝10.4×30%＝3.12(万元)

【例】甲公司为增值税一般纳税人，本年5月外购一批免税农产品拟用于销售，取得农产品收购发票，并按9%的扣除率抵扣了进项税额。甲公司本年6月因管理不善使得该批农产品被盗，账面成本为910万元。要求：计算甲公司本年6月应转出的进项税额。

【解析】

应转出的进项税额＝910÷(1－9%)×9%＝90(万元)

【例】甲公司为增值税一般纳税人，本年5月因管理不善导致上月购入的库存原材料毁损60%，原材料总成本220万元，其中含运费成本20万元，相关原材料和运费的进项税额均于购入当期抵扣并于当月抵扣了进项税额。其中原材料的增值税税率为13%，运费的增值税税率为9%。要求：计算甲公司本年5月应转出的进项税额。

【解析】

应转出的进项税额＝(220－20)×13%×60%＋20×9%×60%
＝16.68(万元)

2）已抵扣进项税额的固定资产、无形资产或者不动产，发生税法规定的不得从销项税额中抵扣情形的，按照下列公式计算不得抵扣的进项税额：

不得抵扣的进项税额＝固定资产、无形资产或者不动产净值×适用税率

【特别提示】固定资产、无形资产或者不动产净值，是指纳税人根据财务会计制度计提折旧或摊销后的余额。

【例】甲公司为增值税一般纳税人，本年11月将其作为固定资产核算的一批笔记本电脑作为职工福利发放。该批笔记本电脑本年5月购入时取得增值税专用发票，发票上注明价款90万元，增值税额11.7万元。甲公司本年5月取得的增值税专用发票符合抵扣规定并于当月抵扣了进项税额。该批电脑已经提取符合规定的折旧额15万元，

笔记本电脑的增值税税率为13%。要求：计算甲公司本年11月应转出的进项税额。

【解析】

应转出的进项税额＝(90－15)×13%＝9.75(万元)

3）适用一般计税方法的纳税人，兼营简易计税方法计税项目、免征增值税项目而无法划分不得抵扣的进项税额，按照下列公式计算不得抵扣的进项税额：

$$\text{不得抵扣的进项税额}=\text{当期无法划分的全部进项税额}\times\left(\text{当期简易计税方法计税项目销售额}+\text{免征增值税项目销售额}\right)\div\text{当期全部销售额}$$

税务机关可以按照上述公式依据年度数据对不得抵扣的进项税额进行清算。

【例】甲制药厂为增值税一般纳税人，本年5月份销售应税药品339万元（含税），销售免税药品200万元，当月购入生产用原材料一批，取得的增值税专用发票上注明税款22万元，应税药品与免税药品无法划分各自消耗原材料的情况。要求：计算甲制药厂上述业务不得抵扣的进项税额及应纳税额。

【解析】

$$\text{不得抵扣的进项税额}=\text{当月无法划分的全部进项税额}\times\left(\text{当期简易计税方法计税项目销售额}+\text{免征增值税项目销售额}\right)\div\text{当月全部销售额}$$

$$=22\times200\div[339\div(1+13\%)+200]=8.8(\text{万元})$$

应纳税额＝339÷(1＋13%)×13%－(22－8.8)＝25.8(万元)

4）纳税人适用一般计税方法计税的，因销售折让、中止或者退回而退还给购买方的增值税额，应当从当期的销项税额中扣减；因销售折让、中止或者退回而收回的增值税额，应当从当期的进项税额中扣减。

（4）转增进项税额的规定。

按照税法规定不得抵扣且未抵扣进项税额的固定资产、无形资产、不动产，发生用途改变，用于允许抵扣进项税额的应税项目，可在用途改变的次月按照下列公式，依据合法有效的增值税扣税凭证，计算可以抵扣的进项税额：

$$\text{可以抵扣的进项税额}=\text{固定资产、无形资产、不动产净值}\div(1+\text{适用税率})\times\text{适用税率}$$

【特别提示】这里的净值应是固定资产、无形资产、不动产改变用途当月末的净值。

【特别提示】由于不得抵扣且未抵扣进项税额的固定资产、无形资产、不动产，其增值税计入固定资产、无形资产、不动产计税基础，计提折旧，因此应将固定资产、无形资产、不动产净值（含税）换算成不含税的价格。

上述可以抵扣的进项税额应取得合法有效的增值税扣税凭证。

（5）不动产分期抵扣政策。

2016年5月1日后取得并在会计制度上按固定资产核算的不动产或者2016年5月1日后取得的不动产在建工程，其进项税额应自取得之日起分2年从销项税额中抵扣，第一年抵扣比例为60%，第二年抵扣比例为40%。取得不动产，包括以直接购买、接受捐赠、接受投资入股、自建以及抵债等各种形式取得不动产，不包括房地产开发企业自行开发的房地产项目。融资租入的不动产以及在施工现场修建的临时建筑物、构筑物，其进项税额不适用上述分2年抵扣的规定。自2019年4月1日起，上述规定停止执行，即纳税人取得不动产或者不动产在建工程的进项税额不再分2年抵扣。此前按照上述规定尚未抵扣完毕的待抵扣进项税额，可自2019年4月税款所属期起从销项税额中抵扣。

5. 特殊纳税人应纳税额的计算

有下列情形之一者，应当按照销售额和增值税税率计算应纳税额，不得抵扣进项税额，也不得使用增值税专用发票：

（1）一般纳税人会计核算不健全，或者不能提供准确税务资料的；

（2）应当办理一般纳税人登记而未办理的。

【例】甲公司是一家工业企业，为增值税一般纳税人，本年5月发生如下经济业务：

①购进一批工业用原材料，取得增值税专用发票，发票上注明金额200万元，增值税额26万元；为原材料支付给运输公司运费，取得增值税普通发票，发票上注明金额10万元，增值税额0.9万元。

②向农民收购一批免税农产品，农产品收购发票上注明买价100万元。委托乙运输公司运输，取得乙运输公司开具的增值税专用发票，发票上注明不含增值税运费金额6万元。本月全部领用该批农产品生产税率为13%的产品。

③购进低值易耗品，取得增值税专用发票，发票上注明金额20万元，增值税额2.6万元。

④销售产品一批，取得不含税销售额400万元，另外收取包装物租金6.78万元。

⑤采取以旧换新方式销售产品，新产品含税售价为22.6万元，旧产品作价4万元。

⑥因仓库管理不善，上月购进的一批工具被盗，该批工具的采购成本为10万元（购进工具的进项税额上月已抵扣）。

甲公司取得的增值税专用发票均符合抵扣规定并于当月抵扣了进项税额；除购进农产品以外，购进和销售产品适用的增值税税率均为13%。要求：计算甲公司本年5月的应纳增值税。

【解析】①购进原材料取得的增值税专用发票符合抵扣规定，增值税额26万元可以抵扣；支付运费取得的是增值税普通发票，增值税额0.9万元不得抵扣。

②纳税人购进用于生产或者委托加工 13%税率货物的农产品，按照 10%的扣除率计算进项税额。

向农民购进免税农产品，不能取得增值税专用发票，应按农产品收购发票计算：

进项税额＝100×10%＝10(万元)

取得乙运输公司开具的增值税专用发票：

进项税额＝6×9%＝0.54(万元)

③购进低值易耗品，取得的增值税专用发票符合抵扣规定，增值税 2.6 万元可以抵扣。

④销售产品的同时收取的包装物租金属于价外费用：

销项税额＝[400＋6.78÷(1＋13%)]×13%＝52.78(万元)

⑤金银首饰以外的货物以旧换新，应按新货物的不含税销售额计算：

销项税额＝22.6÷(1＋13%)×13%＝2.6(万元)

⑥购进的工具因管理不善被盗，已经抵扣的进项税额应当转出：

转出的进项税额＝10×13%＝1.3(万元)
当期销项税额合计＝52.78＋2.6＝55.38(万元)
当期准予抵扣的进项税额合计＝26＋10＋0.54＋2.6－1.3＝37.84(万元)
当期应纳增值税＝55.38－37.84＝17.54(万元)

【例】甲公司为增值税一般纳税人，专门从事运输服务，本年 5 月发生如下业务：

①11 日，取得某项运输收入 54.5 万元（含增值税）。

②17 日，购进一台经营用设备，取得的增值税专用发票上注明金额 30 万元，增值税额 3.9 万元；支付运输费用，取得的增值税专用发票上注明金额 2 万元，增值税额 0.18 万元。

③19 日，购进一批办公用品，取得的增值税普通发票上注明金额 2 万元，增值税额 0.26 万元。

④25 日，支付广告服务费，取得的增值税专用发票上注明金额 5 万元，增值税额 0.3 万元。

⑤29 日，销售 2008 年 12 月购进的一台设备，售价 5.15 万元。

本月所有增值税专用发票均符合抵扣规定并于当月抵扣了进项税额。

要求：计算甲公司本年 5 月的应纳增值税。

【解析】

当期销项税额＝54.5÷(1＋9%)×9%＝4.5(万元)

取得的增值税普通发票上的增值税不能抵扣。

当期进项税额＝3.9＋0.18＋0.3＝4.38（万元）

按一般计税方法的应纳税额＝4.5－4.38＝0.12（万元）

按简易计税方法的应纳税额＝5.15÷（1＋3%）×2%＝0.1（万元）

应纳增值税合计＝0.12＋0.1＝0.22（万元）

（二）简易计税方法应纳税额的计算

简易计税方法既适用于小规模纳税人的应税行为，又适用于一般纳税人适用该计税方法的特定应税行为。简易计税方法的应纳税额，是指按照销售额和增值税征收率计算的增值税税额，不得抵扣进项税额。其计算公式为：

应纳税额＝销售额×征收率

【特别提示】根据《增值税法》的规定，按照简易计税方法计算缴纳增值税的，应纳税额为当期销售额乘以征收率。

1. 小规模纳税人采用简易计税方法

简易计税方法既适用于小规模纳税人销售货物、劳务、服务、无形资产或者不动产，又适用于一般纳税人的特定应税行为。简易计税方法的应纳税额，是指按照销售额和增值税征收率计算的增值税额，并不得抵扣进项税额。应纳税额计算公式为：

应纳税额＝销售额×征收率

简易计税方法的销售额不包括其应纳税额，纳税人采用销售额和应纳税额合并定价方法的，按照下列公式计算销售额：

销售额＝含税销售额÷（1＋征收率）

【点拨指导】小规模纳税人的销售额与一般纳税人的销售额的内容是一致的，都是销售货物或提供应税劳务向购买方收取的全部价款和价外费用，且不包括从买方收取的增值税额。

【特别提示】小规模纳税人购进货物、劳务、服务、无形资产或者不动产时即使取得了增值税专用发票，也不得抵扣进项税额。一般纳税人采取简易计税方法计税时，购进货物、劳务、服务、无形资产或者不动产时即使取得了增值税专用发票，也不得抵扣进项税额。

纳税人适用简易计税方法计税的，因销售折让、中止或者退回而退还给购买方的销售额，应当从当期销售额中扣减。扣减当期销售额后仍有余额造成多缴的税款，可以从以后的应纳税额中扣减。

2. 特殊事项简易计税方法

（1）纳税人销售旧货和使用过的固定资产，按照简易计税方法计税的，其计算公式为：

销售额＝含税销售额÷（1＋3%）

应纳税额＝销售额×2%

（2）从事二手车经销业务的纳税人，销售其收购的二手车，按照简易计税方法计税的，其计算公式为：

销售额＝含税销售额÷(1＋0.5％)

应纳税额＝销售额×0.5％

【例】甲企业为增值税一般纳税人，本年1月将2008年1月购入的一台使用过的旧机器设备对外出售，含税销售价格为20 600元，不开具增值税专用发票。要求：计算甲企业销售旧机器设备的应纳增值税税额。

【解析】（1）销售额＝20 600÷(1＋3％)＝20 000(元)

（2）应纳增值税税额＝20 000×2％＝400(元)

3. 一般纳税人选择简易计税方法

一般纳税人选择适用简易计税方法计税，不允许抵扣进项税额。其计算公式为：

应纳税额＝销售额×征收率

一般纳税人选择适用简易计税方法计税，采用销售额和应纳税额合并定价方法的，按照下列公式计算销售额：

销售额＝含税销售额÷(1＋征收率)

一般纳税人发生下列应税行为可以选择适用简易计税方法计税：

（1）公共交通运输服务，包括轮客渡、公交客运、地铁、城市轻轨、出租车、长途客运、班车。

（2）经认定的动漫企业为开发动漫产品提供的动漫脚本编撰、形象设计、背景设计、动画设计、分镜、动画制作、摄制、描线、上色、画面合成、配音、配乐、音效合成、剪辑、字幕制作、压缩转码（面向网络动漫、手机动漫格式适配）服务，以及在境内转让动漫版权（包括动漫品牌、形象或者内容的授权及再授权）。

（3）电影放映服务、仓储服务、装卸搬运服务、收派服务和文化体育服务。

（4）以纳入营改增试点之日前取得的有形动产为标的物提供的经营租赁服务。

（5）在纳入营改增试点之日前签订的尚未执行完毕的有形动产租赁合同

【特别提示】一般纳税人发生财政部和国家税务总局规定的特定应税行为，可以选择适用简易计税方法计税，但一经选择，36个月内不得变更。

【点拨指导】一般纳税人采取简易计税方法计税时，不得抵扣进项税额。

【例】甲公司为小规模纳税人，适用增值税征收率为3％，选择按月进行增值税纳税申报。甲公司本年1月取得销售收入412 000元（含增值税）；直接从农户购入农产品200 000元，取得农产品收购发票；从乙公司购买原材料526 500元（含增值税），取得增值税专用发票。要求：计算甲公司本年1月的应纳增值税。

【解析】

应纳增值税＝412 000÷(1＋3％)×3％＝12 000(元)

【例】 甲公司为小规模纳税人，选择按月进行增值税纳税申报。甲公司本年1月向乙公司提供管理咨询服务，取得含增值税销售额30.9万元。要求：计算甲公司本年1月的应纳增值税。

【解析】

应纳增值税＝30.9÷(1＋3％)×3％＝0.9(万元)

(三) 进口货物应纳税额的计算

1. 进口货物应纳税额的计算公式

不管是一般纳税人还是小规模纳税人进口货物，都按照组成计税价格和税法规定的税率（如13％、9％）计算应纳税额。

【点拨指导】 一方面，进口货物增值税的计税依据是组成计税价格而非其他价格或者金额；另一方面，小规模纳税人进口货物时也使用税率计税，而不使用征收率计税。

【区别比较】 进口货物属于增值税征收范围，进口货物的增值税实际上是增值税进项税额。出口货物也属于增值税征收范围，出口货物的增值税实际上是增值税销项税额（一般计税方法下）或者应纳增值税额（简易计税方法下）。只不过，对出口货物增值税一般实行零税率，即对出口货物除了在出口环节不征增值税（销项税额或者应纳增值税额）外，还要将该产品在出口前相应的不能抵扣的进项税额按照税法规定的计算公式计算后予以退还。

进口货物计算增值税应纳税额的公式如下：

应纳税额＝组成计税价格×增值税税率

组成计税价格的构成又分为以下两种情况：

(1) 若进口货物不属于消费税应税消费品，则

组成计税价格＝关税完税价格＋关税

(2) 若进口货物属于消费税应税消费品：

①实行从价定率办法计算纳税的组成计税价格计算公式：

组成计税价格＝关税完税价格＋关税＋消费税
＝(关税完税价格＋关税)÷(1－消费税比例税率)

②实行从量定额办法计算纳税的组成计税价格计算公式：

组成计税价格＝关税完税价格＋关税＋消费税
＝关税完税价格＋关税＋海关核定的应税消费品进口征税数量×消费税定额税率

③实行复合计税办法计算纳税的组成计税价格计算公式：

组成计税价格＝关税完税价格＋关税＋消费税
＝(关税完税价格＋关税＋海关核定的应税消费品进口征税数量×消费税定额税率)÷(1－消费税比例税率)

【特别提示】进口货物增值税的组成计税价格中包括已纳进口关税税额，如果进口货物属于消费税应税消费品，其组成计税价格中还要包括进口环节已纳消费税税额。

2. 关税完税价格的确定

进口货物的计税价格（关税完税价格）以成交价格以及该货物运抵中华人民共和国境内输入地点起卸前的运输及其相关费用、保险费为基础确定。

【特别提示】根据《增值税法》的规定，进口货物，按照本法规定的组成计税价格乘以适用税率计算缴纳增值税。组成计税价格，为关税计税价格加上关税和消费税；国务院另有规定的，从其规定。

【例】甲公司本年 5 月进口五金建材一批，成交价格为 250 万元，支付运抵我国海关前的运费 30 万元，装卸费 12 万元；支付从海关地再运往该公司的运费 8 万元，装卸费和保险费共 6 万元。关税税率为 20%。要求：(1) 计算甲公司进口货物的应纳关税；(2) 计算甲公司进口货物的应纳增值税。

【解析】

(1) 甲公司进口货物的应纳关税＝(250＋30＋12)×20%＝58.4(万元)

(2) 甲公司进口货物的应纳增值税＝(250＋30＋12＋58.4)×13%＝45.55(万元)

【例】甲公司为增值税一般纳税人，本年 5 月从国外进口一批高档化妆品，关税完税价格为 400 万元。该高档化妆品的进口关税税率为 25%，消费税税率为 15%，增值税税率为 13%。要求：(1) 计算甲公司进口货物的应纳关税；(2) 计算甲公司进口货物的应纳消费税；(3) 计算甲公司进口货物的应纳增值税。

【解析】

(1) 进口货物的应纳关税＝400×25%＝100(万元)

(2) 进口货物的应纳消费税＝(400＋100)÷(1－15%)×15%＝88.24(万元)

(3) 进口货物的应纳增值税＝(400＋100＋88.24)×13%＝76.47(万元)

(四) 应扣缴税额的计算

境外的单位或者个人在境内提供加工修理修配劳务，在境内未设有经营机构的，以其境内代理人为扣缴义务人；在境内没有代理人的，以购买方为扣缴义务人。

境外的单位或者个人在境内销售服务、无形资产或不动产，在境内未设有经营机构的，以购买方为增值税扣缴义务人。

上述扣缴义务人按照下列公式计算应扣缴税额：

应扣缴税额＝购买方支付的价款÷(1＋税率)×税率

【特别提示】根据《增值税法》的规定，境外单位和个人在境内发生应税交易，以购买方为扣缴义务人；按照国务院的规定委托境内代理人申报缴纳税款的除外。扣缴义务人依照本法规定代扣代缴税款的，按照销售额乘以税率计算应扣缴税额。

五、增值税税收优惠

（一）增值税免税项目

（1）农业生产者销售的自产农产品。

【点拨指导】农业，是指种植业、养殖业、林业、牧业、水产业。农业生产者包括从事农业生产的单位和个人。

【点拨指导】农业生产者销售的自产农产品，是指直接从事植物的种植、收割和动物的饲养、捕捞的单位和个人销售的自产农产品。

【点拨指导】农产品是指初级农产品，具体范围由财政部、国家税务总局确定。

（2）避孕药品和用具。

（3）古旧图书。

【点拨指导】古旧图书，是指向社会收购的古书和旧书。

（4）直接用于科学研究、科学试验和教学的进口仪器、设备。

（5）外国政府、国际组织无偿援助的进口物资和设备。

（6）由残疾人的组织直接进口供残疾人专用的物品。

（7）销售的自己使用过的物品。

【点拨指导】销售的自己使用过的物品，是指其他个人销售的自己使用过的物品。其他个人是指个体工商户以外的个人，即自然人。

除上述规定外，增值税的免税、减税项目由国务院规定。任何地区、部门均不得规定免税、减税项目。

【点拨指导】免税是指对货物、劳务、服务、无形资产或者不动产在本流转环节的增值税销项税额（一般计税方法下）或者应纳增值税额（简易计税方法下）予以免征。免税只免征本流转环节的增值税销项税额或者应纳增值税额，对以前流转环节所缴纳的增值税（指的是增值税进项税额）不予退还，因此，免税货物、劳务、服务、无形资产或者不动产仍然负担一定的增值税税负。

（二）“营改增”试点税收优惠

1. 免征增值税项目

（1）托儿所、幼儿园提供的保育和教育服务。

【点拨指导】托儿所、幼儿园，是指经县级以上教育部门审批成立、取得办园许可证的实施 0～6 岁学前教育的机构，包括公办和民办的托儿所、幼儿园、学前班、幼儿班、保育院等。

（2）养老机构提供的养老服务。

（3）残疾人福利机构提供的育养服务。

（4）婚姻介绍服务。

（5）殡葬服务。

（6）残疾人员本人为社会提供的服务。

（7）医疗机构提供的医疗服务。

【点拨指导】医疗机构接受其他医疗机构委托，按照不高于地（市）级以上价格主管部门会同同级卫生主管部门及其他相关部门制定的医疗服务指导价格（包括政府指导价和按照规定由供需双方协商确定的价格等），提供《全国医疗服务价格项目规范》所列的各项服务，可适用上述规定的免征增值税政策。

（8）从事学历教育的学校提供的教育服务。

（9）学生勤工俭学提供的服务。

（10）农业机耕、排灌、病虫害防治、植物保护、农牧保险以及相关技术培训业务，家禽、牲畜、水生动物的配种和疾病防治。

（11）纪念馆、博物馆、文化馆、文物保护单位管理机构、美术馆、展览馆、书画院、图书馆在自己的场所提供文化体育服务取得的第一道门票收入。

（12）寺院、宫观、清真寺和教堂举办文化、宗教活动的门票收入。

（13）行政单位之外的其他单位收取的符合《营业税改征增值税试点实施办法》第十条规定条件的政府性基金和行政事业性收费。

（14）个人转让著作权。

（15）个人销售自建自用住房。

（16）公共租赁住房经营单位出租公共租赁住房。

（17）台湾航运公司、航空公司从事海峡两岸海上直航、空中直航业务在大陆取得的运输收入。

（18）纳税人提供的直接或者间接国际货物运输代理服务。

（19）符合条件的贷款、债券利息收入。

（20）被撤销金融机构以货物、不动产、无形资产、有价证券、票据等财产清偿债务。

（21）保险公司开办的一年期以上人身保险产品取得的保费收入。

（22）符合条件的金融商品转让收入。

（23）金融同业往来利息收入。

（24）符合条件的担保机构从事中小企业信用担保或者再担保业务取得的收入（不含信用评级、咨询、培训等收入）3年内免征增值税。

（25）国家商品储备管理单位及其直属企业承担商品储备任务，从中央或者地方财政取得的利息补贴收入和价差补贴收入。

（26）纳税人提供技术转让、技术开发和与之相关的技术咨询、技术服务。

（27）符合条件的合同能源管理服务。

（28）科普单位的门票收入，以及县级及以上党政部门和科协开展科普活动的门票收入。

（29）政府举办的从事学历教育的高等、中等和初等学校（不含下属单位），举办进修班、培训班取得的全部归该学校所有的收入。

（30）政府举办的职业学校设立的主要为在校学生提供实习场所、由学校出资自办、由学校负责经营管理、经营收入归学校所有的企业，从事《销售服务、无形资产或者不动产注释》中“现代服务”（不含融资租赁服务、广告服务和其他现代服务）、“生活服务”（不含文化体育服务、其他生活服务和桑拿、氧吧）业务活动取得的收入。

（31）家政服务企业由员工制家政服务员提供家政服务取得的收入。

（32）福利彩票、体育彩票的发行收入。

（33）军队空余房产租赁收入。

（34）为了配合国家住房制度改革，企业、行政事业单位按房改成本价、标准价出售住房取得的收入。

（35）将土地使用权转让给农业生产者用于农业生产。

（36）涉及家庭财产分割的个人无偿转让不动产、土地使用权。

（37）土地所有者出让土地使用权和土地使用者将土地使用权归还给土地所有者。

（38）县级以上地方人民政府或自然资源行政主管部门出让、转让或收回自然资源使用权（不含土地使用权）。

（39）随军家属就业。

（40）军队转业干部就业。

（41）自2019年2月1日至2027年12月31日，对企业集团内单位（含企业集团）之间的资金无偿借贷行为，免征增值税。

（42）提供社区养老、托育、家政等服务取得的收入。

（43）对法律援助人员按照《中华人民共和国法律援助法》的规定获得的法律援助补贴。

（44）对金融机构向农户发放小额贷款取得的利息收入，免征增值税。金融机构应将相关免税证明材料留存备查，单独核算符合免税条件的小额贷款利息收入，按现行规定向主管税务机关办理纳税申报；未单独核算的，不得免征增值税。

【特别提示】根据《增值税法》的规定，下列项目免征增值税：

（1）农业生产者销售的自产农产品，农业机耕、排灌、病虫害防治、植物保护、农牧保险以及相关技术培训业务，家禽、牲畜、水生动物的配种和疾病防治；

（2）医疗机构提供的医疗服务；

（3）古旧图书，自然人销售的自己使用过的物品；

（4）直接用于科学研究、科学试验和教学的进口仪器、设备；

（5）外国政府、国际组织无偿援助的进口物资和设备；

（6）由残疾人的组织直接进口供残疾人专用的物品，残疾人个人提供的服务；

（7）托儿所、幼儿园、养老机构、残疾人服务机构提供的育养服务，婚姻介绍服务，殡葬服务；

（8）学校提供的学历教育服务，学生勤工俭学提供的服务；

（9）纪念馆、博物馆、文化馆、文物保护单位管理机构、美术馆、展览馆、书画院、图书馆举办文化活动的门票收入，宗教场所举办文化、宗教活动的门票收入。

上述免税项目具体标准由国务院规定。

2. 个人销售住房税收优惠[①]

北京市、上海市、广州市和深圳市之外的地区，个人将购买不足2年的住房对外销售的，按照5%的征收率全额缴纳增值税；个人将购买2年以上（含2年）的住房对外销售的，免征增值税。

自2024年12月1日起，北京市、上海市、广州市和深圳市，凡取消普通住宅和非普通住宅标准的，取消普通住宅和非普通住宅标准后，与全国其他地区适用统一的个人销售住房增值税政策，对该城市个人将购买2年以上（含2年）的住房对外销售的，免征增值税。

（三）跨境行为免征增值税的政策规定[②]

境内的单位和个人销售的下列服务或者无形资产免征增值税，但财政部和国家税务总局规定适用零税率的除外。

（1）下列服务：

①工程项目在境外的建筑服务。

②工程项目在境外的工程监理服务。

③工程、矿产资源在境外的工程勘察勘探服务。

④会议展览地点在境外的会议展览服务。

⑤存储地点在境外的仓储服务。

⑥标的物在境外使用的有形动产租赁服务。

⑦在境外提供的广播影视节目（作品）的播映服务。

⑧在境外提供的文化体育服务、教育医疗服务、旅游服务。

（2）为出口货物提供的邮政服务、收派服务、保险服务。

为出口货物提供的保险服务，包括出口货物保险和出口信用保险。

（3）向境外单位提供的完全在境外消费的下列服务或者无形资产：

①电信服务。

②知识产权服务。

③物流辅助服务（仓储服务、收派服务除外）。

---

① 该内容在《2025年度初级会计专业技术资格考试大纲》中已经删除，本教材仍保留。

② 该内容在《2025年度初级会计专业技术资格考试大纲》中已经删除，本教材仍保留。

④鉴证咨询服务。

⑤专业技术服务。

⑥商务辅助服务。

⑦广告投放地在境外的广告服务。

⑧无形资产。

（4）以无运输工具承运方式提供的国际运输服务。

（5）为境外单位之间的货币资金融通及其他金融业务提供的直接收费金融服务，且该服务与境内的货物、无形资产和不动产无关。

（6）财政部和国家税务总局规定的其他服务。

（四）起征点

纳税人销售货物、劳务、服务、无形资产或者不动产的销售额未达到起征点的，免征增值税；达到起征点的，全额计算缴纳增值税。

【特别提示】增值税起征点的适用范围限于个人，且不适用于登记为一般纳税人的个体工商户。

增值税起征点的幅度规定：

（1）按期纳税的，为月应税销售额5 000～20 000元（含本数）；

（2）按次纳税的，为每次（日）销售额300～500元（含本数）。

省、自治区、直辖市财政厅（局）和税务局应在规定的幅度内，根据实际情况确定本地区适用的起征点，并报财政部、国家税务总局备案。

【特别提示】根据《增值税法》的规定，小规模纳税人发生应税交易，销售额未达到起征点的，免征增值税；达到起征点的，依照本法规定全额计算缴纳增值税。上述起征点标准由国务院规定，报全国人民代表大会常务委员会备案。

（五）小规模纳税人免税规定

自2023年1月1日至2027年12月31日，国家税务总局关于增值税小规模纳税人减免增值税等政策有关征管事项规定如下：

（1）增值税小规模纳税人（以下简称“小规模纳税人”）发生增值税应税销售行为，合计月销售额未超过10万元（以1个季度为1个纳税期的，季度销售额未超过30万元）的，免征增值税。

小规模纳税人发生增值税应税销售行为，合计月销售额超过10万元（以1个季度为1个纳税期的，季度销售额超过30万元），但扣除本期发生的销售不动产的销售额后未超过10万元（以1个季度为1个纳税期的，季度销售额未超过30万元）的，其销售货物、劳务、服务、无形资产取得的销售额免征增值税。

（2）适用增值税差额征税政策的小规模纳税人，以差额后的销售额确定是否可以享受“自2023年1月1日至2027年12月31日，对月销售额10万元（以1个季度为1个纳税期的，季度销售额30万元）以下（含本数）的增值税小规模纳税人，免征增值税”

规定中的免征增值税政策。

《增值税及附加税费申报表（小规模纳税人适用）》中的“免税销售额”相关栏次，填写差额后的销售额。

（3）《中华人民共和国增值税暂行条例实施细则》第九条所称的其他个人，采取一次性收取租金形式出租不动产取得的租金收入，可在对应的租赁期内平均分摊，分摊后的月租金收入未超过10万元的，免征增值税。

（4）小规模纳税人取得应税销售收入，适用“自2023年1月1日至2027年12月31日，对月销售额10万元（以1个季度为1个纳税期的，季度销售额30万元）以下（含本数）的增值税小规模纳税人，免征增值税”规定中的免征增值税政策的，纳税人可就该笔销售收入选择放弃免税并开具增值税专用发票。

（5）小规模纳税人取得应税销售收入，适用“自2023年1月1日至2027年12月31日，增值税小规模纳税人适用3%征收率的应税销售收入，减按1%征收率征收增值税”政策的，应按照1%征收率开具增值税发票。纳税人可就该笔销售收入选择放弃减税并开具增值税专用发票。

（6）小规模纳税人取得应税销售收入，纳税义务发生时间在2022年12月31日前并已开具增值税发票，如发生销售折让、中止或者退回等情形需要开具红字发票，应开具对应征收率红字发票或免税红字发票；开票有误需要重新开具的，应开具对应征收率红字发票或免税红字发票，再重新开具正确的蓝字发票。

（7）小规模纳税人发生增值税应税销售行为，合计月销售额未超过10万元（以1个季度为1个纳税期的，季度销售额未超过30万元）的，免征增值税的销售额等项目应填写在《增值税及附加税费申报表（小规模纳税人适用）》的“小微企业免税销售额”或者“未达起征点销售额”相关栏次；减按1%征收率征收增值税的销售额应填写在《增值税及附加税费申报表（小规模纳税人适用）》“应征增值税不含税销售额（3%征收率）”相应栏次，对应减征的增值税应纳税额按销售额的2%计算填写在《增值税及附加税费申报表（小规模纳税人适用）》的“本期应纳税额减征额”及《增值税减免税申报明细表》减税项目相应栏次。

（8）按固定期限纳税的小规模纳税人可以选择以1个月或1个季度为纳税期限，一经选择，一个会计年度内不得变更。

（9）按照现行规定应当预缴增值税税款的小规模纳税人，凡在预缴地实现的月销售额未超过10万元（以1个季度为1个纳税期的，季度销售额未超过30万元）的，当期无须预缴税款。在预缴地实现的月销售额超过10万元（以1个季度为1个纳税期的，季度销售额超过30万元）的，适用3%预征率的预缴增值税项目，减按1%预征率预缴增值税。

（10）小规模纳税人中的单位和个体工商户销售不动产，应按其纳税期、上述第（9）条以及其他现行政策规定确定是否预缴增值税；其他个人销售不动产，继续按照现行规定免征增值税。

（11）纳税人按照《财政部 税务总局关于明确增值税小规模纳税人减免增值税等政策的公告》（财政部 税务总局公告2023年第1号）第四条规定申请办理抵减或退还已缴纳税款，如果已经向购买方开具了增值税专用发票，应先将增值税专用发票追回。

【特别提示】 根据《增值税法》的规定，根据国民经济和社会发展的需要，国务院对支持小微企业发展、扶持重点产业、鼓励创新创业就业、公益事业捐赠等情形可以制定增值税专项优惠政策，报全国人民代表大会常务委员会备案。国务院应当对增值税优惠政策适时开展评估、调整。

（六）增值税期末留抵退税

1. 试行增值税期末留抵税额退税（试行退还60%增量留抵税额）

自2019年4月1日起，试行增值税期末留抵税额退税制度。同时符合以下条件的纳税人，可以向主管税务机关申请退还增量留抵税额：

（1）自2019年4月税款所属期起，连续6个月（按季纳税的，连续两个季度）增量留抵税额均大于零，且第6个月增量留抵税额不低于50万元；

（2）纳税信用等级为A级或者B级；

（3）申请退税前36个月未发生骗取留抵退税、出口退税或虚开增值税专用发票情形；

（4）申请退税前36个月未因偷税被税务机关处罚两次及以上的；

（5）自2019年4月1日起未享受即征即退、先征后返（退）政策的。

增量留抵税额，是指与2019年3月底（2019年3月31日）相比新增加的期末留抵税额。

纳税人当期允许退还的增量留抵税额，按照以下公式计算：

允许退还的增量留抵税额＝增量留抵税额×进项构成比例×60%

进项构成比例，为2019年4月至申请退税前一税款所属期内已抵扣的增值税专用发票（含机动车销售统一发票）、海关进口增值税专用缴款书、解缴税款完税凭证注明的增值税额占同期全部已抵扣进项税额的比重。

2. 先进制造业期末留抵退税（全额退还增量留抵税额及扩围）

自2019年6月1日起，同时符合以下条件的部分先进制造业纳税人，可以自2019年7月及以后纳税申报期向主管税务机关申请退还增量留抵税额：

（1）增量留抵税额大于零；

（2）纳税信用等级为A级或者B级；

（3）申请退税前36个月未发生骗取留抵退税、出口退税或虚开增值税专用发票情形；

（4）申请退税前36个月未因偷税被税务机关处罚两次及以上；

（5）自2019年4月1日起未享受即征即退、先征后返（退）政策。

部分先进制造业纳税人，是指按照《国民经济行业分类》，生产并销售非金属矿物制品、通用设备、专用设备及计算机、通信和其他电子设备销售额占全部销售额的比重超过 50%的纳税人。

销售额比重根据纳税人申请退税前连续 12 个月的销售额计算确定；申请退税前经营期不满 12 个月但满 3 个月的，按照实际经营期的销售额计算确定。

增量留抵税额，是指与 2019 年 3 月 31 日相比新增加的期末留抵税额。

部分先进制造业纳税人当期允许退还的增量留抵税额，按照以下公式计算：

允许退还的增量留抵税额＝增量留抵税额×进项构成比例

【区别比较】政策由之前的“允许退还的增量留抵税额＝增量留抵税额×进项构成比例×60%”更新为“允许退还的增量留抵税额＝增量留抵税额×进项构成比例”或者“允许退还的增量留抵税额＝增量留抵税额×进项构成比例×100%”。

进项构成比例，为 2019 年 4 月至申请退税前一税款所属期内已抵扣的增值税专用发票（含机动车销售统一发票）、海关进口增值税专用缴款书、解缴税款完税凭证注明的增值税额占同期全部已抵扣进项税额的比重。

自 2021 年 4 月 1 日起，将部分先进制造业纳税人退还增量留抵税额有关政策扩大至先进制造业，增加医药、化学纤维、铁路、船舶、航空航天和其他运输设备、电气机械和器材、仪器仪表销售额占全部销售额的比重超过 50%的纳税人。

3. 小微企业和制造业等行业期末留抵退税（一次性退还存量留抵税额及继续扩围）

（1）自 2021 年 4 月 1 日起，加大小微企业增值税期末留抵退税政策力度，将先进制造业按月全新退还增值税增量留抵税额政策范围扩大至符合条件的小微企业（含个体工商户，下同），并一次性退还小微企业存量留抵税额。

（2）自 2021 年 4 月 1 日起，加大“制造业”“科学研究和技术服务业”“电力、热力、燃气及水生产和供应业”“软件和信息技术服务业”“生态保护和环境治理业”和“交通运输、仓储和邮政业”（以下简称“制造业等行业”）增值税期末留抵退税政策力度，将先进制造业按月全额退还增值税增量留抵税额政策范围扩大至符合条件的制造业等行业企业（含个体工商户，下同），并一次性退还制造业等行业企业存量留抵税额。

【提示】考试大纲及指定教材中认为上述第（1）、（2）项的时间为“2021 年 4 月 1 日”，这是错误的，实际上应为“2022 年 4 月 1 日”。但参加初级会计专业技术资格“经济法基础”考试时应以考试大纲及指定教材为准。

（3）小微企业和制造业等行业纳税人办理期末留抵退税，需同时符合以下条件：

①纳税信用等级为 A 级或者 B 级；

②申请退税前 36 个月未发生骗取留抵退税、骗取出口退税或虚开增值税专用发票情形；

③申请退税前 36 个月未因偷税被税务机关处罚两次及以上；

④2019年4月1日起未享受即征即退、先征后返（退）政策。

（4）增量留抵税额，区分以下情形确定：

纳税人获得一次性存量留抵退税前，增量留抵税额为当期期末留抵税额与2019年3月31日相比新增加的留抵税额。纳税人获得一次性存量留抵退税后，增量留抵税额为当期期末留抵税额。

（5）存量留抵税额，区分以下情形确定：

纳税人获得一次性存量留抵退税前，当期期末留抵税额大于或等于2019年3月31日期末留抵税额的，存量留抵税额为2019年3月31日期末留抵税额；当期期末留抵税额小于2019年3月31日期末留抵税额的，存量留抵税额为当期期末留抵税额。纳税人获得一次性存量留抵退税后，存量留抵税额为零。

（6）纳税人按照以下公式计算允许退还的留抵税额：

允许退还的增量留抵税额＝增量留抵税额×进项构成比例×100％

允许退还的存量留抵税额＝存量留抵税额×进项构成比例×100％

进项构成比例，为2019年4月至申请退税前一税款所属期已抵扣的增值税专用发票（含带有“增值税专用发票”字样全面数字化的电子发票、机动车销售统一发票）、收费公路通行费增值税电子普通发票、海关进口增值税专用缴款书、解缴税款完税凭证注明的增值税额占同期全部已抵扣进项税额的比重。

【区别比较】与之前的政策相比，计算进项构成比例的分子增加了“收费公路通行费增值税电子普通发票”这一项。

4. 期末留抵退税政策进一步扩围

自2022年7月1日起，将制造业等行业按月全额退还增值税增量留抵税额、一次性退还存量留抵税额的政策范围，扩大至“批发和零售业”“农、林、牧、渔业”“住宿和餐饮业”“居民服务、修理和其他服务业”“教育”“卫生和社会工作”和“文化、体育和娱乐业”。

【例】甲公司是一家制造业企业，为增值税一般纳税人。自2019年4月至2022年3月甲公司取得的进项税额中，增值税专用发票上注明的增值税税额为400万元，收费公路通行费增值税电子普通发票上注明的增值税税额为100万元，海关进口增值税专用缴款书上注明的增值税税额为200万元，农产品收购发票计算抵扣的进项税额为300万元。甲公司于2022年4月申请增值税留抵税额退税。要求：计算进项构成比例。

【解析】

进项构成比例＝(400＋100＋200)÷(400＋100＋200＋300)×100％＝70％

【例】甲公司是一家从事批发和零售业的企业，为增值税一般纳税人。甲公司截止至2019年3月的增值税留抵税额为30万元，自2019年4月起满足增值税留抵退税条件，至2022年6月累计增量留抵税额为20万元。甲公司在2022年7月的申报期内计算的用于退还留抵税额的进项构成比例为80%。要求：计算甲公司2022年7月的申报期内可以退还的增值税留抵税额。

【解析】

允许退还的增量留抵税额＝增量留抵税额×进项构成比例×100%
＝20×80%×100%＝16(万元)

允许退还的存量留抵税额＝存量留抵税额×进项构成比例×100%
＝30×80%×100%＝24(万元)

甲公司2022年7月的申报期内可以退还的增值税留抵税额合计＝16＋24＝40(万元)

（七）其他减免税规定

（1）纳税人兼营免税、减税项目的，应当分别核算免税、减税项目的销售额；未分别核算销售额的，不得免税、减税。

【特别提示】根据《增值税法》的规定，纳税人兼营增值税优惠项目的，应当单独核算增值税优惠项目的销售额；未单独核算的项目，不得享受税收优惠。

（2）纳税人发生应税销售行为适用免税规定的，可以放弃免税，依照《增值税暂行条例》或者《营业税改征增值税试点实施办法》的规定缴纳增值税。放弃免税后，36个月内不得再申请免税。

【特别提示】根据《增值税法》的规定，纳税人可以放弃增值税优惠；放弃优惠的，在三十六个月内不得享受该项税收优惠，小规模纳税人除外。

（3）纳税人发生应税销售行为同时适用免税和零税率规定的，纳税人可以选择适用免税或者零税率。

六、增值税征收管理

（一）纳税义务发生时间

1. 纳税人销售货物或者提供应税劳务的纳税义务发生时间

销售货物或者应税劳务，其纳税义务发生时间为收讫销售款项或者取得索取销售款项凭据的当天；先开具发票的，为开具发票的当天。具体规定如下：

（1）纳税人采取直接收款方式销售货物的，不论货物是否发出，均为收到销售款项或取得索取销售款项凭据的当天。

【点拨指导】纳税人生产经营活动中采取直接收款方式销售货物，已将货物移送对方并暂估销售收入入账，但既未取得销售款项或取得索取销售款项凭据也未开具销售发票的，其增值税纳税义务发生时间为取得销售款项或取得索取销售款项凭据的当天；先开具发票的，为开具发票的当天。

（2）纳税人采取托收承付和委托银行收款方式销售货物的，为发出货物并办妥托收手续的当天。

（3）纳税人采取赊销和分期收款方式销售货物的，为书面合同约定的收款日期的当天；无书面合同的或者书面合同没有约定收款日期的，为货物发出的当天。

（4）纳税人采取预收货款方式销售货物的，为货物发出的当天，但生产销售生产工期超过12个月的大型机械设备、船舶、飞机等货物的，为收到预收款或者书面合同约定的收款日期的当天。

（5）纳税人委托其他纳税人代销货物的，为收到代销单位的代销清单或者收到全部或者部分货款的当天；未收到代销清单及货款的，为发出代销货物满180天的当天。

（6）纳税人销售应税劳务，为提供劳务同时收讫销售款项或者取得索取销售款项的凭据的当天。

（7）纳税人发生视同销售货物行为（不包括代销行为）的，为货物移送的当天。

（8）纳税人进口货物，其纳税义务发生时间为报关进口的当天。

2. 纳税人销售服务、无形资产或者不动产的纳税义务发生时间

纳税人销售服务、无形资产或者不动产的纳税义务发生时间为纳税人发生应税行为（销售服务、无形资产或者不动产）并收讫销售款项或者取得索取销售款项凭据的当天；先开具发票的，为开具发票的当天。

【点拨指导】收讫销售款项，是指纳税人销售服务、无形资产、不动产过程中或者完成后收到款项。

【点拨指导】取得索取销售款项凭据的当天，是指书面合同确定的付款日期；未签订书面合同或者书面合同未确定付款日期的，为服务、无形资产转让完成的当天或者不动产权属变更的当天。

纳税人销售服务、无形资产或者不动产的纳税义务发生时间的其他具体规定：

（1）纳税人提供租赁服务采取预收款方式的，其纳税义务发生时间为收到预收款的当天。

（2）纳税人从事金融商品转让的，为金融商品所有权转移的当天。

（3）纳税人发生视同销售服务、无形资产或者不动产行为的，其纳税义务发生时间为服务、无形资产转让完成的当天或者不动产权属变更的当天。

3. 增值税扣缴义务发生时间

增值税扣缴义务发生时间为纳税人增值税纳税义务发生的当天。

【特别提示】根据《增值税法》的规定，增值税纳税义务发生时间，按照下列规定确定：

（1）发生应税交易，纳税义务发生时间为收讫销售款项或者取得销售款项索取凭据的当日；先开具发票的，为开具发票的当日。

（2）发生视同应税交易，纳税义务发生时间为完成视同应税交易的当日。

（3）进口货物，纳税义务发生时间为货物报关进口的当日。

（4）增值税扣缴义务发生时间为纳税人增值税纳税义务发生的当日。

（二）纳税地点

（1）固定业户应当向其机构所在地的主管税务机关申报纳税。总机构和分支机构不在同一县（市）的，应当分别向各自所在地的主管税务机关申报纳税；经国务院财政、税务主管部门或者其授权的财政、税务机关批准，可以由总机构汇总向总机构所在地的主管税务机关申报纳税。

固定业户到外县（市）销售货物或者劳务，应当向其机构所在地的主管税务机关报告外出经营事项，并向其机构所在地的主管税务机关申报纳税；未报告的，应当向销售地或者劳务发生地的主管税务机关申报纳税；未向销售地或者劳务发生地的主管税务机关申报纳税的，由其机构所在地的主管税务机关补征税款。

（2）非固定业户销售货物或者劳务，应当向销售地或者劳务发生地的主管税务机关申报纳税；未向销售地或者劳务发生地的主管税务机关申报纳税的，由其机构所在地或者居住地的主管税务机关补征税款。

（3）进口货物，应当向报关地海关申报纳税。

（4）其他个人提供建筑服务，销售或者租赁不动产，转让自然资源使用权，应向建筑服务发生地、不动产所在地、自然资源所在地主管税务机关申报纳税。

（5）扣缴义务人应当向其机构所在地或者居住地的主管税务机关申报缴纳其扣缴的税款。

【特别提示】根据《增值税法》的规定，增值税纳税地点，按照下列规定确定：

（1）有固定生产经营场所的纳税人，应当向其机构所在地或者居住地主管税务机关申报纳税。总机构和分支机构不在同一县（市）的，应当分别向各自所在地的主管税务机关申报纳税；经省级以上财政、税务主管部门批准，可以由总机构汇总向总机构所在地的主管税务机关申报纳税。

（2）无固定生产经营场所的纳税人，应当向其应税交易发生地主管税务机关申报纳税；未申报纳税的，由其机构所在地或者居住地主管税务机关补征税款。

（3）自然人销售或者租赁不动产，转让自然资源使用权，提供建筑服务，应当向不动产所在地、自然资源所在地、建筑服务发生地主管税务机关申报纳税。

（4）进口货物的纳税人，应当按照海关规定的地点申报纳税。

（5）扣缴义务人，应当向其机构所在地或者居住地主管税务机关申报缴纳扣缴的税款；机构所在地或者居住地在境外的，应当向应税交易发生地主管税务机关申报缴纳扣缴的税款。

（三）纳税期限

增值税的纳税期限分别为 1 日、3 日、5 日、10 日、15 日、1 个月或者 1 个季度。纳税人的具体纳税期限，由主管税务机关根据纳税人应纳税额的大小分别核定；不能按照固定期限纳税的，可以按次纳税。

【特别提示】以 1 个季度为纳税期限的规定适用于小规模纳税人、银行、财务公司、信托投资公司、信用社，以及财政部和国家税务总局规定的其他纳税人。

纳税人以1个月或者1个季度为1个纳税期的，自期满之日起15日内申报纳税；以1日、3日、5日、10日或15日为1个纳税期的，自期满之日起5日内预缴税款，于次月1日起15日内申报纳税并结清上月应纳税款。扣缴义务人解缴税款的期限，依照上述规定执行。

纳税人进口货物，应当自海关填发进口增值税专用缴款书之日起15日内缴纳税款。

【特别提示】根据《增值税法》的规定，增值税的计税期间分别为10日、15日、1个月或者1个季度。纳税人的具体计税期间，由主管税务机关根据纳税人应纳税额的大小分别核定。不经常发生应税交易的纳税人，可以按次纳税。

纳税人以1个月或者1个季度为1个计税期间的，自期满之日起15日内申报纳税；以10日或者15日为1个计税期间的，自次月1日起15日内申报纳税。

扣缴义务人解缴税款的计税期间和申报纳税期限，依照上述规定执行。

纳税人进口货物，应当按照海关规定的期限申报并缴纳税款。

纳税人以10日或者15日为4个计税期间的，应当自期满之日起5日内预缴税款。

法律、行政法规对纳税人预缴税款另有规定的，从其规定。

（四）纳税申报表

1. 增值税一般纳税人纳税申报表

自2021年8月1日起，增值税与城市维护建设税、教育费附加、地方教育附加申报表整合，一般纳税人启用《增值税及附加税费申报表（一般纳税人适用）》，如表4-1所示。

纳税申报表附列资料包括：《增值税及附加税费申报表附列资料（一）》（本期销售情况明细）、《增值税及附加税费申报表附列资料（二）》（本期进项税额明细）、《增值税及附加税费申报表附列资料（三）》（服务、不动产和无形资产扣除项目明细）、《增值税及附加税费申报表附列资料（四）》（税额抵减情况表）、《增值税及附加税费申报表（一般纳税人适用）附列资料（五）》（附加税费情况表）、《增值税减免税申报明细表》。

2. 增值税小规模纳税人纳税申报表

自2021年8月1日起，增值税与城市维护建设税、教育费附加、地方教育附加申报表整合，小规模纳税人启用《增值税及附加税费申报表（小规模纳税人适用）》如表4-2所示。

纳税申报表附列资料包括：《增值税及附加税费申报表（小规模纳税人适用）附列资料（一）》（服务、不动产和无形资产扣除项目明细）、《增值税及附加税费申报表（小规模纳税人适用）附列资料（二）》（附加税费情况表）。

附件 1

表 4－1　增值税及附加税费申报表

（一般纳税人适用）

根据国家税收法律法规及增值税相关规定制定本表。纳税人不论有无销售额，均应按税务机关核定的纳税期限填写本表，并向当地税务机关申报。

税款所属时间：自　年　月　日至　年　月　日　　填表日期：　年　月　日　　金额单位：元（列至角分）

纳税人识别号（统一社会信用代码）：□□□□□□□□□□□□□□□□□□□□□□□□　　所属行业：

纳税人名称：		法定代表人姓名		注册地址		生产经营地址	
开户银行及账号			登记注册类型			电话号码	

项目		栏次	一般项目		即征即退项目	
			本月数	本年累计	本月数	本年累计
销售额	（一）按适用税率计税销售额	1				
	其中：应税货物销售额	2				
	应税劳务销售额	3				
	纳税检查调整的销售额	4				
	（二）按简易办法计税销售额	5				
	其中：纳税检查调整的销售额	6				
	（三）免、抵、退办法出口销售额	7			—	—
	（四）免税销售额	8			—	—
	其中：免税货物销售额	9			—	—
	免税劳务销售额	10			—	—
税款计算	销项税额	11				
	进项税额	12				
	上期留抵税额	13				—
	进项税额转出	14				
	免、抵、退应退税额	15			—	—
	按适用税率计算的纳税检查应补缴税额	16			—	—
	应抵扣税额合计	17＝12＋13－14－15＋16		—		—
	实际抵扣税额	18（如 17＜11，则为 17，否则为 11）	件			
	应纳税额	19＝11－18				

续表

税款计算	期末留抵税额	20＝17－18				—
	简易计税办法计算的应纳税额	21				
	按简易计税办法计算的纳税检查应补缴税额	22			—	—
	应纳税额减征额	23				
	应纳税额合计	24＝19＋21－23				
税款缴纳	期初未缴税额（多缴为负数）	25				
	实收出口开具专用缴款书退税额	26			—	—
	本期已缴税额	27＝28＋29＋30＋31				
	①分次预缴税额	28		—		—
	②出口开具专用缴款书预缴税额	29		—	—	—
	③本期缴纳上期应纳税额	30				
	④本期缴纳欠缴税额	31				
	期末未缴税额（多缴为负数）	32＝24＋25＋26－27				
	其中：欠缴税额（≥0）	33＝25＋26－27		—		—
	本期应补（退）税额	34＝24－28－29		—		—
	即征即退实际退税额	35	—	—		
	期初未缴查补税额	36			—	—
	本期入库查补税额	37			—	—
	期末未缴查补税额	38＝16＋22＋36－37			—	—
附加税费	城市维护建设税本期应补（退）税额	39			—	—
	教育费附加本期应补（退）费额	40			—	—
	地方教育附加本期应补（退）费额	41			—	—

声明：此表是根据国家税收法律法规及相关规定填写的，本人（单位）对填报内容（及附带资料）的真实性、可靠性、完整性负责。

纳税人（签章）： 年 月 日

经办人： 经办人身份证号： 代理机构签章： 代理机构统一社会信用代码：	受理人： 受理税务机关（章）： 受理日期： 年 月 日

表 4-2　增值税及附加税费申报表

（小规模纳税人适用）

纳税人识别号（统一社会信用代码）：□□□□□□□□□□□□□□□□□□□□

纳税人名称：　　　　　　　　　　　　　　　　　　　　金额单位：元（列至角分）

税款所属期：　年　月　日至　年　月　日　　　　　　　填表日期：　年　月　日

	项目	栏次	本期数		本年累计	
			货物及劳务	服务、不动产和无形资产	货物及劳务	服务、不动产和无形资产
一、计税依据	（一）应征增值税不含税销售额（3%征收率）	1				
	增值税专用发票不含税销售额	2				
	其他增值税发票不含税销售额	3				
	（二）应征增值税不含税销售额（5%征收率）	4	—		—	
	增值税专用发票不含税销售额	5	—		—	
	其他增值税发票不含税销售额	6	—		—	
	（三）销售使用过的固定资产不含税销售额	7（7≥8）		—		—
	其中：其他增值税发票不含税销售额	8				
	（四）免税销售额	9=10+11+12				
	其中：小微企业免税销售额	10				
	未达起征点销售额	11				
	其他免税销售额	12				
	（五）出口免税销售额	13（13≥14）				
	其中：其他增值税发票不含税销售额	14				
二、税款计算	项目	栏次	本期数		本年累计	
			货物及劳务	服务、不动产和无形资产	货物及劳务	服务、不动产和无形资产
	本期应纳税额	15				
	本期应纳税额减征额	16				
	本期免税额	17				
	其中：小微企业免税额	18				
	未达起征点免税额	19				
	应纳税额合计	20=15-16				
	本期预缴税额	21			—	—
	本期应补（退）税额	22=20-21			—	—

续表

三、附加税费	城市维护建设税本期应补（退）税额	23				
	教育费附加本期应补（退）费额	24				
	地方教育附加本期应补（退）费额	25				
声明：此表是根据国家税收法律法规及相关规定填写的，本人（单位）对填报内容（及附带资料）的真实性、可靠性、完整性负责。 纳税人（签章）：　　年　月　日						
经办人： 经办人身份证号： 代理机构签章： 代理机构统一社会信用代码：		受理人： 受理税务机关（章）：　　受理日期：　　年　月　日				

七、增值税专用发票使用规定

（一）专用发票的含义

增值税专用发票，是增值税一般纳税人销售货物、劳务、服务、无形资产或者不动产开具的发票，是购买方支付增值税额并可按照增值税有关规定据以抵扣增值税进项税额的凭证。

一般纳税人应通过增值税防伪税控系统使用专用发票。

【点拨指导】使用，包括领购（即领用）、开具、缴销、认证、稽核比对专用发票及其相应的数据电文。

【知识链接】自2020年2月1日起，增值税小规模纳税人（其他个人除外）发生增值税应税行为，需要开具增值税专用发票的，可以自愿使用增值税发票管理系统自行开具。选择自行开具增值税专用发票的小规模纳税人，税务机关不再为其代开增值税专用发票。

（二）专用发票的联次及用途

举例说明

新版增值税纸质专用发票（票样）

专用发票由基本联次或者基本联次附加其他联次构成，基本联次为3联，分别为：

（1）发票联，作为购买方核算采购成本和增值税进项税额的记账凭证；

（2）抵扣联，作为购买方报送主管税务机关认证和留存备查的扣税凭证；

（3）记账联，作为销售方核算销售收入和增值税销项税额的记账凭证。

其他联次用途，由一般纳税人自行确定。自2014年8月1日起启用的新版增值税专用发票见二维码。

（三）专用发票的领购

一般纳税人领购专用设备后，凭《最高开票限额申请表》《发票领购簿》到主管税务机关办理初始发行。初始发行，是指主管税务机关将一般纳税人的企业名称，税务登记代码，开票限额，购票限量，购票人员姓名、密码，开票机数量，国家税务总局规定的其他信息等载入空白金税卡和IC卡的行为。一般纳税人凭《发票领购簿》、IC卡和经办人身份证明领购专用发票。

【特别提示】上述“发票领购簿”的内容是考试大纲及指定教材的说法，已经过时。根据2023年7月20日《国务院关于修改和废止部分行政法规的决定》第三次修订后的《中华人民共和国发票管理办法》的规定，在发票领用上也按照数字化发展的要求，取消了《发票领购簿》的使用，仅需要通过数字化方式“确认领用发票的种类、数量以及领用方式”。但参加初级会计专业技术资格“经济法基础”考试时应以考试大纲及指定教材为准。全书涉及“发票领购簿”的知识点，同理。

一般纳税人有下列情形之一的，不得领购开具专用发票：

(1) 会计核算不健全，不能向税务机关准确提供增值税销项税额、进项税额、应纳税额数据及其他有关增值税税务资料的。

(2) 有《税收征管法》规定的税收违法行为，拒不接受税务机关处理的。

(3) 有下列行为之一，经税务机关责令限期改正而仍未改正的：①虚开增值税专用发票；②私自印制专用发票；③向税务机关以外的单位和个人买取专用发票；④借用他人专用发票；⑤未按规定开具专用发票；⑥未按规定保管专用发票和专用设备；⑦未按规定申请办理防伪税控系统变更发行；⑧未按规定接受税务机关检查。

有上列情形的，如已领购专用发票，主管税务机关应暂扣其结存的专用发票和IC卡。

(四) 专用发票的使用管理

1. 专用发票开票限额

专用发票实行最高开票限额管理。最高开票限额，是指单份专用发票开具的销售额合计数不得达到的上限额度。最高开票限额由一般纳税人申请，税务机关依法审批。防伪税控系统的具体发行工作由区县级税务机关负责。

一般纳税人申请最高开票限额时，需填报《增值税专用发票最高开票限额申请单》。主管税务机关受理纳税人申请以后，根据需要进行实地查验，实地查验的范围和方法由各省税务机关确定。

【点拨指导】最高开票限额为10万元及以下的，由区（县）级税务机关审批；最高开票限额为100万元的，由地市级税务机关审批；最高开票限额为1 000万元及以上的，由省级税务机关审批。

【点拨指导】自2014年5月1日起，一般纳税人申请增值税专用发票最高开票限额不超过10万元的，主管税务机关不需要事前进行实地查验。

2. 专用发票开具范围

一般纳税人销售货物、劳务、服务、无形资产或者不动产，应向购买方开具专用发票。

属于下列情形之一的，不得开具增值税专用发票：

（1）应税销售行为（销售货物、劳务、服务、无形资产、不动产）的购买方为消费者个人的。

（2）发生应税销售行为（销售货物、劳务、服务、无形资产、不动产）适用免税规定的。

（3）商业企业一般纳税人零售烟、酒、食品、服装、鞋帽（不包括劳保专用部分）、化妆品等消费品的。

【知识链接】①金融商品转让，不得开具增值税专用发票。

②从事经纪代理服务，向委托方收取的政府性基金或者行政事业性收费，不得开具增值税专用发票。

③选择差额计算方法计算销售额的纳税人，提供旅游服务向旅游服务购买方收取并支付的可以从全部价款和价外费用中扣除的费用，不得开具增值税专用发票。

3. 专用发票开具要求

专用发票开具要求如下：（1）项目齐全，与实际交易相符；（2）字迹清楚，不得压线、错格；（3）发票联和抵扣联加盖发票专用章；（4）按照增值税纳税义务的发生时间开具。

【点拨指导】《中华人民共和国发票管理办法》第二十一条规定，开具发票应当按照规定的时限、顺序、栏目，全部联次一次性如实开具，开具纸质发票应当加盖发票专用章。由此可知，纸质发票上应加盖发票专用章，而不是加盖财务专用章。

八、全面数字化电子发票

自2024年12月1日起，在全国正式推广应用全面数字化电子发票（简称数电发票），有关事项公告如下：

（1）数电发票是《中华人民共和国发票管理办法》中“电子发票”的一种，是将发票的票面要素全面数字化、号码全国统一赋予、开票额度智能授予、信息通过税务数字账户等方式在征纳主体之间自动流转的新型发票。数电发票与纸质发票具有同等法律效力。

（2）数电发票为单一联次，以数字化形态存在，类别包括电子发票（增值税专用发票）、电子发票（普通发票）、电子发票（航空运输电子客票行程单）、电子发票（铁路电子客票）、电子发票（机动车销售统一发票）、电子发票（二手车销售统一发票）等。数电发票可以根据特定业务标签生成建筑服务、成品油、报废产品收购等特定业务发票。

举例说明

增值税数字化电子发票（票样）

（3）数电发票的票面基本内容包括：发票名称、发票号码、开票日期、购买方信息、销售方信息、项目名称、规格型号、单位、数量、单价、金额、税率/征收率、税额、合计、价税合计、备注、开票人等。

（4）数电发票的号码为20位，其中：第1～2位代表公历年度的后两位，第3～4位代表开票方所在的省级税务局区域代码，第5位代表开具渠道等信息，第6～20位为顺序编码。

（5）税务机关建设全国统一的电子发票服务平台，提供免费的数电发票开票、用票服务。对按照规定不使用网络办税、不具备网络条件或者存在重大涉税风险的，可以暂不提供服务，具体情形由省级税务机关确定。

（6）税务机关根据纳税人的税收风险程度、纳税信用级别、实际经营情况等因素，通过电子发票服务平台授予发票总额度，并实行动态调整。发票总额度，是指一个自然月内，纳税人发票开具总金额（不含增值税）的上限额度。

纳税人因实际经营情况发生变化需要调整发票总额度的，经主管税务机关确认后予以调整。

（7）根据《中华人民共和国发票管理办法》《中华人民共和国发票管理办法实施细则》等相关规定，数电发票的开具需要通过实人认证等方式进行身份验证。

【特别提示】根据《增值税法》的规定，纳税人应当依法开具和使用增值税发票。增值税发票包括纸质发票和电子发票。电子发票与纸质发票具有同等法律效力。国家积极推广使用电子发票。

九、增值税出口退税制度

（一）适用增值税退（免）税政策范围

对下列出口货物、劳务、应税服务或者无形资产（出口服务或者无形资产统称“跨境应税行为”），除适用增值税免税政策和增值税征税政策外，实行增值税退（免）税政策（又称免征并退还增值税政策，即出口免税并退税政策）。

1. 出口企业出口货物

出口货物，是指企业向海关报关后实行离境并销售给境外单位和个人的货物，分为自营出口货物和委托出口货物两类。

出口企业，是指依法办理工商登记、税务登记、对外贸易经营者备案登记，自营或委托出口货物的单位或个体工商户，以及依法办理工商登记、税务登记但未办理对外贸易经营者备案登记，委托出口货物的生产企业。

生产企业，是指具有生产能力（包括加工修理修配能力）的单位或个体工商户。

2. 出口企业或其他单位视同出口货物

（1）出口企业对外援助、对外承包、境外投资的出口货物。

（2）出口企业经海关报关进入国家批准的出口加工区、保税物流园区、保税港区、综合保税区等并销售给特殊区域内单位或境外单位、个人的货物。

（3）免税品经营企业销售的货物（国家规定不允许经营和限制出口的货物、卷烟和超出免税品经营企业《企业法人营业执照》规定经营范围的货物除外）。

（4）出口企业或其他单位销售给用于国际金融组织或外国政府贷款国际招标建设项目的中标机电产品。

（5）生产企业向海上石油天然气开采企业销售的自产的海洋工程结构物。

【提示】考试大纲及指定教材中上述内容不准确，准确的说法是："自2017年1月1日起，生产企业销售自产的海洋工程结构物，或者融资租赁企业及其设立的项目子公司、金融租赁公司及其设立的项目子公司购买并以融资租赁方式出租的国内生产企业生产的海洋工程结构物，应按规定缴纳增值税，不再适用增值税出口退税政策，但购买方或者承租方为按实物征收增值税的中外合作油（气）田开采企业的除外。"但参加初级会计专业技术资格"经济法基础"考试时应以考试大纲及指定教材为准。

（6）出口企业或其他单位销售给国际运输企业用于国际运输工具上的货物。

（7）出口企业或其他单位销售给特殊区域内生产企业生产耗用且不向海关报关而输入特殊区域的水（包括蒸汽）、电力、燃气。

3. 出口企业对外提供加工修理修配劳务

对外提供加工修理修配劳务，是指对进境复出口货物或从事国际运输的运输工具进行的加工修理修配。

4. 增值税一般纳税人提供零税率应税服务或者无形资产

（1）自2014年1月1日起，增值税一般纳税人提供适用零税率的应税服务，实行增值税退（免）税办法。

（2）自2016年5月1日起，跨境应税行为（出口服务或者无形资产统称"跨境应税行为"）适用增值税零税率。跨境应税行为，是指中国境内的单位和个人销售特定的服务或者无形资产，特定的服务或者无形资产范围参见《财政部 国家税务总局关于全面推开营业税改征增值税试点的通知》（财税〔2016〕36号）附件4《跨境应税行为适用增值税零税率和免税政策的规定》。

（二）增值税退（免）税办法

适用增值税退（免）税政策的出口货物、劳务、服务或者无形资产，按照下列规定实行增值税免抵退税办法或免退税办法（免退税办法又称先征后退办法）。

1. 增值税免抵退税办法

对于出口货物或者劳务而言，增值税免抵退税，是指适用增值税一般计税方法的生产企业出口自产货物和视同自产货物及对外提供加工修理修配劳务，以及《财政部 国家税务总局关于出口货物劳务增值税和消费税政策的通知》（财税〔2012〕39号）附件5列名的生产企业出口非自产货物，免征增值税税额（指的是销项税额），相应的进项税额抵减应纳增值税额（不包括适用增值税即征即退、先征后退政策的应纳增值税税额），未抵减完的部分予以退还。

对于出口服务或者无形资产而言，境内的单位和个人提供适用增值税零税率的服务和无形资产，适用增值税一般计税方法的生产企业实行免抵退税办法，适用增值税一般计税方法的外贸企业直接将服务或自行研发的无形资产出口，视同生产企业连同其出口货物统一实行免抵退税办法。即上述企业在服务或者无形资产的出口销售环节免征增值税税额（指的是销项税额），相应的进项税额抵减应纳增值税税额（不包括适用增值税即征即退、先征后退政策的应纳增值税税额），未抵减完的部分予以退还。

2. 增值税免退税办法

对于出口货物、劳务而言，增值税免退税，是指不具有生产能力的出口企业（又称外贸企业）或其他单位出口货物或者劳务，在出口销售环节免征增值税税额（指的是销项税额），相应的进项税额予以退还。

对于出口服务或者无形资产而言，境内的单位和个人提供适用增值税零税率的服务或者无形资产，适用增值税一般计税方法的外贸企业外购服务或者无形资产出口实行免退税办法。即外贸企业将外购的服务或者无形资产出口，在出口销售环节免征增值税税额（指的是销项税额），相应的进项税额予以退还。

（三）增值税出口退税率

1. 退税率的一般规定

除财政部和国家税务总局根据国务院决定而明确的增值税出口退税率外，出口货物、劳务、服务或者无形资产的退税率为其适用税率，目前我国出口退税率分为五档：13%、10%、9%、6%和零税率。

2. 退税率的特殊规定

（1）外贸企业购进按简易办法征税的出口货物、从小规模纳税人购进的出口货物，其退税率分别为简易办法实际执行的征收率、小规模纳税人征收率。

【特别提示】上述出口货物取得增值税专用发票的，退税率按照增值税专用发票上的税率和出口货物退税率孰低的原则确定。

（2）出口企业委托加工修理修配货物，其加工修理修配费用的退税率，为出口货物的退税率。

（3）适用不同退税率的货物、劳务和跨境应税行为，应分开报关、核算并申报退（免）税；未分开报关、核算或划分不清的，从低适用退税率。

（四）增值税退（免）税计税依据[①]

1. 出口货物、劳务增值税退（免）税的计税依据

出口货物、劳务增值税退（免）税的计税依据，按照出口货物、劳务的出口发票（外销发票）、其他普通发票或购进出口货物、劳务的增值税专用发票、海关进口增值税专用缴款书确定。

2. 跨境应税行为增值税退（免）税的计税依据

跨境应税行为增值税退（免）税的计税依据，按照《适用增值税零税率应税服务

---

① 2024 年《初级会计专业技术资格考试考试大纲》删除了这一部分内容，本教材仍然保留，供读者参考学习。

退（免）税管理办法》（国家税务总局公告 2014 年第 11 号）等文件执行。具体规定如下：

（1）实行免抵退税办法的零税率服务或者无形资产免抵退税计税依据。

①以铁路运输方式载运旅客的，为按照铁路合作组织清算规则清算后的实际运输收入。

②以铁路运输方式载运货物的，为按照铁路运输进款清算办法，对“发站”或“到站（局）”名称包含“境”字的货票上注明的运输费用以及直接相关的国际联运杂费清算后的实际运输收入。

③以航空运输方式载运货物或旅客的，如果国际运输或港澳台运输各航段由多个承运人承运的，为中国航空结算有限责任公司清算后的实际收入；如果国际运输或港澳台运输各航段由一个承运人承运的，为提供航空运输服务取得的收入。

④其他实行免抵退税办法的增值税零税率应税服务，为提供增值税零税率应税服务取得的收入。

（2）实行免退税办法的零税率服务或者无形资产免退税计税依据。

为购进应税服务的增值税专用发票或解缴税款的中华人民共和国税收缴款凭证上注明的金额。

【特别提示】考试大纲及指定教材中上述内容不准确，准确的说法是：“①从境内单位或者个人购进出口零税率服务或者无形资产的，为取得提供方开具的增值税专用发票上注明的金额；②从境外单位或者个人购进出口零税率服务或者无形资产的，为取得的解缴税款的完税凭证上注明的金额。”但参加初级会计专业技术资格“经济法基础”考试时应以考试大纲及指定教材为准。

（五）增值税免抵退税和免退税的计算①

以下仅以“出口货物或者劳务”来说明增值税免抵退税和免退税的计算。

1. 生产企业出口货物或者劳务增值税免抵退税的计算

生产企业出口货物或者劳务免抵退税办法的计算步骤如下（实际上以下为生产企业出口货物增值税免抵退税的计算步骤）：

（1）当期应纳税额的计算。

$$\text{当期应纳税额}=\text{当期销项税额}-(\text{当期进项税额}-\text{当期不得免征和抵扣税额})$$

$$\text{当期不得免征和抵扣税额}=\text{当期出口货物离岸价}\times\text{外汇人民币折合率}\times\left(\text{出口货物适用税率}-\text{出口货物退税率}\right)-\text{当期不得免征和抵扣税额抵减额}$$

$$\text{当期不得免征和抵扣税额抵减额}=\text{当期免税购进原材料价格}\times\left(\text{出口货物适用税率}-\text{出口货物退税率}\right)$$

① 2024 年《初级会计专业技术资格考试考试大纲》删除了这一部分内容，本教材仍然保留，供读者参考学习。

（2）当期免抵退税额的计算。

$$当期免抵退税额=当期出口货物离岸价\times 外汇人民币折合率\times 出口货物退税率-当期免抵退税额抵减额$$

当期免抵退税额抵减额＝当期免税购进原材料价格×出口货物退税率

（3）当期应退税额和免抵税额的计算。

①当期期末留抵税额≤当期免抵退税额，则

当期应退税额＝当期期末留抵税额

当期免抵税额＝当期免抵退税额－当期应退税额

②当期期末留抵税额＞当期免抵退税额，则

当期应退税额＝当期免抵退税额

当期免抵税额＝当期免抵退税额－当期应退税额＝0

【特别提示】当期期末留抵税额（实为当期期末退税前的留抵税额）为当期“增值税及附加税费申报表（一般纳税人适用）”中的“期末留抵税额”。

【点拨指导】免抵税额实际为“出口货物若在内销情况下的应纳税额”，因此出口货物免抵税额应当作为计算城市维护建设税、教育费附加和地方教育附加的计税（征）依据。

（4）当期免税购进原材料价格包括当期国内购进的无进项税额且不计提进项税额的免税原材料的价格和当期进料加工保税进口料件的价格，其中当期进料加工保税进口料件的价格为组成计税价格。

$$当期进料加工保税进口料件的组成计税价格=当期进口料件到岸价格+海关实征关税+海关实征消费税$$

①采用“实耗法”的，当期进料加工保税进口料件的组成计税价格为当期进料加工出口货物耗用的进口料件组成计税价格。其计算公式为：

$$当期进料加工保税进口料件的组成计税价格=当期进料加工出口货物离岸价\times 外汇人民币折合率\times 计划分配率$$

计划分配率＝计划进口总值÷计划出口总值×100%

实行纸质手册和电子化手册的生产企业，应根据海关签发的加工贸易手册或加工贸易电子化纸质单证所列的计划进出口总值计算计划分配率。

实行电子账册的生产企业，计划分配率按前一期已核销的实际分配率确定；新启用电子账册的，计划分配率按前一期已核销的纸质手册或电子化手册的实际分配率确定。

②采用“购进法”的，当期进料加工保税进口料件的组成计税价格为当期实际购进的进料加工进口料件的组成计税价格。

若当期实际不得免征和抵扣税额抵减额大于当期出口货物离岸价×外汇人民币折合

率×(出口货物适用税率－出口货物退税率）的，则

$$\text{当期不得免征和抵扣税额抵减额}=\text{当期出口货物离岸价}\times\text{外汇人民币折合率}\times\left(\text{出口货物适用税率}-\text{出口货物退税率}\right)$$

【例】 甲企业是一家生产企业，为增值税一般纳税人，具有进出口经营权。本年5月甲企业发生以下业务：进口货物，关税完税价格为500万元，关税税率为10%，海关代征了进口环节增值税。进料加工免税进口料件一批，海关暂免征税，予以放行，组成计税价格为100万元，从国内市场购进材料支付的价款为1 400万元（不含增值税），取得的增值税专用发票上注明的增值税税额为182万元。甲企业取得的增值税专用发票本年5月符合抵扣规定。外销进料加工货物的离岸价为1 000万元。内销货物的销售额为1 200万元（不含税）。该企业适用免抵退税办法，上期留抵税额为60万元。上述货物内销时均适用13%的增值税税率，出口退税率为9%。要求：(1）计算甲企业当期免抵退税不得免征和抵扣税额；(2）计算甲企业当期应纳税额；(3）计算甲企业当期免抵退税额；(4）计算甲企业当期应退税额、当期免抵税额及当期期末留抵税额。

【解析】(1）当期免抵退税不得免征和抵扣税额抵减额＝100×(13%－9%)
＝4(万元)

当期免抵退税不得免征和抵扣税额＝1 000×(13%－9%)－4＝36(万元)

(2）当期应纳税额＝1 200×13%－[182＋500×(1＋10%)×13%－36]－60
＝－121.5(万元)

当期期末退税前的留抵税额＝121.5(万元)

(3）当期免抵退税额抵减额＝100×9%＝9(万元)

当期免抵退税额＝1000×9%－9＝81(万元)

(4）当期期末退税前的留抵税额121.5万元＞当期免抵退税额81万元，则

当期应退税额＝当期免抵退税额＝81(万元)

当期免抵税额＝0

当期期末退税后的留抵税额(结转下期继续留抵税额)＝121.5－81＝40.5(万元)

2. 外贸企业出口货物或者劳务增值税免退税的计算

(1）外贸企业出口委托加工修理修配货物以外的货物。

$$\text{增值税应退税额}=\text{增值税退(免)税计税依据}\times\text{出口货物退税率}$$
$$=\text{购进出口货物的增值税专用发票或海关进口增值税专用缴款书注明的金额}\times\text{出口货物退税率}$$

（2）外贸企业出口委托加工修理修配货物。

$$\text{出口委托加工修理修配货物的增值税应退税额}=\text{委托加工修理修配的增值税退(免)税计税依据}\times\text{出口货物退税率}=\text{加工修理修配费用增值税专用发票注明的金额}\times\text{出口货物退税率}$$

外贸企业出口货物或者劳务退税率低于适用税率的，相应计算出的差额部分的税款为不予退税金额，需作进项税额转出处理，计入出口货物劳务成本。

$$\text{当期不予退税金额(进项税额转出额)}=\text{购进出口货物的增值税专用发票或海关进口增值税专用缴款书注明的金额或加工修理修配费用增值税专用发票注明的金额}\times(\text{出口货物适用税率}-\text{出口货物退税率})$$

【特别提示】 出口企业既有适用增值税免抵退项目，也有增值税即征即退、先征后退项目的，增值税即征即退和先征后退项目不参与出口项目免抵退税计算。出口企业应分别核算增值税免抵退项目和增值税即征即退、先征后退项目，并分别申请享受增值税即征即退、先征后退和免抵退税政策。用于增值税即征即退或者先征后退项目的进项税额无法划分的，按照下列公式计算：

$$\text{无法划分进项税额中用于增值税即征即退或者先征后退项目的部分}=\text{当月无法划分的全部进项税额}\times\text{当月增值税即征即退或者先征后退项目销售额}\div\text{当月全部销售额、营业额合计}$$

【例】 乙公司为增值税一般纳税人，具有进出口经营权，本年 5 月从某日用化妆品公司购进出口用护发用品 1 000 箱，取得增值税专用发票，注明价款 200 万元，增值税税额 26 万元，货款已用银行存款支付。当月该批产品已全部出口，售价为每箱 500 美元（当日汇率为 1 美元＝6.8 元人民币），申请退税的单证齐全。该护发用品适用的增值税税率为 13%，增值税退税率为 9%。乙公司取得的增值税专用发票本年 5 月符合抵扣规定。要求：（1）计算乙公司当期应退增值税；（2）计算乙公司当期增值税进项税额转出额。

【解析】（1）当期应退增值税＝200×9%＝18（万元）

（2）当期增值税进项税额转出额＝200×（13%－9%）＝26－18＝8（万元）

第2节即测即评

第3节　消费税法律制度

消费税是国际上普遍采用的对特定的消费品及消费行为征收的一种间接税。在我国，消费税是对我国境内从事生产、委托加工和进口应当征收消费税的消费品（以下简称应税消费品）的单位和个人，就其销售额或销售数量，在特定环节征收的一种税。

【特别提示】 消费税与增值税、城市维护建设税、关税等相配合，构成我国货物和劳务税体系。

一、消费税纳税人

在中华人民共和国境内生产、委托加工和进口《消费税暂行条例》规定的消费品的单位和个人，以及国务院确定的销售《消费税暂行条例》规定的消费品的其他单位和个人，为消费税的纳税人。

【点拨指导】 在中华人民共和国境内，是指生产、委托加工和进口属于应当缴纳消费税的消费品的起运地或者所在地在境内。单位，是指企业、行政单位、事业单位、军事单位、社会团体及其他单位。个人，是指个体工商户及其他个人。

【特别提示】 自2022年11月1日起，将电子烟纳入消费税征收范围，在烟税目下增设电子烟子目。电子烟生产环节纳税人，是指取得烟草专卖生产企业许可证，并取得或经许可使用他人电子烟产品注册商标（以下称持有商标）的企业。通过代加工方式生产电子烟的，由持有商标的企业缴纳消费税。电子烟批发环节纳税人，是指取得烟草专卖批发企业许可证并经营电子烟批发业务的企业。电子烟进口环节纳税人，是指进口电子烟的单位和个人。

【点拨指导】 消费税纳税人同时也是增值税纳税人。一般情况下，缴纳消费税的同时需要缴纳增值税，但也有特例。例如，企业将自产的应税消费品用于本企业管理部门使用，需要缴纳消费税，但不需要缴纳增值税。

二、消费税征税范围

（一）生产应税消费品

1. 生产销售应税消费品

纳税人生产的应税消费品，于纳税人销售时纳税。

【点拨指导】 纳税人生产的应税消费品，于纳税人销售时纳税，这里的销售主要是指出厂环节的销售。

2. 自产自用应税消费品

纳税人自产自用的应税消费品，用于连续生产应税消费品的，不纳税；用于其他方面的，于移送使用时纳税。

【点拨指导】“用于连续生产应税消费品”，是指纳税人将自产自用应税消费品作为直接材料生产最终应税消费品，自产自用应税消费品构成最终应税消费品的实体。

“用于其他方面”，是指纳税人将自产自用的应税消费品用于生产非应税消费品、在建工程、管理部门、非生产机构、提供劳务、馈赠、赞助、集资、广告、样品、职工福利、奖励等方面。

3. 视为生产销售应税消费品

工业企业以外的单位和个人的下列行为视为应税消费品的生产行为，按规定征收消费税：

（1）将外购的消费税非应税产品以消费税应税产品对外销售的；

（2）将外购的消费税低税率应税产品以高税率应税产品对外销售的。

（二）委托加工应税消费品

1. 委托加工应税消费品的含义

委托加工的应税消费品，是指由委托方提供原料和主要材料，受托方只收取加工费和代垫部分辅助材料加工的应税消费品。

【特别提示】下列所述行为不论在财务上是否作为销售处理，都不得作为委托加工应税消费品，而应当按照销售自制应税消费品缴纳消费税：①由受托方提供原材料生产的应税消费品；②受托方先将原材料卖给委托方，然后再接受加工的应税消费品；③由受托方以委托方名义购进原材料生产的应税消费品。

2. 委托加工应税消费品的纳税人与扣缴义务人

（1）委托加工的应税消费品，除受托方为个人外，由受托方在向委托方交货时代收代缴消费税。

（2）委托个人加工的应税消费品，由委托方收回后缴纳消费税。

3. 委托加工应税消费品的纳税义务

（1）委托加工的应税消费品，委托方用于连续生产应税消费品的，所纳税款准予按规定抵扣。

【知识链接】这里的“按规定抵扣”指的是税法规定可以抵扣的情形。委托加工的应税消费品因为已由受托方代收代缴消费税，因此委托方收回货物后用于连续生产应税消费品的，其已纳税款准予按照规定从连续生产的应税消费品应纳消费税税额中抵扣。按照消费税法的规定，下列连续生产的应税消费品准予从应纳消费税税额中按当期生产领用数量计算扣除委托加工收回的应税消费品已纳消费税税款：

①以委托加工收回的已税烟丝为原料生产的卷烟；

②以委托加工收回的已税高档化妆品原料生产的高档化妆品；

③以委托加工收回的已税珠宝、玉石原料生产的贵重首饰及珠宝、玉石；

④以委托加工收回的已税鞭炮、焰火原料生产的鞭炮、焰火；

⑤以委托加工收回的已税杆头、杆身和握把为原料生产的高尔夫球杆；
⑥以委托加工收回的已税木制一次性筷子为原料生产的木制一次性筷子；
⑦以委托加工收回的已税实木地板为原料生产的实木地板；
⑧以委托加工收回的已税石脑油、润滑油、燃料油为原料生产的成品油；
⑨以委托加工收回的已税汽油、柴油为原料生产的汽油、柴油。

（2）委托方将收回的应税消费品，以不高于受托方的计税价格出售的，为直接出售，不再缴纳消费税。

（3）委托方以高于受托方的计税价格出售的，不属于直接出售，需按照规定申报缴纳消费税，在计税时准予扣除受托方已代收代缴的消费税。

（三）进口应税消费品

单位和个人进口应税消费品，于报关进口时缴纳消费税。

【点拨指导】进口环节缴纳的消费税由海关代征。进口环节缴纳的增值税、进口关税也由海关代征。

（四）零售应税消费品

1. 零售金银首饰、铂金首饰和钻石及钻石饰品

自1995年1月1日起，金银首饰消费税由生产销售环节征收改为零售环节征收。改在零售环节征收消费税的金银首饰仅限于金基、银基合金首饰以及金、银和金基、银基合金的镶嵌首饰。

【特别提示】在零售环节征收消费税的金银首饰仅限于金基、银基合金首饰以及金、银和金基、银基合金的镶嵌首饰，其他贵重首饰（如珠宝首饰），仍在生产环节、进口环节或者委托加工环节征收消费税，在零售环节不征收消费税。

【特别提示】在零售环节征收消费税的金银首饰不包括镀金首饰和包金首饰。

【特别提示】对出国人员免税商店销售的金银首饰应当征收消费税。

自2002年1月1日起，对钻石及钻石饰品消费税的纳税环节由生产环节、进口环节后移至零售环节。自2003年5月1日起，铂金首饰消费税改为在零售环节征税。

下列业务视同零售业，在零售环节缴纳消费税：

（1）为经营单位以外的单位和个人加工金银首饰。

【点拨指导】加工包括带料加工、翻新改制、以旧换新等业务，不包括修理和清洗。

（2）经营单位将金银首饰用于馈赠、赞助、集资、广告样品、职工福利、奖励等方面。

（3）未经中国人民银行总行批准，经营金银首饰批发业务的单位将金银首饰销售给经营单位。

2. 零售超豪华小汽车

超豪华小汽车消费税在生产和零售两个环节征收。自2016年12月1日起，“小汽车”税目下增设“超豪华小汽车”子税目。征收范围为每辆零售价格130万元（不含增值税）及以上的乘用车和中轻型商用客车，即乘用车和中轻型商用客车子税目中的超豪华小汽车。对超豪华小汽车，在生产（进口）环节按现行税率征收消费税基础上，在零售环节加征消费税，税率为 10%。将超豪华小汽车销售给消费者的单位和个人为超豪华小汽车零售环节纳税人。

（五）批发销售应税消费品

1. 批发销售卷烟

卷烟消费税在生产和批发两个环节征收。自 2015 年 5 月 10 日起，将卷烟批发环节的从价税率由 5%提高至 11%，并按 0.005 元/支加征从量税。

纳税人销售给纳税人以外的单位和个人的卷烟于销售时纳税。烟草批发企业将卷烟销售给其他烟草批发企业的，不缴纳消费税。

【点拨指导】卷烟分为甲类卷烟和乙类卷烟，在生产、进口、委托加工环节采用复合计税办法计征消费税时，甲类卷烟的消费税税率为 56%加 0.003 元/支（150 元/标准箱、0.6 元/标准条），乙类卷烟的消费税税率为 36%加 0.003 元/支（150 元/标准箱、0.6 元/标准条）。

【点拨指导】卷烟在批发环节加征一道消费税，不论是甲类卷烟，还是乙类卷烟，批发环节消费税税率统一为 11%加 0.005 元/支（250 元/标准箱、1 元/标准条）。

【特别提示】卷烟在生产、进口、委托加工环节和批发环节均采用复合计税办法计征消费税。

【举例说明】（1）甲卷烟厂将自产的卷烟销售给乙烟草批发公司，应当缴纳消费税（从价税率 36%或 56%，从量税率 0.003 元/支）。（2）乙烟草批发公司将该批卷烟的 70%转售给丙烟草批发公司，不缴纳消费税；另外 30%销售给丁烟草零售商店，应当缴纳消费税（从价税率 11%，从量税率 0.005 元/支）。

卷烟消费税改为在生产和批发两个环节征收后，批发企业在计算应纳税额时不得扣除已含的生产环节的消费税税款。纳税人兼营卷烟批发和零售业务的，应当分别核算批发和零售环节的销售额、销售数量；未分别核算批发和零售环节销售额、销售数量的，按照全部销售额、销售数量计征批发环节消费税。

2. 批发销售电子烟

电子烟消费税在生产和批发两个环节征收。自 2022 年 11 月 1 日起，将电子烟纳入消费税征收范围，在烟税目下增设电子烟子税目（简称“子目”）。

【特别提示】只有卷烟、电子烟在批发环节征收消费税，不包括烟丝和雪茄烟。

三、消费税税目

消费税税目共有 15 个，具体内容如下。

（一）烟

凡是以烟叶为原料加工生产的产品，不

归纳总结

应税消费品的增值税和消费税的纳税环节

论使用何种辅料，均属于本税目的征收范围。烟的征收范围包括卷烟、雪茄烟、烟丝和电子烟。

1. 卷烟

卷烟，包括甲类卷烟和乙类卷烟。

甲类卷烟，是指每标准条（200 支）调拨价格在 70 元（不含增值税）以上（含 70 元）的卷烟。

乙类卷烟，是指每标准条（200 支）调拨价格在 70 元（不含增值税）以下的卷烟。

【点拨指导】这里的卷烟包括进口卷烟、白包卷烟、手工卷烟和未经国务院批准纳入计划的企业及个人生产的卷烟。

2. 雪茄烟

雪茄烟的征收范围包括各种规格、型号的雪茄烟。

3. 烟丝

烟丝的征收范围包括以烟叶为原料加工生产的不经卷制的散装烟。

4. 电子烟

电子烟是指用于产生气溶胶供人抽吸等的电子传输系统，包括烟弹、烟具以及烟弹与烟具组合销售的电子烟产品。烟弹是指含有雾化物的电子烟组件。烟具是指将雾化物雾化为可吸入气溶胶的电子装置。

（二）酒

酒是酒精度在 1 度以上的各种酒类饮料，包括白酒、黄酒、啤酒和其他酒。具体征税范围包括以下几种。

1. 白酒

白酒，包括粮食白酒和薯类白酒。

粮食白酒，是指以高粱、玉米、大米、糯米、大麦、小麦、青稞等各种粮食为原料，经过糖化、发酵后，采用蒸馏方法酿制的白酒。

薯类白酒，是指以白薯（红薯、地瓜）、木薯、马铃薯、芋头、山药等各种干鲜薯类为原料，经过糖化、发酵后，采用蒸馏方法酿制的白酒。

【点拨指导】用甜菜酿制的白酒，比照薯类白酒征税。

2. 黄酒

黄酒，是指以糯米、粳米、籼米、大米、黄米、玉米、小麦、薯类等为原料，经加温、糖化、发酵、压榨酿制的酒，包括各种原料酿制的黄酒和酒度超过 12 度（含 12 度）的土甜酒。

3. 啤酒

啤酒，分为甲类啤酒和乙类啤酒，是指以大麦或其他粮食为原料，加入啤酒花，经糖化、发酵、过滤酿制的含有二氧化碳的酒。

【点拨指导】对饮食业、商业、娱乐业举办的啤酒屋（啤酒坊）利用啤酒生产设备生产的啤酒，应当征收消费税。

4. 其他酒

其他酒，是指除粮食白酒、薯类白酒、黄酒、啤酒以外的各种酒，包括糠麸白酒、其他原料白酒、土甜酒、复制酒、果木酒、汽酒、药酒、葡萄酒等。

【点拨指导】对以黄酒为酒基生产的配制或泡制酒，按其他酒征收消费税。

【特别提示】对调味料酒不征收消费税，对酒精不征收消费税。

（三）高档化妆品

高档化妆品包括高档美容、修饰类化妆品，高档护肤类化妆品和成套化妆品。高档美容、修饰类化妆品和高档护肤类化妆品是指生产（进口）环节销售（完税）价格（不含增值税）在 10 元/毫升（克）或 15 元/片（张）及以上的美容、修饰类化妆品和护肤类化妆品。

【点拨指导】舞台、戏剧、影视演员化妆用的上妆油、卸妆油、油彩，不属于本税目的征收范围。

【特别提示】对普通护肤护发品不征收消费税。

（四）贵重首饰及珠宝玉石

贵重首饰及珠宝玉石包括各种金银珠宝首饰和经采掘、打磨、加工的各种珠宝玉石。

1. 金银首饰、铂金首饰和钻石及钻石饰品

金银首饰、铂金首饰和钻石及钻石饰品，包括凡以金、银、白金、宝石、珍珠、钻石、翡翠、珊瑚、玛瑙等高贵稀有物质以及其他金属、人造宝石等制作的各种纯金银首饰及镶嵌首饰（含人造金银、合成金银首饰）等。

2. 其他贵重首饰和珠宝玉石

其他贵重首饰和珠宝玉石，包括钻石、珍珠、松石、青金石、欧泊石、橄榄石、长石、玉、石英、玉髓、石榴石、锆石、尖晶石、黄玉、碧玺、金绿玉、绿柱石、刚玉、琥珀、珊瑚、煤玉、龟甲、合成刚玉、合成玉石、双合石以及玻璃仿制品等。

【特别提示】宝石坯是经采掘、打磨、初级加工的珠宝玉石半成品，对宝石坯应按规定征收消费税。

（五）鞭炮、焰火

鞭炮、焰火包括各种鞭炮、焰火，具体包括喷花类、旋转类、旋转升空类、火箭类、吐珠类、线香类、小礼花类、烟雾类、造型玩具类、炮竹类、摩擦炮类、组合烟花类、礼花弹类等。

【特别提示】体育上用的发令纸、鞭炮药引线，不按本税目征收。

（六）成品油

成品油包括汽油、柴油、石脑油、溶剂油、航空煤油、润滑油、燃料油 7 个子目。

1. 汽油

汽油是指用原油或其他原料加工生产的辛烷值不小于 66 的可用作汽油发动机燃料

的各种轻质油。

【特别提示】以汽油、汽油组分调和生产的甲醇汽油、乙醇汽油也属于本税目征收范围。

2. 柴油

柴油是指用原油或其他原料加工生产的凝点或倾点在－50℃～30℃的可用作柴油发动机燃料的各种轻质油和以柴油组分为主、经调和精制可用作柴油发动机燃料的非标油。

【特别提示】以柴油、柴油组分调和生产的生物柴油也属于本税目征收范围。

3. 石脑油

石脑油又叫化工轻油，是以石油加工生产的或二次加工汽油经加氢精制而得的用于化工原料的轻质油。

【点拨指导】石脑油的征收范围包括除汽油、柴油、航空煤油、溶剂油以外的各种轻质油。

4. 溶剂油

溶剂油是以石油加工生产的用于涂料、油漆生产、食用油加工、印刷油墨、皮革、农药、橡胶、化妆品生产的轻质油。

5. 航空煤油

航空煤油也叫喷气燃料，是以石油加工生产的用于喷气发动机和喷气推进系统中作为能源的石油燃料。

6. 润滑油

润滑油是用于内燃机、机械加工过程的润滑产品。润滑油分为矿物性润滑油、植物性润滑油、动物性润滑油和化工原料合成润滑油。

【点拨指导】润滑油的征收范围包括矿物性润滑油、矿物性润滑油基础油、植物性润滑油、动物性润滑油和化工原料合成润滑油。

7. 燃料油

燃料油也称重油、渣油。燃料油征收范围包括用于电厂发电、船舶锅炉燃料、加热炉燃料、冶金和其他工业炉燃料的各类燃料油。

【点拨指导】自2012年11月1日起，催化料、焦化料属于燃料油的征收范围，应当征收消费税。

【特别提示】原油不征收消费税。

（七）摩托车

本税目征税范围包括气缸容量为250毫升的摩托车和气缸容量在250毫升（不含）以上的摩托车两种。

（八）小汽车

汽车是指由动力驱动，具有4个或4个以上车轮的非轨道承载的车辆。

本税目包括乘用车、中轻型商用客车和超豪华小汽车等 3 个子目。

1. 乘用车

乘用车，是在设计和技术特性上用于载运乘客和货物的汽车，包括含驾驶员座位在内最多不超过 9 个座位（含）。

【特别提示】用排气量小于 1.5 升（含）的乘用车底盘（车架）改装、改制的车辆属于乘用车征收范围。

2. 中轻型商用客车

中轻型商用客车，是在设计和技术特性上用于载运乘客和货物的汽车，包括含驾驶员座位在内的座位数在 10～23 座（含 23 座）。

【特别提示】含驾驶员人数（额定载客）为区间值（如 8～10 人、17～26 人）的小汽车，按其区间值下限人数确定征收范围。

3. 超豪华小汽车

超豪华小汽车，是每辆零售价格为 130 万元（不含增值税）及以上的乘用车和中轻型商用客车，即乘用车和中轻型商用客车子税目中的超豪华小汽车。

【区别比较】需要征收消费税的特殊项目包括：①用排气量小于 1.5 升（含）的乘用车底盘（车架）改装、改制的车辆属于乘用车征收范围；②用排气量大于 1.5 升的乘用车底盘（车架）或用中轻型商用客车底盘（车架）改装、改制的车辆属于中轻型商用客车征收范围；③对于购进乘用车和中轻型商用客车整车改装生产的汽车，应按规定征收消费税。

不需要征收消费税的特殊项目包括：①小汽车税目不包括大型商用客车、大货车、大卡车；②电动汽车不属于小汽车税目征收范围；③车身长度大于 7 米（含），并且座位在 10～23 座（含）以下的商用客车，不属于中轻型商用客车征税范围，不征收消费税；④沙滩车、雪地车、卡丁车、高尔夫车不属于消费税征收范围，不征收消费税；⑤企业购进货车或厢式货车改装生产的商务车、卫星通讯车等专用汽车不属于消费税征收范围，不征收消费税。

（九）高尔夫球及球具

高尔夫球及球具包括高尔夫球，高尔夫球杆及高尔夫球包（袋），高尔夫球杆的杆头、杆身和握把。

（十）高档手表

高档手表是指销售价格（不含增值税）每只在 10 000 元（含）以上的各类手表。

【特别提示】高档手表税目征收范围包括符合以上标准的各类手表。

（十一）游艇

游艇是指长度大于 8 米小于 90 米，船体由玻璃钢、钢、铝合金、塑料等多种材料制作，可以在水上移动的水上浮载体。按照动力划分，游艇分为无动力艇、帆艇和机动艇。

【特别提示】游艇税目征收范围包括艇身长度大于8米（含）小于90米（含），内置发动机，可以在水上移动，一般为私人或团体购置，主要用于水上运动和休闲娱乐等非牟利活动的各类机动艇。

（十二）木制一次性筷子

木制一次性筷子，又称卫生筷子，是指以木材为原料经过锯段、浸泡、旋切、刨切、烘干、筛选、打磨、倒角、包装等环节加工而成的各类一次性使用的筷子。

【特别提示】木制一次性筷子税目征收范围包括各种规格的木制一次性筷子和未经打磨、倒角的木制一次性筷子。

（十三）实木地板

实木地板是指以木材为原料，经锯割、干燥、刨光、截断、开榫、涂漆等工序加工而成的块状或条状的地面装饰材料。实木地板按生产工艺不同，可分为独板（块）实木地板、实木指接地板和实木复合地板三类；按表面处理状态不同，可分为未涂饰地板（白坯板、素板）和漆饰地板两类。

【特别提示】实木地板税目征收范围包括各类规格的实木地板，实木指接地板，实木复合地板，用于装饰墙壁、天棚的侧端面为榫、槽的实木装饰板，以及未经涂饰的素板。

（十四）电池

电池，是一种将化学能、光能等直接转换为电能的装置，一般是指由电极、电解质、容器、极端，通常还有隔离层组成的基本功能单元，以及用一个或多个基本功能单元装配成的电池组。具体包括：原电池、蓄电池、燃料电池、太阳能电池和其他电池。

【点拨指导】2015年12月31日前对铅蓄电池缓征消费税；自2016年1月1日起，对铅蓄电池按4%税率征收消费税。

【特别提示】对无汞原电池、金属氢化物镍蓄电池（又称“氢镍蓄电池”或“镍氢蓄电池”）、锂原电池、锂离子蓄电池、太阳能电池、燃料电池和全钒液流电池免征消费税。

（十五）涂料

涂料是指涂于物体表面能形成具有保护、装饰或特殊性能的固态涂膜的一类液体或固体材料的总称。

涂料由主要成膜物质、次要成膜物质等构成。按主要成膜物质涂料可分为油脂类、天然树脂类、酚醛树脂类、沥青类、醇酸树脂类、氨基树脂类、硝基类、过滤乙烯树脂类、烯类树脂类、丙烯酸酯类树脂类、聚酯树脂类、环氧树脂类、聚氨酯树脂类、元素有机类、橡胶类、纤维素类、其他成膜物类等。

【点拨指导】对施工状态下挥发性有机物（Volatile Organic Compounds，VOC）含量低于420克/升（含）的涂料免征消费税。

【特别提示】酒精、含铅汽油（汽油税目不再划分二级子目，统一按照无铅汽油税率征收消费税）、小排量摩托车（气缸容量小于250毫升）、汽车轮胎、非高档化妆品的消费税已经取消。

四、消费税税率

（一）消费税税率的形式

消费税实行从价定率的比例税率、从量定额的定额税率和从价定率与从量定额相结合的复合计税三种形式，共设置了20档不同的税率（税额）。

（二）消费税税率的具体税率

多数消费品采用比例税率，最高税率为56%，最低税率为1%；对成品油和黄酒、啤酒等实行定额税率；对卷烟、粮食白酒、薯类白酒实行从价定率与从量定额相结合计算应纳税额的复合计税办法。消费税税目税率如表4-3所示。

表4-3　消费税税目税率表

税目	税率
一、烟	
1. 卷烟	56%加0.003元/支
（1）甲类卷烟（生产、委托加工或进口环节）	36%加0.003元/支
（2）乙类卷烟（生产、委托加工或进口环节）	11%加0.005元/支
（3）甲类卷烟和乙类卷烟（批发环节）	36%
2. 雪茄烟（生产、委托加工或进口环节）	30%
3. 烟丝（生产、委托加工或进口环节）	
4. 电子烟	36%
（1）生产、委托加工或进口环节	11%
（2）批发环节	
二、酒	
1. 白酒（含粮食白酒和薯类白酒）	20%加0.5元/500克（或者500毫升）
2. 黄酒	240元/吨
3. 啤酒	
（1）甲类啤酒	250元/吨
（2）乙类啤酒	220元/吨
4. 其他酒	10%
三、高档化妆品	15%
四、贵重首饰及珠宝玉石	
1. 金银首饰、铂金首饰和钻石及钻石饰品（零售环节）	5%
2. 其他贵重首饰和珠宝玉石	10%
五、鞭炮、焰火	15%
六、成品油	
1. 汽油	1.52元/升
2. 柴油	1.20元/升
3. 航空煤油（暂缓征收）	1.20元/升
4. 石脑油	1.52元/升
5. 溶剂油	1.52元/升

续表

税目	税率
6. 润滑油 7. 燃料油	1.52元/升 1.20元/升
七、摩托车 1. 汽缸容量（排气量，下同）为250毫升的 2. 汽缸容量为250毫升（不含）以上的	 3% 10%
八、小汽车 1. 乘用车 （1）汽缸容量（排气量，下同）在1.0升（含1.0升）以下的 （2）汽缸容量在1.0升以上至1.5升（含1.5升）的 （3）汽缸容量在1.5升以上至2.0升（含2.0升）的 （4）汽缸容量在2.0升以上至2.5升（含2.5升）的 （5）汽缸容量在2.5升以上至3.0升（含3.0升）的 （6）汽缸容量在3.0升以上至4.0升（含4.0升）的 （7）汽缸容量在4.0升以上的 2. 中轻型商用客车 3. 超豪华小汽车（零售环节）	 1% 3% 5% 9% 12% 25% 40% 5% 10%，生产环节同乘用车和中轻型商用客车
九、高尔夫球及球具	10%
十、高档手表	20%
十一、游艇	10%
十二、木制一次性筷子	5%
十三、实木地板	5%
十四、电池	4%
十五、涂料	4%

（三）消费税具体适用税率的确定

在消费税税率运用中应注意以下几个具体问题：

（1）纳税人兼营不同税率的应税消费品，应当分别核算不同税率应税销售额、销售数量。未分别核算销售额、销售数量，或者将不同税率的应税消费品组成成套消费品销售的，从高适用税率。

（2）配制酒适用税率的确定。配制酒（露酒）是指以发酵酒、蒸馏酒精为税基，加入可食用或药食两用的辅料或食品添加剂，进行调配、混合或再加工制成的并改变了其原酒基风格的饮料酒。

1）以蒸馏酒或食用酒精为酒基，同时符合以下条件的配制酒，按其他酒税率征收消费税：①具有国家相关部门批准的国食健字或卫食健字文号；②酒精度低于38度（含）。

2）以发酵酒为酒基，酒精度低于20度（含）的配制酒，按其他酒税率征收消费税。

3）其他配制酒，按白酒税率征收消费税。

【特别提示】上述以蒸馏酒或食用酒精为酒基是指酒基中蒸馏酒或食用酒精的比重超过80%（含）；以发酵酒为酒基是指酒基中发酵酒的比重超过80%（含）。

（3）纳税人自产自用的卷烟应当按照纳税人生产的同牌号规格的卷烟销售价格确定征税类别和适用税率。

【点拨指导】自产自用没有同牌号规格卷烟的，一律按卷烟最高税率征税。

（4）卷烟由于接装过滤嘴、改变包装或其他原因提高销售价格后，应按照新的销售价格确定征税类别和适用税率。

（5）委托加工的卷烟按照受托方同牌号规格卷烟的征税类别和适用税率征税。

【点拨指导】委托加工没有同牌号规格卷烟的，一律按卷烟最高税率征税。

（6）残次品卷烟应当按照同牌号规格正品卷烟的征税类别确定适用税率。

（7）下列卷烟不分征税类别一律按照56%卷烟税率征税，并按照定额每标准箱150元计算征税：①白包卷烟；②手工卷烟；③未经国务院批准纳入计划的企业和个人生产的卷烟。

五、消费税应纳税额的计算

（一）销售额和销售数量的确定

消费税应纳税额的计算分为从价计征、从量计征和从价从量复合计征三种方法。

1. 从价计征销售额的确定

（1）销售额的含义和内容。

销售额为纳税人销售应税消费品向购买方收取的全部价款和价外费用。其中，价外费用，是指价外向购买方收取的手续费、补贴、基金、集资费、返还利润、奖励费、违约金、滞纳金、延期付款利息、赔偿金、代收款项、代垫款项、包装费、包装物租金、储备费、优质费、运输装卸费以及其他各种性质的价外收费。但下列项目不包括在内：

①同时符合以下条件的代垫运输费用：承运部门的运输费用发票开具给购买方的；纳税人将该项发票转交给购买方的。

②同时符合以下条件代为收取的政府性基金或者行政事业性收费：由国务院或者财政部批准设立的政府性基金，由国务院或者省级人民政府及其财政、价格主管部门批准设立的行政事业性收费；收取时开具省级以上财政部门印制的财政票据；所收款项全额上缴财政。

（2）含增值税销售额的换算。应税消费品在缴纳消费税时，与一般货物一样，还要同时缴纳增值税。应税消费品的销售额不包括应向购货方收取的增值税税额。如果纳税人应税消费品的销售额中未扣除增值税税款或者因不得开具增值税专用发票而导致价款和增值税税款合并收取的，在计算消费税时，应当换算为不含增值税税款的销售额。其换算公式为：

$$\text{应税消费品的销售额}=\text{含增值税的销售额}\div(1+\text{增值税税率或征收率})$$

在使用换算公式时，应根据纳税人的具体情况分别使用增值税税率或征收率。

【特别提示】消费税应税销售额应当是不含增值税但含消费税的销售额。

【点拨指导】如果消费税纳税人是增值税一般纳税人，销售应税消费品应当适用13%的增值税税率；如果消费税纳税人是增值税小规模纳税人，销售应税消费品应当适用3%的征收率。

2. 从量计征销售数量的确定

（1）应税消费品销售数量的确定。

①销售（一般是指出厂销售）应税消费品的，为应税消费品的销售数量。纳税人通过自设的非独立核算门市部销售自产应税消费品的，应当按照门市部对外销售数量征收消费税。

②自产自用应税消费品的（用于连续生产应税消费品的除外[①]），为应税消费品的移送使用数量。

③委托加工应税消费品的，为纳税人收回的应税消费品数量。

④进口的应税消费品，为海关核定的应税消费品进口征税数量。

【特别提示】实行从量定额计税的，消费税的计算与销售价格无关，不存在通过组成计税价格计算消费税的问题。

（2）计量单位的换算标准。

按照消费税规定，对黄酒、啤酒、成品油等应税消费品采取从量定额办法计算应纳税额。应税消费品计量单位的换算如表4-4所示。

表4-4　应税消费品计量单位的换算

序号	名称	计量单位的换算单位
1	黄酒	1吨=962升
2	啤酒	1吨=988升
3	汽油	1吨=1 388升
4	柴油	1吨=1 176升
5	航空煤油	1吨=1 246升
6	石脑油	1吨=1 385升
7	溶剂油	1吨=1 282升
8	润滑油	1吨=1 126升
9	燃料油	1吨=1 015升

3. 复合计征销售额和销售数量的确定

卷烟和白酒实行从价定率和从量定额相结合的复合计征办法征收消费税。

（1）销售额为纳税人生产销售卷烟、白酒向购买方收取的全部价款和价外费用。

（2）销售数量为纳税人生产销售、进口、委托加工、自产自用卷烟、白酒的销售数

① 将自产自用的应税消费品用于连续生产应税消费品，在此移送环节不纳税。

量、海关核定数量、委托方收回数量和移送使用数量。

【点拨指导】现行消费税的征税范围中，只有卷烟、白酒采用复合方法计税。

4. 特殊情形下销售额和销售数量的确定

（1）纳税人应税消费品的计税价格明显偏低并无正当理由的，由主管税务机关核定计税价格。其核定权限规定如下：①卷烟、白酒和小汽车的计税价格由国家税务总局核定，送财政部备案；②其他应税消费品的计税价格由省、自治区和直辖市税务局核定；③进口的应税消费品的计税价格由海关核定。

（2）纳税人通过自设非独立核算门市部销售的自产应税消费品，应当按照门市部对外销售额或者销售数量征收消费税。

（3）纳税人用于换取生产资料和消费资料、投资入股和抵偿债务等方面的应税消费品，应当以纳税人同类应税消费品的最高销售价格作为计税依据计算消费税。

【知识链接】纳税人用于换取生产资料和消费资料、投资入股和抵偿债务等方面的应税消费品，应当以纳税人同类应税消费品的平均销售价格（没有平均销售价格的，按照组成计税价格）作为计税依据计算增值税。

【特别提示】同一环节既征收消费税又征收增值税的，消费税与增值税的计税销售额一般情况下是相同的（用于换取生产资料和消费资料、投资入股和抵偿债务等方面的应税消费品除外）。

（4）白酒生产企业向商业销售单位收取的“品牌使用费”是随着应税白酒的销售而向购货方收取的，属于应税白酒销售价款的组成部分。因此，不论企业采取何种方式或以何种名义收取价款，均应并入白酒的销售额中缴纳消费税。

【点拨指导】

白酒生产企业销售白酒计算消费税的销售额 = 货价（不含增值税）+ 包装物的押金（不含增值税，当期非逾期）+ 包装物的租金（不含增值税）+ 品牌使用费（不含增值税）+ 其他价外费用（不含增值税）

（5）实行从价计征办法征收消费税的应税消费品连同包装销售的，无论包装物是否单独计价以及在会计上如何核算，均应并入应税消费品的销售额中缴纳消费税。

如果包装物不作价随同产品销售，而是收取押金，则此项押金不应并入应税消费品的销售额中征税。但对因逾期未收回的包装物不再退还的或者已收取的时间超过12个月的押金，应并入应税消费品的销售额，缴纳消费税。

对包装物既作价随同应税消费品销售，又另外收取押金的包装物的押金，凡纳税人在规定的期限内没有退还的，均应并入应税消费品的销售额，按照应税消费品的适用税率缴纳消费税。

归纳总结

包装物押金的税务处理

对酒类（黄酒、啤酒除外）生产企业销售酒类产品而收取的包装物押金，无论押金是否返还及在会计上如何核算，均应并入酒类产品销售额中，依据酒类产品的适用税率计征消费税。

【点拨指导】由于黄酒、啤酒的消费税是从量计征，因此没有从价计征的比例税率，其包装物押金也就无法计征消费税。

（6）纳税人采用以旧换新（含翻新改制）方式销售的金银首饰，应按实际收取的不含增值税的全部价款确定计税依据征收消费税。

【知识链接】金银首饰以旧换新的，应按照销售方实际收取的不含增值税的全部价款确定计税依据征收增值税。

对既销售金银首饰又销售非金银首饰的生产、经营单位，应将两类商品划分清楚，分别核算销售额。凡划分不清楚或不能分别核算的并在生产环节销售的，一律从高适用税率征收消费税；在零售环节销售的，一律按金银首饰征收消费税。

【点拨指导】金银首饰与其他产品组成成套消费品销售的，应按销售额全额征收消费税。

金银首饰连同包装物销售的，无论包装是否单独计价，也无论会计上如何核算，均应并入金银首饰的销售额计征消费税。

带料加工的金银首饰，应按受托方销售同类金银首饰的销售价格确定计税依据征收消费税。没有同类金银首饰销售价格的，按照组成计税价格计算纳税。

（7）纳税人生产、批发电子烟的，按照生产、批发电子烟的销售额计算纳税。电子烟生产环节纳税人采用代销方式销售电子烟的，按照经销商（代理商）销售给电子烟批发企业的销售额计算纳税。纳税人进口电子烟的，按照组成计税价格计算纳税。电子烟生产环节纳税人从事电子烟代加工业务的，应当分开核算持有商标电子烟的销售额和代加工电子烟的销售额；未分开核算的，一并缴纳消费税。

（8）纳税人销售的应税消费品，以人民币以外的货币结算销售额的，其销售额的人民币折合率可以选择销售额发生的当天或者当月 1 日的人民币汇率中间价。纳税人应在事先确定采取何种折合率，确定后 1 年内不得变更。

（二）应纳税额的计算

1. 生产销售应纳消费税的计算

（1）实行从价定率计征消费税的，其计算公式为：

应纳税额＝销售额×比例税率

（2）实行从量定额计征消费税的，其计算公式为：

应纳税额＝销售数量×定额税率

（3）实行从价定率和从量定额复合方法计征消费税的，其计算公式为：

应纳税额＝销售额×比例税率＋销售数量×定额税率

【例】 甲化妆品生产企业为增值税一般纳税人，本年5月15日向乙超市销售高档化妆品一批，开具增值税专用发票，取得不含增值税销售额30万元，增值税额3.9万元；5月20日向丙单位销售高档化妆品一批，开具增值税普通发票，取得含增值税销售额4.52万元。高档化妆品适用消费税税率为15%。要求：计算甲化妆品生产企业上述业务的应纳消费税。

【解析】

高档化妆品的应税销售额＝30＋4.52÷(1＋13%)＝34(万元)

应纳消费税＝34×15%＝5.1(万元)

【例】 甲啤酒厂为增值税一般纳税人，本年10月销售啤酒200吨，每吨出厂价格3 200元（含增值税），收取包装物及包装物押金120元。11月销售啤酒300吨，每吨出厂价格3 600元（含增值税），收取包装物及包装物押金120元。

每吨出厂价（含包装物及包装物押金）在3 000元（不含增值税）以上（含3 000元）的啤酒，适用定额税率为250元/吨；每吨出厂价（含包装物及包装物押金）在3 000元以下的啤酒，适用定额税率为220元/吨。

要求：(1) 计算甲啤酒厂10月的应纳消费税；(2) 计算甲啤酒厂11月的应纳消费税。

【解析】 (1) 10月每吨出厂价（含包装物及包装物押金）＝(3 200＋120)÷(1＋13%)＝2 938.05元＜3 000元，适用定额税率为220元/吨，则

10月应纳消费税＝销售数量×定额税率＝200×220＝44 000(元)

(2) 11月每吨出厂价（含包装物及包装物押金）＝(3 600＋120)÷(1＋13%)＝3 292.04元＞3 000元，适用定额税率为250元/吨，则

11月应纳消费税＝销售数量×定额税率＝300×250＝75 000(元)

【例】 甲酒厂为增值税一般纳税人，本年5月生产白酒200箱，每箱净重20千克，取得不含税销售收入40 000元，收取包装物押金1 130元，押金单独记账，货款及押金均收到。要求：计算甲酒厂上述业务的应纳消费税。

【解析】

应纳消费税＝[40 000＋1 130÷(1＋13%)]×20%＋200×20×2×0.5
＝12 200(元)

2. 自产自用应纳消费税的计算

纳税人自产自用的应税消费品，用于连续生产应税消费品的，不纳税（指的是在自产自用环节不纳税）；凡用于其他方面的，于移送使用时，视同销售依法缴纳消费税。若为从价征收，则应按照纳税人生产的同类应税消费品的销售价格计算纳税，没有同类应税消费品销售价格的，按照组成计税价格计算纳税；若为从量征收，则应按照纳税人

自产自用应税消费品的移送使用数量计算纳税。

【知识链接】 上述所称“用于其他方面”是指用于本企业连续生产非应税消费品、在建工程、管理部门、非生产机构、提供劳务、馈赠、赞助、集资、广告、样品、职工福利、奖励等方面。

【特别提示】 只有当纳税人没有同类消费品销售价格时，才需计算组成计税价格。

【举例说明】 甲企业将自产的高档香水精移送生产高档口红，其应税消费品高档香水精在移送使用时不缴纳消费税（也不缴纳增值税），以后生产的应税消费品高档口红在出厂销售时缴纳消费税（同时缴纳增值税）。

【举例说明】 甲企业将自产的高档香水精移送生产沐浴液，因沐浴液不属于消费税的征税范围，因此所耗用的应税消费品高档香水精在移送使用时，视同销售缴纳消费税（但不缴纳增值税），以后生产的非应税消费品沐浴液在销售时不缴纳消费税（但缴纳增值税）。

【举例说明】 甲企业将自产的卷烟用于职工福利、交际应酬或者馈赠客户等行为，在移送使用时，视同销售缴纳消费税（同时缴纳增值税）。

（1）实行从价定率办法计算纳税的自产自用应税消费品应纳税额的计算公式：

应纳税额＝同类应税消费品销售价格或者组成计税价格×比例税率

式中，

组成计税价格＝(成本＋利润)÷(1－比例税率)
＝[成本×(1＋成本利润率)]÷(1－比例税率)

（2）实行从量定额办法计算纳税的自产自用应税消费品应纳税额的计算公式：

应纳税额＝自产自用数量×定额税率

（3）实行复合计税办法计算纳税的自产自用应税消费品应纳税额的计算公式：

应纳税额＝同类应税消费品销售价格或者组成计税价格×比例税率
＋自产自用数量×定额税率

式中，

组成计税价格＝(成本＋利润＋自产自用数量×定额税率)÷(1－比例税率)
＝[成本×(1＋成本利润率)＋自产自用数量×定额税率]
÷(1－比例税率)

上述公式中所说的“成本”，是指应税消费品的产品生产成本。

上述公式中所说的“利润”，是指根据应税消费品的全国平均成本利润率计算的利润。应税消费品全国平均成本利润率由国家税务总局确定。应税消费品平均成本利润率如表4-5所示。

表 4－5　应税消费品平均成本利润率

消费品	全国平均成本利润率（%）	消费品	全国平均成本利润率（%）
甲类卷烟	10	摩托车	6
乙类卷烟	5	高尔夫球及球具	10
雪茄烟	5	高档手表	20
烟丝	5	游艇	10
电子烟	10	木制一次性筷子	5
粮食白酒	10	实木地板	5
薯类白酒	5	乘用车	8
其他酒	5	中轻型商用客车	5
高档化妆品	5	电池	4
鞭炮、焰火	5	涂料	7
贵重首饰及珠宝玉石	6		

【知识链接】自产自用应税消费品同时涉及缴纳增值税的，增值税的组成计税价格与消费税的组成计税价格相同。

同类消费品的销售价格是指纳税人或者代收代缴义务人当月销售的同类消费品的销售价格，如果当月同类消费品各期销售价格高低不同，应按销售数量加权平均计算。但销售的应税消费品有下列情况之一的，不得列入加权平均计算：①销售价格明显偏低又无正当理由的；②无销售价格的。

如果当月无销售或者当月未完结，应按照同类消费品上月或者最近月份的销售价格计算纳税。

【区别比较】纳税人用于换取生产资料和消费资料、投资入股和抵偿债务等方面的应税消费品，应当以纳税人同类应税消费品的最高销售价格作为计税依据计算征收消费税；纳税人将自己生产的应税消费品用于其他方面的（如无偿赠送他人），按照纳税人最近时期同类货物的平均销售价格（没有平均销售价格的，按照组成计税价格）作为计税依据计算征收消费税。

【例】甲公司为增值税一般纳税人，本年 5 月将 10 吨自产白酒馈赠客户，已知该批白酒的成本为 8 万元，成本利润率为 10%，该公司没有同类消费品的销售价格，市场上也没有同类消费品的销售价格，该批白酒适用的消费税税率为 20%加 0.5 元/500 克。要求：计算甲公司上述业务的应纳消费税。

【解析】自产白酒馈赠客户，从价部分的消费税应当按照同类消费品的销售价格计算；没有同类消费品销售价格的，按照组成计税价格计算。

组成计税价格＝[80 000×(1＋10%)＋10×1 000×2×0.5]÷(1－20%)
＝122 500(元)

应纳消费税＝122 500×20%＋10×1 000×2×0.5＝34 500(元)

【例】甲公司为增值税一般纳税人，主要从事小汽车的制造和销售业务，本年5月将自产的8辆小汽车用于偿还债务，小汽车生产成本为10万元/辆，甲公司同类小汽车不含增值税最高销售价格为32万元/辆，平均销售价格为27万元/辆，最低销售价格为22万元/辆。小汽车的增值税税率为13%，消费税税率为12%。要求：计算甲公司上述业务的应纳消费税。

【解析】甲公司用自产的8辆小汽车偿还债务，增值税视同销售，按纳税人最近时期同类货物的平均销售价格确定销售额。

增值税销项税额＝8×27×13%＝28.08(万元)

甲公司用自产的8辆小汽车偿还债务，消费税视同销售，按纳税人同类应税消费品的最高销售价格确定销售额。

应纳消费税＝8×32×12%＝30.72(万元)

3. 委托加工应纳消费税的计算

委托加工的应税消费品，若为从价征收，则应按照受托方的同类应税消费品的销售价格计算纳税，没有同类应税消费品销售价格的，按照组成计税价格计算纳税；若为从量征收，则应按照纳税人收回的应税消费品数量计算纳税。

（1）实行从价定率办法计算纳税的委托加工应税消费品应纳税额的计算公式：

应纳税额＝同类应税消费品销售价格或者组成计税价格×比例税率

式中，

组成计税价格＝(材料成本＋加工费)÷(1－比例税率)

（2）实行从量定额办法计算纳税的委托加工应税消费品应纳税额的计算公式：

应纳税额＝委托加工数量×定额税率

（3）实行复合计税办法计算纳税的委托加工应税消费品应纳税额的计算公式：

应纳税额＝同类应税消费品销售价格或者组成计税价格×比例税率
＋委托加工数量×定额税率

式中，

组成计税价格＝(材料成本＋加工费＋委托加工数量×定额税率)
÷(1－比例税率)

【点拨指导】上文所述材料成本，是指委托方所提供加工材料的实际成本。委托加工应税消费品的纳税人，必须在委托加工合同上如实注明（或以其他方式提供）材料成本，凡未提供材料成本的，受托方主管税务机关有权核定其材料成本。加工费，是指受托方加工应税消费品向委托方所收取的全部费用（包括代垫辅助材料的实际成本），不包括增值税税款。

【区别比较】委托加工的应税消费品计算消费税时，应按受托方同类应税消费品的销售价格（没有同类应税消费品的销售价格，则按照组成计税价格）计算；而计算增值税时，应按受托方收取的加工费（包括代垫的辅助材料成本）计算。

【例】甲化妆品企业本年 6 月受托为某商场加工一批高档化妆品，收取不含增值税的加工费 22 万元，商场提供的原材料金额为 80 万元。已知甲化妆品企业无同类产品销售价格，消费税税率为 15%。要求：计算甲化妆品企业应代收代缴的消费税。

【解析】

组成计税价格＝(80＋22)÷(1－15%)＝120(万元)

应代收代缴消费税＝120×15%＝18(万元)

4. 进口环节应纳消费税的计算

进口的应税消费品，若为从价征收，则应按照组成计税价格和规定的税率计算纳税；若为从量征收，则应按照海关核定的应税消费品进口征税数量和规定的税率计算纳税。

（1）实行从价定率办法计算纳税的进口应税消费品应纳税额的计算公式：

应纳税额＝组成计税价格×比例税率

式中，

组成计税价格＝(关税完税价格＋关税)÷(1－比例税率)

（2）实行从量定额办法计算纳税的进口应税消费品应纳税额的计算公式：

应纳税额＝海关核定的应税消费品进口征税数量×定额税率

（3）实行复合计税办法计算纳税的进口应税消费品应纳税额的计算公式：

应纳税额＝组成计税价格×比例税率＋海关核定的应税消费品进口征税数量×定额税率

式中，

组成计税价格＝(关税完税价格＋关税＋海关核定的应税消费品进口征税数量×定额税率)÷(1－比例税率)

【知识链接】进口应税消费品同时涉及缴纳进口环节增值税，进口环节增值税的组成计税价格与消费税的组成计税价格相同。

【例】甲进出口公司本年5月进口白酒2 000吨，关税完税价格为10 000万元，关税税率为30%。要求：计算甲进出口公司本年5月进口白酒的应纳消费税。

【解析】

应纳关税＝10 000×30%＝3 000(万元)

组成计税价格＝(10 000＋3 000＋2 000×1 000×2×0.5÷10 000)÷(1－20%)
＝16 500(万元)

应纳消费税＝16 500×20%＋2 000×1 000×2×0.5÷10 000＝3 500(万元)

（三）已纳消费税的扣除

为了避免重复征税，将外购应税消费品和委托加工收回的应税消费品继续生产应税消费品销售的，可以将外购应税消费品和委托加工收回应税消费品已缴纳的消费税给予扣除。

1. 外购应税消费品已纳税款的扣除

由于某些应税消费品是用外购已缴纳消费税的应税消费品连续生产出来的，在对这些连续生产出来的应税消费品计算征税时，税法规定应按当期生产领用数量计算准予扣除外购的应税消费品已纳的消费税税款。扣除范围包括：

（1）外购已税烟丝为原料生产的卷烟；

（2）外购已税高档化妆品为原料生产的高档化妆品；

（3）外购已税珠宝、玉石为原料生产的贵重首饰及珠宝、玉石；

（4）外购已税鞭炮、焰火为原料生产的鞭炮、焰火；

（5）外购已税杆头、杆身和握把为原料生产的高尔夫球杆；

（6）外购已税木制一次性筷子为原料生产的木制一次性筷子；

（7）外购已税实木地板为原料生产的实木地板；

（8）外购已税石脑油、润滑油、燃料油为原料生产的成品油；

（9）外购已税汽油、柴油为原料生产的汽油、柴油。

【点拨指导】自2015年5月1日起，从葡萄酒生产企业购进、进口葡萄酒连续生产应税葡萄酒的，准予从葡萄酒消费税应纳税额中扣除所耗用应税葡萄酒已纳消费税税款。

【特别提示】上述可扣除的项目都是同一税目、同一纳税环节；扣除范围不包括酒（葡萄酒除外）、小汽车、摩托车、高档手表、游艇、电池、涂料；用于生产非应税消费品不得扣除。

上述当期准予扣除外购应税消费品已纳消费税税款的计算公式为：

$$\text{当期准予扣除的外购应税消费品已纳税款}=\text{当期准予扣除的外购应税消费品买价}\times\text{外购应税消费品适用税率}$$

$$\text{当期准予扣除的外购应税消费品买价}=\text{期初库存的外购应税消费品的买价}+\text{当期购进的应税消费品的买价}-\text{期末库存的外购应税消费品的买价}$$

外购应税消费品的买价是指购货发票上注明的销售额（不包括增值税税款）。

【点拨指导】纳税人用外购的已税珠宝、玉石原料生产的改在零售环节征收消费税的金银首饰（镶嵌首饰），在计税时一律不得扣除外购珠宝、玉石的已纳税款。

【点拨指导】对自己不生产应税消费品，而只是购进后再销售应税消费品的工业企业，其销售的高档化妆品、鞭炮、焰火和珠宝、玉石，凡不能构成最终消费品直接进入消费品市场，而需进一步生产加工的，应当征收消费税，同时允许扣除上述外购应税消费品的已纳税款。

【知识链接】烟草批发企业在计算应纳消费税税额时"不得扣除"已含的"生产环节"的消费税税款。

允许扣除已纳税款的应税消费品只限于从工业企业购进的应税消费品和进口环节已缴纳消费税的应税消费品，对从境内商业企业购进应税消费品的已纳税款一律不得扣除。

【特别提示】"允许扣除已纳税款的应税消费品只限于从工业企业购进的应税消费品和进口环节已缴纳消费税的应税消费品，对从境内商业企业购进应税消费品的已纳税款一律不得扣除"是考试大纲及指定教材的说法，已经过时了。根据《国家税务总局关于进一步加强消费税纳税申报及税款抵扣管理的通知》（国税函〔2006〕769号）的规定，从商业企业购进应税消费品连续生产应税消费品，符合抵扣条件的，准予扣除外购应税消费品已纳消费税税款。但参加初级会计专业技术资格"经济法基础"考试时应以考试大纲及指定教材为准。

2. 委托加工收回的应税消费品已纳税款的扣除

委托加工的应税消费品因为已由受托方代收代缴消费税，因此，委托方收回货物后用于连续生产应税消费品的，其已纳税款准予按照规定从连续生产的应税消费品应纳税额中扣除。扣除范围包括：

（1）以委托加工收回的已税烟丝为原料生产的卷烟；

（2）以委托加工收回的已税高档化妆品为原料生产的高档化妆品；

（3）以委托加工收回的已税珠宝、玉石为原料生产的贵重首饰及珠宝、玉石；

（4）以委托加工收回的已税鞭炮、焰火为原料生产的鞭炮、焰火；

（5）以委托加工收回的已税杆头、杆身和握把为原料生产的高尔夫球杆；

（6）以委托加工收回的已税木制一次性筷子为原料生产的木制一次性筷子；

（7）以委托加工收回的已税实木地板为原料生产的实木地板；

（8）以委托加工收回的已税石脑油、润滑油、燃料油为原料生产的成品油；

（9）以委托加工收回的已税汽油、柴油为原料生产的汽油、柴油。

上述当期准予扣除委托加工收回的应税消费品已纳消费税税款的计算公式是：

$$\text{当期准予扣除的委托加工应税消费品已纳税款}=\text{期初库存的委托加工应税消费品已纳税款}+\text{当期收回的委托加工应税消费品已纳税款}-\text{期末库存的委托加工应税消费品已纳税款}$$

【特别提示】纳税人用委托加工收回的已税珠宝、玉石原料生产的改在零售环节征收消费税的金银首饰，在计税时一律不得扣除委托加工收回的珠宝、玉石原料的已纳消费税税款。

【例】甲日化工厂本年5月委托A厂加工高档化妆品，收回时被代收代缴消费税600元，委托B厂加工高档化妆品，收回时被代收代缴消费税400元。该厂将上述两种高档化妆品收回后继续加工生产某高档化妆品出售，当月销售额8 000元。该厂期初库存的委托加工应税消费品已纳税款220元，期末库存的委托加工应税消费品已纳税款280元。要求：计算甲日化工厂本年5月的应纳消费税。

【解析】

当月准予扣除的委托加工应税消费品已纳税款＝220＋(600＋400)－280
＝940(元)

应纳消费税＝8 000×15%－940＝260(元)

六、消费税征收管理

（一）纳税义务发生时间

（1）纳税人销售应税消费品的，按不同的销售结算方式，其纳税义务发生时间分别为：

①采取赊销和分期收款结算方式的，为书面合同约定的收款日期的当天，书面合同没有约定收款日期或者无书面合同的，为发出应税消费品的当天；

②采取预收货款结算方式的，为发出应税消费品的当天；

③采取托收承付和委托银行收款方式的，为发出应税消费品并办妥托收手续的当天；

④采取其他结算方式的，为收讫销售款项或者取得索取销售款项凭据的当天。

（2）纳税人自产自用应税消费品的，为移送使用的当天。

（3）纳税人委托加工应税消费品的，为纳税人提货的当天。

（4）纳税人进口应税消费品的，为报关进口的当天。

（二）纳税地点

（1）纳税人销售的应税消费品，以及自产自用的应税消费品，除国务院财政、税务主管部门另有规定外，应当向纳税人机构所在地或者居住地的主管税务机关申报纳税。

（2）委托加工的应税消费品，除受托方为个人外，由受托方向机构所在地或居住地的主管税务机关解缴消费税税款。委托个人加工的应税消费品，由委托方向其机构所在地或居住地主管税务机关申报纳税。

（3）进口的应税消费品，由进口人或者其代理人向报关地海关申报纳税。

（4）纳税人到外县（市）销售或者委托外县（市）代销自产应税消费品的，于应税消费品销售后，向机构所在地或者居住地主管税务机关申报纳税。

（5）纳税人的总机构与分支机构不在同一县（市）的，应当分别向各自机构所在地的主管税务机关申报纳税。

【特别提示】纳税人的总机构与分支机构不在同一县（市），但在同一省（自治区、直辖市）范围内的，经省（自治区、直辖市）财政厅（局）、税务局审批同意，可以由总机构汇总向总机构所在地的主管税务机关申报缴纳消费税。省（自治区、直辖市）财政厅（局）、税务局应将审批同意的结果上报财政部、国家税务总局备案。

（6）纳税人销售的应税消费品，如因质量等原因由购买者退回时，经机构所在地或者居住地主管税务机关审核批准后，可退还已缴纳的消费税税款。

（7）出口的应税消费品办理退税后，发生退关，或者国外退货进口时予以免税的，报关出口者必须及时向其机构所在地或者居住地主管税务机关申报补缴已退还的消费税税款。

【点拨指导】纳税人直接出口的应税消费品办理免税后，发生退关或者国外退货，进口时已予以免税的，经机构所在地或者居住地主管税务机关批准，可暂不办理补税，待其转为国内销售时，再申报补缴消费税。

（8）个人携带或者邮寄进境的应税消费品的消费税，连同关税一并计征，具体办法由国务院关税税则委员会会同有关部门制定。

（三）纳税期限

消费税的纳税期限分别为1日、3日、5日、10日、15日、1个月或者1个季度；纳税人的具体纳税期限，由主管税务机关根据纳税人应纳税额的大小分别核定；不能按照固定期限纳税的，可以按次纳税。

纳税人以1个月或者1个季度为1个纳税期的，自期满之日起15日内申报纳税；以1日、3日、5日、10日或者15日为1个纳税期的，自期满之日起5日内预缴税款，于次月1日起15日内申报纳税并结清上月应纳税款。

纳税人进口应税消费品，应当自海关填发海关进口消费税专用缴款书之日起15日内缴纳税款。

（四）纳税申报表

自2021年8月1日起，消费税与城市维护建设税、教育费附加、地方教育附加申报表整合，启用《消费税及附加税费申报表》，如表4-6所示。

表4-6　消费税及附加税费申报表

税款所属期：自　　年　月　日至　　年　月　日

纳税人识别号（统一社会信用代码）：□□□□□□□□□□□□□□□□□□□□

纳税人名称：　　　　　　　　　　　　　　　　　　　金额单位：人民币元（列至角分）

项目 应税消费品名称	适用税率 定额税率	适用税率 比例税率	计量单位	本期销售数量	本期销售额	本期应纳税额
	1	2	3	4	5	6=1×4+2×5
合计	—	—	—	—	—	—

	栏次	本期税费额
本期减（免）税额	7	
期初留抵税额	8	
本期准予扣除税额	9	
本期应扣除税额	10=8+9	
本期实际扣除税额	11[10<(6-7)，则为10，否则为6-7]	
期末留抵税额	12=10-11	
本期预缴税额	13	
本期应补（退）税额	14=6-7-11-13	
城市维护建设税本期应补（退）税额	15	
教育费附加本期应补（退）费额	16	
地方教育附加本期应补（退）费额	17	

声明：此表是根据国家税收法律法规及相关规定填写的，本人（单位）对填报内容（及附带资料）的真实性、可靠性、完整性负责。

纳税人（签章）：　　年　月　日

经办人： 经办人身份证号： 代理机构签章： 代理机构统一社会信用代码：	受理人： 受理税务机关（章）： 受理日期：　年　月　日

第3节即测即评

第 4 节　城市维护建设税、教育费附加和地方教育附加法律制度

城市维护建设税（以下简称“城建税”）是以纳税人依法实际缴纳的增值税、消费税（以下简称“两税”）税额为计税依据所征收的一种税。2020 年 8 月 11 日第十三届全国人民代表大会常务委员会第二十一次会议通过了《中华人民共和国城市维护建设税法》，自 2021 年 9 月 1 日起施行。

【特别提示】征收城市维护建设税的主要目的是筹集城镇设施建设和维护资金。

教育费附加是以纳税人依法实际缴纳的增值税、消费税税额为计征依据而征收的一种费用。

【特别提示】征收教育费附加的主要目的是加快发展地方教育事业，扩大地方教育经费资金来源。

一、城市维护建设税

（一）城市维护建设税纳税人和扣缴义务人

城市维护建设税的纳税人，是指在中华人民共和国境内缴纳增值税、消费税的单位和个人。城市维护建设税扣缴义务人为负有增值税、消费税扣缴义务的单位和个人，在扣缴增值税、消费税的同时扣缴城市维护建设税。

【点拨指导】单位包括各类企业（含外商投资企业、外国企业）、行政单位、事业单位、军事单位、社会团体及其他单位；个人包括个体工商户以及其他个人（含外籍个人）。

（二）城市维护建设税税率

1. 税率的具体规定

城市维护建设税实行差别比例税率。按照纳税人所在地区的不同，设置了三档比例税率。城市维护建设税税率如表 4 - 7 所示。

表 4 - 7　城市维护建设税税率表

纳税人所在地	税率
市区	7%
县城、镇	5%
不在市区、县城或者镇	1%

【点拨指导】纳税人所在地，是指纳税人住所地或者与纳税人生产经营活动相关的其他地点，具体地点由省、自治区、直辖市确定。

2. 特殊情况下适用税率的确定

（1）由受托方代扣代缴、代收代缴增值税、消费税的单位和个人，其代扣代缴、代收代缴的城市维护建设税按受托方所在地适用税率执行。

（2）流动经营等无固定纳税地点的单位和个人，在经营地缴纳增值税、消费税的，其城市维护建设税的缴纳按经营地适用税率执行。

（三）城市维护建设税计税依据

城市维护建设税的计税依据，是纳税人依法实际缴纳的增值税、消费税税额。城市维护建设税的计税依据应当按照规定扣除期末留抵退税退还的增值税税额。

【特别提示】①依法实际缴纳的增值税、消费税税额，是指纳税人依照增值税、消费税相关法律法规和税收政策规定计算的应当缴纳的增值税、消费税税额（不含因进口货物或境外单位和个人向境内销售劳务、服务、无形资产缴纳的增值税、消费税税额），加上增值税免抵税额，扣除直接减免的增值税、消费税税额和期末留抵退税退还的增值税税额后的金额；

②增值税免抵税额，是指出口货物、劳务或者跨境销售服务、无形资产增值税免抵税额；

③直接减免的增值税、消费税税额，是指依照增值税、消费税相关法律法规和税收政策规定，直接减征或免征的增值税、消费税税额，不包括实行先征后返、先征后退、即征即退办法退还的增值税、消费税税额。

【特别提示】纳税人违反增值税、消费税有关税法而加收的滞纳金和罚款，是税务机关对纳税人违法行为的经济制裁，不作为城市维护建设税的计税依据，但纳税人在被查补增值税、消费税和被处以罚款时，应同时对其偷（逃）漏的城市维护建设税进行补税、征收滞纳金和罚款。教育费附加和地方教育附加也是类似道理。

（四）城市维护建设税应纳税额的计算

城市维护建设税应纳税额应按照纳税人依法实际缴纳的增值税、消费税税额乘以适用税率计算。计算公式为：

应纳城市维护建设税＝依法实际缴纳的增值税、消费税税额×适用税率

【特别提示】对实行增值税期末留抵退税的纳税人，允许其从城市维护建设税的计税依据中扣除退还的增值税税额。

【例】甲公司位于县城，本年1月销售应税货物缴纳增值税18万元、消费税15万元，出口货物增值税免抵税额5万元，出售房产缴纳增值税7万元、土地增值税2万元。要求：计算甲公司本年1月的应纳城市维护建设税。

【解析】

应纳城市维护建设税＝(18＋15＋5＋7)×5％＝2.25(万元)

（五）城市维护建设税税收优惠

城市维护建设税属于增值税、消费税的一种附加税，原则上不单独规定税收减免条

款，而是比照增值税、消费税的减免规定。现行城市维护建设税的减免规定主要有：

（1）对进口货物或者境外单位和个人向境内销售劳务、服务、无形资产缴纳的增值税、消费税税额，不征收城市维护建设税。

（2）对由于减免增值税、消费税而发生退税的，可同时退还已征收的城市维护建设税。但对出口货物、劳务和跨境销售服务、无形资产以及因优惠政策退还增值税、消费税的，不退还已缴纳的城市维护建设税。

【特别提示】考试大纲及指定教材中“对出口货物、劳务和跨境销售服务、无形资产以及因优惠政策退还增值税、消费税的，不退还已缴纳的城市维护建设税”是《中华人民共和国城市维护建设税法（征求意见稿）》中的条文。正式出台的《中华人民共和国城市维护建设税法》没有上述条文。目前仍旧实行的税法依据是《财政部关于城市维护建设税几个具体业务问题的补充规定》（财税字〔1985〕143 号）中的规定，即“对出口产品退还消费税、增值税的，不退还已缴纳的城市维护建设税”。但参加初级会计专业技术资格“经济法基础”考试时应以考试大纲及指定教材为准。

（3）对增值税、消费税实行先征后返、先征后退、即征即退办法的，除另有规定外，对随增值税、消费税附征的城市维护建设税，一律不予退（返）还。

（4）根据国民经济和社会发展的需要，国务院对重大公共基础设施建设、特殊产业和群体以及重大突发事件应对等情形可以规定减征或者免征城市维护建设税，报全国人民代表大会常务委员会备案。

【归纳总结】城市维护建设税进口不征，出口不退。

【点拨指导】自 2023 年 1 月 1 日至 2027 年 12 月 31 日，对增值税小规模纳税人、小型微利企业和个体工商户减半征收资源税（不含水资源税）、城市维护建设税、房产税、城镇土地使用税、印花税（不含证券交易印花税）、耕地占用税和教育费附加、地方教育附加。增值税小规模纳税人、小型微利企业和个体工商户已依法享受资源税、城市维护建设税、房产税、城镇土地使用税、印花税、耕地占用税、教育费附加、地方教育附加等其他优惠政策的，可叠加享受上述规定的优惠政策。

（六）城市维护建设税征收管理

1. 纳税义务发生时间

城市维护建设税的纳税义务发生时间与增值税、消费税的纳税义务发生时间一致，分别与增值税、消费税同时缴纳。

2. 纳税地点

纳税人缴纳增值税、消费税的地点，就是该纳税人缴纳城市维护建设税的地点。扣缴义务人应当向其机构所在地或者居住地的主管税务机关申报缴纳其扣缴的税款。有特殊情况的，按下列原则和办法确定纳税地点：

（1）代扣代缴、代收代缴增值税、消费税的单位和个人，同时也是城市维护建设税的代扣代缴、代收代缴义务人，其纳税地点为代扣代收地。

（2）对流动经营等无固定纳税地点的单位和个人，应随同增值税、消费税在经营地纳税。

【特别提示】考试大纲及指定教材中“扣缴义务人应当向其机构所在地或者居住地的主管税务机关申报缴纳其扣缴的税款”为《中华人民共和国城市维护建设税法（征求意见稿）》中的内容，正式颁布的《中华人民共和国城市维护建设税法》中没有这一条。但参加初级会计专业技术资格“经济法基础”考试时应以考试大纲及指定教材为准。

3. 纳税期限

城市维护建设税的纳税期限与增值税、消费税的纳税期限一致。根据《增值税法》和《消费税法》规定，增值税、消费税的纳税期限分别为 1 日、3 日、5 日、10 日、15 日、1 个月或者 1 个季度；纳税人的具体纳税期限，由税务机关根据纳税人应纳税额的大小分别核定；不能按照固定期限纳税的，可以按次纳税。

二、教育费附加与地方教育附加

（一）教育费附加与地方教育附加征收范围

教育费附加与地方教育附加对在中华人民共和国境内缴纳增值税、消费税的单位和个人征收。

【特别提示】单位和个人包括外商投资企业、外国企业及外籍个人。

（二）教育费附加与地方教育附加计征依据

教育费附加与地方教育附加的计征依据，是纳税人依法实际缴纳的增值税、消费税税额。

（三）教育费附加与地方教育附加征收比率

现行教育费附加征收率为 3%。现行地方教育附加征收率为 2%。

（四）教育费附加、地方教育附加计算与缴纳

1. 计算公式

应纳教育费附加＝依法实际缴纳的增值税、消费税税额×征收比率

应纳地方教育附加＝依法实际缴纳的增值税、消费税税额×征收比率

【例】甲公司位于市区，本年 1 月销售应税货物缴纳增值税 19 万元、消费税 9 万元，出口货物增值税免抵税额 5 万元，出售房产缴纳增值税 3 万元、土地增值税 2 万元。要求：计算甲公司本年 1 月的应纳教育费附加和地方教育附加。

【解析】

应纳教育费附加和地方教育附加＝(19＋9＋5＋3)×(3%＋2%)＝1.8(万元)

2. 费用缴纳

教育费附加、地方教育附加分别与增值税、消费税税款同时缴纳。

（五）教育费附加与地方教育附加减免规定

教育费附加与地方教育附加属于增值税、消费税的一种附加费，原则上不单独规定税收减免条款，而是比照增值税、消费税的减免规定。现行教育费附加的减免规定主要有：

（1）对海关进口产品征收的增值税、消费税，不征收教育费附加与地方教育附加。

【特别提示】上述说法为考试大纲及指定教材的说法，是旧的规定，虽然说法也是正确的，但不全面。根据《财政部 税务总局关于城市维护建设税计税依据确定办法等事项的公告》（财政部 税务总局公告 2021 年第 28 号）的规定，对进口货物或者境外单位和个人向境内销售劳务、服务、无形资产缴纳的增值税、消费税税额，不征收教育费附加和地方教育附加。但参加初级会计专业技术资格“经济法基础”考试时应以考试大纲及指定教材为准。

（2）对由于减免增值税、消费税而发生退税的，可同时退还已征收的教育费附加与地方教育附加。但对出口产品退还增值税、消费税的，不退还已征的教育费附加与地方教育附加。

第4节即测即评

第 5 节　车辆购置税法律制度

车辆购置税，是对在中国境内购置应税车辆的单位和个人征收的一种税。2018 年 12 月 29 日第十三届全国人民代表大会常务委员会第七次会议通过了《中华人民共和国车辆购置税法》，自 2019 年 7 月 1 日起施行。

【点拨指导】车辆购置税就其性质而言，属于直接税的范畴。

一、车辆购置税纳税人

在我国境内购置规定的车辆（以下简称“应税车辆”）的单位和个人，为车辆购置税的纳税人。

【点拨指导】购置，包括购买、进口、自产、受赠、获奖或者以其他方式取得并自用应税车辆的行为。

【特别提示】购置后自用的，需要缴纳车辆购置税。购入待售车辆不需要缴纳车辆购置税，待进一步处置时再行确定纳税人、缴纳车辆购置税。

【知识链接】与契税相同，车辆购置税由承受方缴纳。

二、车辆购置税征税范围

车辆购置税的征税范围包括汽车、有轨电车、汽车挂车、排气量超过150毫升的摩托车。

【知识链接】车辆购置税实行一次性征收。购置已征车辆购置税的车辆，不再征收车辆购置税。

三、车辆购置税税率

车辆购置税采用10%的比例税率。

四、车辆购置税计税依据

车辆购置税的计税依据为应税车辆的计税价格。计税价格根据不同情况，按照下列规定确定：

（一）购买自用应税车辆的计税价格

纳税人购买自用的应税车辆的计税价格，为纳税人购买应税车辆而实际支付给销售者的全部价款，不包括增值税税款。

【特别提示】自2020年6月1日起，纳税人购置应税车辆，以电子发票信息中的不含增值税价作为计税价格。纳税人依据相关规定提供其他有效价格凭证的情形除外。

（二）进口自用应税车辆的计税价格

纳税人进口自用应税车辆的计税价格，为关税完税价格加上关税和消费税。纳税人进口自用的应税车辆的计税价格的计算公式为：

计税价格＝关税完税价格＋关税＋消费税

（三）自产自用应税车辆的计税价格

纳税人自产自用应税车辆的计税价格，按照纳税人生产的同类应税车辆的销售价格确定，不包括增值税税款；没有同类应税车辆销售价格的，按照组成计税价格确定，计算公式为：

组成计税价格＝成本×(1＋成本利润率)

属于应征消费税的应税车辆，其组成计税价格中包括消费税税额。

（四）以其他方式取得自用应税车辆的计税价格

纳税人以受赠、获奖或者其他方式取得自用应税车辆的计税价格，按照购置应税车辆时相关凭证载明的价格确定，不包括增值税税款。

（五）核定应税车辆计税价格

纳税人申报的应税车辆计税价格明显偏低，又无正当理由的，由税务机关依照《中华人民共和国税收征收管理法》的规定核定其应纳税额。

【特别提示】纳税人以外汇结算应税车辆价款的，按照申报纳税之日的人民币汇率中间价折合成人民币计算缴纳税款。

五、车辆购置税应纳税额的计算

车辆购置税实行从价定率的方法计算应纳税额。计算公式如下：

应纳税额＝计税依据×税率

【例】甲公司本年 5 月从增值税一般纳税人处购买轿车（非新能源或节约能源车辆）一辆供本公司使用，支付含增值税的价款 180 000 元，另支付购置工具件和零配件价款 1 000 元，车辆装饰费 1 500 元，取得机动车销售统一发票。要求：计算甲公司本年 1 月的应纳车辆购置税。

【解析】

应纳车辆购置税＝(180 000＋1 000＋1 500)÷(1＋13%)×10%＝16 150.44(元)

六、车辆购置税税收优惠

下列车辆免征车辆购置税：

（1）依照法律规定应当予以免税的外国驻华使馆、领事馆和国际组织驻华机构及其有关人员自用的车辆；

（2）中国人民解放军和中国人民武装警察部队列入装备订货计划的车辆；

（3）悬挂应急救援专用号牌的国家综合性消防救援车辆；

（4）设有固定装置的非运输专用作业车辆；

（5）城市公交企业购置的公共汽电车辆。

【特别提示】国务院可以规定减征或者其他免征车辆购置税的情形，报全国人民代表大会常务委员会备案。

（6）对购置日期在 2023 年 1 月 1 日至 2023 年 12 月 31 日期间的新能源汽车，免征车辆购置税。对购置日期在 2024 年 1 月 1 日至 2025 年 12 月 31 日期间的新能源汽车免征车辆购置税，其中，每辆新能源乘用车免税额不超过 3 万元；对购置日期在 2026 年 1 月 1 日至 2027 年 12 月 31 日期间的新能源汽车减半征收车辆购置税，其中，每辆新能源乘用车减税额不超过 1.5 万元。

享受车辆购置税减免政策的新能源汽车，是指符合新能源汽车产品技术要求的纯电动汽车、插电式混合动力（含增程式）汽车、燃料电池汽车。①

（7）2027 年 12 月 31 日前，继续对购置挂车减半征收车辆购置税。

① 该内容在《2025 年度初级会计专业技术资格考试大纲》中已经删除，本教材仍保留。

【点拨指导】购置日期按照《机动车销售统一发票》《海关关税专用缴款书》或者其他有效凭证的开具日期确定。

七、车辆购置税征收管理

（一）纳税环节

车辆购置税由税务机关征收。车辆购置税实行一次征收制度，税款应当一次缴清。购置已征车辆购置税的车辆，不再征收车辆购置税。

纳税人应当在向公安机关交通管理部门办理车辆登记注册前，缴纳车辆购置税。

纳税人应当持主管税务机关出具的完税证明或者免税证明，向公安机关车辆管理机构办理车辆登记注册手续；没有完税证明或者免税证明的，公安机关车辆管理机构不得办理车辆登记注册手续。公安机关交通管理部门办理车辆注册登记，应当根据税务机关提供的应税车辆完税或者免税电子信息对纳税人申请登记的车辆信息进行核对，核对无误后依法办理车辆注册登记。

【知识链接】与耕地占用税相同，车辆购置税实行一次性征收制度。

（二）纳税义务发生时间

车辆购置税的纳税义务发生时间为纳税人购置应税车辆的当日。

（三）纳税期限

纳税人应当自纳税义务发生之日起60日内申报缴纳车辆购置税。

【特别提示】纳税人将已征车辆购置税的车辆退回车辆生产企业或者销售企业的，可以向主管税务机关申请退还车辆购置税。退税额以已缴税款为基准，自缴纳税款之日至申请退税之日，每满一年扣减10%。

【特别提示】免税、减税车辆因转让、改变用途等原因不再属于免税、减税范围的，纳税人应当在办理车辆转移登记或者变更登记前缴纳车辆购置税。计税价格以免税、减税车辆初次办理纳税申报时确定的计税价格为基准，每满一年扣减10%。

（四）纳税地点

纳税人购置应税车辆，应当向车辆登记地的主管税务机关申报缴纳车辆购置税；购置不需要办理车辆登记的应税车辆的，应当向纳税人所在地的主管税务机关申报缴纳车辆购置税。

第5节即测即评

第 6 节　关税法律制度

关税是海关依法对进出国境或关境的货物、物品征收的一种税（就我国而言，关税是我国海关依法对进出口货物、进境物品征收的一种税）。我国关税的相关法律、法规主要包括 1987 年 1 月 22 日第六届全国人大常委会第十九次会议通过、2021 年 4 月 29 日第十三届全国人大常委会第二十八次会议第六次修正的《中华人民共和国海关法》（以下简称《海关法》）以及 2024 年 4 月 26 日第十四届全国人民代表大会常务委员会第九次会议通过，自 2024 年 12 月 1 日起施行的《中华人民共和国关税法》（以下简称《关税法》）。以上法律法规构成了我国关税法律制度的主要内容。

【特别提示】关境又称税境，是指一国海关法律、法规可以全面实施的领域。国境是一个主权国家的领土范围。在通常情况下，一国的关境与其国境的范围是一致的，关境即国境。但由于自由港、自由区和关税同盟的存在，关境与国境也存在不完全一致的情况。

【点拨指导】香港和澳门保持自由港地位，为我国单独的关税地区，即单独关境区。单独关境区是不完全适用该国海关法律、法规或实施单独海关管理制度的区域。因此，我国的关境小于国境。而欧盟的国家都是位于同一关境内，但是不同于国境，因此其关境大于国境。

关税通常分为进口关税、出口关税和过境关税。我国目前把对进出口货物征收的关税分为进口关税和出口关税两类。

（一）关税的纳税人

进口货物的收货人、出口货物的发货人、进境物品的携带人或者收件人，是关税的纳税人。

1. 进出口货物的收货人、发货人

进出口货物的收货人、发货人是依法取得对外贸易经营权，并且进口或者出口货物的法人或者其他社会团体，具体包括：外贸进出口公司；工贸或农贸结合的进出口公司；其他经批准经营进出口商品的企业。

2. 进境物品的携带人或者收件人

进境物品的携带人或者收件人是携带物品进境的入境人员以及进境邮递物品的收件人，具体包括：入境旅客随身携带的行李、物品的持有人；各种运输工具上服务人员入境时携带自用物品的持有人；馈赠物品以及其他方式入境个人物品的收件人；个人邮递物品的收件人。

（二）关税的扣缴义务人

从事跨境电子商务零售进口的电子商务平台经营者、物流企业和报关企业，以及法律、行政法规规定负有代扣代缴、代收代缴关税税款义务的单位和个人，是关税的扣缴义务人。

二、关税征税对象

关税的征税对象是进出口的货物、进出境的物品（就我国而言，关税的征税对象是进出口的货物、进境的物品）。凡准许进出口的货物、进境物品，除国家另有规定的以外，均应由海关征收进口关税或出口关税。对从境外采购进口的原产于中国境内的货物，也应按规定征收进口关税。

【点拨指导】个人合理自用的进境物品，按照简易征收办法征收关税。超过个人合理自用数量的进境物品，按照进口货物征收关税。个人合理自用的进境物品，在规定数额以内的免征关税。进境物品关税简易征收办法和免征关税数额由国务院规定，报全国人民代表大会常务委员会备案。

三、进出口税则和关税税目的确定

（一）进出口税则

进出口税则，又称关税税则，是一国政府根据国家包括关税政策在内的经济政策，通过一定的立法程序，制定、公布并实施的进出口货物和物品应税的以关税税目税率表为主体的文件。《中华人民共和国进出口税则》（简称《税则》）是《中华人民共和国关税法》的附件。《税则》包括规则与说明、进口税则、出口税则三个部分。国务院关税税则委员会负责定期编纂、发布《税则》，解释《税则》的税目、税率。

（二）关税税目

进口关税税目以世界海关组织《商品名称及编码协调制度》（简称《协调制度》）为基础，由税则号列（简称税号）和目录条文等组成。关税税目适用规则包括归类规则等。进出口货物的商品归类，应当按照《税则》规定的目录条文和归类总规则、类注、章注、子目注释、本国子目注释，以及其他归类注释确定，并归入相应的税则号列。

出口关税税目与进口税则关税税目相同。

【点拨指导】根据实际需要，国务院关税税则委员会可以提出调整关税税目及其适用规则的建议，报国务院批准后发布执行。

四、关税税率

关税的税率分为进口税率和出口税率两种。进口关税设置最惠国税率、协定税率、特惠税率、普通税率等。出口关税设置出口税率。对实行关税配额管理的进出口货物，设置关税配额税率。对进出口货物在一定期限内可以实行暂定税率。

（一）最惠国税率

原产于共同适用最惠国待遇条款的世界贸易组织成员的进口货物，原产于与中华人民共和国缔结或者共同参加含有相互给予最惠国待遇条款的国际条约、协定的国家或者地区的进口货物，以及原产于中华人民共和国境内的进口货物，适用最惠国税率。

（二）协定税率

原产于与中华人民共和国缔结或者共同参加含有关税优惠条款的国际条约、协定的国家或者地区且符合国际条约、协定有关规定的进口货物，适用协定税率。

（三）特惠税率

原产于中华人民共和国给予特殊关税优惠安排的国家或者地区且符合国家原产地管理规定的进口货物，适用特惠税率。

（四）普通税率

原产于除适用最惠国税率、协定税率、特惠税率国家或者地区以外的国家或者地区的进口货物，以及原产地不明的进口货物，适用普通税率。

（五）关税配额税率

实行关税配额管理的进出口货物，关税配额内的适用关税配额税率，有暂定税率的适用暂定税率。

（六）暂定税率

适用最惠国税率、协定税率、特惠税率、关税配额税率的进口货物在一定期限内可以实行暂定税率。适用普通税率的进口货物，不适用暂定税率。

【特别提示】进口货物适用何种关税税率是以进口货物的原产地为标准。

（七）出口税率

出口税率，是指国家对出口商品征收的关税税率。自 2024 年 1 月 1 日起，继续对铬铁等 107 项商品征收出口关税，对其中 68 项商品实施出口暂定税率。适用出口税率的出口货物有暂定税率的，适用暂定税率。

【归纳总结】关税税率适用顺序归纳。（1）适用最惠国税率的进口货物有暂定税率的，适用暂定税率。（2）适用协定税率的进口货物有暂定税率的，从低适用税率；其最惠国税率低于协定税率且无暂定税率的，适用最惠国税率。（3）适用特惠税率的进口货物有暂定税率的，从低适用税率。（4）适用普通税率的进口货物，不适用暂定税率。（5）适用出口税率的出口货物有暂定税率的，适用暂定税率。（6）实行关税配额管理的进出口货物，关税配额内的适用关税配额税率，有暂定税率的适用暂定税率。

五、关税计税依据

关税实行从价计征、从量计征、复合计征的方式征收。实行从价计征的，计税依据为应税进（出）口货物的计税价格；实行从量计征的，计税依据为应税进（出）口货物的计税数量；实行复合计征的，计税依据分别为应税进（出）口货物的计税价格和应税进（出）口货物的计税数量。我国对进（出）口货物征收关税，主要采取从价计征的方式。因此，这里主要阐述应税进（出）口货物的计税价格。

（一）进口货物计税价格的确定

进口货物的计税价格以成交价格以及该货物运抵中华人民共和国境内输入地点起卸

前的运输及其相关费用、保险费为基础确定。

【点拨指导】进口货物的计税价格又称进口货物的关税完税价格。

1. 进口货物直接计价法

在正常情况下，对进口货物计税价格的确定一般采用进口货物直接计价法。

进口货物计税价格＝进口货物成交价格＋该货物运抵中华人民共和国境内输入地点起卸前的运输及其相关费用、保险费

进口货物的成交价格，是指卖方向中华人民共和国境内销售该货物时买方为进口该货物向卖方实付、应付的，并按照《关税法》第二十五条、第二十六条规定调整后的价款总额，包括直接支付的价款和间接支付的价款。

进口货物的成交价格应当符合下列条件：（1）对买方处置或者使用该货物不予限制，但法律、行政法规规定的限制、对货物转售地域的限制和对货物价格无实质性影响的限制除外。（2）该货物的成交价格没有因搭售或者其他因素的影响而无法确定。（3）卖方不得从买方直接或者间接获得因该货物进口后转售、处置或者使用而产生的任何收益，或者虽有收益但能够按照《关税法》第二十五条、第二十六条的规定进行调整。（4）买卖双方没有特殊关系，或者虽有特殊关系但未对成交价格产生影响。

进口货物的下列费用应当计入计税价格：（1）由买方负担的购货佣金以外的佣金和经纪费；（2）由买方负担的与该货物视为一体的容器的费用；（3）由买方负担的包装材料费用和包装劳务费用；（4）与该货物的生产和向中华人民共和国境内销售有关的，由买方以免费或者以低于成本的方式提供并可以按适当比例分摊的料件、工具、模具、消耗材料及类似货物的价款，以及在中华人民共和国境外开发、设计等相关服务的费用；（5）作为该货物向中华人民共和国境内销售的条件，买方必须支付的、与该货物有关的特许权使用费；（6）卖方直接或者间接从买方获得的该货物进口后转售、处置或者使用的收益。

【点拨指导】购货佣金是指买方为购买进口货物向自己的采购代理人支付的劳务费用。经纪费是指买方为购买进口货物向代表买卖双方利益的经纪人支付的劳务费用。

进口时在货物的价款中列明的下列费用、税收，不计入该货物的计税价格：（1）厂房、机械、设备等货物进口后进行建设、安装、装配、维修和技术服务的费用，但保修费用除外；（2）进口货物运抵中华人民共和国境内输入地点起卸后的运输及其相关费用、保险费；（3）进口关税及国内税收。

2. 进口货物海关估价法

进口货物的成交价格不符合《关税法》第二十四条第三款规定条件，或者成交价格不能确定的，海关经了解有关情况，并与纳税人进行价格磋商后，依次以下列价格估定该货物的计税价格：（1）与该货物同时或者大约同时向中华人民共和国境内销售的相同货物的成交价格；（2）与该货物同时或者大约同时向中华人民共和国境内销售的类似货

物的成交价格；（3）与该货物进口的同时或者大约同时，将该进口货物、相同或者类似进口货物在中华人民共和国境内第一级销售环节销售给无特殊关系买方最大销售总量的单位价格，但应当扣除下列项目：①同等级或者同种类货物在中华人民共和国境内第一级销售环节销售时通常的利润和一般费用以及通常支付的佣金，②进口货物运抵中华人民共和国境内输入地点起卸后的运输及其相关费用、保险费，③进口关税及国内税收；（4）按照下列各项总和计算的价格：生产该货物所使用的料件成本和加工费用，向中华人民共和国境内销售同等级或者同种类货物通常的利润和一般费用，该货物运抵中华人民共和国境内输入地点起卸前的运输及其相关费用、保险费；（5）以合理方法估定的价格。纳税人可以向海关提供有关资料，申请调整上述第（3）项和第（4）项的适用次序。

（二）出口货物计税价格的确定

出口货物的计税价格以该货物的成交价格以及该货物运至中华人民共和国境内输出地点装载前的运输及其相关费用、保险费为基础确定。

【点拨指导】出口货物的计税价格又称出口货物的关税完税价格。

出口货物计税价格的确定方法可以分为以下两种：一种是出口货物直接计价法，即出口货物成交价格加上该货物运至中华人民共和国境内输出地点装载前的运输及其相关费用、保险费，计算确定出口货物的计税价格的方法；另一种是出口货物海关估价法，即在出口货物的成交价格不能确定的情况下，海关经了解有关情况，并与纳税人进行价格磋商后，估定出口货物的计税价格的方法。

1. 出口货物直接计价法

在正常情况下，对出口货物计税价格的确定一般采用出口货物直接计价法。

出口货物计税价格＝出口货物成交价格＋该货物运至中华人民共和国境内输出地点装载前的运输及其相关费用、保险费

出口货物的成交价格，是指该货物出口时卖方为出口该货物应当向买方直接收取和间接收取的价款总额。出口关税不计入计税价格。

【点拨指导】出口关税不计入出口货物计税价格，也就是说出口关税的计税依据中不包括出口关税税款。因此出口关税属于价外税。

2. 出口货物海关估价法

出口货物的成交价格不能确定的，海关经了解有关情况，并与纳税人进行价格磋商后，依次以下列价格估定该货物的计税价格：（1）与该货物同时或者大约同时向同一国家或者地区出口的相同货物的成交价格；（2）与该货物同时或者大约同时向同一国家或者地区出口的类似货物的成交价格；（3）按照下列各项总和计算的价格：中华人民共和国境内生产相同或者类似货物的料件成本、加工费用，通常的利润和一般费用，境内发生的运输及其相关费用、保险费；（4）以合理方法估定的价格。

【特别提示】海关可以依申请或者依职权，对进出口货物、进境物品的计税价格、商品归类和原产地依法进行确定。

六、关税应纳税额的计算

（一）从价计征应纳税额

关税从价计征应纳税额的计算公式如下：

应纳关税＝应税进(出)口货物的计税价格×比例税率
＝应税进(出)口货物的计税数量×单位计税价格×比例税率

（二）从量计征应纳税额

关税从量计征应纳税额的计算公式如下：

应纳关税＝应税进(出)口货物的计税数量×定额税率

（三）复合计征应纳税额

关税复合计征应纳税额的计算公式如下：

应纳关税＝应税进(出)口货物的计税价格×比例税率
＋应税进(出)口货物的计税数量×定额税率
＝应税进(出)口货物的计税数量×单位计税价格×比例税率
＋应税进(出)口货物的计税数量×定额税率

【例】甲公司本年5月进口一批高档化妆品，成交价格为300万元，运抵我国关境内输入地点起卸前的包装费为20万元、运输费为10万元、保险费为8万元。高档化妆品适用的关税税率为10%、增值税税率为13%、消费税税率为15%。要求：(1) 计算应纳进口关税；(2) 计算应纳进口消费税；(3) 计算应纳进口增值税；(4) 计算城市维护建设税、教育费附加和地方教育附加（若不需要缴纳，则需要说明原因）。

【解析】(1) 运抵我国关境内输入地点起卸前发生的包装费、运费、保险费均应计入进口货物的计税价格（关税完税价格）。

关税完税价格＝300＋20＋10＋8＝338(万元)
应纳进口关税＝338×10%＝33.8(万元)

(2) 应纳进口消费税＝(关税完税价格＋关税)÷(1－消费税税率)×消费税税率
＝(338＋33.8)÷(1－15%)×15%＝65.61(万元)

(3) 应纳进口增值税＝(关税完税价格＋关税＋消费税)×增值税税率
＝(关税完税价格＋关税)÷(1－消费税税率)×增值税税率
＝(338＋33.8)÷(1－15%)×13%＝56.86(万元)

(4) 对进口货物或者境外单位和个人向境内销售劳务、服务、无形资产缴纳的增值税、消费税税额，不征收城市维护建设税、教育费附加和地方教育附加。因此甲公司本年5月进口高档化妆品不需要缴纳城市维护建设税、教育费附加和地方教育附加。

七、关税税收优惠

（一）免征关税

下列进出口货物、进境物品，免征关税：（1）国务院规定的免征额度内的一票货物；（2）无商业价值的广告品和货样；（3）进出境运输工具装载的途中必需的燃料、物料和饮食用品；（4）在海关放行前损毁或者灭失的货物、进境物品；（5）外国政府、国际组织无偿赠送的物资；（6）中华人民共和国缔结或者共同参加的国际条约、协定规定免征关税的货物、进境物品；（7）依照有关法律规定免征关税的其他货物、进境物品。

（二）减征关税

下列进出口货物、进境物品，减征关税：（1）在海关放行前遭受损坏的货物、进境物品；（2）中华人民共和国缔结或者共同参加的国际条约、协定规定减征关税的货物、进境物品；（3）依照有关法律规定减征关税的其他货物、进境物品。

上述第（1）条减征关税，应当根据海关认定的受损程度办理。

（三）特殊情形关税的征免规定[①]

（1）根据维护国家利益、促进对外交往、经济社会发展、科技创新需要或者由于突发事件等原因，国务院可以制定关税专项优惠政策，报全国人民代表大会常务委员会备案。

（2）免税货物应当依法办理手续。需由海关监管使用的减免税货物应当接受海关监管，在监管年限内转让、移作他用或者进行其他处置，按照国家有关规定需要补税的，应当补缴关税。对需由海关监管使用的减免税进境物品，参照上述规定执行。

（3）保税货物复运出境的，免征关税；不复运出境转为内销的，按照规定征收关税。加工贸易保税进口料件或者其制成品内销的，除按照规定征收关税外，还应当征收缓税利息。

（4）暂时进境或者暂时出境的下列货物、物品，可以依法暂不缴纳关税，但该货物、物品应当自进境或者出境之日起6个月内复运出境或者复运进境；需要延长复运出境或者复运进境期限的，应当根据海关总署的规定向海关办理延期手续：

①在展览会、交易会、会议以及类似活动中展示或者使用的货物、物品；

②文化、体育交流活动中使用的表演、比赛用品；

③进行新闻报道或者摄制电影、电视节目使用的仪器、设备及用品；

④开展科研、教学、医疗卫生活动使用的仪器、设备及用品；

① 该内容在《2025年度初级会计专业技术资格考试大纲》中没有体现，本教材收录该内容。

⑤在上述第①项至第④项所列活动中使用的交通工具及特种车辆；

⑥货样；

⑦供安装、调试、检测设备时使用的仪器、工具；

⑧盛装货物的包装材料；

⑨其他用于非商业目的的货物、物品。

上述所列货物、物品在规定期限内未复运出境或者未复运进境的，应当依法缴纳关税。

（5）上述第（4）条规定以外的其他暂时进境的货物、物品，应当根据该货物、物品的计税价格和其在境内滞留时间与折旧时间的比例计算缴纳进口关税；该货物、物品在规定期限届满后未复运出境的，应当补足依法应缴纳的关税。

（6）上述第（4）条规定以外的其他暂时出境货物，在规定期限届满后未复运进境的，应当依法缴纳关税。

（7）因品质、规格原因或者不可抗力，出口货物自出口之日起1年内原状复运进境的，不征收进口关税。因品质、规格原因或者不可抗力，进口货物自进口之日起1年内原状复运出境的，不征收出口关税。特殊情形下，经海关批准，可以适当延长前款规定的期限，具体办法由海关总署规定。

（8）因残损、短少、品质不良或者规格不符原因，进出口货物的发货人、承运人或者保险公司免费补偿或者更换的相同货物，进出口时不征收关税。被免费更换的原进口货物不退运出境或者原出口货物不退运进境的，海关应当对原进出口货物重新按照规定征收关税。纳税人应当在原进出口合同约定的请求赔偿期限内且不超过原进出口放行之日起3年内，向海关申报办理免费补偿或者更换货物的进出口手续。

八、关税征收管理

（一）关税的申报和缴纳

1. 关税的申报

进出口货物的纳税人、扣缴义务人可以按照规定选择海关办理申报纳税。纳税人、扣缴义务人应当按照规定的期限和要求如实向海关申报税额，并提供相关资料。必要时，海关可以要求纳税人、扣缴义务人补充申报。

2. 关税的缴纳

进出口货物的纳税人、扣缴义务人应当自完成申报之日起15日内缴纳税款；符合海关规定条件并提供担保的，可以于次月第5个工作日结束前汇总缴纳税款。因不可抗力或者国家税收政策调整，不能按期缴纳的，经向海关申请并提供担保，可以延期缴纳，但最长不得超过6个月。纳税人、扣缴义务人未在上述规定的纳税期限内缴纳税款的，自规定期限届满之日起，按日加收滞纳税款万分之五的滞纳金。

关税滞纳金的具体计算公式为：

关税滞纳金金额＝滞纳关税税额×滞纳金征收比率×滞纳天数

（二）关税的确认、追征和退还①

1. 关税的确认

自纳税人、扣缴义务人缴纳税款或者货物放行之日起 3 年内，海关有权对纳税人、扣缴义务人的应纳税额进行确认。

海关确认的应纳税额与纳税人、扣缴义务人申报的税额不一致的，海关应当向纳税人、扣缴义务人出具税额确认书。纳税人、扣缴义务人应当按照税额确认书载明的应纳税额，在海关规定的期限内补缴税款或者办理退税手续。

经海关确认应纳税额后需要补缴税款但未在规定的期限内补缴的，自规定的期限届满之日起，按日加收滞纳税款万分之五的滞纳金。

2. 关税的追征

因纳税人、扣缴义务人违反规定造成少征或者漏征税款的，海关可以自缴纳税款或者货物放行之日起 3 年内追征税款，并自缴纳税款或者货物放行之日起，按日加收少征或者漏征税款万分之五的滞纳金。对走私行为，海关追征税款、滞纳金的，不受上述规定期限的限制，并有权核定应纳税额。

海关发现海关监管货物因纳税人、扣缴义务人违反规定造成少征或者漏征税款的，应当自纳税人、扣缴义务人应缴纳税款之日起 3 年内追征税款，并自应缴纳税款之日起按日加收少征或者漏征税款万分之五的滞纳金。

【特别提示】 海关可以对纳税人、扣缴义务人欠缴税款的情况予以公告。

3. 关税的退还

海关发现多征税款的，应当及时通知纳税人办理退还手续。

纳税人发现多缴税款的，可以自缴纳税款之日起 3 年内，向海关书面申请退还多缴的税款。海关应当自受理申请之日起 30 日内查实并通知纳税人办理退还手续，纳税人应当自收到通知之日起 3 个月内办理退还手续。

有下列情形之一的，纳税人自缴纳税款之日起 1 年内，可以向海关申请退还关税：（1）已征进口关税的货物，因品质、规格原因或者不可抗力，1 年内原状复运出境；（2）已征出口关税的货物，因品质、规格原因或者不可抗力，1 年内原状复运进境，并已重新缴纳因出口而退还的国内环节有关税收；（3）已征出口关税的货物，因故未装运出口，申报退关。

申请退还关税应当以书面形式提出，并提供原缴款凭证及相关资料。海关应当自受理申请之日起 30 日内查实并通知纳税人办理退还手续。纳税人应当自收到通知之日起 3 个月内办理退还手续。

按照其他有关法律、行政法规规定应当退还关税的，海关应当依法予以退还。按照规定退还关税的，应当加算银行同期活期存款利息。

第6节即测即评

---

① 该内容在《2025 年度初级会计专业技术资格考试大纲》中没有体现，本教材收录该内容。

第5章

所得税法律制度

素养提升

1. 我国出台了小型微利企业的企业所得税税收优惠政策，有利于支持小型微利企业发展，扩大就业，改善民生，增强市场活力，促进国家经济的繁荣发展，体现了“充分发挥市场在资源配置中的决定性作用，更好发挥政府作用，支持中小微企业发展”的要求。

2. 我国自2019年1月1日起开始全面实施综合与分类相结合的个人所得税改革，这次改革通过提高基本费用减除标准、增加专项附加扣除、优化调整税率结构、扩大低档税率的级距等方式，从而“完善个人所得税制度，规范收入分配秩序，规范财富积累机制，保护合法收入，调节过高收入”，使得广大纳税人的税收负担普遍降低，使个人所得税税负水平更趋合理、公平。

第1节　企业所得税法律制度

企业所得税是对我国境内的企业和其他取得收入的组织的生产经营所得和其他所得征收的一种所得税。

一、企业所得税纳税人

在中华人民共和国境内的企业和其他取得收入的组织（以下简称“企业”）为企业所得税的纳税人。

【点拨指导】企业所得税纳税人包括各类企业、事业单位、社会团体、民办非企业单位和从事经营活动的其他组织。

【特别提示】依照中国法律、行政法规成立的个人独资企业、合伙企业，不属于企业所得税纳税义务人，不缴纳企业所得税。

【知识链接】个人独资企业和合伙企业不具有法人资格，不缴纳企业所得税，由其自然人投资者缴纳个人所得税，具体内容详见本章第2节。

企业所得税采取收入来源地管辖权和居民管辖权相结合的双重管辖权，据此可以将企业分为居民企业和非居民企业，分别承担不同的纳税责任。

（一）居民企业

居民企业，是指依法在中国境内成立，或者依照外国（地区）法律成立但实际管理机构在中国境内的企业。居民企业应当就其来源于中国境内、境外的所得缴纳企业所得税。

【点拨指导】依法在中国境内成立的企业，包括依照中国法律、行政法规在中国境内成立的企业、事业单位、社会团体以及其他取得收入的组织。依照外国（地区）法律成立的企业，包括依照外国（地区）法律成立的企业和其他取得收入的组织。实际管理机构，是指对企业的生产经营、人员、账务、财产等实施实质性全面管理和控制的机构。

（二）非居民企业

非居民企业，是指依照外国（地区）法律成立且实际管理机构不在中国境内，但在中国境内设立机构、场所的，或者在中国境内未设立机构、场所，但有来源于中国境内所得的企业。

【点拨指导】机构、场所，是指在中国境内从事生产经营活动的机构、场所，包括：①管理机构、营业机构、办事机构；②工厂、农场、开采自然资源的场所；③提供劳务的场所；④从事建筑、安装、装配、修理、勘探等工程作业的场所；⑤其他从事生产经营活动的机构、场所。

【特别提示】非居民企业委托营业代理人在中国境内从事生产经营活动的，包括委托单位或者个人经常代其签订合同，或者储存、交付货物等，该营业代理人视为非居民企业在中国境内设立的机构、场所。

二、企业所得税征税对象

企业所得税的征税对象是纳税人所取得的生产经营所得、其他所得和清算所得。

（一）居民企业的征税对象

居民企业应当就其来源于中国境内、境外的所得缴纳企业所得税。

【点拨指导】所得包括销售货物所得，提供劳务所得，转让财产所得，股息、红利等权益性投资所得，利息所得，租金所得，特许权使用费所得，接受捐赠所得和其他所得。

（二）非居民企业的征税对象

非居民企业在中国境内设立机构、场所的，应当就其所设机构、场所取得的来源于中国境内的所得，以及发生在中国境外但与其所设机构、场所有实际联系的所得，缴纳企业所得税。非居民企业在中国境内未设立机构、场所的，或者虽设立机构、场所但取得的所得与其所设机构、场所没有实际联系的，应当就其来源于中国境内的所得缴纳企业所得税。

【点拨指导】实际联系，是指非居民企业在中国境内设立的机构、场所拥有据以取得所得的股权、债权，以及拥有、管理、控制据以取得所得的财产等。

（三）来源于中国境内、境外的所得的确定原则

来源于中国境内、境外的所得的确定原则，如表5-1所示。

表5-1　来源于中国境内、境外的所得的确定原则

<table>
<tr><th colspan="2">所得类型</th><th>来源地的确定</th></tr>
<tr><td colspan="2">销售货物所得</td><td>按照交易活动发生地确定</td></tr>
<tr><td colspan="2">提供劳务所得</td><td>按照劳务发生地确定</td></tr>
<tr><td rowspan="3">转让财产所得</td><td>不动产转让所得</td><td>按照不动产所在地确定</td></tr>
<tr><td>动产转让所得</td><td>按照转让动产的企业或者机构、场所所在地确定</td></tr>
<tr><td>权益性投资资产转让所得</td><td>按照被投资企业所在地确定</td></tr>
<tr><td colspan="2">股息、红利等权益性投资所得</td><td>按照分配所得的企业所在地确定</td></tr>
<tr><td colspan="2">利息所得</td><td rowspan="3">按照负担、支付所得的企业或者机构、场所所在地确定，或者按照负担、支付所得的个人的住所地确定</td></tr>
<tr><td colspan="2">租金所得</td></tr>
<tr><td colspan="2">特许权使用费所得</td></tr>
</table>

三、企业所得税税率

企业所得税税率是体现国家与企业分配关系的核心要素。税率设计的原则是兼顾国家、企业、职工个人三者间的利益，既要保证财政收入的稳定增长，又要使企业在发展生产、经营方面有一定的财力保证；既要考虑企业的实际情况和负担能力，又要维护税率的统一性。

企业所得税实行比例税率。比例税率简便易行，透明度高，不会因征税而改变企业间收入分配比例，有利于促进效率的提高。现行企业所得税设有两档税率：

（1）基本税率为25%。居民企业应当就其来源于中国境内、境外的所得缴纳企业所得税，适用的企业所得税税率为25%；非居民企业在中国境内设立机构、场所的，应当就其所设机构、场所取得的来源于中国境内的所得，以及发生在中国境外但与其所设机构、场所有实际联系的所得，缴纳企业所得税，适用的企业所得税税率为25%。

（2）低税率为20%。非居民企业在中国境内未设立机构、场所的，或者虽设立机构、场所但取得的所得与其所设机构、场所没有实际联系的，应当就其来源于中国境内的所得缴纳企业所得税，适用的企业所得税税率为20%，但实际征税时减按10%的税率征收。

四、企业所得税应纳税所得额的计算

（一）企业所得税应纳税所得额的计算公式与原则

企业所得税的计税依据是应纳税所得额，即企业每一纳税年度的收入总额，减除不

征税收入、免税收入、各项扣除以及允许弥补的以前年度亏损后的余额。计算公式为：

应纳税所得额＝收入总额－不征税收入－免税收入－各项扣除－以前年度亏损

【特别提示】 应税收入、不征税收入和免税收入均应计入收入总额。

企业应纳税所得额的计算，以权责发生制为原则，属于当期的收入和费用，不论款项是否收付，均作为当期的收入和费用；不属于当期的收入和费用，即使款项已经在当期收付，也不作为当期的收入和费用。

【特别提示】 在计算应纳税所得额时，企业财务、会计处理办法与税收法律法规的规定不一致的，应当依照税收法律法规的规定计算。

【特别提示】 以上计算方法为应纳税所得额的直接计算法。除此之外，还有一种更为常用的方法，即间接计算法。在间接计算法下，应纳税所得额是在会计利润的基础上加上或减去按照税法规定调整的项目金额。计算公式为：

应纳税所得额＝会计利润总额±纳税调整项目金额

＝会计利润总额＋纳税调整增加额－纳税调整减少额

纳税调整增加额包括：①在计算会计利润时已经扣除，但税法规定不能扣除的项目金额；②在计算会计利润时已经扣除，但超过税法规定扣除标准部分的金额；③未计或者少计的应税收益。

纳税调整减少额包括：①允许加计扣除的费用；②减税或者免税收益；③弥补以前年度（5年内）未弥补的亏损额。

（二）收入总额

1. 收入总额的含义和形式

企业收入总额是指以货币形式和非货币形式从各种来源取得的收入。

【点拨指导】 收入包括销售货物收入，提供劳务收入，转让财产收入，股息、红利等权益性投资收益，利息收入，租金收入，特许权使用费收入，接受捐赠收入以及其他收入。

【点拨指导】 企业取得收入的货币形式包括现金、存款、应收账款、应收票据、准备持有至到期的债券以及债务的豁免等。

【点拨指导】 企业取得收入的非货币形式包括固定资产、生物资产、无形资产、股权投资、存货、不准备持有至到期的债券投资、劳务以及有关权益等。

【特别提示】 非货币形式收入应当按照公允价值确定收入额。公允价值是指按照市场价格确定的价值。

2. 销售货物收入

销售货物收入，是指企业销售商品、产品、原材料、包装物、低值易耗品以及其他存货取得的收入。除法律法规另有规定外，企业销售货物收入的确认，必须遵循权责发生制原则和实质重于形式原则。

【特别提示】销售货物收入包括销售货物同时收取的价外费用（不含增值税）、视同销售货物收入（不含增值税）。

【例】甲公司为增值税一般纳税人，本年5月对外销售货物取得全部价款为3 390万元，对外销售货物同时收取优质费、包装物租金等价外费用22.6万元；另外，将不含增值税市场价格为20万元的自产货物发放给职工。甲公司的货物适用13%的增值税税率。要求：确认甲公司计算企业所得税时的销售货物收入。

【解析】

甲公司计算企业所得税时的销售货物收入＝(3 390＋22.6)÷(1＋13%)＋20
＝3 040(万元)

（1）符合收入确认条件，采取下列商品销售方式的，应按以下规定确认收入实现时间：

①销售商品采用托收承付方式的，在办妥托收手续时确认收入。

【知识链接】采取托收承付和委托银行收款方式销售货物的，增值税的纳税义务发生时间为发出货物并办妥托收手续的当天；消费税的纳税义务发生时间为发出应税消费品并办妥托收手续的当天。

【点拨指导】实务中，办妥托收手续的前提是发出货物并有发货单作为凭证，但初级会计职称考试命题时一般严格按照教材的说法，因此对于销售商品采用托收承付方式的，在做关于增值税纳税义务发生时间的题目时，选项中如没有说“发出货物”而只说“办妥托收手续”，则说法错误；在做关于企业所得税收入确认时间的题目时，选项中如只说“办妥托收手续”，则说法正确。

②销售商品采取预收款方式的，在发出商品时确认收入。

【知识链接】采取预收款方式销售货物，增值税的纳税义务发生时间为货物发出的当天；但销售生产工期超过12个月的大型机械设备、船舶、飞机等货物，为收到预收款或者书面合同约定的收款日期的当天；先开具发票的，为开具发票的当天。纳税人提供租赁服务采取预收款方式的，消费税的纳税义务发生时间为收到预收款的当天。纳税人采取预收款结算方式的，消费税的纳税义务发生时间为发出应税消费品的当天。

③销售商品需要安装和检验的，在购买方接受商品以及安装和检验完毕时确认收入。如果安装程序比较简单，可在发出商品时确认收入。

④销售商品采用支付手续费方式委托代销的，在收到代销清单时确认收入。

【知识链接】委托其他纳税人代销货物，增值税的纳税义务发生时间为收到代销单位的代销清单或者收到全部或部分货款的当天；未收到代销清单及货款的，为发出代销货物满180天的当天。

（2）采用售后回购方式销售商品的，销售的商品按售价确认收入，回购的商品作为购进商品处理。有证据表明不符合销售收入确认条件的，如以销售商品方式进行融资，收到的款项应确认为负债，回购价格大于原售价的，差额应在回购期间确认为利息费用。

(3) 销售商品以旧换新的，销售商品应当按照销售商品收入确认条件确认收入，回收的商品作为购进商品处理。

【知识链接】增值税纳税人采取以旧换新方式销售货物，应按新货物的同期销售价格确定销售额。但对金银首饰以旧换新业务，可以按照销售方实际收取的不含增值税的全部价款征收增值税。消费税纳税人采用以旧换新（含翻新改制）方式销售的金银首饰，应按实际收取的不含增值税的全部价款确定计税依据征收消费税。

(4) 企业为促进商品销售而在商品价格上给予的价格扣除属于商业折扣，商品销售涉及商业折扣的，应当按照扣除商业折扣后的金额确定销售商品收入金额。

【知识链接】折扣销售增值税的税务处理：折扣销售，在会计上又叫商业折扣，它是指销货方在销售货物或应税劳务时，因购货方购货数量较大等原因而给予购货方的价格优惠。纳税人采取折扣方式销售货物，如果销售额和折扣额在同一张发票上分别注明，可以按折扣后的销售额征收增值税；如果将折扣额另开发票，不论其在财务上如何处理，均不得从销售额中减除折扣额。

债权人为鼓励债务人在规定的期限内付款而向债务人提供的债务扣除属于现金折扣，销售商品涉及现金折扣的，应当按扣除现金折扣前的金额确定销售商品收入金额，现金折扣在实际发生时作为财务费用扣除。

【知识链接】销售折扣增值税的税务处理：销售折扣，在会计上又叫现金折扣，它是指销货方在销售货物或提供应税劳务后，为了鼓励购货方及早偿还货款而协议许诺给予购货方的一种折扣优待（如：10 天内付款，货款折扣 2%；20 天内付款，货款折扣 1%；30 天内全价付款）。销售折扣发生在销货之后，是一种融资性质的理财费用，因此，销售折扣不得从销售额中扣除。

企业因售出商品的质量不合格等原因而在售价上给的减让属于销售折让；企业因售出商品质量、品种不符合要求等原因而发生的退货属于销售退回。企业已经确认销售收入的售出商品发生销售折让和销售退回，应当在发生当期冲减当期销售商品收入。

【知识链接】销售折让等行为增值税的税务处理：纳税人向购买方开具增值税专用发票后，由于累计购买到一定量或市场价格下降等原因，销货方给予购货方的价格优惠或补偿等折扣、折让行为，可按规定开具红字增值税专用发票。

3. 提供劳务收入

提供劳务收入，是指企业从事建筑安装、修理修配、交通运输、仓储租赁、金融保险、邮电通信、咨询经纪、文化体育、科学研究、技术服务、教育培训、餐饮住宿、中介代理、卫生保健、社区服务、旅游、娱乐、加工以及其他劳务服务活动取得的收入。

企业在各个纳税期期末，提供劳务交易的结果能够可靠估计的，应采用完工进度（完工百分比）法确认提供劳务收入。

提供劳务交易的结果能够可靠估计，是指同时满足下列条件：①收入的金额能够可靠地计量；②交易的完工进度能够可靠地确定；③交易中已发生和将发生的成本能够可靠地核算。

企业提供劳务完工进度的确定，可选用下列方法：①已完工作的测量；②已提供劳务占劳务总量的比例；③发生成本占总成本的比例。

企业应按照从接受劳务方已收或应收的合同或协议价款确定劳务收入总额，根据纳税期末提供劳务收入总额乘以完工进度扣除以前纳税年度累计已确认提供劳务收入后的金额，确认为当期劳务收入；同时，按照提供劳务估计总成本乘以完工进度扣除以前纳税期间累计已确认劳务成本后的金额，结转为当期劳务成本。

4. 转让财产收入

转让财产收入，是指企业转让固定资产、生物资产、无形资产、股权、债权等财产取得的收入。转让财产收入应当按照从财产受让方已收或应收的合同或协议价款确认收入。

5. 股息、红利等权益性投资收益

股息、红利等权益性投资收益，是指企业因权益性投资从被投资方取得的收入。

【点拨指导】股息、红利等权益性投资收益，除另有规定外，按照被投资方作出利润分配决定的日期确认收入的实现。

6. 利息收入

利息收入，是指企业将资金提供他人使用但不构成权益性投资，或者因他人占用本企业资金取得的收入，包括存款利息、贷款利息、债券利息、欠款利息等收入。

【点拨指导】利息收入，按照合同约定的债务人应付利息的日期确认收入的实现。

7. 租金收入

租金收入，是指企业提供固定资产、包装物或者其他有形资产的使用权取得的收入。

【点拨指导】租金收入，按照合同约定的承租人应付租金的日期确认收入的实现。

【点拨指导】如果交易合同或协议中规定租赁期限跨年度，且租金提前一次性支付的，出租人可对上述已确认的收入，在租赁期内，分期均匀计入相关年度收入。

8. 特许权使用费收入

特许权使用费收入，是指企业提供专利权、非专利技术、商标权、著作权以及其他特许权的使用权取得的收入。

【点拨指导】特许权使用费收入，按照合同约定的特许权使用人应付特许权使用费的日期确认收入的实现。

9. 接受捐赠收入

接受捐赠收入，是指企业接受的来自其他企业、组织或者个人无偿给予的货币性资产、非货币性资产。接受捐赠收入，按照实际收到捐赠资产的日期确认收入的实现。

【区别比较】股息、红利等权益性投资收益，按照被投资方作出利润分配决定的日期确认收入的实现；利息收入、租金收入和特许权使用费收入均以合同约定的日期确认收入的实现；接受捐赠收入以实际收到的日期确认收入的实现。

【点拨指导】企业以买一赠一等方式组合销售本企业商品的，不属于捐赠，应将总的销售金额按各项商品的公允价值的比例来分摊确认各项的销售收入。

【知识链接】纳税人将自产、委托加工或者购进的货物无偿赠送他人，视同销售货物缴纳增值税。

【例】甲服装企业采用买一赠一的方式销售本企业商品，规定以每套1 600元（不含增值税，下同）购买A西服的客户可获赠一条B领带，A西服正常出厂价格1 600元，B领带正常出厂价格230元，当期该服装企业销售西服领带组合共计100套，共取得收入160 000元。要求：计算甲服装企业买一赠一销售方式下西服和领带各自的销售收入。

【解析】企业以买一赠一等方式销售本企业商品的，不属于捐赠，应将总的销售金额按各项商品的公允价值的比例来分摊确认各项的销售收入：

分摊到A西服上的收入＝买一赠一整体收入×A÷(A＋B)

分摊到B领带上的收入＝买一赠一整体收入×B÷(A＋B)

A西服销售收入总额＝160 000×1 600÷(1 600＋230)＝139 890.71(元)

B领带销售收入总额＝160 000×230÷(1 600＋230)＝20 109.29(元)

10. 其他收入

其他收入是指企业取得的除以上收入外的其他收入，包括企业资产溢余收入、逾期未退包装物押金收入、确实无法偿付的应付款项、已经作坏账损失处理后又收回的应收款项、债务重组收入、补贴收入、违约金收入、汇兑收益等。

11. 特殊收入的确认

特殊收入的确认原则，如表5-2所示。

表5-2 特殊收入的确认原则

取得特殊收入的情形	特殊收入的确认原则
以分期收款方式销售货物的	按照合同约定的收款日期确认收入的实现
企业委托加工制造大型机械设备、船舶、飞机，以及从事建筑、安装、装配工程业务或者提供其他劳务等，持续时间超过12个月的	按照纳税年度内完工进度或者完成的工作量确认收入的实现
采取产品分成方式取得收入的	按照企业分得产品的日期确认收入的实现，其收入额按照产品的公允价值确定
企业发生非货币性资产交换，以及将货物、财产、劳务用于捐赠、偿债、赞助、集资、广告、样品、职工福利或者利润分配等用途的	视同销售货物、转让财产或者提供劳务，但国务院财政、税务主管部门另有规定的除外

【知识链接】采取赊销和分期收款方式销售货物的，增值税、消费税的纳税义务发生时间为书面合同约定的收款日期的当天；无书面合同或者书面合同没有约定收款日期的，为货物（应税消费品）发出的当天。

（三）不征税收入

不征税收入，是指从性质和根源上不属于企业营利性活动带来的经济利益、不作为应纳税所得额组成部分的收入，不应列为征收范围的收入。

收入总额中的下列收入为不征税收入：

1. 财政拨款

财政拨款，是指各级人民政府对纳入预算管理的事业单位、社会团体等组织拨付的财政资金，但国务院和国务院财政、税务主管部门另有规定的除外。

县级以上人民政府将国有资产无偿划入企业，凡指定专门用途并按规定进行管理的，企业可作为不征税收入进行企业所得税处理。其中，该项资产属于非货币性资产的，应按政府确定的接收价值计算不征税收入。

2. 依法收取并纳入财政管理的行政事业性收费、政府性基金

行政事业性收费，是指依照法律法规等有关规定，按照国务院规定程序批准，在实施社会公共管理，以及在向公民、法人或者其他组织提供特定公共服务过程中，向特定对象收取并纳入财政管理的费用。政府性基金，是指企业依照法律、行政法规等有关规定，代政府收取的具有专项用途的财政资金。

3. 国务院规定的其他不征税收入

国务院规定的其他不征税收入，是指企业取得的，由国务院财政、税务主管部门规定专项用途并经国务院批准的财政性资金。县级以上人民政府将国有资产无偿划入企业，凡指定专门用途并按规定进行管理的，企业可作为不征税收入进行企业所得税处理。其中，该项资产属于非货币性资产的，应按政府确定的接收价值计算不征税收入。

自2018年9月10日起，对全国社会保障基金取得的直接股权投资收益、股权投资基金收益，作为企业所得税不征税收入。自2018年9月20日起，对全国社会保障基金理事会及基本养老保险基金投资管理机构在国务院批准的投资范围内，运用养老基金投资取得的归属于养老基金的投资收入，作为企业所得税不征税收入。

【点拨指导】财政性资金，是指企业取得的来源于政府及其有关部门的财政补助、补贴、贷款贴息，以及其他各类财政专项资金，包括直接减免的增值税和即征即退、先征后退、先征后返的各种税收，但不包括企业按规定取得的出口退税款。

【区别比较】不征税收入，是指从性质和根源上不属于企业营利性活动带来的经济利益、不作为应纳税所得额组成部分的收入，不应列入征收范围；免税收入，是指属于企业的应税所得，但是按照税法规定免予征收企业所得税的收入（如国债利息收入），应列入征税范围。

企业的不征税收入对应的费用、折旧、摊销一般不得在计算应纳税所得额时扣除；免税收入对应的费用、折旧、摊销一般可以税前扣除。

不征税收入和免税收入均属于企业所得税所称的收入总额，在采用间接法计算企业所得税应纳税所得额时应纳税调减。

【特别提示】企业的不征税收入用于支出所形成的费用，不得在计算应纳税所得额时扣除；企业的不征税收入用于支出所形成的费用或者财产（费用或者财产实际上为资产），其计算的折旧、摊销不得在计算应纳税所得额时扣除。

（四）税前扣除项目

企业实际发生的与取得收入有关的、合理的支出，包括成本、费用、税金、损失和其他支出，准予在计算应纳税所得额时扣除。

【特别提示】合理的支出，是指符合生产经营活动常规，应当计入当期损益或者有关资产成本的必要和正常的支出。除另有规定外，企业实际发生的成本、费用、税金、损失和其他支出，不得重复扣除。

【区别比较】企业发生的支出应当区分收益性支出和资本性支出。收益性支出在发生当期直接扣除；资本性支出应当分期扣除或者计入有关资产成本，不得在发生当期直接扣除。

企业的不征税收入用于支出所形成的费用或者财产，不得扣除或者计算对应的折旧、摊销扣除。

（1）成本，是指企业在生产经营活动中发生的销售成本、销货成本、业务支出以及其他耗费。即企业销售商品（产品、材料、下脚料、废料、废旧物资等）、提供劳务、转让固定资产、无形资产的成本。

（2）费用，是指企业在生产经营活动中发生的销售费用、管理费用和财务费用。已经计入成本的有关费用除外。销售费用，是指应由企业负担的为销售商品而发生的费用。管理费用，是指企业的行政管理部门为管理组织经营活动提供各项支援性服务而发生的费用。财务费用，是指企业筹集经营性资金而发生的费用。

（3）税金，是指企业发生的除企业所得税和允许抵扣的增值税以外的各项税金及其附加。

【特别提示】上述说法为考试大纲及指定教材的说法。上述说法中“允许抵扣的增值税”指的是允许从增值税销项税额中抵扣的增值税进项税额，不予在计算应纳税所得额时扣除，这是没有问题的。但这里遗漏了增值税销项税额，以及采用简易计税方法下的增值税额，因此上述说法是不全面的。建议修改为：企业发生的除企业所得税、一般计税方法下的增值税销项税额、允许抵扣的增值税进项税额、简易计税方法下的增值税额以外的各项税金及其附加，准予在计算应纳税所得额时扣除。但参加初级会计资格“经济法基础”考试时应以考试大纲及指定教材为准。

【特别提示】企业缴纳的增值税属于价外税，故不在扣除之列，计算应纳税所得额时不得扣除。

（4）损失，是指企业在生产经营活动中发生的固定资产和存货的盘亏、毁损、报废损失，转让财产损失，呆账损失，坏账损失，自然灾害等不可抗力因素造成的损失以及其他损失。

答疑解惑

允许企业所得税税前扣除的税金有哪些?扣除的方式有哪两种?

【点拨指导】并非所有的损失都可以税前扣除。准予税前扣除的损失不包括各种行政性罚款、被没收财物的损失以及刑事责任附加刑中的罚金、没收财产等。

企业发生的损失，减除责任人赔偿和保险赔款后的余额，依照国务院财政、税务主管部门的规定扣除。企业已经作为损失处理的资产，在以后纳税年度又全部收回或者部分收回时，应当计入当期收入。

（5）其他支出，是指除成本、费用、税金、损失外，企业在生产经营活动中发生的与生产经营活动有关的、合理的支出。

（五）税前扣除标准

1. 工资、薪金支出

企业发生的合理的工资、薪金支出，准予扣除。

【点拨指导】工资、薪金，是指企业每一纳税年度支付给在本企业任职或者受雇的员工的所有现金形式或者非现金形式的劳动报酬，包括基本工资、奖金、津贴、补贴、年终加薪、加班工资，以及与员工任职或者受雇有关的其他支出。

【点拨指导】企业的工资、薪金扣除时间原则上为实际发放的纳税年度，也就是说，如果企业计提了职工的工资，但是没有发放，原则上不可以在企业所得税税前扣除。但根据《国家税务总局关于企业工资薪金和职工福利费等支出税前扣除问题的公告》（国家税务总局公告 2015 年第 34 号）的规定，企业在年度汇算清缴结束前向员工实际支付的已预提汇缴年度工资薪金，准予在汇缴年度按规定扣除。

【知识链接】企业安置残疾人员的，在按照支付给残疾职工工资据实扣除的基础上，按照支付给残疾职工工资的 100%加计扣除。

2. 职工福利费、工会经费、职工教育经费

企业发生的职工福利费、工会经费、职工教育经费按标准扣除。未超过标准的按实际发生数额扣除，超过扣除标准的只能按标准扣除。

（1）企业发生的职工福利费支出，不超过工资薪金总额 14%的部分，准予扣除。列入企业员工工资薪金制度、固定与工资薪金一起发放的福利性补贴，符合国家税务总局相关规定的，可作为企业发生的工资薪金支出，按规定在税前扣除。不能同时符合上述条件的福利性补贴，应按规定计算限额税前扣除。

企业的职工福利费主要包括以下几个方面的内容：

①尚未实行分离办社会职能的企业，其内设福利部门所发生的设备、设施和人员费用，包括职工食堂、职工浴室、理发室、医务所、托儿所、疗养院等集体福利部门的设

备、设施及维修保养费用和福利部门工作人员的工资薪金、社会保险费、住房公积金、劳务费等。

②为职工卫生保健、生活、住房、交通等所发放的各项补贴和非货币性福利，包括企业向职工发放的因公外地就医费用、未实行医疗统筹企业职工医疗费用、职工供养直系亲属医疗补贴、供暖费补贴、职工防暑降温费、职工困难补贴、救济费、职工食堂经费补贴、职工交通补贴等。

③按照其他规定发生的其他职工福利费，包括丧葬补助费、抚恤费、安家费、探亲假路费等。

企业发生的职工福利费，应该单独设置账册，进行准确核算。没有单独设置账册准确核算的，税务机关应责令企业在规定的期限内进行改正。逾期仍未改正的，税务机关可对企业发生的职工福利费进行合理的核定。

（2）企业拨缴的工会经费，不超过工资薪金总额 2%的部分，准予扣除。

（3）除国务院财政、税务主管部门另有规定外，企业发生的职工教育经费支出，不超过工资薪金总额 8%的部分，准予扣除；超过部分，准予在以后纳税年度结转扣除。

【特别提示】三项经费中只有职工教育经费可以结转以后纳税年度扣除。

【特别提示】软件企业职工培训费可以全额扣除，扣除职工培训费后的职工教育经费的余额应按照工资薪金总额的 8%的比例扣除。

【点拨指导】上文所述工资、薪金总额，是指企业按照有关规定实际发放的工资薪金总额，不包括企业的职工福利费、职工教育经费、工会经费以及养老保险费、医疗保险费、失业保险费、工伤保险费、生育保险费等社会保险费和住房公积金。

【区别比较】防暑降温费为职工福利费；由于防暑降温用品为劳保用品，因此防暑降温用品支出为劳动保护支出（劳动保护费）。

【例】甲公司为一家居民企业，本年实际发放的合理工资薪金总额为 800 万元，发生职工福利费 160 万元、工会经费 12 万元、职工教育经费 36 万元。要求：计算甲公司本年在计算应纳税所得额时准予扣除的工资薪金、职工福利费、工会经费、职工教育经费。

【解析】甲公司实际发放的合理工资薪金 800 万元可以据实扣除。

甲公司在计算应纳税所得额时准予扣除的职工福利费、工会经费、职工教育经费，如表 5－3 所示。

表 5－3　甲公司在计算应纳税所得额时准予扣除的职工福利费、工会经费、职工教育经费

单位：万元

项目	本年扣除限额	本年实际发生额	本年准予扣除额	对应纳税所得额的影响
职工福利费	800×14%＝112	160	112	调增 48（160－112）
工会经费	800×2%＝16	12	12	0
职工教育经费	800×2.5%＝20	36	20	调增 16（36－20）（可以在以后纳税年度结转扣除）

3. 社会保险费

（1）企业依照国务院有关主管部门或者省级人民政府规定的范围和标准为职工缴纳的“五险一金”，即基本养老保险费、基本医疗保险费、失业保险费、工伤保险费、生育保险费等基本社会保险费和住房公积金，准予扣除。

（2）自2008年1月1日起，企业根据国家有关政策规定，为在本企业任职或者受雇的全体员工支付的补充养老保险费、补充医疗保险费，分别在不超过职工工资总额5%标准内的部分，在计算应纳税所得额时准予扣除；超过的部分，不予扣除。

【知识链接】企业参加财产保险，按照规定缴纳的保险费准予扣除。

【例】甲公司为一家居民企业，本年度实际发生的合理的工资薪金总额为1 200万元，按规定标准为职工缴纳基本社会保险费160万元，为受雇的全体员工支付补充养老保险费150万元、补充医疗保险费40万元，为公司高管缴纳商业保险费30万元。要求：计算甲公司本年度在计算应纳税所得额时准予扣除的保险费。

【解析】按规定为职工缴纳的基本社会保险费160万元可以据实扣除。

补充养老保险费的扣除限额＝1 200×5%＝60(万元)，实际发生额150万元超过扣除限额60万元，只能按限额60万元扣除。

补充医疗保险费的扣除限额＝1 200×5%＝60(万元)，实际发生额40万元未超过扣除限额60万元，按照发生额40万元全额扣除。

为公司高管缴纳商业保险费30万元不得扣除。

甲公司本年度在计算应纳税所得额时准予扣除的保险费＝160＋60＋40
＝260(万元)

纳税调增额＝(150－60)＋30＝120(万元)

4. 借款费用

（1）企业在生产经营活动中发生的合理的不需要资本化的借款费用，准予扣除。

（2）企业为购置、建造固定资产、无形资产和经过12个月以上的建造才能达到预定可销售状态的存货发生借款的，在有关资产购置、建造期间发生的合理的借款费用，应当作为资本性支出计入有关资产的成本；有关资产交付使用后发生的借款利息支出，可在发生当期扣除。

【特别提示】准予扣除的借款费用和借款利息不包括需要资本化的借款费用和借款利息支出。

【例】甲公司为一家居民企业，本年1月1日向银行借款2 000万元用于建造办公楼，借款期限1年，该办公楼于9月30日完工结算并投入使用。当年向银行支付的利息为240万元。要求：(1) 计算甲公司本年度需要计入固定资产计税基础的利息费用；(2) 计算甲公司本年度可以在企业所得税税前扣除的利息费用。

【解析】(1) 1月1日到9月30日发生的利息应计入固定资产的计税基础，按规定计提折旧在税前准予扣除，不能直接在税前扣除所发生的利息。

计入固定资产计税基础的利息费用＝240÷12×9＝180(万元)

(2) 10月1日到12月31日发生的利息准予直接在税前扣除。

扣除的利息费用＝240÷12×3＝60(万元)

5. 利息费用

企业在生产经营活动中发生的下列利息支出，准予扣除：

（1）非金融企业向金融企业借款的利息支出、金融企业的各项存款利息支出和同业拆借利息支出、企业经批准发行债券的利息支出。

（2）非金融企业向非金融企业借款的利息支出，不超过按照金融企业同期同类贷款利率计算的数额的部分（超过部分不许扣除）。

【点拨指导】金融企业，是指各类银行、保险公司及经中国人民银行批准从事金融业务的非银行金融机构，包括国家专业银行、区域性银行、股份制银行、外资银行、中外合资银行以及其他综合性银行，还包括全国性保险企业、区域性保险企业、股份制保险企业、中外合资保险企业以及其他专业性保险企业，城市信用社[①]、农村信用社、各类财务公司以及其他从事信托投资、租赁等业务的专业和综合性非银行金融机构。非金融企业，是指除上述金融机构以外的所有企业、事业单位以及社会团体等企业或组织。

（3）凡企业投资者在规定期限内未缴足其应缴资本额的，该企业对外借款所发生的利息，相当于投资者实缴资本额与在规定期限内应缴资本额的差额应计付的利息，其不属于企业合理的支出，应由企业投资者负担，不得在计算企业应纳税所得额时扣除。

（4）企业向股东或其他与企业有关联关系的自然人借款的利息支出，应根据《中华人民共和国企业所得税法》（以下简称《企业所得税法》）及《财政部 国家税务总局关于企业关联方利息支出税前扣除标准有关税收政策问题的通知》规定的条件，计算企业所得税扣除额。

企业向除股东或其他与企业有关联关系的自然人以外的内部职工或其他人员借款的利息支出，其借款情况同时符合以下条件的，其利息支出在不超过按照金融企业同期同类贷款利率计算的数额的部分，准予扣除：①企业与个人之间的借贷是真实、合法、有效的，并且不具有非法集资目的或其他违反法律、法规的行为；②企业与个人之间签订了借款合同。

【知识链接】企业从其关联方接受的债权性投资与权益性投资的比例超过财政部、国家税务总局的规定标准而发生的利息支出，不能在计算应纳税所得额时扣除。财政部、国家税务总局的规定标准如下：企业实际支付给关联方的利息支出，除另有规定外，其接受关联方债权性投资与其权益性投资比例为：金融企业，为5∶1；其他企业，为2∶1。

① 2012年3月29日，我国最后一家城市信用社宁波象山县绿叶城市信用社改制为城市商业银行，即宁波东海银行股份有限公司，城市信用社正式退出历史舞台。

【例】甲公司为一家居民企业，注册资本为4 000万元。本年按同期金融机构贷款利率从其关联方借款10 000万元，发生借款利息700万元。甲公司的注册资本为2 800万元。甲公司接受关联方债权性投资与其权益性投资比例为2∶1。要求：计算甲公司可以在企业所得税税前扣除的利息金额。

【解析】关联方债权性投资不应超过5 600万元（2 800×2），现借款10 000万元。由于5 600万元＜10 000万元，因此准予扣除的利息金额是5 600万元产生的利息。

准予扣除的利息金额＝5 600×700÷10 000＝392(万元)

6. 汇兑损失

企业在货币交易中，以及纳税年度终了时将人民币以外的货币性资产、负债按照期末即期人民币汇率中间价折算为人民币时产生的汇兑损失，除已经计入有关资产成本以及与向所有者进行利润分配相关的部分外，准予扣除。

7. 公益性捐赠

公益性捐赠，是指企业通过公益性社会组织或者县级（含县级）以上人民政府及其部门，用于符合法律规定的慈善活动、公益事业的捐赠。企业当年发生以及以前年度结转的公益性捐赠支出，在年度利润总额12%以内的部分，准予在计算应纳税所得额时扣除；超过年度利润总额12%的部分，准予结转以后3年内在计算应纳税所得额时扣除。企业在对公益性捐赠支出计算扣除时，应先扣除以前年度结转的捐赠支出，再扣除当年发生的捐赠支出。

【点拨指导】年度利润总额，是指企业依照国家统一会计制度的规定计算的年度会计利润。

【特别提示】公益性社会组织，应当依法取得公益性捐赠税前扣除资格。

【点拨指导】公益性捐赠，是指企业通过公益性社会组织或者县级（含县级）以上人民政府及其部门，用于《公益事业捐赠法》规定的公益事业的捐赠。具体范围包括：①救助灾害、救济贫困、扶助残疾人等困难的社会群体和个人的活动；②教育、科学、文化、卫生、体育事业；③环境保护、社会公共设施建设；④促进社会发展和进步的其他社会公共和福利事业。

【特别提示】纳税人直接向受赠人的捐赠属于非公益性捐赠，不得在企业所得税税前扣除。

自2021年1月1日起，企业或个人通过公益性群众团体用于符合法律规定的公益慈善事业捐赠支出，准予按税法规定在计算应纳税所得额时扣除。公益性群众团体，包括依照《社会团体登记管理条例》规定不需进行社团登记的人民团体以及经国务院批准免予登记的社会团体，且按规定条件和程序已经取得公益性捐赠税前扣除资格。

自2019年1月1日至2025年12月31日，企业通过公益性社会组织或者县级（含县级）以上人民政府及其组成部门和直属机构，用于目标脱贫地区的扶贫捐赠支出，准予在计算企业所得税应纳税所得额时据实扣除。在政策执行期限内，目标脱贫地区实现脱贫的，可继续适用上述政策。企业同时发生扶贫捐赠支出和其他公益性捐赠支出，在计算公益性捐赠支出年度扣除限额时，符合条件的扶贫捐赠支出不计算在内。

企业在非货币性资产捐赠过程中发生的运费、保险费、人工费用等相关支出，凡纳入国家机关、公益性社会组织开具的公益捐赠票据记载的数额中的，作为公益性捐赠支出按照规定在税前扣除；上述费用未纳入公益性捐赠票据记载的数额中的，作为企业相关费用按照规定在税前扣除。

8. 业务招待费

企业发生的与生产经营活动有关的业务招待费支出，按照发生额的60%扣除，但最高不得超过当年销售（营业）收入的5‰。

【点拨指导】 作为业务招待费税前扣除限额计算基数的收入，包括当年销售（营业）收入，销售（营业）收入包括销售货物收入、让渡资产使用权（收取资产租金或使用费）收入、提供劳务收入等主营业务收入，还包括其他业务收入、视同销售收入等；但是不包括营业外收入、转让固定资产或无形资产所有权收入（转让固定资产或无形资产所有权收入在会计上计入资产处置损益）、投资收益（从事股权投资业务的企业除外）。

【特别提示】 销售（营业）收入为不含增值税的收入。

【点拨指导】 企业在筹建期间，发生的与筹办活动有关的业务招待费支出，可按实际发生额的60%计入企业筹办费，并按有关规定在税前扣除。

对从事股权投资业务的企业（包括集团公司总部、创业投资企业等），其从被投资企业所分配的股息、红利以及股权转让收入，可以按规定的比例计算业务招待费扣除限额。

【例】 甲公司为一家居民企业，主要从事货物生产和销售，本年取得销售货物收入3 000万元，取得理财产品收益20万元，从其直接投资的未上市居民企业分回股息收益100万元，出售闲置厂房收入280万元，发生业务招待费16万元。要求：计算甲公司本年度在企业所得税税前可以扣除的业务招待费。

【解析】 投资收益20万元和100万元、营业外收入280万元不计入销售（营业）收入，甲公司本年度销售（营业）收入为3 000万元。

销售（营业）收入的5‰＝3 000×5‰＝15(万元)，业务招待费实际发生额的60%＝16×60%＝9.6(万元)，由于9.6万元＜15万元，因此甲公司本年度在企业所得税税前可以扣除的业务招待费为9.6万元。

纳税调增额＝16－9.6＝6.4(万元)

9. 广告费和业务宣传费

企业发生的符合条件的广告费和业务宣传费支出，除国务院财政、税务主管部门另有规定外，不超过当年销售（营业）收入15%的部分，准予扣除；超过部分，准予在以后纳税年度结转扣除。

【知识链接】企业申报扣除的广告费支出应与赞助支出严格区分。非广告性的赞助支出，税前不得扣除。

【点拨指导】企业在筹建期间，发生的广告费和业务宣传费，可按实际发生额计入企业筹办费，并按有关规定在税前扣除。自2021年1月1日起至2025年12月31日，对化妆品制造或销售、医药制造和饮料制造（不含酒类制造）企业发生的广告费和业务宣传费支出，不超过当年销售（营业）收入30%的部分，准予扣除；超过部分，准予在以后纳税年度结转扣除。

对签订广告费和业务宣传费分摊协议的关联企业，其中一方发生的不超过当年销售（营业）收入税前扣除限额比例内的广告费和业务宣传费支出可以在本企业扣除，也可以将其中的部分或全部按照分摊协议归集至另一方扣除。另一方在计算本企业广告费和业务宣传费支出企业所得税税前扣除限额时，可将按照上述办法归集至本企业的广告费和业务宣传费不计算在内。

【点拨指导】烟草企业的烟草广告费和业务宣传费支出，一律不得在计算应纳税所得额时扣除。

【特别提示】题目中广告费和业务宣传费的金额如果是分别列出的，必须将其合并后，计算准予税前扣除的金额。

10. 环境保护专项资金

企业依照法律、行政法规有关规定提取的用于环境保护、生态恢复等方面的专项资金，准予扣除。上述专项资金提取后改变用途的，不得扣除。

答疑解惑

企业可申报税前扣除的广告费支出要符合哪些条件?

11. 保险费

（1）企业参加财产保险，按照规定缴纳的保险费，准予扣除。

（2）除企业依照国家有关规定为特殊工种职工支付的人身安全保险费和国务院财政、税务主管部门规定可以扣除的其他商业保险费外，企业为投资者或职工支付的商业保险费，不得扣除。

（3）企业参加雇主责任险、公众责任险等责任保险，按照规定缴纳的保险费，准予在企业所得税税前扣除。

（4）企业职工因公出差乘坐交通工具发生的人身意外保险费支出，准予企业在计算应纳税所得额时扣除。

12. 租赁费

企业根据生产经营活动的需要租入固定资产支付的租赁费，按照下列方法扣除：

（1）以经营租赁方式租入固定资产发生的租赁费支出，按照租赁期限均匀扣除。

【点拨指导】经营租赁，是指所有权不转移的租赁。

【知识链接】如果交易合同或协议中规定租赁期限跨年度，且租金提前一次性支付的，出租人可对上述已确认的收入，在租赁期内，分期均匀计入相关年度收入。

（2）以融资租赁方式租入固定资产发生的租赁费支出，按照规定构成融资租入固定资产价值的部分应当提取折旧费用，分期扣除。

【点拨指导】融资租赁，是指实质上转移了与资产所有权有关的全部风险和报酬的租赁。

13. 劳动保护支出

企业发生的合理的劳动保护支出，准予扣除。

【点拨指导】劳动保护支出是指确因工作需要为雇员配备或提供工作服、手套、安全保护用品、防暑降温用品等所发生的支出。

14. 有关资产的费用

企业转让各类固定资产发生的费用，允许扣除。企业按规定计算的固定资产折旧费、无形资产和递延资产的摊销费，准予扣除。

【特别提示】递延资产在会计上称为“长期待摊费用”。

15. 总机构分摊的费用

非居民企业在中国境内设立的机构、场所，就其中国境外总机构发生的与该机构、场所生产经营有关的费用，能够提供总机构出具的费用汇集范围、定额、分配依据和方法等证明文件，并合理分摊的，准予扣除。

16. 手续费及佣金支出

（1）企业发生与生产经营有关的手续费及佣金支出，不超过以下规定计算限额以内的部分，准予扣除；超过部分，不得扣除。

①自 2019 年 1 月 1 日起，保险企业发生与其经营活动有关的手续费及佣金支出，不超过当年全部保费收入扣除退保金等后余额的 18%（含本数）的部分，在计算应纳税所得额时准予扣除；超过部分，允许结转以后年度扣除。

②其他企业按其与具有合法经营资格中介服务机构或个人（不含交易双方及其雇员、代理人和代表人等）所签订服务协议或合同确认的收入金额的 5%计算限额。

③从事代理服务、主营业务收入为手续费、佣金的企业（如证券、期货、保险代理等企业），其为取得该类收入而实际发生的营业成本（包括手续费及佣金支出），准予在企业所得税税前据实扣除。

（2）企业应与具有合法经营资格中介服务企业或个人签订代办协议或合同，并按国家有关规定支付手续费及佣金。除委托个人代理外，企业以现金等非转账方式支付的手续费及佣金不得在税前扣除。企业为发行权益性证券支付给有关证券承销机构的手续费及佣金不得在税前扣除。

（3）企业不得将手续费及佣金支出计入回扣、业务提成、返利、进场费等费用。

（4）企业已计入固定资产、无形资产等相关资产的手续费及佣金支出，应当通过折旧、摊销等方式分期扣除，不得在发生当期直接扣除。

（5）企业支付的手续费及佣金不得直接冲减服务协议或合同金额，并如实入账。

（6）企业应当如实向当地主管税务机关提供当年手续费及佣金计算分配表和其他相关资料，并依法取得合法真实凭证。

17. 党组织工作经费

（1）国有企业（包括国有独资、全资和国有资本绝对控股、相对控股企业）纳入管理费用的党组织工作经费，实际支出不超过职工年度工资薪金总额1%的部分，可以据实在企业所得税前扣除。

归纳总结

允许在以后纳税年度企业所得税税前结转扣除的费用

（2）非公有制企业党组织工作经费纳入企业管理费列支，不超过职工年度工资薪金总额1%的部分，可以据实在企业所得税前扣除。

18. 其他支出项目

依照有关法律、行政法规和国家有关税法规定准予扣除的其他项目，如会员费、合理的会议费、差旅费、违约金、诉讼费用等。

（六）不得税前扣除项目

在计算应纳税所得额时，下列支出不得扣除：

（1）向投资者支付的股息、红利等权益性投资收益款项。

（2）企业所得税税款。

（3）税收滞纳金，具体是指纳税人违反税收法规，被税务机关处以的滞纳金。

（4）罚金、罚款和被没收财物的损失。是指纳税人违反国家有关法律、法规规定，被有关部门处以的罚款，以及被司法机关处以的罚金和被没收的财物。

答疑解惑

行政罚款不得在企业所得税税前扣除，银行罚息可以在税前扣除吗？

【点拨指导】纳税人按照经济合同规定支付的违约金（包括银行罚息）、罚款和诉讼费用，准予在税前扣除。

（5）超过规定标准的捐赠支出。

【知识链接】企业当年发生以及以前年度结转的公益性捐赠支出，在年度利润总额12%以内的部分，准予在计算应纳税所得额时扣除；超过年度利润总额12%的部分，准予结转以后3年内在计算应纳税所得额时扣除。

（6）赞助支出，具体是指企业发生的与生产经营活动无关的各种非广告性质支出。

（7）未经核定的准备金支出。

【点拨指导】未经核定的准备金支出是指不符合国务院财政、税务主管部门规定的各项资产减值准备、风险准备等准备金支出。

（8）企业之间支付的管理费、企业内营业机构之间支付的租金和特许权使用费，以及非银行企业内营业机构之间支付的利息，不得扣除。

（9）与取得收入无关的其他支出。

【例】甲公司为一家居民企业，其资产规模不符合小型微利企业的条件。本年发生经营业务如下：

取得产品销售收入2 000万元。

发生产品销售成本1 300万元。

发生销售费用385万元（其中广告费和业务宣传费共计325万元）；管理费用240万元（其中业务招待费12万元）；财务费用30万元。

发生销售税金80万元（含增值税60万元）。

取得营业外收入40万元，营业外支出25万元（含通过公益性社会团体向贫困山区捐款15万元，支付税收滞纳金3万元）。

计入成本、费用的实发工资总额100万元，拨缴职工工会经费3万元，发生职工福利费15万元，发生职工教育经费9.5万元。

要求：计算甲公司本年度的应纳企业所得税。

【解析】

（1）会计利润总额＝2 000＋40－1 300－385－240－30－(80－60)－25＝40(万元)

（2）广告费和业务宣传费应调增应纳税所得额＝325－2000×15%＝25(万元)

（3）由于2 000×5‰＝10(万元)＞12×60%＝7.2(万元)，因此业务招待费应调增应纳税所得额＝12－12×60%＝4.8(万元)。

（4）捐赠支出应调增应纳税所得额＝15－40×12%＝10.2(万元)

（5）税收滞纳金不得税前扣除，应调增应纳税所得额3万元。

（6）工会经费应调增应纳税所得额＝3－100×2%＝1(万元)

（7）职工福利费应调增应纳税所得额＝15－100×14%＝1(万元)

（8）职工教育经费应调增应纳税所得额＝9.5－100×8%＝1.5(万元)

（9）应纳税所得额＝40＋25＋4.8＋10.2＋3＋1＋1＋1.5＝86.5(万元)

（10）应纳企业所得税＝86.5×25%＝21.625(万元)

（七）亏损弥补

亏损，是指企业将每一纳税年度的收入总额减除不征税收入、免税收入和各项扣除后小于零的数额。税法规定，企业某一纳税年度发生的亏损可以用下一年度的所得弥补，下一年度的所得不足以弥补的，可以逐年延续弥补，但最长不得超过5年。

自2018年1月1日起，当年具备高新技术企业或科技型中小企业资格的企业，其具备资格年度之前5个年度发生的尚未弥补完的亏损，准予结转以后年度弥补，最长结转年限由5年延长至10年。

【特别提示】 企业在汇总计算缴纳企业所得税时，其境外营业机构的亏损不得抵减境内营业机构的盈利。

【点拨指导】 亏损，是指企业财务报表中的亏损额经主管税务机关按税法规定核实调整后的金额，即税法口径的亏损额。

【特别提示】 5年内不论是盈利或亏损，都作为实际弥补期限计算；先亏先补，后亏后补。

【点拨指导】 亏损弥补期限自亏损年度报告的下一个年度起连续5年不间断地计算。

【例】 甲公司是20×1年在我国境内成立的居民企业，适用企业所得税税率为25%。甲公司20×1年至20×7年的盈亏情况如表5-4所示。要求：计算甲公司20×7年的应纳企业所得税。

表5-4 甲公司20×1年至20×7年的盈亏情况

年份	20×1	20×2	20×3	20×4	20×5	20×6	20×7
所得	−100万元	−20万元	40万元	30万元	20万元	−15万元	350万元

【解析】

20×7年应纳税所得额=350−20−15=315(万元)

20×7年应纳企业所得税=315×25%=78.75(万元)

（八）非居民企业应纳税所得额的计算

在中国境内未设立机构、场所的，或者虽设立机构、场所但取得的所得与其所设机构、场所没有实际联系的非居民企业，其取得的来源于中国境内的所得，按照下列方法计算其应纳税所得额：

（1）股息、红利等权益性投资收益和利息，租金，特许权使用费所得，以收入全额为应纳税所得额。

（2）转让财产所得，以收入全额减除财产净值后的余额为应纳税所得额。

【点拨指导】 财产净值，是指有关资产、财产的计税基础减除已经按照规定扣除的折旧、折耗、摊销、准备金等后的余额。

（3）其他所得，参照前两项规定的方法计算应纳税所得额。

五、资产的税务处理

（一）资产的计税基础与净值

资产是由于资本投资而形成的财产，对于资本性支出以及无形资产受让、开办、开发费用，不允许作为成本、费用从纳税人的收入总额中作一次性扣除，只能采取分次计提折旧或分次摊销的方式予以扣除。即纳税人经营活动中使用的固定资产的折旧费用、无形资产和长期待摊费用的摊销费用可以扣除。

税法规定，纳入税务处理范围的资产形式主要有固定资产、生物资产、无形资产、长期待摊费用、投资资产、存货等，均以历史成本为计税基础。历史成本是指企业取得该项资产时实际发生的支出。企业持有各项资产期间资产增值或者减值，除国务院财政、税务主管部门规定可以确认损益外，不得调整该资产的计税基础。

企业转让资产，该项资产的净值准予在计算应纳税所得额时扣除。资产的净值，是指有关资产、财产的计税基础减除已经按照规定扣除的折旧、折耗、摊销、准备金等后的余额。除另有规定外，企业在重组过程中应当在交易发生时确认有关资产的转让所得或者损失，相关资产应当按照交易价格重新确定计税基础。

（二）固定资产

1. 固定资产的含义

固定资产，是指企业为生产产品、提供劳务、出租或者经营管理而持有的、使用时间超过12个月的非货币性资产，包括房屋、建筑物、机器、机械、运输工具以及其他与生产经营活动有关的设备、器具、工具等。

2. 不得计算折旧扣除的固定资产

在计算应纳税所得额时，企业按照规定计算的固定资产折旧，准予扣除。下列固定资产不得计算折旧扣除：

（1）房屋、建筑物以外未投入使用的固定资产；

（2）以经营租赁方式租入的固定资产；

（3）以融资租赁方式租出的固定资产；

（4）已足额提取折旧仍继续使用的固定资产；

（5）与经营活动无关的固定资产；

（6）单独估价作为固定资产入账的土地；

（7）其他不得计算折旧扣除的固定资产。

【特别提示】未投入使用的房屋、建筑物计提的折旧可以在税前扣除；房屋、建筑物以外未投入使用的固定资产，不得计算折旧扣除。

【区别比较】经营租赁方式租入资产：由出租人计提折旧，承租人不得计提折旧；融资租赁方式租出资产：由承租人计提折旧，出租人不得计提折旧。

3. 固定资产计税基础的确定

固定资产按照以下方法确定计税基础：

（1）外购的固定资产，以购买价款和支付的相关税费以及直接归属于使该资产达到预定用途发生的其他支出为计税基础；

（2）自行建造的固定资产，以竣工结算前发生的支出为计税基础；

（3）融资租入的固定资产，以租赁合同约定的付款总额和承租人在签订租赁合同过程中发生的相关费用为计税基础，租赁合同未约定付款总额的，以该资产的公允价值和承租人在签订租赁合同过程中发生的相关费用为计税基础；

（4）盘盈的固定资产，以同类固定资产的重置完全价值为计税基础；

（5）通过捐赠、投资、非货币性资产交换、债务重组等方式取得的固定资产，以该资产的公允价值和支付的相关税费为计税基础；

（6）改建的固定资产，除法定的支出外，以改建过程中发生的改建支出增加计税基础。

4. 固定资产折旧的计算方法

（1）企业应当自固定资产投入使用月份的次月起计算折旧；停止使用的固定资产，应当自停止使用月份的次月起停止计算折旧。

（2）企业应当根据固定资产的性质和使用情况，合理确定固定资产的预计净残值。固定资产的预计净残值一经确定，不得变更。

（3）固定资产按照直线法计算的折旧，准予扣除。

【知识链接】符合采取加速折旧方法的，可以采取双倍余额递减法或者年数总和法。

5. 固定资产计算折旧的最低年限

除国务院财政、税务主管部门另有规定外，固定资产计算折旧的最低年限如下：

（1）房屋、建筑物，为20年；

（2）飞机、火车、轮船、机器、机械和其他生产设备，为10年；

（3）与生产经营活动有关的器具、工具、家具等，为5年；

（4）飞机、火车、轮船以外的运输工具，为4年；

（5）电子设备，为3年。

从事开采石油、天然气等矿产资源的企业，在开始商业性生产前发生的费用和有关固定资产的折耗、折旧方法，由国务院财政、税务主管部门另行规定。

【例】甲公司是一家居民企业，为增值税一般纳税人，本年8月16日为其销售部门购进1辆轿车，取得增值税专用发票，注明价款30万元，税额3.9万元，公司发生运杂费及上牌照税费4万元，该轿车于当月投入使用。假定该公司固定资产预计净残值率为5%，该公司按照轿车的最低折旧年限采用直线法计提折旧。要求：计算甲公司购买的轿车本年度在企业所得税税前可以扣除的折旧额。

【解析】从2013年8月1日起，企业购入轿车的进项税额可以抵扣。轿车折旧年限最低为4年。由于本年8月16日购买，因此从本年9月起开始计提折旧，本年可计提4个月的折旧。

该轿车账面成本＝30＋4＝34(万元)

本年度在企业所得税税前可以扣除的折旧额＝34×(1－5%)÷(4×12)×4

＝2.69(万元)

（三）生产性生物资产

1. 生产性生物资产的含义

生物资产，是指有生命的动物和植物。生物资产分为消耗性生物资产、生产性生物资产和公益性生物资产。消耗性生物资产，是指为出售而持有的，或在将来收获为农产品的生物资产，包括生长中的农田作物、蔬菜、用材林以及存栏待售的牲畜等。生产性生物资产，是指企业为生产农产品、提供劳务或出租等目的而持有的生物资产，包括经济林、薪炭林、产畜和役畜等。公益性生物资产，是指以防护、环境保护为主要目的的生物资产，包括防风固沙林、水土保持林和水源涵养林等。

【举例说明】蛋鸡为生产性生物资产；肉食鸡为消耗性生物资产。

上述 3 类生物资产中，只有生产性生物资产可以计提折旧。

2. 生产性生物资产计税基础的确定

（1）外购的生产性生物资产，以购买价款和支付的相关税费为计税基础。

（2）通过捐赠、投资、非货币性资产交换、债务重组等方式取得的生产性生物资产，以该资产的公允价值和支付的相关税费为计税基础。

3. 生产性生物资产折旧的计算方法

生产性生物资产按照直线法计算的折旧，准予扣除。企业应当自生产性生物资产投入使用月份的次月起计算折旧；停止使用的生产性生物资产，应当自停止使用月份的次月起停止计算折旧。企业应当根据生产性生物资产的性质和使用情况，合理确定生产性生物资产的预计净残值。生产性生物资产的预计净残值一经确定，不得变更。

4. 生产性生物资产计算折旧的最低年限

生产性生物资产计算折旧的最低年限如下：

（1）林木类生产性生物资产，为 10 年；

（2）畜类生产性生物资产，为 3 年。

（四）无形资产

1. 无形资产的含义

无形资产，是指企业长期使用但没有实物形态的资产，包括专利权、商标权、著作权、土地使用权、非专利技术、商誉等。

2. 不得计算摊销费用扣除的无形资产

在计算应纳税所得额时，企业按照规定计算的无形资产摊销费用，准予扣除。

下列无形资产不得计算摊销费用扣除：

（1）自行开发的支出已在计算应纳税所得额时扣除的无形资产；

（2）自创商誉；

（3）与经营活动无关的无形资产；

（4）其他不得计算摊销费用扣除的无形资产。

【区别比较】自创商誉不得计算摊销费用扣除；外购商誉的支出，在企业整体转让或者清算时准予扣除。

【知识链接】无形资产的摊销年限不得低于 10 年。

3. 无形资产计税基础的确定

（1）外购的无形资产，以购买价款和支付的相关税费以及直接归属于使该资产达到预定用途发生的其他支出为计税基础。

（2）自行开发的无形资产，以开发过程中该资产符合资本化条件后至达到预定用途前发生的支出为计税基础。

（3）通过捐赠、投资、非货币性资产交换、债务重组等方式取得的无形资产，以该资产的公允价值和支付的相关税费为计税基础。

4. 无形资产摊销费用的计算方法

无形资产的摊销，采取直线法计算。无形资产的摊销年限不得低于 10 年。作为投资或者受让的无形资产，有关法律规定或者合同约定了使用年限的，可以按照规定或者约定的使用年限分期摊销。外购商誉的支出，在企业整体转让或者清算时，准予扣除。

（五）长期待摊费用

1. 长期待摊费用的含义

长期待摊费用，是指企业发生的应在 1 个年度以上或几个年度进行摊销的费用。

2. 长期待摊费用的扣除

在计算应纳税所得额时，企业发生的下列支出作为长期待摊费用，按照规定摊销的，准予扣除。

（1）已足额提取折旧的固定资产的改建支出。

已足额提取折旧的固定资产的改建支出，按照固定资产预计尚可使用年限分期摊销。

（2）租入固定资产的改建支出。

租入固定资产的改建支出，按照合同约定的剩余租赁期限分期摊销。

【点拨指导】固定资产的改建支出，是指改变房屋或者建筑物结构、延长使用年限等发生的支出。改建的固定资产延长使用年限的，除前述规定外，应当适当延长折旧年限。

（3）固定资产的大修理支出。

固定资产的大修理支出，按照固定资产尚可使用年限分期摊销。

【点拨指导】固定资产的大修理支出是指同时符合下列条件的支出：修理支出达到取得固定资产时计税基础的 50%以上；修理后固定资产的使用年限延长 2 年以上。

【点拨指导】企业的固定资产修理支出（非固定资产大修理支出）可在发生当期直接扣除。

（4）其他应当作为长期待摊费用的支出。

其他应当作为长期待摊费用的支出，自支出发生月份的次月起，分期摊销，摊销年限不得低于 3 年。

（六）投资资产

1. 投资资产的含义

投资资产，是指企业对外进行权益性投资和债权性投资而形成的资产。

2. 投资资产成本的扣除

企业对外投资期间，投资资产的成本在计算应纳税所得额时不得扣除。企业在转让或者处置投资资产时，投资资产的成本准予扣除。

3. 投资资产成本的确定

投资资产按以下方法确定投资成本：

（1）通过支付现金方式取得的投资资产，以购买价款为成本。

（2）通过支付现金以外的方式取得的投资资产，以该资产的公允价值和支付的相关税费为成本。

（七）存货

1. 存货的含义

存货，是指企业持有以备出售的产品或者商品、处在生产过程中的在产品、在生产或者提供劳务过程中耗用的材料和物料等。

2. 存货成本的确定

存货按照以下方法确定成本：

（1）通过支付现金方式取得的存货，以购买价款和支付的相关税费为成本。

（2）通过支付现金以外的方式取得的存货，以该存货的公允价值和支付的相关税费为成本。

（3）生产性生物资产收获的农产品，以产出或者采收过程中发生的材料费、人工费和分摊的间接费用等必要支出为成本。

2. 存货成本的扣除及计算方法

企业使用或者销售存货，按照规定计算的存货成本，准予在计算应纳税所得额时扣除。

企业使用或者销售的存货的成本计算方法，可以在先进先出法、加权平均法、个别计价法中选用一种。计价方法一经选用，不得随意变更。

【特别提示】存货的计价方法中，没有后进先出法。

【特别提示】企业转让以上资产，在计算企业应纳税所得额时，资产的净值允许扣除。其中，资产的净值是指有关资产、财产的计税基础减除已经按照规定扣除的折旧、折耗、摊销、准备金等后的余额。除国务院财政、税务主管部门另有规定外，企业在重组过程中，应当在交易发生时确认有关资产的转让所得或者损失，相关资产应当按照交易价格重新确定计税基础。

（八）资产损失

1. 资产损失的含义

资产损失，是指企业在生产经营活动中实际发生的、与取得应税收入有关的资产损失。

【点拨指导】资产损失包括现金损失，存款损失，坏账损失，贷款损失，股权投资损失，固定资产和存货的盘亏、毁损、报废、被盗损失，自然灾害等不可抗力因素造成的损失以及其他损失。

2. 资产损失的扣除

企业发生上述资产损失，应在按税法规定实际确认或者实际发生的当年申报扣除。

企业以前年度发生的资产损失未能在当年税前扣除的，可以按照规定，向税务机关说明并进行专项申报扣除。其中，属于实际资产损失，准予追补至该项损失发生年度扣除，其追补确认期限一般不得超过5年。企业因以前年度实际资产损失未在税前扣除而多缴的企业所得税税款，可在追补确认年度企业所得税应纳税款中予以抵扣，不足抵扣的，向以后年度递延抵扣。

【点拨指导】企业当期发生的固定资产和流动资产盘亏、毁损净损失，由其提供清查盘存资料经主管税务机关审核后，准予扣除。企业因存货盘亏、毁损、报废等原因不得从销项税额中抵扣的进项税额，应视同企业财产损失，准予与存货损失一起在企业所得税税前按规定扣除。对于存货损失，其进项税额是否可以作为损失额税前扣除，要区分以下两种情况：

（1）存货因管理不善损失，对应的进项税额不得抵扣，但可以在企业所得税税前扣除。

损失额＝存货成本＋不得抵扣的进项税额－责任人赔偿和保险赔款

（2）存货因不可抗力损失，对应的进项税额仍然可以抵扣。

损失额＝存货成本－责任人赔偿和保险赔款

【例】甲公司是一家居民企业，为增值税一般纳税人，本年因管理不善损失原材料一批，成本为40万元，取得保险公司赔款10万元；另因自然灾害损失存货一批，成本为30万元，取得保险公司赔款20万元。原材料及存货均适用13%的增值税税率，且购入当期均已经抵扣了进项税。要求：计算甲公司本年度在企业所得税税前可以扣除的损失。

【解析】

甲公司本年度在企业所得税税前可以扣除的损失〔＝40＋40×13%－10＋30－20＝45.2(万元)〕

六、企业所得税应纳税额的计算

（一）企业所得税应纳税额的计算公式

企业所得税应纳税额的计算公式为：

应纳税额＝应纳税所得额×适用税率－减免税额－抵免税额

【点拨指导】减免税额和抵免税额，是指依照企业所得税法和国务院的税收优惠规定减征、免征和抵免的应纳税额。

（二）境外所得税收抵免

企业取得的下列所得已在境外缴纳的所得税税额，可以从其当期应纳税额中抵免，抵免限额为该项所得依照《企业所得税法》规定计算的应纳税额；超过抵免限额的部分，可以在以后5个年度内，用每年抵免限额抵免当年应抵税额后的余额进行抵补：

（1）居民企业来源于中国境外的应税所得；

（2）非居民企业在中国境内设立机构、场所，取得发生在中国境外但与该机构、场所有实际联系的应税所得。

【点拨指导】已在境外缴纳的所得税税额，是指企业来源于中国境外的所得依照中国境外税收法律以及相关规定应当缴纳并已经实际缴纳的企业所得税性质的税款。

【特别提示】抵免限额，是指企业来源于中国境外的所得，依照规定计算的应纳税额。

【点拨指导】5个年度，是指从企业取得的来源于中国境外的所得，已经在中国境外缴纳的企业所得税性质的税额超过抵免限额的当年的次年起连续5个纳税年度。

自2017年1月1日起，企业可以选择按国（地区）别分别计算（即“分国（地区）不分项”），或者不按国（地区）别汇总计算（即“不分国（地区）不分项”）其来源于境外的应纳税所得额，并按照上述公式中规定的税率，分别计算其可抵免境外所得税税额和抵免限额。上述方式一经选择，5年内不得改变。

【特别提示】居民企业从其直接或间接控制的外国企业分得的来源于中国境外的股息、红利等权益性投资收益，外国企业在境外实际缴纳的所得税税额中属于该项所得负担的部分，可以作为该居民企业的可抵免境外所得税税额，在企业所得税法规定的抵免限额内抵免。

【点拨指导】直接控制是指居民企业直接持有外国企业20%以上股份。间接控制是指居民企业以间接持股方式持有外国企业20%以上股份。在计算企业境外股息所得的可抵免所得税额和抵免限额时，由企业直接或者间接持有20%以上股份的外国企业，限于按照相关法规规定的持股方式确定的五层外国企业。企业按规定抵免企业所得税税额时，应当提供中国境外税务机关出具的税款所属年度的有关纳税凭证。

【例】甲企业为一家居民企业，本年度境内应纳税所得额为100万元，适用25%的企业所得税税率。另外，该企业分别在A、B两国设有分支机构（我国与A、B两国已经缔结避免双重税协定），在A国的分支机构的应纳税所得额为50万元，A国税率为20%；在B国的分支机构的应纳税所得额为30万元，B国税率为30%。假设该企业在A、B两国所得按我国税法计算的应纳税所得额和按A、B两国税法计算的应纳税所得额一致，两个分支机构在A、B两国分别缴纳了10万元和9万元的企业所得税。假设甲企业选择“分国（地区）不分项”的方法来计算其来源于境外的应纳税所得额。要求：计算甲企业汇总时在我国应纳企业所得税。

【解析】（1）该企业按我国税法计算的境内、境外所得的应纳企业所得税：

应纳企业所得税＝(100＋50＋30)×25%＝45(万元)

（2）A、B两国的扣除限额：

A国扣除限额＝45×[50÷(100＋50＋30)]＝12.5(万元)

或　　＝50×25%＝12.5(万元)

B国扣除限额＝45×[30÷(100＋50＋30)]＝7.5(万元)

或　　＝30×25%＝7.5(万元)

在A国缴纳的企业所得税为10万元，低于扣除限额12.5万元，可全额扣除。

在B国缴纳的企业所得税为9万元，高于扣除限额7.5万元，其超过扣除限额的部分1.5万元当年不能扣除。

汇总时在我国应纳企业所得税＝45－10－7.5＝27.5(万元)

七、企业所得税税收优惠

税收优惠是指国家运用税收政策在税收法律、行政法规中规定对某一部分特定企业和课税对象给予减轻或免除税收负担的一种措施。税法规定的企业所得税的税收优惠方式包括免税、减税、加计扣除、加速折旧、减计收入、税额抵免等。企业同时从事适用不同企业所得税待遇的项目的，其优惠项目应当单独计算所得，并合理分摊企业的期间费用；没有单独计算的，不得享受企业所得税优惠。

（一）免税收入

（1）国债利息收入。

国债利息收入，是指企业持有国务院财政部门发行的国债取得的利息收入。

【特别提示】国债转让收入不免税。

（2）符合条件的居民企业之间的股息、红利等权益性投资收益。

符合条件的居民企业之间的股息、红利等权益性投资收益，是指居民企业直接投资于其他居民企业取得的投资收益。

（3）在中国境内设立机构、场所的非居民企业从居民企业取得与该机构、场所有实际联系的股息、红利等权益性投资收益。

【特别提示】上述第（2）和（3）项中的股息、红利等权益性投资收益，不包括连续持有居民企业公开发行并上市流通的股票不足12个月取得的投资收益。

（4）符合条件的非营利组织的收入。

符合条件的非营利组织，是指同时符合下列条件的组织：

①依法履行非营利组织登记手续；

②从事公益性或者非营利性活动；

③取得的收入除用于与该组织有关的、合理的支出外，全部用于登记核定或者章程规定的公益性或者非营利性事业；

④财产及其孳息不用于分配；

⑤按照登记核定或者章程规定，该组织注销后的剩余财产用于公益性或者非营利性目的，或者由登记管理机关转赠给与该组织性质、宗旨相同的组织，并向社会公告；

⑥投入人对投入该组织的财产不保留或者享有任何财产权利；

⑦工作人员工资福利开支控制在规定的比例内，不变相分配该组织的财产。

【点拨指导】符合条件的非营利组织的收入，不包括非营利组织从事营利性活动取得的收入，但国务院财政、税务主管部门另有规定的除外。对非营利组织从事非营利性活动取得的收入给予免税，但从事营利性活动取得的收入则要征税。

（5）基础研究资金收入。

自 2022 年 1 月 1 日起，对非营利性科研机构、高等学校接收企业、个人和其他组织机构基础研究资金收入，免征企业所得税。

（6）中国保险保障基金有限责任公司取得的收入。

2027 年 12 月 31 日前，对中国保险保障基金有限责任公司根据《保险保障基金管理办法》取得的下列收入，免征企业所得税：

①境内保险公司依法缴纳的保险保障基金；

②依法从撤销或破产保险公司清算财产中获得的受偿收入和向有关责任方追偿所得，以及依法从保险公司风险处置中获得的财产转让所得；

③接受捐赠收入；

④银行存款利息收入；

⑤购买政府债券、中央银行、中央企业和中央级金融机构发行债券的利息收入；

⑥国务院批准的其他资金运用取得的收入。

（二）所得减免

归纳总结

不征税收入与免税收入的区别与联系

1. 免征企业所得税的项目

（1）蔬菜、谷物、薯类、油料、豆类、棉花、麻类、糖料、水果、坚果的种植；

（2）农作物新品种的选育；

（3）中药材的种植；

（4）林木的培育和种植；

（5）牲畜、家禽的饲养；

（6）林产品的采集；

（7）灌溉、农产品初加工、兽医、农技推广、农机作业和维修等农、林、牧、渔服务业项目；

（8）远洋捕捞。

2. 减半征收企业所得税的项目

（1）花卉、茶以及其他饮料作物和香料作物的种植；

（2）海水养殖、内陆养殖。

3. 从事国家重点扶持的公共基础设施项目投资经营的所得

国家重点扶持的公共基础设施项目，是指《公共基础设施项目企业所得税优惠目录》规定的港口码头、机场、铁路、公路、城市公共交通、电力、水利等项目。

（1）企业从事上述国家重点扶持的公共基础设施项目的投资经营的所得，自项目取得第一笔生产经营收入所属纳税年度起，第1年至第3年免征企业所得税，第4年至第6年减半征收企业所得税。

（2）企业承包经营、承包建设和内部自建自用上述项目，不得享受上述企业所得税优惠。

4. 从事符合条件的环境保护、节能节水项目的所得

符合条件的环境保护、节能节水项目，包括公共污水处理、公共垃圾处理、沼气综合开发利用、节能减排技术改造、海水淡化等。企业从事符合条件的环境保护、节能节水项目的所得，自项目取得第一笔生产经营收入所属纳税年度起，第1年至第3年免征企业所得税，第4年至第6年减半征收企业所得税。

【特别提示】“三免三减半”政策的减免税期间从取得第一笔生产经营收入所属纳税年度起。

依照规定享受减免税优惠的项目，在减免税期限内转让的，受让方自受让之日起，可以在剩余期限内享受规定的减免税优惠；减免税期限届满后转让的，受让方不得就该项目重复享受减免税优惠。

5. 符合条件的技术转让所得

符合条件的技术转让所得免征、减征企业所得税，是指一个纳税年度内，居民企业转让技术所有权所得不超过500万元的部分，免征企业所得税；超过500万元的部分，减半征收企业所得税。其计算公式为：

技术转让所得＝技术转让收入－技术转让成本－相关税费

【例】 甲公司为一家居民企业，适用企业所得税税率为25%。本年将自行开发的一项专利技术转让，取得转让收入1 500万元，与该项技术转让有关的成本和费用为500万元。假定甲公司当年不存在其他业务事项和纳税调整事项。要求：计算甲公司本年的应纳企业所得税。

【解析】 技术转让所得＝1 500－500＝1 000(万元)，其中500万元以内的部分免征企业所得税，超过500万元的部分，减半征收企业所得税。

应纳企业所得税＝(1 500－500－500)×25%×50%＝62.5(万元)

6. 非居民企业减免税所得

在中国境内未设立机构、场所的，或者虽设立机构、场所但取得的所得与其所设机构、场所没有实际联系的非居民企业，其取得的来源于中国境内的所得，减按10%的税率征收企业所得税。该类非居民企业取得下列所得免征企业所得税：

（1）外国政府向中国政府提供贷款取得的利息所得；

（2）国际金融组织向中国政府和居民企业提供优惠贷款取得的利息所得；

（3）经国务院批准的其他所得。

7. 境外机构投资者免税所得

从2014年11月17日起，对合格境外机构投资者（QFII）、人民币合格境外机构投资者（RQFII）取得来源于中国境内的股票等权益性投资资产转让所得，暂免征收企业所得税。

（三）减低税率与定期减免税

1. 小型微利企业

小型微利企业减按25%计算应纳税所得额，按20%的税率缴纳企业所得税。该政策延续执行至2027年12月31日。

【知识拓展】小型微利企业的企业所得税优惠政策具体如下：自2021年1月1日至2022年12月31日，对小型微利企业年应纳税所得额不超过100万元的部分，减按12.5%计入应纳税所得额，按20%的税率缴纳企业所得税；自2023年1月1日至2027年12月31日，对小型微利企业年应纳税所得额不超过100万元的部分，减按25%计入应纳税所得额，按20%的税率缴纳企业所得税。自2022年1月1日至2027年12月31日，对小型微利企业年应纳税所得额超过100万元但不超过300万元的部分，减按25%计入应纳税所得额，按20%的税率缴纳企业所得税。

上述小型微利企业是指从事国家非限制和禁止行业，且同时符合年度应纳税所得额不超过300万元、从业人数不超过300人、资产总额不超过5 000万元三个条件的企业。

【点拨指导】从业人数，包括与企业建立劳动关系的职工人数和企业接受的劳务派遣用工人数。从业人数和资产总额指标，应按企业全年的季度平均值确定。具体计算公式如下：

季度平均值=(季初值+季末值)÷2

全年季度平均值=全年各季度平均值之和÷4

年度中间开业或者终止经营活动的，以其实际经营期作为一个纳税年度确定上述相关指标。

【特别提示】小型微利企业所得税统一实行按季度预缴。预缴企业所得税时，小型微利企业的资产总额、从业人数、年度应纳税所得额指标，暂按当年度截至本期申报所属期期末的情况进行判断。其中，资产总额、从业人数指标比照上述全年季度平均值的计算公式，计算截至本期申报所属期期末的季度平均值；年度应纳税所得额指标暂按截至本期申报所属期期末不超过300万元的标准判断。

【点拨指导】小型微利企业是指企业的全部生产经营活动产生的所得均负有我国企业所得税纳税义务的企业。仅就来源于我国所得负有我国纳税义务的非居民企业，不适用上述规定。

【特别提示】小型微利企业无论按查账征收方式还是按核定征收方式缴纳企业所得税，均可享受优惠政策。

2. 高新技术企业

国家需要重点扶持的高新技术企业，减按15%的税率征收企业所得税。

3. 技术先进型服务企业

自2018年1月1日起，对经认定的技术先进型服务企业（服务贸易类），减按15%的税率征收企业所得税。

4. 从事污染防治的第三方企业

自2024年1月1日起至2027年12月31日止，对符合条件的从事污染防治的第三方企业减按15%的税率征收企业所得税。第三方防治企业，是指受排污企业或政府委托，负责环境污染治理设施运营维护的企业。

5. 集成电路生产企业或项目

自2020年1月1日起，国家鼓励的集成电路线宽小于28纳米（含），且经营期在15年以上的集成电路生产企业或项目，第1年至第10年免征企业所得税；国家鼓励的集成电路线宽小于65纳米（含），且经营期在15年以上的集成电路生产企业或项目，第1年至第5年免征企业所得税，第6年至第10年按照25%的法定税率减半征收企业所得税；国家鼓励的集成电路线宽小于130纳米（含），且经营期在10年以上的集成电路生产企业或项目，第1年至第2年免征企业所得税，第3年至第5年按照25%的法定税率减半征收企业所得税。

对于按照集成电路生产企业享受税收优惠政策的，优惠期自获利年度起计算；对于按照集成电路生产项目享受税收优惠政策的，优惠期自项目取得第1笔生产经营收入所属纳税年度起计算，集成电路生产项目需单独进行会计核算、计算所得，并合理分摊期间费用。

国家鼓励的线宽小于130纳米（含）的集成电路生产企业，属于国家鼓励的集成电路生产企业清单年度之前5个纳税年度发生的尚未弥补完的亏损，准予向以后年度结转，总结转年限最长不得超过10年。

6. 集成电路相关企业和软件企业

国家鼓励的集成电路设计、装备、材料、封装、测试企业和软件企业，自获利年度起，第1年至第2年免征企业所得税，第3年至第5年按照25%的法定税率减半征收企业所得税。

国家鼓励的重点集成电路设计企业和软件企业，自获利年度起，第1年至第5年免征企业所得税，接续年度减按10%的税率征收企业所得税。

7. 经营性文化事业单位转制为企业

经营性文化事业单位转制为企业，自转制注册之日起五年内免征企业所得税。转制包括整体转制和剥离转制。该税收政策执行至2027年12月31日。企业在2027年12月31日享受上述税收政策不满五年的，可继续享受至五年期满为止。

【特别提示】经营性文化事业单位是指从事新闻出版、广播影视和文化艺术的事业单位。

8. 生产和装配伤残人员专门用品企业

自2021年1月1日至2027年12月31日，对符合条件的生产和装配伤残人员专门用品，且在民政部发布的《中国伤残人员专门用品目录》范围之内的居民企业，免征企业所得税。

(四) 民族自治地方的减免税

民族自治地方的自治机关对本民族自治地方的企业应缴纳的企业所得税中属于地方分享的部分，可以决定减征或者免征。自治州、自治县决定减征或者免征的，须报省、自治区、直辖市人民政府批准。民族自治地方，是指依照《中华人民共和国民族区域自治法》的规定，实行民族区域自治的自治区、自治州、自治县。对民族自治地方内国家限制和禁止行业的企业，不得减征或者免征企业所得税。

(五) 加计扣除

企业的下列支出，可以在计算应纳税所得额时加计扣除：

1. 研究开发费用

研究开发费用的加计扣除，是指企业为开发新技术、新产品、新工艺发生的研究开发费用，未形成无形资产计入当期损益的，在按照规定据实扣除的基础上，按照研究开发费用的50%加计扣除；形成无形资产的，按照无形资产成本的150%摊销。

企业开展研发活动中实际发生的研发费用，未形成无形资产计入当期损益的，在按规定据实扣除的基础上，自2023年1月1日起，再按照实际发生额的100%在税前加计扣除；形成无形资产的，自2023年1月1日起，按照无形资产成本的200%在税前摊销。

符合条件的集成电路企业和工业母机企业开展研发活动中实际发生的研发费用，未形成无形资产计入当期损益的，在按规定据实扣除的基础上，在2023年1月1日至2027年12月31日期间，再按照实际发生额的120%在税前扣除；形成无形资产的，在上述期间按照无形资产成本的220%在税前摊销。

【特别提示】下列行业不适用税前加计扣除政策：烟草制造业、住宿和餐饮业、批发和零售业、房地产业、租赁和商务服务业、娱乐业、财政部和国家税务总局规定的其他行业。

2. 安置国家鼓励就业人员所支付的工资

企业安置残疾人员所支付的工资的加计扣除，是指企业安置残疾人员的，在按照支付给残疾职工工资据实扣除的基础上，按照支付给残疾职工工资的100%加计扣除。企业安置国家鼓励安置的其他就业人员所支付的工资的加计扣除办法，由国务院另行规定。

3. 出资给非营利单位用于基础研究的支出

自2022年1月1日起，对企业出资给非营利性科学技术研究开发机构、高等学校和政府性自然科学基金用于基础研究的支出，在计算应纳税所得额时可按实际发生额在税前扣除，并可按100%在税前加计扣除。

（六）抵扣应纳税所得额

创业投资企业从事国家需要重点扶持和鼓励的创业投资，可以按投资额的一定比例抵扣应纳税所得额。

创业投资企业优惠，是指创业投资企业采取股权投资方式投资于未上市的中小高新技术企业2年以上的，可以按照其投资额的70%在股权持有满2年的当年抵扣该创业投资企业的应纳税所得额；当年不足抵扣的，可以在以后纳税年度结转抵扣。

【举例说明】 甲公司20×1年1月1日向乙公司（未上市的中小高新技术企业）投资100万元，股权持有到20×2年12月31日。甲公司20×2年度可抵扣的应纳税所得额为70万元（100×70%）。

（1）公司制创业投资企业采取股权投资方式直接投资于种子期、初创期科技型企业（以下简称“初创科技型企业”）满2年（24个月，下同）的，可以按照投资额的70%在股权持有满2年的当年抵扣该公司制创业投资企业的应纳税所得额；当年不足抵扣的，可以在以后纳税年度结转抵扣。

（2）有限合伙制创业投资企业（以下简称“合伙创投企业”）采取股权投资方式直接投资于初创科技型企业满2年的，该合伙创投企业的合伙人分别按以下方式处理：

①法人合伙人可以按照对初创科技型企业投资额的70%抵扣法人合伙人从合伙创投企业分得的所得；当年不足抵扣的，可以在以后纳税年度结转抵扣。

②个人合伙人可以按照对初创科技型企业投资额的70%抵扣个人合伙人从合伙创投企业分得的经营所得；当年不足抵扣的，可以在以后纳税年度结转抵扣。

（3）天使投资个人采取股权投资方式直接投资于初创科技型企业满2年的，可以按照投资额的70%抵扣转让该初创科技型企业股权取得的应纳税所得额；当期不足抵扣的，可以在以后取得转让该初创科技型企业股权的应纳税所得额时结转抵扣。

天使投资个人投资多个初创科技型企业的，对其中办理注销清算的初创科技型企业，天使投资个人对其投资额的70%尚未抵扣完的，可自注销清算之日起36个月内抵扣天使投资个人转让其他初创科技型企业股权取得的应纳税所得额。

（4）有限合伙制创业投资企业采取股权投资方式投资于未上市的中小高新技术企业满2年的，其法人合伙人可按照对未上市中小高新技术企业投资额的70%抵扣该法人合伙人从该有限合伙制创业投资企业分得的应纳税所得额，当年不足抵扣的，可以在以后纳税年度结转抵扣。

（七）加速折旧

企业的固定资产由于技术进步等原因，确需加速折旧的，可以缩短折旧年限或者采取加速折旧的方法。可采用以上折旧方法的固定资产是指：

（1）由于技术进步，产品更新换代较快的固定资产；

（2）常年处于强震动、高腐蚀状态的固定资产。

【特别提示】采取缩短折旧年限方法的，最低折旧年限不得低于规定折旧年限的60%。

【点拨指导】若为购置已使用过的固定资产，其最低折旧年限不得低于税法规定最低折旧年限减去已使用年限后剩余年限的60%。最低折旧年限一经确定，一般不得变更。

【特别提示】采取加速折旧方法的，可以采取双倍余额递减法或者年数总和法。

对所有行业企业2014年1月1日后新购进的专门用于研发的仪器、设备，单位价值不超过100万元的，允许一次性计入当期成本费用在计算应纳税所得额时扣除，不再分年度计算折旧；单位价值超过100万元的，可缩短折旧年限或采取加速折旧的方法。

对所有行业企业持有的单位价值不超过5 000元的固定资产，允许一次性计入当期成本费用在计算应纳税所得额时扣除，不再分年度计算折旧。

对符合相关条件的生物药品制造业，专用设备制造业，铁路、船舶、航空航天和其他运输设备制造业，计算机、通信和其他电子设备制造业，仪器仪表制造业，信息传输、软件和信息技术服务业等行业企业，2014年1月1日后购进的固定资产（包括自行建造），对符合相关条件的轻工、纺织、机械、汽车等四个领域重点行业的企业，2015年1月1日后新购进的固定资产，允许按不低于企业所得税法规定折旧年限的60%缩短折旧年限，或选择采取双倍余额递减法或年数总和法进行加速折旧。

【点拨指导】上述重点行业企业是指以上述行业业务为主营业务，其固定资产投入使用当年的主营业务收入占企业收入总额50%（不含）以上的企业。

自2019年1月1日起，适用固定资产加速折旧优惠相关规定的行业范围，扩大至全部制造业领域。

【特别提示】企业在2018年1月1日至2027年12月31日期间新购进的设备、器具，单位价值不超过500万元的，允许一次性计入当期成本费用在计算应纳税所得额时扣除，不再分年度计算折旧。设备、器具，是指除房屋、建筑物以外的固定资产。

（八）减计收入

（1）企业以《资源综合利用企业所得税优惠目录》规定的资源作为主要原材料，生产国家非限制和禁止并符合国家和行业相关标准的产品取得的收入，减按90%计入收入总额。

【特别提示】原材料占生产产品材料的比例不得低于前述优惠目录规定的标准。

（2）自2019年6月1日起至2025年12月31日，社区提供养老、托育、家政等服务的机构，提供社区养老、托育、家政服务取得的收入，在计算应纳税所得额时，减按90%计入收入总额。社区包括城市社区和农村社区。

（3）2027年12月31日前，对金融机构农户小额贷款的利息收入，在计算应纳税所得额时，按90%计入收入总额。小额贷款，是指单笔且该农户贷款余额总额在10万元（含本数）以下的贷款。金融机构应对符合条件的农户小额贷款利息收入进行单独核算，不能单独核算的不得适用前述优惠政策。

（4）2027年12月31日前，对保险公司为种植业、养殖业提供保险业务取得的保费收入，在计算应纳税所得额时，按90%计入收入总额。保费收入，是指原保险保费收入加上分保费收入减去分出保费后的余额。

（5）2027年12月31日前，对经省级地方金融监督管理部门批准成立的小额贷款公司取得的农户小额贷款利息收入，在计算应纳税所得额时，按90%计入收入总额。小额贷款，是指单笔且该农户贷款余额总额在10万元（含本数）以下的贷款。

（九）税额抵免

税额抵免，是指企业购置并实际使用《环境保护专用设备企业所得税优惠目录》、《节能节水专用设备企业所得税优惠目录》和《安全生产专用设备企业所得税优惠目录》规定的环境保护、节能节水、安全生产等专用设备的，该专用设备的投资额的10%可以从企业当年的应纳税额中抵免；当年不足抵免的，可以在以后5个纳税年度结转抵免。

享受上述规定的企业所得税优惠的企业，应当实际购置并自身实际投入使用上述规定的专用设备；企业购置上述专用设备在5年内转让、出租的，应当停止享受企业所得税优惠，并补缴已经抵免的企业所得税税款。转让的受让方可以按照该专用设备投资额的10%抵免当年企业所得税应纳税额；当年应纳税额不足抵免的，可以在以后5个纳税年度结转抵免。

购置并实际使用的环境保护、节能节水和安全生产专用设备，包括承租方企业以融资租赁方式租入的，并在融资租赁合同中约定租赁期届满时租赁设备所有权转移给承租方企业，且符合规定条件的上述专用设备。凡融资租赁期届满后租赁设备所有权未转移至承租方企业的，承租方企业应停止享受抵免企业所得税优惠，并补缴已经抵免的企业所得税税款。

企业在2024年1月1日至2027年12月31日期间发生的节能节水、环境保护和安全生产专用设备数字化、智能化改造投入，不超过该专用设备购置时原计税基础50%的部分，可按照10%比例抵免企业当年应纳税额。企业当年应纳税额不足抵免的，可以向以后年度结转，但结转年限最长不得超过5年。

【特别提示】自2009年1月1日起，增值税一般纳税人购进生产用固定资产发生的进项税额可从其销项税额中抵扣。如果增值税进项税额允许抵扣，其专用设备投资额不再包括增值税进项税额；如果增值税进项税额不允许抵扣，其专用设备投资额应为增值税专用发票上注明的价税合计金额，企业购买专用设备取得增值税普通发票的，其专用设备投资额为普通发票上注明的金额。

【点拨指导】企业同时从事适用不同企业所得税待遇的项目的，其优惠项目应当单独计算所得，并合理分摊企业的期间费用；没有单独计算的，不得享受企业所得税优惠。

【例】 甲公司为一家居民企业，本年购置环保专用设备用于生产经营，取得的普通发票上注明设备价款33.9万元；本年度甲公司经税务机关审核的应纳税所得额为100万元。甲公司适用的企业所得税税率为25%。要求：计算甲公司本年实际应纳企业所得税。

【解析】

甲公司实际应纳企业所得税＝100×25%－33.9×10%＝21.61(万元)

（十）西部地区的减免税

自2021年1月1日至2030年12月31日，对设在西部地区的鼓励类产业企业减按15%的税率征收企业所得税。鼓励类产业企业是指以《西部地区鼓励类产业目录》中规定的产业项目为主营业务，且其主营业务收入占企业收入总额60%以上的企业。

【特别提示】 西部地区包括内蒙古自治区、广西壮族自治区、重庆市、四川省、贵州省、云南省、西藏自治区、陕西省、甘肃省、青海省、宁夏回族自治区、新疆维吾尔自治区和新疆生产建设兵团。湖南湘西土家族苗族自治州、湖北恩施土家族苗族自治州、吉林延边朝鲜族自治州和江西赣州市，可以比照执行。

（十一）海南自由贸易港企业所得税优惠①

自2020年1月1日至2024年12月31日，对海南自由贸易港实行以下企业所得税优惠政策：

对注册在海南自由贸易港并实质性运营的鼓励类产业企业，减按15%的税率征收企业所得税。鼓励类产业企业，是指以海南自由贸易港鼓励类产业目录中规定的产业项目为主营业务，且其主营业务收入占企业收入总额60%以上的企业。实质性运营，是指企业的实际管理机构设在海南自由贸易港，并对企业生产经营、人员、账务、财产等实施实质性全面管理和控制。对不符合实质性运营的企业，不得享受优惠。对总机构设在海南自由贸易港的符合条件的企业，仅就其设在海南自由贸易港的总机构和分支机构的所得，适用15%税率；对总机构设在海南自由贸易港以外的企业，仅就其设在海南自由贸易港内的符合条件的分支机构的所得，适用15%税率。

对在海南自由贸易港设立的旅游业、现代服务业、高新技术产业企业新增境外直接投资取得的所得，免征企业所得税。新增境外直接投资所得应当符合以下条件：

（1）从境外新设分支机构取得的营业利润；或从持股比例超过20%（含）的境外子公司分回的，与新增境外直接投资相对应的股息所得。

（2）被投资国（地区）的企业所得税法定税率不低于5%。

对在海南自由贸易港设立的企业，新购置（含自建、自行开发）固定资产或无形资产，单位价值不超过500万元（含）的，允许一次性计入当期成本费用在计算应纳税所得额时扣除，不再分年度计算折旧和摊销；新购置（含自建、自行开发）固定资产或无

① 该内容在《2025年度初级会计专业技术资格考试大纲》中已经删除，本教材仍保留。

形资产，单位价值超过500万元的，可以缩短折旧、摊销年限或采取加速折旧、摊销的方法。固定资产，是指除房屋、建筑物以外的固定资产。

（十二）债券利息减免税

（1）对企业取得的2012年及以后年度发行的地方政府债券利息收入，免征企业所得税。

（2）自2021年11月7日至2025年12月31日，对境外机构投资境内债券市场取得的债券利息收入暂免征收企业所得税。

【特别提示】暂免征收企业所得税的范围不包括境外机构在境内设立的机构、场所取得的与该机构、场所有实际联系的债券利息。

（3）对企业投资者持有2024—2027年发行的铁路债券取得的利息收入，减半征收企业所得税。

【特别提示】铁路债券是指以中国铁路总公司为发行和偿还主体的债券，包括中国铁路建设债券、中期票据、短期融资券等债务融资工具。

八、企业所得税特别纳税调整

（一）转让定价税制

企业与其关联方之间的业务往来，不符合独立交易原则而减少企业或者其关联方应纳税收入或者所得额的，税务机关有权按照合理方法调整。

1. 合理方法

（1）可比非受控价格法，是指按照没有关联关系的交易各方进行相同或者类似业务往来的价格进行定价的方法；

（2）再销售价格法，是指按照从关联方购进商品再销售给没有关联关系的交易方的价格，减除相同或者类似业务的销售毛利进行定价的方法；

（3）成本加成法，是指按照成本加合理的费用和利润进行定价的方法；

（4）交易净利润法，是指按照没有关联关系的交易各方进行相同或者类似业务往来取得的净利润水平确定利润的方法；

（5）利润分割法，是指将企业与其关联方的合并利润或者亏损在各方之间采用合理标准进行分配的方法；

（6）其他符合独立交易原则的方法。

2. 成本分摊

企业与其关联方共同开发、受让无形资产，或者共同提供、接受劳务发生的成本，在计算应纳税所得额时应当按照独立交易原则进行分摊。

企业可以依照规定，按照独立交易原则与其关联方分摊共同发生的成本，达成成本分摊协议。

3. 预约定价安排

企业可以向税务机关提出与其关联方之间业务往来的定价原则和计算方法，税务机关与企业协商、确认后，达成预约定价安排。

预约定价安排，是指企业就其未来年度关联交易的定价原则和计算方法，向税务机关提出申请，与税务机关按照独立交易原则协商、确认后达成的协议。

4. 核定应纳税所得额

企业不提供与其关联方之间业务往来资料，或者提供虚假、不完整资料，未能真实反映其关联业务往来情况的，税务机关有权依法核定其应纳税所得额。

（二）受控外国企业税制

由居民企业，或者由居民企业和中国居民控制的设立在实际税负低于 12.5%的国家（地区）的企业，并非由于合理的经营需要而对利润不作分配或者减少分配的，上述利润中应归属于该居民企业的部分，应当计入该居民企业的当期收入。

控制是指：

（1）居民企业或者中国居民直接或者间接单一持有外国企业 10%以上有表决权股份，且由其共同持有该外国企业 50%以上股份；

（2）居民企业，或者居民企业和中国居民持股比例没有达到第（1）项规定的标准，但在股份、资金、经营、购销等方面对该外国企业构成实质控制。

（三）资本弱化税制

企业从其关联方接受的债权性投资与权益性投资的比例超过规定标准而发生的利息支出，不得在计算应纳税所得额时扣除。

规定标准（比例）是指，企业实际支付给关联方的利息支出，其接受关联方债权性投资与其权益性投资比例如下：

（1）金融企业，为 5∶1；

（2）其他企业，为 2∶1。

企业能够按照《企业所得税法》及其实施条例的有关规定提供相关资料，并证明相关交易活动符合独立交易原则的；或者该企业的实际税负不高于境内关联方的，其实际支付给境内关联方的利息支出，在计算应纳税所得额时准予扣除。

（四）一般反避税制度

企业实施其他不具有合理商业目的的安排而减少其应纳税收入或者所得额的，税务机关有权按照合理方法调整。不具有合理商业目的，是指以减少、免除或者推迟缴纳税款为主要目的。

（五）对避税行为的处理

1. 加收利息

税务机关依照规定作出纳税调整，需要补征税款的，应当补征税款，并按照国务院规定加收利息。

税务机关根据税收法律、行政法规的规定，对企业作出特别纳税调整的，应当对补征的税款，自税款所属纳税年度的次年 6 月 1 日起至补缴税款之日止的期间，按日加收利息。

按照规定加收的利息，不得在计算应纳税所得额时扣除。

按照规定加收的利息，应当按照税款所属纳税年度中国人民银行公布的与补税期间同期的人民币贷款基准利率加5个百分点计算。企业依照规定提供有关资料的，可以只按规定的人民币贷款基准利率计算利息。

2. 特别纳税调整期限

企业与其关联方之间的业务往来，不符合独立交易原则，或者企业实施其他不具有合理商业目的的安排的，税务机关有权在该业务发生的纳税年度起10年内，进行纳税调整。

九、企业重组业务企业所得税处理①

（一）企业重组类型

企业重组是指企业在日常经营活动以外发生的法律结构或经济结构重大改变的交易，包括企业法律形式改变、债务重组、股权收购、资产收购、合并、分立等。

1. 企业法律形式改变

企业法律形式改变是指企业注册名称、住所以及企业组织形式等的简单改变。

2. 债务重组

债务重组是指在债务人发生财务困难的情况下，债权人按照其与债务人达成的书面协议或者法院裁定书，就其债务人的债务作出让步的事项。

3. 股权收购

股权收购是指一家企业（收购企业）购买另一家企业（被收购企业）的股权，以实现对被收购企业控制的交易。收购企业支付对价的形式包括股权支付、非股权支付或两者的组合。

4. 资产收购

资产收购是指一家企业（受让企业）购买另一家企业（转让企业）实质经营性资产的交易。受让企业支付对价的形式包括股权支付、非股权支付或两者的组合。

5. 合并

合并是指一家或多家企业（被合并企业）将其全部资产和负债转让给另一家现存或新设企业（合并企业），被合并企业股东换取合并企业的股权或非股权支付，实现两个或两个以上企业的依法合并。

6. 分立

分立是指一家企业（被分立企业）将部分或全部资产分离转让给现存或新设的企业（分立企业），被分立企业股东换取分立企业的股权或非股权支付，实现企业的依法分立。

（二）股权支付和非股权支付

1. 股权支付

股权支付是指企业重组中购买、换取资产的一方支付的对价中，以本企业或其控股企业的股权、股份作为支付的形式。

---

① 该内容在《2025年度初级会计专业技术资格考试大纲》中已经删除，本教材仍保留。

2. 非股权支付

非股权支付是指以本企业的现金、银行存款、应收款项、本企业或其控股企业股权和股份以外的有价证券、存货、固定资产、其他资产以及承担债务等作为支付的形式。

（三）企业重组一般性税务处理规定

企业重组除符合适用特殊性税务处理规定的外，按以下规定进行税务处理：

1. 企业由法人转变为个人独资企业、合伙企业等非法人组织，或将登记注册地转移至中华人民共和国境外（包括港澳台地区），应视同企业进行清算、分配，股东重新投资成立新企业。企业的全部资产以及股东投资的计税基础均应以公允价值为基础确定

企业发生其他法律形式简单改变的，可直接变更税务登记，除另有规定外，有关企业所得税纳税事项（包括亏损结转、税收优惠等权益和义务）由变更后企业承继，但因住所发生变化而不符合税收优惠条件的除外。

2. 企业债务重组

（1）以非货币资产清偿债务，应当分解为转让相关非货币性资产、按非货币性资产公允价值清偿债务两项业务，确认相关资产的所得或损失；

（2）发生债权转股权的，应当分解为债务清偿和股权投资两项业务，确认有关债务清偿所得或损失；

（3）债务人应当按照支付的债务清偿额低于债务计税基础的差额，确认债务重组所得；债权人应当按照收到的债务清偿额低于债权计税基础的差额，确认债务重组损失；

（4）债务人的相关所得税纳税事项原则上保持不变。

【例】 甲企业为我国一家居民企业，本年12月与乙企业达成债务重组协议，甲企业以一批库存商品抵偿所欠乙企业一年前发生的债务25.2万元。该批库存商品的账面成本为16万元，市场不含税售价为20万元，该批商品的增值税税率为13%。甲企业适用25%的企业所得税税率。假定城市维护建设税和教育费附加不予考虑。要求：(1)计算甲企业该项重组业务的应纳企业所得税；(2)计算乙企业该项重组业务的债务重组损失。

【解析】（1）甲公司以非货币资产清偿债务，应当分解为转让（销售）相关非货币性资产、按非货币性资产公允价值清偿债务两项业务的两项所得，此处简称销售货物所得和清偿债务所得：

销售货物所得＝20－16＝4(万元)

清偿债务所得(债务重组利得)＝25.2－20×(1＋13%)＝2.6(万元)

因该重组事项一共应确认应纳税所得额＝4＋2.6＝6.6(万元)

6.6万元含两方面的所得：销售货物所得4万元和清偿债务所得2.6万元。

甲企业应纳企业所得税＝6.6×25%＝1.65(万元)

（2）乙企业的债务重组损失＝25.2－20－20×13%＝2.6(万元)

3. 企业股权收购、资产收购重组交易

（1）被收购方应确认股权、资产转让所得或损失；

（2）收购方取得股权或资产的计税基础应以公允价值为基础确定；

（3）被收购企业的相关所得税事项原则上保持不变。

4. 企业合并

（1）合并企业应按公允价值确定接受被合并企业各项资产和负债的计税基础；

（2）被合并企业及其股东都应按清算进行所得税处理；

（3）被合并企业的亏损不得在合并企业结转弥补。

5. 企业分立

（1）被分立企业对分立出去的资产应按公允价值确认资产转让所得或损失；

（2）分立企业应按公允价值确认接受资产的计税基础；

（3）被分立企业继续存在时，其股东取得的对价应视同被分立企业分配进行处理；

（4）被分立企业不再继续存在时，被分立企业及其股东都应按清算进行所得税处理；

（5）企业分立相关企业的亏损不得相互结转弥补。

（四）企业重组特殊性税务处理规定

1. 适用特殊性税务处理需要符合的条件

（1）具有合理的商业目的，且不以减少、免除或者推迟缴纳税款为主要目的；

（2）被收购、合并或分立部分的资产或股权比例符合规定的比例；

（3）企业重组后的连续12个月内不改变重组资产原来的实质性经营活动；

（4）重组交易对价中涉及股权支付金额符合规定比例；

（5）企业重组中取得股权支付的原主要股东，在重组后连续12个月内，不得转让所取得的股权。

2. 企业重组符合规定条件的，交易各方对其交易中的股权支付部分，可以按规定进行特殊性税务处理

【特别提示】特殊性税务处理只针对“股权支付部分”，而“非股权支付部分”仍按一般性税务处理。

（1）企业债务重组确认的应纳税所得额占该企业当年应纳税所得额50%以上，可以在5个纳税年度的期间内，均匀计入各年度的应纳税所得额。

企业发生债权转股权业务，对债务清偿和股权投资两项业务暂不确认有关债务清偿所得或损失，股权投资的计税基础以原债权的计税基础确定。企业的其他相关所得税事项保持不变。

（2）股权收购。收购企业购买的股权不低于被收购企业全部股权的50%，且收购企业在该股权收购发生时的股权支付金额不低于其交易支付总额的85%，可以选择按以下规定处理：①被收购企业的股东取得收购企业股权的计税基础，以被收购股权的原有计税基础确定；②收购企业取得被收购企业股权的计税基础，以被收购股权的原有计税基础确定；③收购企业、被收购企业的原有各项资产和负债的计税基础和其他相关所得税事项保持不变。

（3）资产收购。受让企业收购的资产不低于转让企业全部资产的50%，且受让企业在该资产收购发生时的股权支付金额不低于其交易支付总额的85%，可以选择按以下规定处理：①转让企业取得受让企业股权的计税基础，以被转让资产的原有计税基础确定；②受让企业取得转让企业资产的计税基础，以被转让资产的原有计税基础确定。

（4）企业合并。企业股东在该企业合并发生时取得的股权支付金额不低于其交易支付总额的85%，以及同一控制下且不需要支付对价的企业合并，可以选择按以下规定处理：①合并企业接受被合并企业资产和负债的计税基础，以被合并企业的原有计税基础确定；②被合并企业合并前的相关所得税事项由合并企业承继；③可由合并企业弥补的被合并企业亏损的限额＝被合并企业净资产公允价值×截至合并业务发生当年年末国家发行的最长期限的国债利率；④被合并企业股东取得合并企业股权的计税基础，以其原持有的被合并企业股权的计税基础确定。

【例】甲公司为我国一家生产摩托车的居民企业，本年10月合并乙股份公司，乙股份公司全部资产的公允价值为5 700万元，全部负债为3 200万元，未超过弥补年限的亏损额为620万元。合并时甲公司给乙股份公司的股权支付额为2 300万元、银行存款为200万元。由于2 300÷(2 300＋200)＝92%＞85%，因此该合并业务符合企业重组特殊性税务处理的条件且选择此方法执行（假定当年国家发行的最长期限的国债年利率为6%）。要求：计算可由合并企业弥补的被合并企业的亏损。

【解析】

$$\begin{aligned}\text{可由合并企业弥补的被合并企业亏损的限额}&=(5\ 700-3\ 200)\times 6\%\\&=150(\text{万元})\end{aligned}$$

620万元＞150万元，因此可由合并企业弥补的被合并企业的亏损为150万元。

（5）企业分立。被分立企业所有股东按原持股比例取得分立企业的股权，分立企业和被分立企业均不改变原来的实质经营活动，且被分立企业股东在该企业分立发生时取得的股权支付金额不低于其交易支付总额的85%，可以选择按以下规定处理：①分立企业接受被分立企业资产和负债的计税基础，以被分立企业的原有计税基础确定；②被分立企业已分立出去资产相应的所得税事项由分立企业承继；③被分立企业未超过法定弥补期限的亏损额可按分立资产占全部资产的比例进行分配，由分立企业继续弥补；④被分立企业的股东取得分立企业的股权（新股），如需部分或全部放弃原持有的被分立企业的股权（旧股），新股的计税基础应以放弃旧股的计税基础确定。如不需放弃旧股，则其取得新股的计税基础可从以下两种方法中选择确定：直接将新股的计税基础确定为零；或者以被分立企业分立出去的净资产占被分立企业全部净资产的比例先调减原持有的旧股的计税基础，再将调减的计税基础平均分配到新股上。

（6）重组交易各方按规定对交易中股权支付暂不确认有关资产的转让所得或损失的，其非股权支付仍应在交易当期确认相应的资产转让所得或损失，并调整相应资产的计税基础。

$$\text{非股权支付对应的资产转让所得或损失}=\left(\text{被转让资产的公允价值}-\text{被转让资产的计税基础}\right)\times\left(\text{非股权支付金额}\div\text{被转让资产的公允价值}\right)$$

【例】甲公司为我国一家居民企业，共有股权1 000万股，为了更好地发展，欲将80%的股权由乙公司收购，成为乙公司的子公司。假定收购日甲公司每股资产的计税基础为7元，每股资产的公允价值为9元。在收购对价中乙公司以股权形式支付6 480万元，以银行存款支付720万元。要求：计算甲公司该项业务的应纳税所得额及应纳企业所得税。

【解析】甲公司取得非股权支付额对应的资产转让所得的计算如下：

从股权收购比重以及股权支付金额占交易额的比重看是否适用特殊性税务处理。

股权收购比重＝80%＞50%

股权支付金额占交易额的比重＝6 480÷(6 480＋720)＝90%＞85%

因此，适用企业重组的特殊性税务处理方法。

公允价值中高于原计税基础的增加值＝1 000×80%×(9－7)＝1 600(万元)

非股权支付比例＝720÷(6 480＋720)＝10%

甲公司取得股权支付额对应的所得不确认损益，但是非股权支付额对应的收益应确认资产转让所得，则

资产转让所得＝1 600×10%＝160(万元)

甲公司应纳企业所得税＝160×25%＝40(万元)

十、企业所得税征收管理

（一）纳税地点

1. 居民企业的纳税地点

除税收法规、行政法规另有规定外，居民企业以企业登记注册地为纳税地点；但登记注册地在境外的，以实际管理机构所在地为纳税地点。

【特别提示】企业登记注册地，是指企业依照国家有关规定登记注册的住所地。

除国务院另有规定外，企业之间不得合并缴纳企业所得税。

【特别提示】居民企业在中国境内设立不具有法人资格的营业机构的，应当汇总计算并缴纳企业所得税。企业汇总计算并缴纳所得税时，应当统一核算应纳税所得额。

2. 非居民企业的纳税地点

非居民企业在中国境内设立机构、场所的，以机构、场所所在地为纳税地点。

非居民企业在中国境内设立2个或者2个以上机构、场所的，符合国务院税务主管

部门规定条件的，可以选择由其主要机构、场所汇总缴纳企业所得税。在中国境内未设立机构、场所的，或者虽设立机构、场所但取得的所得与其所设机构、场所没有实际联系的非居民企业，以扣缴义务人所在地为纳税地点。

（二）按年计征与分期预缴

企业所得税按年计征，分月或者分季预缴，年终汇算清缴，多退少补。

企业所得税的纳税年度，自公历 1 月 1 日起至 12 月 31 日止。企业在一个纳税年度的中间开业，或者由于合并、关闭等原因终止经营活动，使该纳税年度的实际经营期不足 12 个月的，应当以其实际经营期为 1 个纳税年度。企业清算时，应当以清算期间作为 1 个纳税年度。

（三）汇算清缴期限

企业应当自年度终了之日起 5 个月内，向税务机关报送年度企业所得税纳税申报表，并汇算清缴，结清应缴所得税款。

企业在年度中间终止经营活动的，应当自实际经营终止之日起 60 日内，向税务机关办理当期企业所得税汇算清缴。

（四）纳税申报

按月或按季预缴的，应当自月份或者季度终了之日起 15 日内，向税务机关报送预缴企业所得税纳税申报表，预缴税款。企业在报送企业所得税纳税申报表时，应当按照规定附送财务会计报告和其他有关资料。

企业应当在办理注销登记前，就其清算所得向税务机关申报并依法缴纳企业所得税。

企业分月或者分季预缴企业所得税时，应当按照月度或者季度的实际利润额预缴；按照月度或者季度的实际利润额预缴有困难的，可以按照上一纳税年度应纳税所得额的月度或者季度平均额预缴，或者按照经税务机关认可的其他方法预缴。预缴方法一经确定，该纳税年度内不得随意变更。

【特别提示】企业在纳税年度内无论盈利或者亏损，都应当依照规定期限，向税务机关报送预缴企业所得税纳税申报表、年度企业所得税纳税申报表、财务会计报告和税务机关规定应当报送的其他有关资料。

（五）货币单位与外币折算

企业所得税以人民币计算。所得以人民币以外的货币计算的，应当折合成人民币计算并缴纳税款。企业所得以人民币以外的货币计算的，预缴企业所得税时，应当按照月度或者季度最后一日的人民币汇率中间价，折合成人民币计算应纳税所得额。

年度终了汇算清缴时，对已经按照月度或者季度预缴税款的，不再重新折合计算，只就该纳税年度内未缴纳企业所得税的部分，按照纳税年度最后一日的人民币汇率中间价，折合成人民币计算应纳税所得额。

经税务机关检查确认，企业少计或者多计前述规定的所得的，应当按照检查确认补税或者退税时的上一个月最后一日的人民币汇率中间价，将少计或者多计的所得折合成人民币计算应纳税所得额，再计算应补缴或者应退的税款。

中华人民共和国企业所得税年度纳税申报表（A类）部分表单（适用于实行查账征收企业所得税的居民企业纳税人填报），如表5-5至表5-6所示。

表5-5　A100000　中华人民共和国企业所得税年度纳税申报表（A类）

行次	类别	项目	金额
1	利润总额计算	一、营业收入（填写A101010\101020\103000）	
2		减：营业成本（填写A102010\102020\103000）	
3		减：税金及附加	
4		减：销售费用（填写A104000）	
5		减：管理费用（填写A104000）	
6		减：财务费用（填写A104000）	
7		减：资产减值损失	
8		加：公允价值变动收益	
9		加：投资收益	
10		二、营业利润（1－2－3－4－5－6－7＋8＋9）	
11		加：营业外收入（填写A101010\101020\103000）	
12		减：营业外支出（填写A102010\102020\103000）	
13		三、利润总额（10＋11－12）	
14	应纳税所得额计算	减：境外所得（填写A108010）	
15		加：纳税调整增加额（填写A105000）	
16		减：纳税调整减少额（填写A105000）	
17		减：免税、减计收入及加计扣除（填写A107010）	
18		加：境外应税所得抵减境内亏损（填写A108000）	
19		四、纳税调整后所得（13－14＋15－16－17＋18）	
20		减：所得减免（填写A107020）	
21		减：弥补以前年度亏损（填写A106000）	
22		减：抵扣应纳税所得额（填写A107030）	
23		五、应纳税所得额（19－20－21－22）	
24	应纳税额计算	税率（25%）	
25		六、应纳所得税额（23×24）	
26		减：减免所得税额（填写A107040）	
27		减：抵免所得税额（填写A107050）	
28		七、应纳税额（25－26－27）	
29		加：境外所得应纳所得税额（填写A108000）	
30		减：境外所得抵免所得税额（填写A108000）	
31		八、实际应纳所得税额（28＋29－30）	
32		减：本年累计实际已预缴的所得税额	
33		九、本年应补（退）所得税额（31－32）	
34		其中：总机构分摊本年应补（退）所得税额（填写A109000）	
35		财政集中分配本年应补（退）所得税额（填写A109000）	
36		总机构主体生产经营部门分摊本年应补（退）所得税额（填写A109000）	
37	实际应纳税额计算	减：民族自治地区企业所得税地方分享部分：（□免征 □减征：减征幅度%）	
38		十、本年实际应补（退）所得税额（33－37）	

表 5－6　A105000　纳税调整项目明细表

行次	项目	账载金额	税收金额	调增金额	调减金额
		1	2	3	4
1	一、收入类调整项目（2＋3＋4＋5＋6＋7＋8＋10＋11）	*	*		
2	（一）视同销售收入（填写 A105010）	*			*
3	（二）未按权责发生制原则确认的收入（填写 A105020）				
4	（三）投资收益（填写 A105030）				
5	（四）按权益法核算长期股权投资对初始投资成本调整确认收益	*	*	*	
6	（五）交易性金融资产初始投资调整	*	*		*
7	（六）公允价值变动净损益		*		
8	（七）不征税收入	*	*		
9	其中：专项用途财政性资金（填写 A105040）	*	*		
10	（八）销售折扣、折让和退回				
11	（九）其他				
12	二、扣除类调整项目（13＋14＋15＋16＋17＋18＋19＋20＋21＋22＋23＋24＋26＋27＋28＋29＋30）	*	*		
13	（一）视同销售成本（填写 A105010）	*		*	
14	（二）职工薪酬（填写 A105050）				
15	（三）业务招待费支出				*
16	（四）广告费和业务宣传费支出（填写 A105060）	*	*		
17	（五）捐赠支出（填写 A105070）				
18	（六）利息支出				
19	（七）罚金、罚款和被没收财物的损失		*		*
20	（八）税收滞纳金、加收利息		*		*
21	（九）赞助支出		*		*
22	（十）与未实现融资收益相关在当期确认的财务费用				
23	（十一）佣金和手续费支出				
24	（十二）不征税收入用于支出所形成的费用	*	*		*
25	其中：专项用途财政性资金用于支出所形成的费用（填写 A105040）	*	*		*
26	（十三）跨期扣除项目				
27	（十四）与取得收入无关的支出		*		*

续表

行次	项目	账载金额	税收金额	调增金额	调减金额
		1	2	3	4
28	（十五）境外所得分摊的共同支出	*	*		*
29	（十六）党组织工作经费				
30	（十七）其他				
31	三、资产类调整项目（32＋33＋34＋35）	*	*		
32	（一）资产折旧、摊销（填写 A105080）				
33	（二）资产减值准备金		*		
34	（三）资产损失（填写 A105090）				
35	（四）其他				
36	四、特殊事项调整项目（37＋38＋39＋40＋41＋42＋43）	*	*		
37	（一）企业重组及递延纳税事项（填写 A105100）				
38	（二）政策性搬迁（填写 A105110）	*	*		
39	（三）特殊行业准备金（填写 A105120）（39.1＋39.2＋39.4＋39.5＋39.6＋39.7）				
39.1	1. 保险公司保险保障基金				
39.2	2. 保险公司准备金				
39.3	其中：已发生未报案未决赔款准备金				
39.4	3. 证券行业准备金				
39.5	4. 期货行业准备金				
39.6	5. 中小企业融资（信用）担保机构准备金				
39.7	6. 金融企业、小额贷款公司准备金（填写 A105120）	*	*		
40	（四）房地产开发企业特定业务计算的纳税调整额（填写 A105010）	*			
41	（五）有限合伙企业法人合伙人应分得的应纳税所得额				
42	（六）发行永续债利息支出				
43	（七）其他	*	*		
44	五、特别纳税调整应税所得	*	*		
45	六、其他	*	*		
46	合计（1＋12＋31＋36＋44＋45）	*	*		

第1节即测即评

第2节　个人所得税法律制度

个人所得税是对个人取得的各项应税所得征收的一种税。

一、个人所得税纳税人及其纳税义务

（一）个人所得税纳税人

个人所得税的纳税人分为居民个人和非居民个人两大类，各自承担不同的纳税义务。

【点拨指导】个人所得税纳税人，包括个人、个体工商户、个人独资企业投资人和合伙企业的个人合伙人。

【特别提示】个人独资企业和合伙企业不缴纳企业所得税，只对投资者个人或自然人合伙人取得的生产经营所得征收个人所得税。个人独资企业和合伙企业分别是指依照我国相关法律登记成立的个人独资、合伙性质的企业以及其他相关机构或组织。

【点拨指导】个人独资企业以投资者个人为纳税人，合伙企业以每一个合伙人为纳税人。

【知识链接】个人独资企业投资人以其个人财产对企业债务承担无限责任。普通合伙企业合伙人对合伙企业债务承担无限连带责任。有限合伙企业由普通合伙人和有限合伙人组成，普通合伙人对合伙企业债务承担无限连带责任，有限合伙人以其认缴的出资额为限对合伙企业债务承担责任。

在中国境内有住所，或者无住所而1个纳税年度内在中国境内居住累计满183天的个人，为居民个人。

在中国境内无住所又不居住，或者无住所而1个纳税年度内在中国境内居住累计不满183天的个人，为非居民个人。

【点拨指导】上述纳税年度，自公历1月1日起至12月31日止。

【特别提示】在中国境内有住所，是指因户籍、家庭、经济利益关系而在中国境内习惯性居住。

【点拨指导】无住所个人1个纳税年度内在中国境内累计居住天数，按照个人在中国境内累计停留的天数计算。在中国境内停留的当天满24小时的，计入中国境内居住天数，在中国境内停留的当天不足24小时的，不计入中国境内居住天数。

（二）个人所得税纳税人的纳税义务

1. 居民个人的纳税义务

居民个人从中国境内和境外取得的所得，依照《个人所得税法》的规定缴纳个人所得税。

【点拨指导】从中国境内和境外取得的所得，分别是指来源于中国境内的所得和来源于中国境外的所得。

【特别提示】在中国境内无住所的个人，在中国境内居住累计满183天的年度连续不满六年的，经向主管税务机关备案，其来源于中国境外且由境外单位或者个人支付的所得，免予缴纳个人所得税；在中国境内居住累计满183天的任一年度中有1次离境超过30天的，其在中国境内居住累计满183天的年度的连续年限重新起算。

【点拨指导】中国境内无住所的个人1个纳税年度内在中国境内累计居住满183天的，如果此前六年在中国境内每年累计居住天数都满183天而且没有任何一年单次离境超过30天，该纳税年度来源于中国境内、境外所得应当缴纳个人所得税；如果此前六年的任一年在中国境内累计居住天数不满183天或者单次离境超过30天，该纳税年度来源于中国境外且由境外单位或者个人支付的所得，免予缴纳个人所得税。

此前六年，是指该纳税年度的前一年至前六年的连续六个年度，此前六年的起始年度自2019年（含）以后年度开始计算。

2. 非居民个人的纳税义务

非居民个人从中国境内取得的所得，依照《个人所得税法》的规定缴纳个人所得税。

【特别提示】在中国境内无住所的个人，在1个纳税年度内在中国境内居住累计不超过90天的，其来源于中国境内的所得，由境外雇主支付并且不由该雇主在中国境内的机构、场所负担的部分，免予缴纳个人所得税。

（三）所得来源的确定

1. 来源于中国境内的所得

除国务院财政、税务主管部门另有规定外，下列所得，不论支付地点是否在中国境内，均为来源于中国境内的所得：

（1）因任职、受雇、履约等在中国境内提供劳务取得的所得；

（2）将财产出租给承租人在中国境内使用而取得的所得；

（3）许可各种特许权在中国境内使用而取得的所得；

（4）转让中国境内的不动产等财产或者在中国境内转让其他财产取得的所得；

（5）从中国境内企业、事业单位、其他组织以及居民个人取得的利息、股息、红利所得。

2. 来源于中国境外的所得

下列所得，为来源于中国境外的所得：

（1）因任职、受雇、履约等在中国境外提供劳务取得的所得。

（2）中国境外企业以及其他组织支付且负担的稿酬所得。

（3）许可各种特许权在中国境外使用而取得的所得。

（4）在中国境外从事生产、经营活动而取得的与生产、经营活动相关的所得。

（5）从中国境外企业、其他组织以及非居民个人取得的利息、股息、红利所得。

（6）将财产出租给承租人在中国境外使用而取得的所得。

（7）转让中国境外的不动产、转让对中国境外企业以及其他组织投资形成的股票、股权以及其他权益性资产（以下简称“权益性资产”）或者在中国境外转让其他财产取得的所得。但转让对中国境外企业以及其他组织投资形成的权益性资产，该权益性资产被转让前3年（连续36个公历月份）内的任一时间，被投资企业或其他组织的资产公允价值50%以上直接或间接来自位于中国境内的不动产的，取得的所得为来源于中国境内的所得。

（8）中国境外企业、其他组织以及非居民个人支付且负担的偶然所得。

（9）财政部、税务总局另有规定的，按照相关规定执行。

二、个人所得税应税所得项目

按应纳税所得的来源划分，现行个人所得税共分为9个应税项目。

（一）工资、薪金所得

工资、薪金所得，是指个人因任职或者受雇而取得的工资、薪金、奖金、年终加薪、劳动分红、津贴、补贴以及与任职或者受雇有关的其他所得。工资薪金所得属于非独立个人劳动所得。

【特别提示】劳务报酬所得，指个人独立从事非雇佣的各种劳务所取得的所得，即通过一般兼职所取得的所得。

下列项目不属于工资、薪金性质的补贴、津贴，不予征收个人所得税：（1）独生子女补贴；（2）执行公务员工资制度未纳入基本工资总额的补贴、津贴差额和家属成员的副食补贴；（3）托儿补助费；（4）差旅费津贴、误餐补助。

【点拨指导】误餐补助是指按照财政部规定，个人因公在城区、郊区工作，不能在工作单位或返回就餐的，根据实际误餐顿数，按规定的标准领取的误餐费。单位以误餐补助名义发给职工的补助、津贴不包括在内，应当并入当月工资、薪金所得计征个人所得税。

（二）劳务报酬所得

劳务报酬所得，是指个人独立从事非雇佣的各种劳务所取得的所得，包括从事设计、装潢、安装、制图、化验、测试、医疗、法律、会计、咨询、讲学、翻译、审稿、书画、雕刻、影视、录音、录像、演出、表演、广告、展览、技术服务、介绍服务、经纪服务、代办服务以及其他劳务取得的所得。

【区别比较】区分劳务报酬所得和工资、薪金所得，主要看是否存在雇佣与被雇佣的关系。对于工资、薪金所得，单位与个人存在雇佣与被雇佣的关系；对于劳务报酬所得，单位与个人不存在雇佣与被雇佣的关系。

【举例说明】演员张某从聘用或者雇佣张某的影视公司领取工资，教师李某从聘用或者雇佣李某的学校领取工资，属于工资、薪金所得。而演员张某“走穴”演出取得的报酬，教师李某业余时间外出到企业讲学而从企业取得的收入，属于劳务报酬所得。

【特别提示】个人兼职取得的收入应按照“劳务报酬所得”应税项目缴纳个人所得税。

【特别提示】律师以个人名义再聘请其他人员为其工作而支付的报酬，应由该律师按“劳务报酬所得”应税项目负责代扣代缴个人所得税。为了便于操作，税款可由其任职的律师事务所代为缴入国库。

【点拨指导】保险营销员、证券经纪人取得的佣金收入，属于劳务报酬所得，以不含增值税的收入减除20%的费用后的余额为收入额，收入额减去展业成本以及附加税费后，并入当年综合所得，计算缴纳个人所得税。保险营销员、证券经纪人展业成本按照收入额的25%计算。扣缴义务人向保险营销员、证券经纪人支付佣金收入时，应按照《个人所得税扣缴申报管理办法（试行）》（国家税务总局公告2018年第61号）规定的累计预扣法计算预扣税款。

（三）稿酬所得

稿酬所得，是指个人因其作品以图书、报刊等形式出版、发表而取得的所得。作品包括文学作品、书画作品、摄影作品，以及其他作品。

归纳总结

“工资、薪金所得”与“劳务报酬所得”项目的辨析举例

【特别提示】作者去世后，财产继承人取得的遗作稿酬，也应征收个人所得税。

（四）特许权使用费所得

特许权使用费所得，是指个人提供专利权、商标权、著作权、非专利技术以及其他特许权的使用权取得的所得。

【特别提示】特许权使用费所得不包括稿酬所得（出版、发表）。

【点拨指导】作者将自己的文字作品手稿原件或复印件公开拍卖取得的所得，按“特许权使用费所得”计税。

【点拨指导】个人取得特许权的经济赔偿收入，按“特许权使用费所得”计税，税款由支付赔偿的单位或个人代扣代缴。

【点拨指导】从2002年5月1日起，编剧从电视剧的制作单位取得的剧本使用费，不再区分剧本的使用方是否为其任职单位，统一按“特许权使用费所得”项目征收个人所得税。

（五）经营所得

经营所得是指：（1）个体工商户从事生产、经营活动取得的所得，个人独资企业投资人、合伙企业的个人合伙人来源于境内注册的个人独资企业、合伙企业生产、经营的

所得；(2）个人依法从事办学、医疗、咨询以及其他有偿服务活动取得的所得；(3）个人对企业、事业单位承包经营、承租经营以及转包、转租取得的所得；(4）个人从事其他生产、经营活动取得的所得。

(六）利息、股息、红利所得

利息、股息、红利所得，是指个人拥有债权、股权而取得的利息、股息、红利所得。

【点拨指导】利息一般是指存款、贷款和债券的利息。

【点拨指导】股息、红利是指个人拥有股权取得的公司、企业分红。

(七）财产租赁所得

财产租赁所得，是指个人出租不动产、机器设备、车船以及其他财产取得的所得。

(1）个人取得的房屋转租收入，属于“财产租赁所得”的征税范围。取得转租收入的个人向房屋出租方支付的租金，凭房屋租赁合同和合法支付凭据允许在计算个人所得税时，从该项转租收入中扣除。

(2）房地产开发企业与商店购买者个人签订协议，以优惠价格出售其商店给购买者个人，购买者个人在一定期限内必须将购买的商店无偿提供给房地产开发企业对外出租使用。该行为实质上是购买者个人以所购商店交由房地产开发企业出租而取得的房屋租赁收入支付了部分购房价款。对购买者个人少支出的购房价款，应视同个人财产租赁所得，按照“财产租赁所得”项目征收个人所得税。每次财产租赁所得的收入额，按照少支出的购房价款和协议规定的租赁月份数平均计算确定。

(八）财产转让所得

财产转让所得，是指个人转让有价证券、股权、合伙企业中的财产份额、不动产、机器设备、车船以及其他财产取得的所得。

【特别提示】个人通过招标、竞拍或其他方式购置债权以后，通过相关司法或行政程序主张债权而取得的所得，应按照“财产转让所得”项目缴纳个人所得税。

个人通过网络收购玩家的虚拟货币，加价后向他人出售取得的收入，属于个人所得税应税所得，应按照“财产转让所得”项目计算缴纳个人所得税。

个人以非货币性资产投资，属于个人转让非货币性资产和投资同时发生。对个人转让非货币性资产的所得，应按照“财产转让所得”项目，依法计算缴纳个人所得税。

(1）非上市公司股权转让所得。

个人将投资于在中国境内成立的企业或组织（不包括个人独资企业和合伙企业、境内上市公司）的股权或股份，转让给其他个人或法人的行为，按照“财产转让所得”项目，依法计算缴纳个人所得税。具体包括以下情形：

1）出售股权；

2）公司回购股权；

3）发行人首次公开发行新股时，被投资企业股东将其持有的股份以公开发行方式一并向投资者发售；

4）股权被司法或行政机关强制过户；

5）以股权对外投资或进行其他非货币性交易；

6）以股权抵偿债务；

7）其他股权转移行为。

（2）个人因各种原因终止投资、联营、经营合作等行为而取得的所得。

个人因各种原因终止投资、联营、经营合作等行为，从被投资企业或合作项目、被投资企业的其他投资者以及合作项目的经营合作人取得股权转让收入、违约金、补偿金、赔偿金及以其他名目收回的款项等，均属于个人所得税应税收入，应按照“财产转让所得”项目适用的规定计算缴纳个人所得税。

（3）纳税人收回转让的股权征收个人所得税的方法。

1）股权转让合同履行完毕、股权已作变更登记，且所得已经实现的，转让人取得的股权转让收入应当依法缴纳个人所得税。

2）转让行为结束后，当事人双方签订并执行解除原股权转让合同、退回股权的协议，是另一次股权转让行为，对前次转让行为征收的个人所得税款不予退回。

3）股权转让合同未履行完毕，因执行仲裁委员会作出的解除股权转让合同及补充协议的裁决、停止执行原股权转让合同，并原价收回已转让股权的，由于其股权转让行为尚未完成、收入未完全实现，随着股权转让关系的解除，股权收益不复存在，纳税人不应缴纳个人所得税。

（4）个人转让新三板挂牌公司原始股取得的所得。

对个人转让新三板挂牌公司原始股取得的所得，按照“财产转让所得”，适用20%的比例税率征收个人所得税。原始股是指个人在新三板挂牌公司挂牌前取得的股票，以及在该公司挂牌前和挂牌后由上述股票孳生的送、转股。

（九）偶然所得

偶然所得，是指个人得奖、中奖、中彩以及其他偶然性质的所得。

【点拨指导】得奖是指参加各种有奖竞赛活动，取得名次得到的奖金；中奖、中彩是指参加各种有奖活动，如有奖储蓄，或者购买彩票，经过规定程序，抽中、摇中号码而取得的奖金。

（1）企业对累积消费达到一定额度的顾客，给予额外抽奖机会，个人的获奖所得，按照“偶然所得”项目，全额适用20%的税率缴纳个人所得税。

（2）个人取得单张有奖发票奖金所得超过800元的，应全额按照“偶然所得”项目征收个人所得税。税务机关或其指定的有奖发票兑奖机构，是有奖发票奖金所得个人所得税的扣缴义务人。

（3）个人为单位或他人提供担保获得收入，按照“偶然所得”项目计算缴纳个人所得税。

（4）房屋产权所有人将房屋产权无偿赠与他人的，受赠人因无偿受赠房屋取得的受赠收入，按照“偶然所得”项目计算缴纳个人所得税。

（5）企业在业务宣传、广告等活动中，随机向本单位以外的个人赠送礼品（包括网络红包，下同），以及企业在年会、座谈会、庆典以及其他活动中向本单位以外的个人赠送礼品，个人取得的礼品收入，按照“偶然所得”项目计算缴纳个人所得税，但企业赠送的具有价格折扣或折让性质的消费券、代金券、抵用券、优惠券等礼品除外。

【特别提示】个人取得的所得，难以界定应纳税所得项目的，由主管税务机关确定。

【点拨指导】居民个人取得上述第（一）项至第（四）项所得（称综合所得），按纳税年度合并计算个人所得税；非居民个人取得上述第（一）项至第（四）项所得，按月或者按次分项计算个人所得税。纳税人取得上述第（五）项至第（九）项所得，依照法律规定分别计算个人所得税。

三、个人所得税税率

个人所得税分别按不同个人所得项目，规定了超额累进税率和比例税率两种形式。

（一）工资、薪金所得，劳务报酬所得，稿酬所得，特许权使用费所得个人所得税的预扣率（预扣预缴）

1. 居民个人工资、薪金所得预扣预缴个人所得税的预扣率

居民个人工资、薪金所得预扣预缴个人所得税的预扣率，如表 5－7 所示。

表 5－7　居民个人工资、薪金所得预扣预缴个人所得税的预扣率表

级数	累计预扣预缴应纳税所得额	预扣率/%	速算扣除数/元
1	不超过 36 000 元的部分	3	0
2	超过 36 000 元至 144 000 元的部分	10	2 520
3	超过 144 000 元至 300 000 元的部分	20	16 920
4	超过 300 000 元至 420 000 元的部分	25	31 920
5	超过 420 000 元至 660 000 元的部分	30	52 920
6	超过 660 000 元至 960 000 元的部分	35	85 920
7	超过 960 000 元的部分	45	181 920

2. 居民个人劳务报酬所得预扣预缴个人所得税的预扣率

居民个人劳务报酬所得预扣预缴个人所得税的预扣率，如表 5－8 所示。

表 5－8　居民个人劳务报酬所得预扣预缴个人所得税的预扣率表

级数	预扣预缴应纳税所得额	预扣率/%	速算扣除数/元
1	不超过 20 000 元的部分	20	0
2	超过 20 000 元至 50 000 元的部分	30	2 000
3	超过 50 000 元的部分	40	7 000

3. 居民个人稿酬所得、特许权使用费所得预扣预缴个人所得税的预扣率

居民个人稿酬所得、特许权使用费所得适用20%的比例预扣率。

（二）工资、薪金所得，劳务报酬所得，稿酬所得，特许权使用费所得个人所得税的适用税率（非预扣预缴）

1. 居民个人综合所得个人所得税的适用税率（按年汇算清缴）

就居民个人而言，工资、薪金所得，劳务报酬所得，稿酬所得，特许权使用费所得统称为综合所得。综合所得，适用3%～45%七级超额累进税率。居民个人综合所得个人所得税的税率（按年），如表5-9所示。

表5-9　居民个人综合所得个人所得税的税率表（按年）

级数	全年应纳税所得额	税率/%	速算扣除数/元
1	不超过36 000元的部分	3	0
2	超过36 000元至144 000元的部分	10	2 520
3	超过144 000元至300 000元的部分	20	16 920
4	超过300 000元至420 000元的部分	25	31 920
5	超过420 000元至660 000元的部分	30	52 920
6	超过660 000元至960 000元的部分	35	85 920
7	超过960 000元的部分	45	181 920

注：本表所称全年应纳税所得额是指依照《个人所得税法》第六条的规定，居民个人取得综合所得以每一纳税年度收入额减除费用60 000元以及专项扣除、专项附加扣除和依法确定的其他扣除后的余额。

2. 非居民个人工资、薪金所得，劳务报酬所得，稿酬所得，特许权使用费所得个人所得税的适用税率

非居民个人工资、薪金所得，劳务报酬所得，稿酬所得，特许权使用费所得个人所得税的适用税率，如表5-10所示（依照表5-9按月换算后）。①

表5-10　非居民个人工资、薪金所得，劳务报酬所得，稿酬所得，特许权使用费所得个人所得税的税率表

级数	应纳税所得额	税率/%	速算扣除数/元
1	不超过3 000元的部分	3	0
2	超过3 000元至12 000元的部分	10	210
3	超过12 000元至25 000元的部分	20	1 410
4	超过25 000元至35 000元的部分	25	2 660
5	超过35 000元至55 000元的部分	30	4 410
6	超过55 000元至80 000元的部分	35	7 160
7	超过80 000元的部分	45	15 160

① 居民个人取得全年一次性奖金，在2027年12月31日前，可以选择不并入当年综合所得，以全年一次性奖金收入除以12个月得到的数额，按照按月换算后的综合所得税率表（简称“月度税率表”，见表5-10），确定适用税率和速算扣除数，单独计算纳税。

（三）经营所得的适用税率

经营所得，适用5%～35%五级超额累进税率。经营所得个人所得税的税率，如表5-11所示。

表5-11　经营所得个人所得税的税率表

级数	全年应纳税所得额	税率/%	速算扣除数/元
1	不超过30 000元的部分	5	0
2	超过30 000元至90 000元的部分	10	1 500
3	超过90 000元至300 000元的部分	20	10 500
4	超过300 000元至500 000元的部分	30	40 500
5	超过500 000元的部分	35	65 500

（四）财产租赁所得，财产转让所得，利息、股息、红利所得和偶然所得的适用税率

财产租赁所得，财产转让所得，利息、股息、红利所得和偶然所得，适用比例税率，税率为20%。

【特别提示】为了配合国家住房制度改革，支持住房租赁市场的健康发展，从2008年3月1日起，对个人出租住房取得的所得暂减按10%的税率征收个人所得税。

四、个人所得税应纳税所得额的确定及应纳税额的计算

个人所得税的计税依据是纳税人取得的应纳税所得额。

【点拨指导】应纳税所得额为个人取得的各项收入减去税法规定的费用扣除金额和减免税收入后的余额。不同的个人所得税的应税项目，扣除费用标准也不尽相同，需要根据税法的规定按照不同应税项目分项计算。

（一）个人所得的形式

个人所得的形式，包括现金、实物、有价证券和其他形式的经济利益。

【点拨指导】①纳税人所得为实物的，应按照取得的凭证上的价格计算应纳税所得额；无凭证的实物或者凭证上所注明的价格明显偏低的，参照市场价格核定应纳税所得额。②纳税人所得为有价证券的，根据票面价格和市场价格核定应纳税所得额。③纳税人所得为其他形式经济利益的，参照市场价格核定应纳税所得额。

（二）居民个人的综合所得应纳税所得额的确定及应纳税额的计算

1. 居民个人的综合所得（预扣预缴）应纳税所得额的确定及应纳税额的计算

自2019年1月1日起，扣缴义务人向居民个人支付工资、薪金所得，劳务报酬所得，稿酬所得，特许权使用费所得时，按以下方法预扣预缴个人所得税，并向主管税务机关报送《个人所得税扣缴申报表》。年度预扣预缴税额与年度应纳税额不一致的，由居民个人于次年3月1日至6月30日向主管税务机关办理综合所得年度汇算清缴，税款多退少补。

（1）扣缴义务人向居民个人支付工资、薪金所得预扣预缴个人所得税的计算。

扣缴义务人向居民个人支付工资、薪金所得时，应当按照累计预扣法计算预扣税款，并按月办理全员全额扣缴申报。具体计算公式如下：

本期应预扣预缴税额＝（累计预扣预缴应纳税所得额×预扣率－速算扣除数）－累计减免税额－累计已预扣预缴税额

累计预扣预缴应纳税所得额＝累计收入－累计免税收入－累计减除费用－累计专项扣除－累计专项附加扣除－累计依法确定的其他扣除

式中，累计减除费用，按照5 000元/月乘以纳税人当年截至本月在本单位的任职受雇月份数计算；专项扣除，包括居民个人按照国家规定的范围和标准缴纳的基本养老保险、基本医疗保险、失业保险等社会保险费和住房公积金等；专项附加扣除，包括子女教育、继续教育、大病医疗、住房贷款利息或者住房租金、赡养老人、3岁以下婴幼儿照护等支出。

上述公式中，计算居民个人工资、薪金所得预扣预缴税额的预扣率、速算扣除数，按表5－7执行。

自2020年7月1日起，对一个纳税年度内首次取得工资、薪金所得的居民个人，扣缴义务人在预扣预缴个人所得税时，可按照5 000元/月乘以纳税人当年截至本月月份数计算累计减除费用。首次取得工资、薪金所得的居民个人，是指自纳税年度首月起至新入职时，未取得工资、薪金所得或者未按照累计预扣法预扣预缴过连续性劳务报酬所得个人所得税的居民个人。

自2021年1月1日起，对上一完整纳税年度内每月均在同一单位预扣预缴工资、薪金所得个人所得税且全年工资、薪金收入不超过6万元的居民个人，扣缴义务人在预扣预缴本年度工资、薪金所得个人所得税时，累计减除费用自1月份起直接按照全年6万元计算扣除。即在纳税人累计收入不超过6万元的月份，暂不预扣预缴个人所得税；在其累计收入超过6万元的当月及年内后续月份，再预扣预缴个人所得税。扣缴义务人应当按规定办理全员全额扣缴申报，并在《个人所得税扣缴申报表》相应纳税人的备注栏注明“上年各月均有申报且全年收入不超过6万元”字样。对按照累计预扣法预扣预缴劳务报酬所得个人所得税的居民个人，扣缴义务人比照上述规定执行。

享受子女教育、继续教育、住房贷款利息或者住房租金、赡养老人、3岁以下婴幼儿照护专项附加扣除的纳税人，自符合条件开始，可以向支付工资、薪金所得的扣缴义务人提供上述专项附加扣除有关信息，由扣缴义务人在预扣预缴税款时，按其在本单位本年可享受的累计扣除额办理扣除；也可以在次年3月1日至6月30日内，向汇缴地主管税务机关办理汇算清缴申报时扣除。享受大病医疗专项附加扣除的纳税人，由其在次年3月1日至6月30日内，自行向汇缴地主管税务机关办理汇算清缴申报时扣除。

【特别提示】 纳税人选择在扣缴义务人发放工资、薪金所得时享受专项附加扣除的，首次享受时应当填写并向扣缴义务人报送《扣除信息表》。纳税年度中间相关信息发生变化的，纳税人应当更新《扣除信息表》相应栏次，并及时报送给扣缴义务人。

更换工作单位的纳税人，需要由新任职、受雇扣缴义务人办理专项附加扣除的，应当在入职的当月，填写并向扣缴义务人报送《扣除信息表》。

纳税人次年需要由扣缴义务人继续办理专项附加扣除的，应当于每年 12 月份对次年享受专项附加扣除的内容进行确认，并报送至扣缴义务人。纳税人未及时确认的，扣缴义务人于次年 1 月起暂停扣除，待纳税人确认后再行办理专项附加扣除。

扣缴义务人应当将纳税人报送的专项附加扣除信息，在次月办理扣缴申报时一并报送至主管税务机关。纳税人选择在汇算清缴申报时享受专项附加扣除的，应当填写并向汇缴地主管税务机关报送《扣除信息表》。

【点拨指导】 居民个人向扣缴义务人提供有关信息并依法要求办理专项附加扣除的，扣缴义务人应当按照规定在工资、薪金所得按月预扣预缴税款时予以扣除，不得拒绝。居民个人未取得工资、薪金所得，仅取得劳务报酬所得、稿酬所得、特许权使用费所得需要享受专项附加扣除的，应当在次年 3 月 1 日至 6 月 30 日内，自行向汇缴地主管税务机关报送《扣除信息表》，并在办理汇算清缴申报时扣除。一个纳税年度内，纳税人在扣缴义务人预扣预缴税款环节未享受或未足额享受专项附加扣除的，可以在当年内向支付工资、薪金的扣缴义务人申请在剩余月份发放工资、薪金时补充扣除，也可以在次年 3 月 1 日至 6 月 30 日内，向汇缴地主管税务机关办理汇算清缴时申报扣除。

扣缴义务人办理工资、薪金所得预扣预缴税款时，应当根据纳税人报送的《个人所得税专项附加扣除信息表》为纳税人办理专项附加扣除。

纳税人年度中间更换工作单位的，在原单位任职、受雇期间已享受的专项附加扣除金额，不得在新任职、受雇单位扣除。原扣缴义务人应当自纳税人离职不再发放工资薪金所得的当月起，停止为其办理专项附加扣除。

【知识链接】《个人所得税专项附加扣除暂行办法》和《个人所得税专项附加扣除操作办法（试行）》的主要内容如下：

1. 子女教育

自 2023 年 1 月 1 日起，纳税人的子女接受全日制学历教育的相关支出（子女教育专项附加扣除标准），由每个子女每月 1 000 元提高到 2 000 元。

学历教育包括义务教育（小学、初中教育）、高中阶段教育（普通高中、中等职业、技工教育）、高等教育（大学专科、大学本科、硕士研究生、博士研究生教育）。

年满 3 岁至小学入学前处于学前教育阶段的子女，按上述规定执行。

父母可以选择由其中一方按扣除标准的 100%扣除，也可以选择由双方分别按扣除标准的 50%扣除，具体扣除方式在一个纳税年度内不能变更。

纳税人需要留存备查资料包括：子女在境外接受教育的，应当留存境外学校录取通知书、留学签证等境外教育佐证资料。

计算时间认定：学前教育阶段，为子女年满3周岁当月至小学入学前一月。学历教育，为子女接受全日制学历教育入学的当月至全日制学历教育结束的当月。学历教育的期间，包含因病或其他非主观原因休学但学籍继续保留的休学期间，以及施教机构按规定组织实施的寒暑假等假期。

2. 继续教育

纳税人在中国境内接受学历（学位）继续教育的支出，在学历（学位）教育期间按照每月400元定额扣除。同一学历（学位）继续教育的扣除期限不能超过48个月。纳税人接受技能人员职业资格继续教育、专业技术人员职业资格继续教育的支出，在取得相关证书的当年，按照3 600元定额扣除。

个人接受本科及以下学历（学位）继续教育，符合《个人所得税专项附加扣除暂行办法》规定扣除条件的，可以选择由其父母扣除，也可以选择由本人扣除。

纳税人需要留存备查资料包括：纳税人接受技能人员职业资格继续教育、专业技术人员职业资格继续教育的，应当留存职业资格相关证书等资料。

计算时间认定：学历（学位）继续教育，为在中国境内接受学历（学位）继续教育入学的当月至学历（学位）继续教育结束的当月，同一学历（学位）继续教育的扣除期限最长不得超过48个月。学历（学位）继续教育的期间，包含因病或其他非主观原因休学但学籍继续保留的休学期间，以及施教机构按规定组织实施的寒暑假等假期。技能人员职业资格继续教育、专业技术人员职业资格继续教育，为取得相关证书的当年。

3. 大病医疗

在一个纳税年度内，纳税人发生的与基本医保相关的医药费用支出，扣除医保报销后个人负担（指医保目录范围内的自付部分）累计超过15 000元的部分，由纳税人在办理年度汇算清缴时，在80 000元限额内据实扣除。

纳税人发生的医药费用支出可以选择由本人或者其配偶扣除；未成年子女发生的医药费用支出可以选择由其父母一方扣除。

纳税人及其配偶、未成年子女发生的医药费用支出，按《个人所得税专项附加扣除暂行办法》第十一条规定分别计算扣除额。

纳税人需要留存备查资料包括：大病患者医药服务收费及医保报销相关票据原件或复印件，或者医疗保障部门出具的纳税年度医药费用清单等资料。

计算时间认定：为医疗保障信息系统记录的医药费用实际支出的当年。

4. 住房贷款利息

纳税人本人或者配偶单独或者共同使用商业银行或者住房公积金个人住房贷款为本人或者其配偶购买中国境内住房，发生的首套住房贷款利息支出，在实际发生贷款利息的年度，按照每月1 000元的标准定额扣除，扣除期限最长不超过240个月。纳税人只能享受一次首套住房贷款的利息扣除。

首套住房贷款是指购买住房享受首套住房贷款利率的住房贷款。

经夫妻双方约定，可以选择由其中一方扣除，具体扣除方式在1个纳税年度内不能变更。

夫妻双方婚前分别购买住房发生的首套住房贷款，其贷款利息支出，婚后可以选择其中一套购买的住房，由购买方按扣除标准的100%扣除，也可以由夫妻双方对各自购买的住房分别按扣除标准的50%扣除，具体扣除方式在1个纳税年度内不能变更。

纳税人需要留存备查资料包括：住房贷款合同、贷款还款支出凭证等资料。

计算时间认定：为贷款合同约定开始还款的当月至贷款全部归还或贷款合同终止的当月，扣除期限最长不得超过240个月。

5. 住房租金

纳税人在主要工作城市没有自有住房而发生的住房租金支出，可以按照以下标准定额扣除：

（1）直辖市、省会（首府）城市、计划单列市以及国务院确定的其他城市，扣除标准为每月1 500元。

（2）除（1）所列城市以外，市辖区户籍人口超过100万的城市，扣除标准为每月1 100元；市辖区户籍人口不超过100万的城市，扣除标准为每月800元。

纳税人的配偶在纳税人的主要工作城市有自有住房的，视同纳税人在主要工作城市有自有住房。

市辖区户籍人口，以国家统计局公布的数据为准。

主要工作城市是指纳税人任职受雇的直辖市、计划单列市、副省级城市、地级市（地区、州、盟）全部行政区域范围；纳税人无任职受雇单位的，为受理其综合所得汇算清缴的税务机关所在城市。

夫妻双方主要工作城市相同的，只能由一方扣除住房租金支出。

住房租金支出由签订租赁住房合同的承租人扣除。

纳税人及其配偶在1个纳税年度内不能同时分别享受住房贷款利息和住房租金专项附加扣除。

纳税人需要留存备查资料包括：住房租赁合同或协议等资料。

计算时间认定：为租赁合同（协议）约定的房屋租赁期开始的当月至租赁期结束的当月。提前终止合同（协议）的，以实际租赁期限为准。

6. 赡养老人

纳税人赡养1位及以上被赡养人的赡养支出，统一按照以下标准定额扣除：

自2023年1月1日起，赡养老人专项附加扣除标准，由每月2 000元提高到3 000元，其中，独生子女每月扣除3 000元；非独生子女与兄弟姐妹分摊每月3 000元的扣除额度，每人不超过1 500元。需要分摊享受的，可以由赡养人均摊或者约定分摊，也可以由被赡养人指定分摊。约定或者指定分摊的须签订书面分摊协议，指定分摊优先于约定分摊。

被赡养人是指年满60岁的父母，以及子女均已去世的年满60岁的祖父母、外祖父母。

纳税人需要留存备查资料包括：约定或指定分摊的书面分摊协议等资料。

计算时间认定：为被赡养人年满60周岁的当月至赡养义务终止的年末。

7.3岁以下婴幼儿照护

自2023年1月1日起，3岁以下婴幼儿照护专项附加扣除标准，由每个婴幼儿每月1 000元提高到2 000元。

父母可以选择由其中一方按扣除标准的100%扣除，也可以选择由双方分别按扣除标准的50%扣除，具体扣除方式在一个纳税年度内不能变更。

纳税人享受3岁以下婴幼儿照护专项附加扣除，应当填报配偶及子女的姓名、身份证件类型（如居民身份证、子女出生医学证明等）及号码以及本人与配偶之间扣除分配比例等信息。

纳税人需要留存备查资料包括：子女的出生医学证明等资料。

计算时间认定：为婴幼儿出生的当月至年满3周岁的前一个月。

答疑解惑

赡养岳父、岳母或公婆的费用是否可以享受个人所得税附加扣除？

【例】我国居民个人张某为独生子女，就职于我国甲公司。本年每月税前工资、薪金收入为30 000元，每月减除费用为5 000元。张某个人每月负担基本养老保险2 400元、基本医疗保险600元、失业保险150元、住房公积金2 400元，“三险一金”合计5 550元[1]。假设赡养老人每月专项附加扣除金额为3 000元，张某没有其他专项附加扣除和依法确定的其他扣除。居民个人工资、薪金所得预扣预缴个人所得税的预扣率，如表5-7所示。要求：计算张某本年全年工资、薪金所得应由甲公司预扣预缴的个人所得税。

【解析】

张某1月工资、薪金所得应由甲公司预扣预缴的个人所得税＝(30 000－5 000－5 550－3 000)×3%＝16 450×3%＝493.5(元)

张某2月工资、薪金所得应由甲公司预扣预缴的个人所得税＝(30 000×2－5 000×2－5 550×2－3 000×2)×3%－493.5＝32 900×3%－493.5＝987－493.5＝493.5(元)

① 该“三险一金”数据是理论数据，没有考虑实务中“三险一金”的缴费基数不能超过上年度本市职工平均工资的300%。全书同。

张某3月工资、薪金所得应由甲公司预扣预缴的个人所得税＝(30 000×3－5 000×3－5 550×3－3 000×3)×10%－2 520－493.5－493.5＝49 350×10%－2 520－493.5－493.5＝1 428(元)

张某4月工资、薪金所得应由甲公司预扣预缴的个人所得税＝(30 000×4－5 000×4－5 550×4－3 000×4)×10%－2 520－493.5－493.5－1 428＝65 800×10%－2 520－493.5－493.5－1 428＝1 645(元)

张某5月工资、薪金所得应由甲公司预扣预缴的个人所得税＝(30 000×5－5 000×5－5 550×5－3 000×5)×10%－2 520－493.5－493.5－1 428－1 645＝82 250×10%－2 520－493.5－493.5－1 428－1 645＝1 645(元)

张某6月工资、薪金所得应由甲公司预扣预缴的个人所得税＝(30 000×6－5 000×6－5 550×6－3 000×6)×10%－2 520－493.5－493.5－1 428－1 645－1 645＝98 700×10%－2 520－493.5－493.5－1 428－1 645－1 645＝1 645(元)

张某7月工资、薪金所得应由甲公司预扣预缴的个人所得税＝(30 000×7－5 000×7－5 550×7－3 000×7)×10%－2 520－493.5－493.5－1 428－1 645－1 645－1 645＝115 150×10%－2 520－493.5－493.5－1 428－1 645－1 645－1 645＝1 645(元)

张某8月工资、薪金所得应由甲公司预扣预缴的个人所得税＝(30 000×8－5 000×8－5 550×8－3 000×8)×10%－2 520－493.5－493.5－1 428－1 645－1 645－1 645－1 645＝131 600×10%－2 520－493.5－493.5－1 428－1 645－1 645－1 645－1 645＝1 645(元)

张某9月工资、薪金所得应由甲公司预扣预缴的个人所得税＝(30 000×9－5 000×9－5 550×9－3 000×9)×20%－16 920－493.5－493.5－1 428－1 645－1 645－1 645－1 645－1 645＝148 050×20%－16 920－493.5－493.5－1 428－1 645－1 645－1 645－1 645－1 645＝2 050(元)

张某10月工资、薪金所得应由甲公司预扣预缴的个人所得税＝(30 000×10－5 000×10－5 550×10－3 000×10)×20%－16 920－493.5－493.5－1 428－1 645－1 645－1 645－1 645－1 645－2 050＝164 500×20%－16 920－493.5－493.5－1 428－1 645－1 645－1 645－1 645－1 645－2 050＝3 290(元)

张某11月工资、薪金所得应由甲公司预扣预缴的个人所得税＝(30 000×11－5 000×11－5 550×11－3 000×11)×20%－16 920－493.5－493.5－1 428－1 645－1 645－1 645－1 645－1 645－2 050－3 290＝180 950×20%－16 920－493.5－493.5－1 428－1 645－1 645－1 645－1 645－1 645－2 050－3 290＝3 290(元)

张某12月工资、薪金所得应由甲公司预扣预缴的个人所得税＝(30 000×12－5 000×12－5 550×12－3 000×12)×20%－16 920－493.5－493.5－1 428－1 645－1 645－1 645－1 645－1 645－2 050－3 290－3 290＝197 400×20%－16 920－493.5－493.5－1 428－1 645－1 645－1 645－1 645－1 645－2 050－3 290－3 290＝3 290(元)

张某本年工资、薪金所得应由甲公司预扣预缴的个人所得税合计＝493.5＋493.5＋1 428＋1 645＋1 645＋1 645＋1 645＋1 645＋2 050＋3 290＋3 290＋3 290＝22 560(元)

（2）扣缴义务人向居民个人支付劳务报酬所得、稿酬所得、特许权使用费所得预扣预缴个人所得税的计算。

自2019年1月1日起，扣缴义务人向居民个人支付劳务报酬所得、稿酬所得、特许权使用费所得，按次或者按月预扣预缴个人所得税。具体预扣预缴方法如下：

劳务报酬所得、稿酬所得、特许权使用费所得以收入减除费用后的余额为收入额。其中，稿酬所得的收入额减按70％计算。劳务报酬所得、稿酬所得、特许权使用费所得每次收入不超过4 000元的，减除费用按800元计算；每次收入4 000元以上的，减除费用按20％计算。

【点拨指导】劳务报酬所得、稿酬所得、特许权使用费所得，属于一次性收入的，以取得该项收入为一次；属于同一项目连续性收入的，以一个月内取得的收入为一次。

劳务报酬所得、稿酬所得、特许权使用费所得，以每次收入额为预扣预缴应纳税所得额。劳务报酬所得适用20％～40％的超额累进预扣率（见表5-8），稿酬所得、特许权使用费所得适用20％的比例预扣率。

劳务报酬所得应预扣预缴税额＝预扣预缴应纳税所得额×预扣率－速算扣除数

稿酬所得、特许权使用费所得应预扣预缴税额＝预扣预缴应纳税所得额×20％

【例】居民个人张某本年3月从兼职单位乙公司取得一次性劳务报酬收入40 000元，本年6月从丙出版社取得一次性稿酬收入共计6 000元，本年10月转让给丁公司专利权取得一次性特许权使用费收入2 000元。上述收入均为税前收入，且均来源于中国境内。假设不考虑增值税因素。居民个人劳务报酬所得预扣预缴个人所得税的预扣率，如表5-9所示。要求：（1）计算张某劳务报酬所得应由乙公司预扣预缴的个人所得税；（2）计算张某稿酬所得应由丙出版社预扣预缴的个人所得税；（3）计算张某特许权使用费所得应由丁公司预扣预缴的个人所得税。

【解析】

（1）张某劳务报酬所得应由乙公司预扣预缴的个人所得税＝40 000×(1－20％)×30％－2 000
＝7 600(元)

（2）张某稿酬所得应由丙出版社预扣预缴的个人所得税＝6 000×(1－20％)×70％×20％＝672(元)

（3）张某特许权使用费所得应由丁公司预扣预缴的个人所得税＝(2 000－800)×20％＝240(元)

2. 居民个人的综合所得（按年汇算清缴）应纳税所得额的确定及应纳税额的计算

自2019年1月1日起，居民个人的综合所得，以每一纳税年度的收入额减除费用60 000

元以及专项扣除、专项附加扣除和依法确定的其他扣除后的余额，为应纳税所得额。

（1）综合所得包括工资、薪金所得，劳务报酬所得，稿酬所得，特许权使用费所得。其中，劳务报酬所得、稿酬所得、特许权使用费所得以收入减除20%的费用后的余额为收入额。稿酬所得的收入额减按70%计算。

（2）专项扣除，包括居民个人按照国家规定的范围和标准缴纳的基本养老保险、基本医疗保险、失业保险等社会保险费和住房公积金等。

（3）专项附加扣除，包括子女教育、继续教育、大病医疗、住房贷款利息或者住房租金、赡养老人、3岁以下婴幼儿照护等支出。

（4）其他扣除，包括个人缴付符合国家规定的企业年金、职业年金，个人购买符合国家规定的商业健康保险、税收递延型商业养老保险的支出，以及国务院规定可以扣除的其他项目。

对个人购买符合规定的商业健康保险产品的支出，允许在当年（月）计算应纳税所得额时予以税前扣除，扣除限额为2 400元/年（200元/月）。单位统一为员工购买符合规定的商业健康保险产品的支出，应分别计入员工个人工资、薪金，视同个人购买，按上述限额予以扣除。2 400元/年（200元/月）的限额扣除为个人所得税法规定减除费用标准之外的扣除。适用商业健康保险税收优惠政策的纳税人，是指取得工资薪金所得、连续性劳务报酬所得的个人，以及取得个体工商户生产经营所得、对企事业单位的承包承租经营所得的个体工商户业主、个人独资企业投资者、合伙企业合伙人和承包承租经营者。

【特别提示】专项扣除、专项附加扣除和依法确定的其他扣除，以居民个人一个纳税年度的应纳税所得额为限额；一个纳税年度扣除不完的，不结转以后年度扣除。

居民个人的综合所得（按年汇算清缴）适用七级超额累进税率，其应纳税额的计算公式为：

应纳税额＝年应纳税所得额×适用税率－速算扣除数
＝(每一纳税年度的收入额－60 000－专项扣除、专项附加扣除和依法确定的其他扣除)×适用税率－速算扣除数
＝[工资、薪金收入额＋劳务报酬收入×(1－20%)＋稿酬收入×(1－20%)×70%＋特许权使用费收入×(1－20%)－60 000－专项扣除、专项附加扣除和依法确定的其他扣除]×适用税率－速算扣除数

【例】接上述两个案例，假设居民个人张某本年已经由支付所得的单位预扣预缴个人所得税31 072元（22 560＋7 600＋672＋240），张某次年3月1日至6月30日内办理汇算清缴。居民个人综合所得个人所得税的税率（按年），如表5-9所示。要求：计算张某次年3月1日至6月30日内汇算清缴应补缴（或退回）的个人所得税。

【解析】

本年张某综合所得应纳税所得额=30 000×12+40 000×(1-20%)+6 000×(1-20%)×70%+2 000×(1-20%)-60 000-5 550×12-3 000×12=234 360(元)

本年张某综合所得应纳个人所得税=234 360×20%-16 920=29 952(元)

本年相关单位预扣代缴个人所得税合计=22 560+7 600+672+240=31 072(元)

因此次年3月1日至6月30日内汇算清缴时，张某应申请退回个人所得税=31 072-29 952=1 120(元)

因此次年3月1日至6月30日内汇算清缴时，张某应申请退回个人所得税=31 072-29 952=1 120(元)

（三）非居民个人的工资、薪金所得，劳务报酬所得，稿酬所得，特许权使用费所得应纳税所得额的确定及应纳税额的计算

(1) 自2019年1月1日起，非居民个人的工资、薪金所得，以每月收入额减除费用5 000元后的余额为应纳税所得额。

(2) 自2019年1月1日起，非居民个人的劳务报酬所得、稿酬所得、特许权使用费所得，以每次收入额为应纳税所得额，其中，劳务报酬所得、稿酬所得、特许权使用费所得以收入减除20%的费用后的余额为收入额。稿酬所得的收入额减按70%计算。

非居民个人工资、薪金所得，劳务报酬所得，稿酬所得，特许权使用费所得应纳税额的计算公式为：

应纳个人所得税=应纳税所得额×税率-速算扣除数

具体如下：

1）非居民个人的工资、薪金所得适用七级超额累进税率，其应纳税额的计算公式为：

应纳个人所得税=月应纳税所得额×适用税率-速算扣除数
=(每月工资、薪金收入额-5 000)×适用税率-速算扣除数

2）非居民个人的劳务报酬所得适用七级超额累进税率，其应纳税额的计算公式为：

应纳个人所得税=应纳税所得额×适用税率-速算扣除数
=每次收入额×适用税率-速算扣除数
=劳务报酬收入×(1-20%)×适用税率-速算扣除数

3）非居民个人的稿酬所得适用七级超额累进税率，其应纳税额的计算公式为：

应纳个人所得税=应纳税所得额×适用税率-速算扣除数
=每次收入额×适用税率-速算扣除数
=稿酬收入×(1-20%)×70%×适用税率-速算扣除数

4）非居民个人的特许权使用费所得适用七级超额累进税率，其应纳税额的计算公式

式为：

$$\begin{aligned}\text{应纳个人所得税} &= \text{应纳税所得额}\times\text{适用税率}-\text{速算扣除数}\\ &= \text{每次收入额}\times\text{适用税率}-\text{速算扣除数}\\ &= \text{特许权使用费收入}\times(1-20\%)\times\text{适用税率}-\text{速算扣除数}\end{aligned}$$

【特别提示】非居民个人的工资、薪金所得，劳务报酬所得，稿酬所得，特许权使用费所得，有扣缴义务人的，由扣缴义务人按月或者按次代扣代缴税款，不办理汇算清缴。

【例】本年1月，非居民个人杰克从任职单位取得税前工资、薪金收入10 200元。上述收入来源于中国境内，且不享受免税优惠政策。非居民个人工资、薪金所得，劳务报酬所得，稿酬所得，特许权使用费所得个人所得税的税率，如表5-10所示。要求：计算杰克本年1月应缴纳的个人所得税。

【解析】

杰克本年1月工资、薪金所得的应纳税所得额＝10 200－5 000＝5 200（元）

杰克本年1月工资、薪金所得应纳（任职单位应代扣代缴）个人所得税＝5 200×10％－210＝310（元）

【例】本年1月，非居民个人玛丽一次性取得劳务报酬收入19 500元；一次性取得稿酬收入5 800元；一次性取得特许权使用费收入3 100元。上述收入均为税前收入，均来源于中国境内，且不享受免税优惠政策。假设不考虑增值税因素。非居民个人工资、薪金所得，劳务报酬所得，稿酬所得，特许权使用费所得个人所得税的税率，如表5-10所示。要求：计算玛丽本年1月应缴纳的个人所得税。

【解析】

玛丽本年1月劳务报酬所得的应纳税所得额＝19 500×（1－20％）＝15 600（元）

玛丽本年1月劳务报酬所得应纳（支付所得的单位应代扣代缴）个人所得税＝15 600×20％－1 410＝1 710（元）

玛丽本年1月稿酬所得的应纳税所得额＝5 800×（1－20％）×70％＝3 248（元）

玛丽本年1月稿酬所得应纳（支付所得的单位应代扣代缴）个人所得税＝3 248×10％－210＝114.8（元）

玛丽本年1月特许权使用费所得的应纳税所得额＝3 100×（1－20％）＝2 480（元）

玛丽本年1月特许权使用费所得应纳（支付所得的单位应代扣代缴）个人所得税＝2 480×3％＝74.4（元）

玛丽本年1月应纳（支付所得的单位应代扣代缴）个人所得税合计＝1 710＋114.8＋74.4＝1 899.2（元）

（四）经营所得应纳税所得额的确定及应纳税额的计算

1. 一般情况下经营所得应纳税所得额及应纳税额的计算

自2019年1月1日起，经营所得，以每一纳税年度的收入总额减除成本、费用以及损失后的余额，为应纳税所得额。

经营所得个人所得税的计算公式为：

应纳税额＝应纳税所得额×适用税率－速算扣除数
＝（全年收入总额－成本、费用、损失）×适用税率－速算扣除数

成本、费用，是指生产、经营活动中发生的各项直接支出和分配计入成本的间接费用以及销售费用、管理费用、财务费用；损失，是指生产、经营活动中发生的固定资产和存货的盘亏、毁损、报废损失，转让财产损失，坏账损失，自然灾害等不可抗力因素造成的损失以及其他损失。

自2019年1月1日起，取得经营所得的个人，没有综合所得的，计算其每一纳税年度的应纳税所得额时，应当减除费用6万元、专项扣除、专项附加扣除以及依法确定的其他扣除。专项附加扣除在办理汇算清缴时减除。

【特别提示】从事生产、经营活动，未提供完整、准确的纳税资料，不能正确计算应纳税所得额的，由主管税务机关核定应纳税所得额或者应纳税额。

【点拨指导】新《个人所得税法》的经营所得是由原《个人所得税法》的个体工商户生产、经营所得和对企事业单位承包、承租经营所得合并而成。目前对于经营所得尚未出台专门的个人所得税计税办法，原来的《个体工商户个人所得税计税办法》（国家税务总局令第35号）仍然有效。

2. 个体工商户经营所得应纳税所得额确定及应纳税额计算的具体规定

（1）基本计算规定。

根据《个体工商户个人所得税计税办法》（国家税务总局令第35号）等，对个体工商户的生产、经营所得个人所得税及个人独资企业和合伙企业个人所得税的规定如下：

个体工商户的生产、经营所得，以每一纳税年度的收入总额，减除成本、费用、税金、损失、其他支出以及允许弥补的以前年度亏损后的余额，为应纳税所得额。

自2023年1月1日至2027年12月31日，对个体工商户年应纳税所得额不超过200万元的部分，减半征收个人所得税。个体工商户在享受现行其他个人所得税优惠政策的基础上，可叠加享受前述优惠政策。个体工商户不区分征收方式，均可享受。个体工商户在预缴税款时即可享受，其年应纳税所得额暂按截至本期申报所属期末的情况进行判断，并在年度汇算清缴时按年计算、多退少补。若个体工商户从两处以上取得经营所得，需在办理年度汇总纳税申报时，合并个体工商户经营所得年应纳税所得额，重新计算减免税额，多退少补。

个体工商户按照以下方法计算减免税额：

$$减免税额=\left(\frac{经营所得应纳税所得额}{不超过200万元部分的应纳税额}-\frac{其他政策}{减免税额}\times\frac{经营所得应纳税所得额}{不超过200万元部分}\div\frac{经营所得}{应纳税所得额}\right)\times50\%$$

【点拨指导】成本是指个体工商户在生产经营活动中发生的销售成本、销货成本、业务支出以及其他耗费。

费用是指个体工商户在生产经营活动中发生的销售费用、管理费用和财务费用，已经计入成本的有关费用除外。

税金是指个体工商户在生产经营活动中发生的除个人所得税和允许抵扣的增值税以外的各项税金及其附加。

损失是指个体工商户在生产经营活动中发生的固定资产和存货的盘亏、毁损、报废损失，转让财产损失，坏账损失，自然灾害等不可抗力因素造成的损失以及其他损失。个体工商户发生的损失，减除责任人赔偿和保险赔款后的余额，参照财政部、国家税务总局有关企业资产损失税前扣除的规定扣除。

其他支出是指除成本、费用、税金、损失外，个体工商户在生产经营活动中发生的与生产经营活动有关的、合理的支出。

亏损是指个体工商户依照规定计算的应纳税所得额小于零的数额。

【特别提示】个体工商户已经作为损失处理的资产，在以后纳税年度又全部收回或者部分收回时，应当计入收回当期的收入。

（2）不得扣除项目。

个体工商户下列支出不得扣除：①个人所得税税款；②税收滞纳金；③罚金、罚款和被没收财物的损失；④不符合扣除规定的捐赠支出；⑤赞助支出；⑥用于个人和家庭的支出；⑦与取得生产经营收入无关的其他支出；⑧个体工商户代其从业人员或者他人负担的税款；⑨国家税务总局规定不准扣除的支出。

【举例说明】个体工商户业主的工资薪金支出不得税前扣除，计提的各种准备金不得税前扣除。

（3）业主及从业人员相关支出的扣除。

1）业主的工资与生计费。

个体工商户业主的费用扣除标准统一确定为 6 万元/年。

【特别提示】个体工商户业主的工资薪金支出不得税前扣除。

【点拨指导】投资者兴办两个或两个以上企业的，其投资者个人费用扣除标准由投资者选择在其中一个企业的生产经营所得中扣除。

2）从业人员的工资。

个体工商户实际支付给从业人员的、合理的工资薪金支出，准予扣除。

3）基本社会保险。

个体工商户按照国家有关规定为其业主和从业人员缴纳的基本养老保险费、基本医疗保险费、失业保险费、生育保险费、工伤保险费和住房公积金，准予扣除。

【特别提示】自2019年1月1日起，取得经营所得（含个体工商户的生产、经营所得）的个人，没有综合所得的，计算其每一纳税年度的应纳税所得额时，应当减除费用6万元、专项扣除、专项附加扣除以及依法确定的其他扣除。专项附加扣除在办理汇算清缴时减除。

4）补充社会保险。

①个体工商户为从业人员缴纳的补充养老保险费、补充医疗保险费，分别在不超过从业人员工资总额5%标准内的部分据实扣除；超过部分，不得扣除。

②个体工商户业主本人缴纳的补充养老保险费、补充医疗保险费，以当地（地级市）上年度社会平均工资的3倍为计算基数，分别在不超过该计算基数5%标准内的部分据实扣除；超过部分，不得扣除。

5）商业保险。

除个体工商户依照国家有关规定为特殊工种从业人员支付的人身安全保险费和财政部、国家税务总局规定可以扣除的其他商业保险费外，个体工商户业主本人或者为从业人员支付的商业保险费，不得扣除。

6）个体工商户发生的合理的劳动保护支出，准予扣除。

7）个体工商户代其从业人员或者他人负担的税款，不得税前扣除。

8）三项经费。

①个体工商户向当地工会组织拨缴的工会经费、实际发生的职工福利费支出、职工教育经费支出分别在工资薪金总额的2%、14%、2.5%的标准内据实扣除。

【点拨指导】工资薪金总额是指允许在当期税前扣除的工资薪金支出数额。

【特别提示】职工教育经费的实际发生数额超出规定比例当期不能扣除的数额，准予在以后纳税年度结转扣除。

②个体工商户业主本人向当地工会组织缴纳的工会经费、实际发生的职工福利费支出、职工教育经费支出，以当地（地级市）上年度社会平均工资的3倍为计算基数，在规定比例内据实扣除。

归纳总结

个体工商户与人员报酬、福利相关的项目能否扣除或限额扣除的规定

（4）与生产、经营直接相关的可扣除项目。

1）生产经营费用。

①个体工商户生产经营活动中，应当分别核算生产经营费用和个人、家庭费用；对于生产经营与个人、家庭生活混用难以分清的费用，其40%视为与生产经营有关的费用，准予扣除。

②个体工商户按照规定缴纳的摊位费、行政性收费、协会会费等，按实际发生数额扣除。

③个体工商户参加财产保险，按照规定缴纳的保险费，准予扣除。

2）借款费用。

个体工商户在生产经营活动中发生的合理的不需要资本化的借款费用，准予扣除。

3）个体工商户在生产经营活动中发生的下列利息支出，准予扣除：

①向金融企业借款的利息支出。

②向非金融企业和个人借款的利息支出，不超过按照金融企业同期同类贷款利率计算的数额的部分。

4）业务招待费。

①个体工商户发生的与生产经营活动有关的业务招待费，按照实际发生额的60%扣除，但最高不得超过当年销售（营业）收入的5‰。

②业主自申请营业执照之日起至开始生产经营之日止所发生的业务招待费，按照实际发生额的60%计入个体工商户的开办费。

5）广告费和业务宣传费。

个体工商户每一纳税年度发生的与其生产经营活动直接相关的广告费和业务宣传费不超过当年销售（营业）收入15%的部分，可以据实扣除；超过部分，准予在以后纳税年度结转扣除。

6）公益性捐赠。

①个体工商户通过公益性社会团体或者县级以上人民政府及其部门，用于规定的公益事业的捐赠，捐赠额不超过其应纳税所得额30%的部分可以据实扣除。

②可以全额在个人所得税税前扣除的捐赠支出项目，按有关规定执行。

③个体工商户直接对受益人的捐赠不得扣除。

7）研究开发费用。

①个体工商户研究开发新产品、新技术、新工艺所发生的开发费用准予在当期直接扣除。

②个体工商户研究开发新产品、新技术而购置单台价值在10万元以下的测试仪器和试验性装置的购置费准予直接扣除；单台价值在10万元以上（含10万元）的测试仪器和试验性装置，按固定资产管理，不得在当期直接扣除。

8）开办费。

个体工商户自申请营业执照之日起至开始生产经营之日（个体工商户取得第一笔销售/营业收入）止所发生符合规定的费用，除为取得固定资产、无形资产的支出，以及应计入资产价值的汇兑损益、利息支出外，作为开办费，个体工商户可以选择在开始生产经营的当年一次性扣除，也可自生产经营月份起在不短于3年期限内摊销扣除，但一经选定，不得改变。

9）损失。

①个体工商户发生的损失，减除责任人赔偿和保险赔款后的余额，参照财政部、国

家税务总局有关企业资产损失税前扣除的规定扣除。

②个体工商户已经作为损失处理的资产，在以后纳税年度又全部收回或者部分收回时，应当计入收回当期的收入。

10）亏损结转。

个体工商户纳税年度发生的亏损，准予向以后年度结转，用以后年度的生产经营所得弥补，但结转年限最长不得超过 5 年。

归纳总结

个体工商户与生产、经营直接相关的项目据实扣除或限额扣除的规定

（5）查账征收的个人独资企业和合伙企业的扣除标准。

查账征收的个人独资企业和合伙企业的扣除项目比照《个体工商户个人所得税计税办法》的规定确定。

个人独资企业的投资者以全部生产经营所得为应纳税所得额；合伙企业的投资者按照合伙企业的全部生产经营所得和合伙协议约定的分配比例确定应纳税所得额，合伙协议没有约定分配比例的，以全部生产经营所得和合伙人数量平均计算每个投资者的应纳税所得额。生产经营所得，包括企业分配给投资者个人的所得和企业当年留存的所得（利润）。

投资者兴办两个或两个以上企业的，其投资者个人费用扣除标准由投资者选择在其中一个企业的生产经营所得中扣除。

计提的各种准备金不得扣除。

企业与其关联企业之间的业务往来，应当按照独立企业之间的业务往来收取或者支付价款、费用。不按照独立企业之间的业务往来收取或者支付价款、费用，而减少其应纳税所得额的，主管税务机关有权进行合理调整。

【知识链接】 国家对下列情形的个人独资企业和合伙企业实行核定征收个人所得税，具体包括：依照国家有关规定应当设置但未设置账簿的；虽设置账簿，但账目混乱或者成本资料、收入凭证、费用凭证残缺不全，难以查账的；纳税人发生纳税义务，未按照规定的期限办理纳税申报，经税务机关责令限期申报，逾期仍不申报的。

核定征收方式包括定额征收、核定应税所得率征收以及其他合理的征收方式。

自 2022 年 1 月 1 日起，持有股权、股票、合伙企业财产份额等权益性投资的个人独资企业、合伙企业，一律适用查账征收方式计征个人所得税。

（五）其他所得应纳税所得额的确定及应纳税额的计算

1. 财产租赁所得

（1）财产租赁所得的应纳税所得额的确定。

财产租赁所得，以一个月内取得的收入为一次。财产租赁所得，每次收入不超过 4 000元的，减除费用 800 元；4 000 元以上的，减除 20%的费用，其余额为应纳税所得额。其计算公式如下：

①每次（月）收入不超过4 000元的：

应纳税所得额＝每次(月)收入额－准予扣除项目－由纳税人负担的租赁财产实际开支的修缮费用(800元为限)－800

②每次（月）收入超过4 000元的：

应纳税所得额＝[每次(月)收入额－准予扣除项目－由纳税人负担的租赁财产实际开支的修缮费用(800元为限)]×(1－20%)

【特别提示】个人出租房屋的个人所得税应税收入不含增值税，计算房屋出租所得可扣除的税费不包括本次出租缴纳的增值税。个人转租房屋的，其向房屋出租方支付的租金及增值税税额，在计算转租所得时予以扣除。免征增值税的，确定计税依据时，租金收入不扣减增值税税额。

（2）财产租赁所得的应纳税额的计算。

财产租赁所得应纳税额的计算公式为：

①每次（月）收入不超过4 000元的：

应纳税额＝[每次(月)收入额－准予扣除项目－由纳税人负担的租赁财产实际开支的修缮费用(800元为限)－800]×20%

②每次（月）收入超过4 000元的：

应纳税额＝[每次(月)收入额－准予扣除项目－由纳税人负担的租赁财产实际开支的修缮费用(800元为限)]×(1－20%)×20%

【例】徐某出租一商铺，本年1月取得租金收入4 600元（不含增值税），本月财产租赁过程中缴纳的可以税前扣除的税费合计200元，发生由徐某负担的租赁财产实际开支的修缮费用为1 200元，均取得合法票据。要求：计算徐某出租该商铺的应纳个人所得税。

【解析】由于4 600－200－800＝3 600(元)＜4 000元，因此

应纳个人所得税＝(4 600－200－800－800)×20%＝560(元)

2. 财产转让所得的应纳税所得额的确定及应纳税额的计算

（1）财产转让所得的应纳税所得额的确定。

财产转让所得，以转让财产的收入额减除财产原值和合理费用后的余额，为应纳税所得额。其计算公式为：

应纳税所得额＝收入总额－财产原值－合理费用

财产原值，按照下列方法确定：

①有价证券，为买入价以及买入时按照规定交纳的有关费用；

②建筑物，为建造费或者购进价格以及其他有关费用；

③土地使用权，为取得土地使用权所支付的金额、开发土地的费用以及其他有关费用；

④机器设备、车船，为购进价格、运输费、安装费以及其他有关费用。

其他财产，参照上述规定的方法确定财产原值。

纳税人未提供完整、准确的财产原值凭证，不能按照以上规定的方法确定财产原值的，由主管税务机关核定财产原值。合理费用，是指卖出财产时按照规定支付的有关税费。

【特别提示】个人转让房屋的个人所得税应税收入不含增值税，其取得房屋时所支付价款中包含的增值税计入财产原值，计算转让所得时可扣除的税费不包括本次转让缴纳的增值税。免征增值税的，确定计税依据时，转让房地产取得的收入不扣减增值税税额。

（2）财产转让所得的应纳税额的计算。

①一般情况下财产转让所得应纳税额的计算。

财产转让所得应纳税额的计算公式为：

应纳税额＝应纳税所得额×适用税率

＝(收入总额－财产原值－合理费用)×20%

②个人销售无偿受赠不动产应纳税额的计算。

受赠人转让受赠房屋的，以其转让受赠房屋的收入减除原捐赠人取得该房屋的实际购置成本以及赠与和转让过程中受赠人支付的相关税费后的余额，为受赠人的应纳税所得额，依法计征个人所得税。受赠人转让受赠房屋价格明显偏低且无正当理由的，税务机关可以依据该房屋的市场评估价格或其他合理方式确定的价格核定其转让收入。

【例】赵某转让一处商铺，取得转让收入460万元（不含增值税），支付可以税前扣除的各项合理税费合计6万元，该商铺原值为290万元，均取得合法票据。要求：计算赵某出售该商铺的应纳个人所得税。

【解析】

应纳个人所得税＝(460－290－6)×20%＝32.8(万元)

3. 利息、股息、红利所得和偶然所得的应纳税所得额的确定及应纳税额的计算

利息、股息、红利所得和偶然所得的应纳税所得额即为每次收入额。

利息、股息、红利所得和偶然所得应纳税额的计算公式为：

应纳税额＝应纳税所得额×适用税率＝每次收入额×适用税率

（六）公益性捐赠的扣除

1. 一般情况下的公益性捐赠限额扣除的规定

个人将其所得对教育、扶贫、济困等公益慈善事业进行捐赠，捐赠额未超过纳税人申报的应纳税所得额30%的部分，可以从其应纳税所得额中扣除；国务院规定对公益慈善事业捐赠实行全额税前扣除的，从其规定。个人将其所得对教育、扶贫、济困等公益慈善事业进行捐赠，是指个人将其所得通过中国境内的公益性社会组织、国家机关向教育、扶贫、济困等公益慈善事业的捐赠；应纳税所得额，是指计算扣除捐赠额之前的应纳税所得额。

【例】中国居民王华本年1月取得福利彩票中奖所得98 000元，当场拿出32 000元通过国家机关对贫困地区进行捐赠。要求：计算王华当月应缴纳的个人所得税。

【解析】(1) 计算应纳税所得额。

扣除捐赠前的应纳税所得额＝98 000(元)

(2) 计算捐赠扣除限额，确定扣除额。

捐赠扣除限额＝98 000×30%＝29 400(元)

由于32 000元＞29 400元，因此只能扣除29 400元。

(3) 计算应纳税额。

扣除允许扣除的捐赠后的应纳税所得额＝98 000－29 400＝68 600(元)

适用20%的税率，则

应纳个人所得税＝68 600×20%＝13 720(元)

2. 特殊情况下的公益性捐赠全额扣除的规定

(1) 向红十字事业的捐赠。

个人通过非营利性社会团体和国家机关向红十字事业的捐赠，在计算缴纳个人所得税时，准予在税前的所得额中全额扣除。

(2) 向教育事业的捐赠。

个人通过境内非营利性社会团体、国家机关向教育事业的捐赠，准予在个人所得税税前全部扣除。

(3) 向农村义务教育的捐赠。

个人通过非营利社会团体和国家机关向农村义务教育的捐赠，在计算缴纳个人所得税时，准予在税前应纳税所得额中全额扣除。

【点拨指导】农村义务教育的范围是指政府和社会力量举办的农村乡镇（不含县和县级市政府所在地的镇）、村的小学和初中以及属于这一阶段的特殊教育学校。纳税人对农村义务教育与高中在一起的学校的捐赠，也享受规定的所得税税前扣除政策。

【特别提示】接受捐赠或办理转赠的非营利的社会团体和国家机关，应按照财务隶属关系分别使用由中央或省级财政部门统一印（监）制的捐赠票据，并加盖接受捐赠或转赠单位的财务专用印章。税务机关据此对捐赠个人进行税前扣除。

（4）向公益性青少年活动场所（其中包括新建）的捐赠。

个人通过非营利性社会团体和国家机关对公益性青少年活动场所（其中包括新建）的捐赠，在计算缴纳个人所得税时，准予在税前的所得额中全额扣除。

【点拨指导】公益性青少年活动场所，是指专门为青少年学生提供科技、文化、德育、爱国主义教育、体育活动的青少年宫、青少年活动中心等校外活动的公益性场所。

（5）通过特定基金会用于公益救济性的捐赠。

个人通过宋庆龄基金会等6家单位、中国医药卫生事业发展基金会、中国教育发展基金会、中国老龄事业发展基金会等8家单位、中华健康快车基金会等5家单位用于公益救济性的捐赠，符合相关条件的，准予在缴纳个人所得税税前全额扣除。

（6）向福利性、非营利性老年服务机构的捐赠。

个人通过非营利性社会团体和政府部门向福利性、非营利性老年服务机构捐赠，符合相关条件的，准予在缴纳个人所得税税前全额扣除。

（七）每次收入的确定

（1）劳务报酬所得、稿酬所得、特许权使用费所得，属于一次性收入的，以取得该项收入为一次；属于同一项目连续性收入的，以一个月内取得的收入为一次。

（2）财产租赁所得，以一个月内取得的收入为一次。

（3）利息、股息、红利所得，以支付利息、股息、红利时取得的收入为一次。

（4）偶然所得，以每次取得该项收入为一次。

（八）个人所得税应纳税额计算的特殊规定

1. 全年一次性奖金及其他奖金的征税规定

根据《财政部 税务总局关于延续实施全年一次性奖金个人所得税政策的公告》（财政部 税务总局公告2023年第30号）文件的规定，在2027年12月31日前，居民个人取得全年一次性奖金，符合《国家税务总局关于调整个人取得全年一次性奖金等计算征收个人所得税方法问题的通知》（国税发〔2005〕9号）规定的，不并入当年综合所得，以全年一次性奖金收入除以12个月得到的数额，按照按月换算后的综合所得税率表（等同于“非居民个人工资、薪金所得，劳务报酬所得，稿酬所得，特许权使用费所得个人所得税的税率表”，见表5-10），确定适用税率和速算扣除数，单独计算纳税。计算公式为：

应纳个人所得税＝全年一次性奖金收入×适用税率－速算扣除数

居民个人取得全年一次性奖金，也可以选择并入当年综合所得计算纳税。

雇员取得除全年一次性奖金以外的其他各种名目奖金，如半年奖、季度奖、加班奖、先进奖、考勤奖等，一律与当月工资、薪金收入合并，按税法规定缴纳个人所得税。

【例】中国居民个人王某本年10月取得全年一次性奖金60 000元（税前奖金）。王某选择不并入当年综合所得计算纳税。按月换算后的综合所得税率表如表5-10所示。要求：计算王某本年10月全年一次性奖金应缴纳的个人所得税。

【解析】60 000÷12=5 000（元），查表可知适用税率 10%，速算扣除数为 210。

王某本年 10 月全年一次性奖金应纳个人所得税=60 000×10%−210
=5 790（元）

2. 上市公司股权激励的征税规定

居民个人取得股票期权、股票增值权、限制性股票、股权奖励等股权激励，符合规定的相关条件的，在 2027 年 12 月 31 日前，不并入当年综合所得，全额单独适用综合所得税率表，计算纳税。计算公式为：

应纳税额=股权激励收入×适用税率−速算扣除数

居民个人一个纳税年度内取得两次以上（含两次）股权激励的，应合并计算纳税。

3. 个人领取企业年金、职业年金的征税规定

个人达到国家规定的退休年龄，领取的企业年金、职业年金，符合《财政部 人力资源社会保障部 国家税务总局关于企业年金 职业年金个人所得税有关问题的通知》（财税〔2013〕103 号）规定的，不并入综合所得，全额单独计算应纳税款。其中，按月领取的，适用月度税率表计算纳税；按季领取的，平均分摊计入各月，按月领取额适用月度税率表计算纳税；按年领取的，适用综合所得税率表计算纳税。

个人因出境定居而一次性领取的年金个人账户资金，或个人死亡后，其指定的受益人或法定继承人一次性领取的年金个人账户余额，适用综合所得税率表计算纳税。对个人除上述特殊原因外一次性领取年金个人账户资金或余额的，适用月度税率表计算纳税。个人根据国家有关政策规定缴付的年金个人缴费部分，超过本人缴费工资计税基数的 4%的部分，应并入个人当期的工资、薪金所得，依法计征个人所得税。税款由建立年金的单位代扣代缴，并向主管税务机关申报解缴。

4. 个人因与用人单位解除劳动关系而取得的一次性补偿收入的征税规定

个人与用人单位解除劳动关系取得一次性补偿收入（包括用人单位发放的经济补偿金、生活补助费和其他补助费），在当地上年职工平均工资 3 倍数额以内的部分，免征个人所得税；超过 3 倍数额的部分，不并入当年综合所得，单独适用综合所得税率表，计算纳税。

【知识链接】劳动者月工资高于用人单位所在地人民政府公布的本地区上年度职工平均工资 3 倍的，向其支付经济补偿的标准按职工月平均工资 3 倍的数额支付。

【特别提示】《劳动合同法》关于离职补偿的相关规定限制了劳动者主张权利的最高额度，但用人单位愿意按超过 3 倍的数额支付的，法律也允许劳动者取得。这不属于不当得利。

5. 个人办理提前退休取得一次性补贴收入的征税规定

个人办理提前退休手续而取得的一次性补贴收入，应按照办理提前退休手续至法定离退休年龄之间实际年度数平均分摊，确定适用税率和速算扣除数，单独适用综合所得税率表，计算纳税。计算公式为：

应纳税额=[(一次性补贴收入÷办理提前退休手续至法定退休年龄的实际年度数−费用扣除标准)×适用税率−速算扣除数]×办理提前退休手续至法定退休年龄的实际年度数

6. 个人内部退养取得一次性收入的征税规定

内部退养是指未办理退休手续，只是提前离开工作岗位。

企业减员增效和行政、事业单位、社会团体在机构改革过程中实行内部退养的人员，在办理内部退养手续后从原任单位取得的一次性收入，应按办理内部退养手续至法定离退休年龄之间的所属月份进行平均，并与领取当月的工资、薪金所得合并后减除当月费用扣除标准，以余额为基数确定适用税率，再将当月工资、薪金加上取得的一次性收入，减去费用扣除标准，按适用税率计征个人所得税。

个人在办理内部退养手续后至法定退休年龄之间重新就业取得的工资、薪金所得，应与其从原任职单位取得的同一月份的工资、薪金所得合并，并依法自行向主管税务机关申报缴纳个人所得税。

7. 单位低价向职工售房的征税规定

单位按低于购置或建造成本价格出售住房给职工，职工因此而少支出的差价部分，符合相关规定的，不并入当年综合所得，以差价收入除以12个月得到的数额，按照月度税率表确定适用税率和速算扣除数，单独计算纳税。计算公式为：

应纳税额=职工实际支付的购房价款低于该房屋的购置或建造成本价格的差额×适用税率−速算扣除数

8. 个人取得公务交通、通讯补贴收入的征税规定

个人因公务用车和通讯制度改革而取得的公务用车、通讯补贴收入，扣除一定标准的公务费用后，按照“工资、薪金所得”项目计征个人所得税。

【点拨指导】按月发放的，并入当月工资、薪金所得计征个人所得税；不按月发放的，分解到所属月份并与该月份工资、薪金所得合并后计征个人所得税。

9. 退休人员再任职取得的收入的征税规定

退休人员再任职取得的收入，符合相关条件的，在减除按税法规定的费用扣除项目后，按“工资、薪金所得”应税项目缴纳个人所得税。

10. 离退休人员从原任单位取得各类补贴、奖金、实物的征税规定

离退休人员除按规定领取离退休工资或养老金外，另从原任单位取得的各类补贴、奖金、实物，不属于免税的退休工资、离休工资、离休生活补助费，应按“工资、薪金所得”应税项目缴纳个人所得税。

11. 基本养老保险费、基本医疗保险费、失业保险费、住房公积金的征税规定

企事业单位和个人超过规定的比例和标准缴付的基本养老保险费、基本医疗保险费和失业保险费，应将超过部分并入个人当期的工资、薪金收入，计征个人所得税。

单位和个人分别在不超过职工本人上一年度月平均工资12%的幅度内，其实际缴存的住房公积金，允许在个人应纳税所得额中扣除。单位和职工个人缴存住房公积金的月平均工资不得超过职工工作地所在设区城市上一年度职工月平均工资的3倍，具体标准按照各地有关规定执行。单位和个人超过规定比例和标准缴付的住房公积金，应将超过部分并入个人当期的工资、薪金收入，计征个人所得税。

12. 企业为员工支付保险金的征税规定

企业为员工支付各项免税之外的保险金，应在企业向保险公司缴付时（即该保险落到被保险人的保险账户）并入员工当期的工资收入，按“工资、薪金所得”项目计征个人所得税，税款由企业负责代扣代缴。

13. 兼职律师从律师事务所取得工资、薪金性质的所得的征税规定

兼职律师是指取得律师资格和律师执业证书，不脱离本职工作从事律师职业的人员。兼职律师从律师事务所取得工资、薪金性质的所得，律师事务所在代扣代缴其个人所得税时，不再减除《个人所得税法》规定的费用扣除标准，以收入全额（取得分成收入的为扣除办理案件支出费用后的余额）直接确定适用税率，计算扣缴个人所得税。兼职律师应自行向主管税务机关申报两处或两处以上取得的工资、薪金所得，合并计算缴纳个人所得税。

14. 从职务科技成果转化收入中给予科技人员的现金奖励的征税规定

依法批准设立的非营利性研究开发机构和高等学校根据《中华人民共和国促进科技成果转化法》规定，从职务科技成果转化收入中给予科技人员的现金奖励，可减按50%计入科技人员当月工资、薪金所得，依法缴纳个人所得税。

15. 保险营销员、证券经纪人的佣金收入的征税规定

保险营销员、证券经纪人取得的佣金收入，属于“劳务报酬所得”，以不含增值税的收入减除20%的费用后的余额为收入额，收入额减去展业成本以及附加税费后，并入当年综合所得，计算缴纳个人所得税。保险营销员、证券经纪人展业成本按照收入额的25%计算。扣缴义务人向保险营销员、证券经纪人支付佣金收入时，应按照《个人所得税扣缴申报管理办法（试行）》（国家税务总局公告2018年第61号）规定的累计预扣法计算预扣税款。

16. 个人投资者将企业原有盈余积累转增股本的征税规定

一名或多名个人投资者以股权收购方式取得被收购企业100%股权，股权收购前，被收购企业原账面金额中的“资本公积、盈余公积、未分配利润”等盈余积累未转增股本，而在股权交易时将其一并计入股权转让价格并履行了企业所得税纳税义务。股权收购后，企业将原账面金额中的盈余积累向个人投资者（以下称新股东）转增股本，有关个人所得税问题区分以下情形处理：

（1）新股东以不低于净资产价格收购股权的，企业原盈余积累已全部计入股权交易价格，新股东取得盈余积累转增股本的部分，不征收个人所得税。

（2）新股东以低于净资产价格收购股权的，企业原盈余积累中，对于股权收购价格减去原股本的差额部分已经计入股权交易价格，新股东取得盈余积累转增股本的部分，不征收个人所得税；对于股权收购价格低于原所有者权益的差额部分未计入股权交易价格，新股东取得盈余积累转增股本的部分，应按照“利息、股息、红利所得”项目征收个人所得税。

【特别提示】新股东以低于净资产价格收购企业股权后转增股本，应按照下列顺序进行，即先转增应税的盈余积累部分，然后再转增免税的盈余积累部分。

【例】甲企业原账面资产总额7 000万元，负债2 000万元，所有者权益5 000万元，其中：实收资本（股本）1 000万元，资本公积、盈余公积、未分配利润等盈余积累合计4 000万元。假定多名自然人投资者（新股东）向甲企业原股东购买该企业100%的股权，股权收购价4 500万元，新股东收购企业后，甲企业将资本公积、盈余公积、未分配利润等盈余积累4 000万元向新股东转增实收资本。要求：计算多名自然人投资者（新股东）的应纳个人所得税合计数。

【解析】新股东收购企业后，甲企业将资本公积、盈余公积、未分配利润等盈余积累4 000万元向新股东转增实收资本。新股东以低于净资产（5 000万元）的价格（4 500万元）收购该企业股权，因此收购价格（4 500万元）减去原股本（1 000万元）的差额部分（3 500万元）已经计入股权交易价格，不征收个人所得税。股权收购价格（4 500万元）低于原所有者权益（5 000万元）的差额部分（500万元）未计入股权交易价格，按“利息、股息、红利所得”项目纳税。

应纳个人所得税合计=500×20%=100(万元)

17. 个人取得上市公司股息红利所得的征税规定

自2015年9月8日起，个人从公开发行和转让市场取得的上市公司股票：

（1）持股期限在1个月以内（含1个月）的，其股息红利所得全额计入应纳税所得额，适用20%的税率计征个人所得税。

（2）持股期限在1个月以上至1年（含1年）的，暂减按50%计入应纳税所得额，适用20%的税率计征个人所得税。

（3）持股期限超过1年的，股息红利所得暂免征收个人所得税。

【特别提示】上述规定仅适用于个人从公开发行和转让市场取得的上市公司股票的股息红利。

【特别提示】对个人持有的上市公司限售股，解禁后取得的股息红利，按照上市公司股息红利差别化个人所得税政策规定计算纳税，持股时间自解禁日起计算；解禁前取得的股息红利继续暂减按50%计入应纳税所得额，适用20%的税率计征个人所得税。

【点拨指导】个人从公开发行和转让市场取得的上市公司股票包括：①通过证券交易所集中交易系统或大宗交易系统取得的股票；②通过协议转让取得的股票；③因

司法扣划取得的股票；④因依法继承或家庭财产分割取得的股票；⑤通过收购取得的股票；⑥权证行权取得的股票；⑦使用可转换公司债券转换的股票；⑧取得发行的股票、配股、股份股利及公积金转增股本；⑨持有从代办股份转让系统转到主板市场（或中小板、创业板市场）的股票；⑩上市公司合并，个人持有的被合并公司股票转换的合并后公司股票；⑪上市公司分立，个人持有的被分立公司股票转换的分立后公司股票；⑫其他从公开发行和转让市场取得的股票。

自2024年7月1日起至2027年12月31日，个人持有全国中小企业股份转让系统挂牌公司的股票，持股期限在1个月以内（含1个月）的，其股息红利所得全额计入应纳税所得额；持股期限在1个月以上至1年（含1年）的，其股息红利所得暂减按50%计入应纳税所得额；上述所得统一适用20%的税率计征个人所得税。挂牌公司派发股息红利时，对截至股权登记日个人持股1年以内（含1年）且尚未转让的，挂牌公司暂不扣缴个人所得税；待个人转让股票时，证券登记结算公司根据其持股期限计算应纳税额，由证券公司等股票托管机构从个人资金账户中扣收并划付证券登记结算公司，证券登记结算公司应于次月5个工作日内划付挂牌公司，挂牌公司在收到税款当月的法定申报期内向主管税务机关申报缴纳，并应办理全员全额扣缴申报。个人转让股票时，按照先进先出的原则计算持股期限，即证券账户中先取得的股票视为先转让。对证券投资基金从挂牌公司取得的股息红利所得，按照上述规定计征个人所得税。

【知识链接】对股票转让所得，暂免征收个人所得税。

18. 房屋买受人按照约定退房取得补偿款的征税规定

房屋买受人在未办理房屋产权证的情况下，按照与房地产公司约定条件（如对房屋的占有、使用、收益和处分权进行限制）在一定时期后无条件退房而取得的补偿款，应按照“利息、股息、红利所得”项目缴纳个人所得税，税款由支付补偿款的房地产公司代扣代缴。

19. 个人转让限售股的征税规定

自2010年1月1日起，对个人转让上市公司限售股取得的所得，按照财产转让所得，适用20%的比例税率征收个人所得税。个人转让限售股，以每次限售股转让收入，减除股票原值和合理税费后的余额，为应纳税所得额。其应纳税所得额和应纳税额的公式为：

应纳税所得额＝限售股转让收入－（限售股原值＋合理税费）

应纳税额＝应纳税所得额×20%

限售股转让收入，是指转让限售股股票实际取得的收入。限售股原值，是指限售股买入时的买入价及按照规定缴纳的有关费用。合理税费，是指转让限售股过程中发生的印花税、佣金、过户费等与交易相关的税费。

【知识链接】对境内上市公司股票（非限售股）转让所得，暂不（免）征收个人所得税。

20. 两个以上的个人共同取得同一项目收入的征税规定

两个以上的个人共同取得同一项目收入的，应当对每个个人取得的收入分别按照《个人所得税法》的规定计算纳税，即按“先分、后扣、再税”的办法计算各自应该缴纳的个人所得税。

【例】 张某和李某为灵活就业者，本年受甲公司邀请提供会计培训，张某负责培训理论部分，李某负责培训实务部分，张某和李某与甲公司签订劳务合同，约定甲公司本年支付给张某和李某劳务报酬收入共计 400 000 元，其中张某分得 250 000 元，李某分得 150 000 元。当年张某的专项扣除、专项附加扣除和依法确定的其他扣除合计 40 000 元。当年李某的专项扣除、专项附加扣除和依法确定的其他扣除合计38 000 元。当年张某和李某均无其他收入，假设不考虑增值税因素。要求：计算张某和李某综合所得的应纳个人所得税。

【解析】

本年张某综合所得的应纳税所得额＝250 000×(1－20％)－60 000－40 000＝100 000(元)

本年张某综合所得的应纳个人所得税＝100 000×10％－2 520＝7 480(元)

本年李某综合所得的应纳税所得额＝150 000×(1－20％)－60 000－38 000＝22 000(元)

本年李某综合所得的应纳个人所得税＝22 000×3％＝660(元)

21. 居民个人从中国境内、境外取得所得的征税规定

居民个人从中国境内和境外取得的综合所得、经营所得，应当分别合并计算应纳税额；从中国境内和境外取得的其他所得，应当分别单独计算应纳税额。

纳税人境外所得依照《个人所得税法》规定计算的应纳税额，是居民个人抵免已在境外缴纳的综合所得、经营所得以及其他所得的个人所得税税额的限额（以下简称抵免限额）。除国务院财政、税务主管部门另有规定外，来源于中国境外一个国家（地区）的综合所得抵免限额、经营所得抵免限额以及其他所得抵免限额之和，为来源于该国家（地区）所得的抵免限额。其中：

$$\text{来源于一国(地区)的综合所得的抵免限额}=\text{中国境内、境外综合所得依照《个人所得税法》和《个人所得税法实施条例》计算的综合所得应纳税总额}\times\text{来源于该国(地区)的综合所得收入额}\div\text{中国境内、境外综合所得收入总额}$$

$$\text{来源于一国(地区)的经营所得的抵免限额}=\text{中国境内、境外经营所得依照《个人所得税法》和《个人所得税法实施条例》计算的经营所得应纳税总额}\times\text{来源于该国(地区)的经营所得的应纳税所得额}\div\text{中国境内、境外经营所得的应纳税所得额}$$

$$\text{来源于一国(地区)的其他所得项目的抵免限额}=\text{来源于该国(地区)的其他所得项目依照《个人所得税法》和《个人所得税法实施条例》计算的应纳税额}$$

居民个人在中国境外一个国家（地区）实际已经缴纳的个人所得税税额，低于依照以上规定计算出的来源于该国家（地区）所得的抵免限额的，应当在中国缴纳差额部分的税款；超过来源于该国家（地区）所得的抵免限额的，其超过部分不得在本纳税年度的应纳税额中抵免，但是可以在以后纳税年度来源于该国家（地区）所得的抵免限额的余额中补扣。补扣期限最长不得超过5年。

【特别提示】居民个人申请抵免已在境外缴纳的个人所得税税额，应当提供境外税务机关出具的税款所属年度的有关纳税凭证。

【例】中国居民个人张某本年度从A国取得彩票收入50 000元。张某在A国已经缴纳个人所得税5 000元。张某在A国没有其他收入。要求：计算张某在A国取得的彩票收入在我国应当补缴的个人所得税。

【解析】

张某偶然所得个人所得税扣除限额（按照我国税法规定应纳个人所得税）＝50 000×20%＝10 000(元)

张某在我国应补缴个人所得税＝10 000－5000＝5 000(元)

22. 出租车驾驶员收入的征税规定

(1) 从事个体出租车运营的出租车驾驶员取得的收入，按"经营所得"项目缴纳个人所得税。

(2) 出租车属于个人所有，但挂靠出租汽车经营单位或企事业单位，驾驶员向挂靠单位缴纳管理费的，或出租汽车经营单位将出租车所有权转移给驾驶员的，出租车驾驶员从事客货运营取得的收入，比照"经营所得"项目征税。

(3) 出租汽车经营单位对出租车驾驶员采取单车承包或承租方式运营，出租车驾驶员从事客货营运取得的收入，按"工资、薪金所得"项目征税。

23. 企业改组改制过程中个人取得量化资产的征税规定

集体所有制企业在改制为股份合作制企业时，可以将有关资产量化给职工个人。关于其个人所得税的规定如下：

(1) 对职工个人以股份形式取得的仅作为分红依据、不拥有所有权的企业量化资产，不征收个人所得税。

(2) 对职工个人以股份形式取得的拥有所有权的企业量化资产，暂缓征收个人所得税；待个人将股份转让时，就其转让收入额，减除个人取得该股份时实际支付的费用支出和合理转让费用后的余额，按"财产转让所得"项目计征个人所得税。

(3) 对职工个人以股份形式取得的企业量化资产参与企业分配而获得的股息、红利，应按"利息、股息、红利所得"项目征收个人所得税。

24. 企业为个人购房或其他资产的征税规定

符合以下情形的房屋或其他财产，不论所有权人是否将财产无偿或有偿交付企业使用，其实质均为企业对个人进行了实物性质的分配，应依法计征个人所得税。

(1) 企业出资购买房屋及其他财产，将所有权登记为投资者个人、投资者家庭成员或企业其他人员的。

（2）企业投资者个人、投资者家庭成员或企业其他人员向企业借款用于购买房屋及其他财产，将所有权登记为投资者、投资者家庭成员或企业其他人员，且借款年度终了后未归还借款的。

对个人独资企业、合伙企业的个人投资者或其家庭成员取得的上述所得，视为企业对个人投资者的利润分配，按照“经营所得”项目计征个人所得税；对除个人独资企业、合伙企业以外其他企业的个人投资者或其家庭成员取得的上述所得，视为企业对个人投资者的红利分配，按照“利息、股息、红利所得”项目计征个人所得税；对企业其他人员取得的上述所得，按照“综合所得”项目计征个人所得税。

25. 创业投资企业（含创投基金，以下统称创投企业）的征税规定

2027年12月31日前，创投企业可以选择按单一投资基金核算或者按创投企业年度所得整体核算两种方式之一，对其个人合伙人来源于创投企业的所得计算个人所得税应纳税额。

创投企业选择按单一投资基金核算的，其个人合伙人从该基金应分得的股权转让所得和股息红利所得，按照20％税率计算缴纳个人所得税。

创投企业选择按年度所得整体核算的，其个人合伙人应从创投企业取得的所得，按照“经营所得”项目、5％～35％的超额累进税率计算缴纳个人所得税。

（1）单一投资基金核算，是指单一投资基金在一个纳税年度内从不同创业投资项目取得的股权转让所得和股息红利所得按下述方法分别核算纳税。

单个投资项目的股权转让所得，按年度股权转让收入扣除对应股权原值和转让环节合理费用后的余额计算，股权原值和转让环节合理费用的确定方法，参照股权转让所得个人所得税有关政策规定执行。单一投资基金的股权转让所得，按一个纳税年度内不同投资项目的所得和损失相互抵减后的余额计算，余额大于或等于零的，即确认为该基金的年度股权转让所得；余额小于零的，该基金年度股权转让所得按零计算且不能跨年结转。

个人合伙人按照其应从基金年度股权转让所得中分得的份额计算其应纳税额，并由创投企业在次年3月31日前代扣代缴个人所得税。如符合规定条件的，创投企业个人合伙人可以按照被转让项目对应投资额的70％抵扣其应从基金年度股权转让所得中分得的份额后再计算其应纳税额，当期不足抵扣的，不得向以后年度结转。

单一投资基金的股息红利所得，以其来源于所投资项目分配的股息、红利收入以及其他固定收益类证券等收入的全额计算。

个人合伙人按照其应从基金股息红利所得中分得的份额计算其应纳税额，并由创投企业按次代扣代缴个人所得税。

除可以扣除的成本、费用之外，单一投资基金发生的包括投资基金管理人的管理费和业绩报酬在内的其他支出，不得在核算时扣除。

（2）创投企业年度所得整体核算，是指将创投企业以每一纳税年度的收入总额减除成本、费用以及损失后，计算应分配给个人合伙人的所得。如符合规定条件的，创投企业个人合伙人可以按照被转让项目对应投资额的 70%抵扣其可以从创投企业应分得的经营所得后再计算其应纳税额。年度核算亏损的，准予按有关规定向以后年度结转。

按照“经营所得”项目计税的个人合伙人，没有综合所得的，可依法减除基本减除费用、专项扣除、专项附加扣除以及国务院确定的其他扣除。从多处取得经营所得的，应汇总计算个人所得税，只减除一次上述费用和扣除。

（3）创投企业选择按单一投资基金核算或按创投企业年度所得整体核算后，3 年内不能变更。

26. 上市公司股权激励的征税规定

2027 年 12 月 31 日前，居民个人取得股票期权、股票增值权、限制性股票、股权奖励等股权激励，符合规定的相关条件的，不并入当年综合所得，全额单独适用综合所得税率表，计算纳税。计算公式为：

应纳税额＝股权激励收入×适用税率－速算扣除数

居民个人一个纳税年度内取得两次以上（含两次）股权激励的，应合并计算纳税。

自 2024 年 1 月 1 日起至 2027 年 12 月 31 日，境内上市公司（股票在上海证券交易所、深圳证券交易所、北京证券交易所上市交易的股份有限公司）授予个人的股票期权、限制性股票和股权奖励，经向主管税务机关备案，个人可自股票期权行权、限制性股票解禁或取得股权奖励之日起，在不超过 36 个月的期限内缴纳个人所得税。

五、个人所得税税收优惠

（一）免税项目

（1）省级人民政府、国务院部委和中国人民解放军军以上单位，以及外国组织、国际组织颁发的科学、教育、技术、文化、卫生、体育、环境保护等方面的奖金。

（2）国债和国家发行的金融债券利息。

【点拨指导】国债利息，是指个人持有中华人民共和国财政部发行的债券而取得的利息；国家发行的金融债券利息，是指个人持有经国务院批准发行的金融债券而取得的利息所得。

（3）按照国家统一规定发给的补贴、津贴。

【点拨指导】按照国家统一规定发给的补贴、津贴，是指按照国务院规定发给的政府特殊津贴、院士津贴、资深院士津贴，以及国务院规定免纳个人所得税的其他补贴、津贴。

（4）福利费、抚恤金、救济金。

【点拨指导】福利费，是指根据国家有关规定，从企业、事业单位、国家机关、社会团体提留的福利费或者从工会经费中支付给个人的生活补助费；抚恤金，是指国家或组织发给因公受伤或残疾的人员或因公牺牲以及病故人员的家属的费用；救济金，是指国家民政部门支付给个人的生活困难补助费。

（5）保险赔款。

（6）军人的转业费、复员费、退役金。

（7）按照国家统一规定发给干部、职工的安家费、退职费、基本养老金或者退休费、离休费、离休生活补助费。

【点拨指导】退职费是指符合《国务院关于工人退休、退职的暂行办法》规定的退职条件，并按该办法规定的退职费标准所领取的退职费。

（8）依照我国有关法律规定应予免税的各国驻华使馆、领事馆的外交代表、领事官员和其他人员的所得。

（9）中国政府参加的国际公约、签订的协议中规定免税的所得。

（10）个人取得的拆迁补偿款按有关规定免征个人所得税。

（11）国务院规定的其他免税所得。

【特别提示】国务院规定的其他免税所得，由国务院报全国人民代表大会常务委员会备案。

（二）减税项目

（1）残疾、孤老人员和烈属的所得。

【特别提示】对残疾人个人取得的劳动所得适用减税规定，具体所得项目为：工资、薪金所得，经营所得，劳务报酬所得，稿酬所得和特许权使用费所得。

（2）因严重自然灾害遭受重大损失的。

【特别提示】上述减税项目的减征幅度和期限，由省、自治区、直辖市人民政府规定，并报同级人民代表大会常务委员会备案。国务院可以规定其他减税情形，报全国人民代表大会常务委员会备案。

（三）其他免税和暂免征税项目

（1）对外籍个人下列所得暂免征收个人所得税：

①外籍个人以非现金形式或实报实销形式取得的住房补贴、伙食补贴、搬迁费、洗衣费。

②外籍个人按合理标准取得的境内、外出差补贴。

③外籍个人取得的探亲费、语言训练费、子女教育费等，经当地税务机关审核批准为合理的部分。

【点拨指导】可以享受免征个人所得税优惠待遇的探亲费，仅限于外籍个人在我国的受雇地与其家庭所在地（包括配偶或父母居住地）之间搭乘交通工具且每年不超过2次的费用。

【特别提示】2019年1月1日至2027年12月31日期间，外籍个人符合居民个人条件的，可以选择享受个人所得税专项附加扣除，也可以选择按照相关法律文件规定，享受住房补贴、语言训练费、子女教育费等津补贴免税优惠政策，但不得同时享受。外籍个人一经选择，在一个纳税年度内不得变更。

④外籍个人从外商投资企业取得的股息、红利所得。

⑤凡符合下列条件之一的外籍专家取得的工资、薪金所得，可免征个人所得税：根据世界银行专项借款协议由世界银行直接派往我国工作的外国专家；联合国组织直接派往我国工作的专家；为联合国援助项目来华工作的专家；援助国派往我国专为该国无偿援助项目工作的专家；根据两国政府签订的文化交流项目来华工作两年以内的文教专家，其工资、薪金所得由该国负担的；根据我国大专院校国际交流项目来华工作两年以内的文教专家，其工资、薪金所得由该国负担的；通过民间科研协定来华工作的专家，其工资、薪金所得由该国政府机构负担的。

（2）对个人在上海证券交易所、深圳证券交易所转让从上市公司公开发行和转让市场取得的上市公司股票所得，继续免征个人所得税。

（3）自2018年11月1日起，对个人转让全国中小企业股份转让系统（新三板）挂牌公司非原始股取得的所得，暂免征收个人所得税。非原始股是指个人在新三板挂牌公司挂牌后取得的股票，以及由上述股票孳生的送、转股。

（4）个人举报、协查各种违法、犯罪行为而获得的奖金，暂免征收个人所得税。

（5）个人办理代扣代缴手续，按规定取得的扣缴手续费，暂免征收个人所得税。

（6）个人转让自用达5年以上，并且是唯一的家庭生活用房取得的所得，暂免征收个人所得税。

（7）对个人购买福利彩票、赈灾彩票、体育彩票，一次中奖收入在1万元以下的（含1万元）暂免征收个人所得税，超过1万元的，全额征收个人所得税。

自2024年9月1日起，电脑彩票以同一人在同一期同一游戏中获得的全部奖金为一次中奖收入，其中全国联网单场竞猜游戏分别按照足球游戏、篮球游戏、冠军游戏和冠亚军游戏设期，以每张彩票涉及比赛场次中最晚的比赛编号日期为判定标准，相同的为同一期；海南视频电子即开游戏以同一场游戏奖金为一次中奖收入。即开型彩票以一张彩票奖金为一次中奖收入。彩票机构负责代扣代缴个人所得税，为电脑彩票一次中奖收入超过3 000元至10 000元（含）的个人办理免税申报，为电脑彩票和即开型彩票一次中奖收入超过10 000元的个人办理纳税申报。

（8）个人取得单张有奖发票奖金所得不超过800元（含800元）的，暂免征收个人所得税。

（9）达到离休、退休年龄，但确因工作需要，适当延长离休、退休年龄的高级专家（指享受国家发放的政府特殊津贴的专家、学者），其在延长离休、退休期间的工资、薪金所得，视同离休、退休工资免征个人所得税。

（10）个人领取原提存的住房公积金、基本医疗保险金、基本养老保险金，以及失业保险金，免征个人所得税。

（11）对工伤职工及其近亲属按照《工伤保险条例》规定取得的工伤保险待遇，免征个人所得税。

（12）企事业单位按照国家或省（自治区、直辖市）人民政府规定的缴费比例或办法实际缴付的基本养老保险费、基本医疗保险费和失业保险费，免征个人所得税；个人按照国家或省（自治区、直辖市）人民政府规定的缴费比例或办法实际缴付的基本养老保险费、基本医疗保险费和失业保险费，允许在个人应纳税所得额中扣除。

（13）企业和事业单位根据国家有关政策规定的办法和标准，为在本单位任职或者受雇的全体职工缴付的企业年金或职业年金单位缴费部分，在计入个人账户时，个人暂不缴纳个人所得税。个人根据国家有关政策规定缴付的年金个人缴费部分，在不超过本人缴费工资计税基数的4%标准内的部分，暂从个人当期的应纳税所得额中扣除。年金基金投资运营收益分配计入个人账户时，个人暂不缴纳个人所得税。

（14）企业依照国家有关法律规定宣告破产，企业职工从该破产企业取得的一次性安置费收入，免征个人所得税。

（15）自2008年10月9日起，对储蓄存款利息所得暂免征收个人所得税。

（16）自2015年9月8日起，个人从公开发行和转让市场取得的上市公司股票，持股期限超过1年的，股息红利所得暂免征收个人所得税。

（17）自2024年7月1日起至2027年12月31日，个人持有全国中小企业股份转让系统挂牌公司的股票，持股期限超过1年的，对股息红利所得暂免征收个人所得税。

（18）对被拆迁人按照国家有关城镇房屋拆迁管理办法规定的标准取得的拆迁补偿款，免征个人所得税。

（19）以下情形的房屋产权无偿赠与的，对当事双方不征收个人所得税：

①房屋产权所有人将房屋产权无偿赠与配偶、父母、子女、祖父母、外祖父母、孙子女、外孙子女、兄弟姐妹；

②房屋产权所有人将房屋产权无偿赠与对其承担直接抚养或者赡养义务的抚养人或者赡养人；

③房屋产权所有人死亡，依法取得房屋产权的法定继承人、遗嘱继承人或者受遗赠人。

（20）个体工商户、个人独资企业和合伙企业或个人从事种植业、养殖业、饲养业、捕捞业取得的所得，暂不征收个人所得税。

（21）企业在销售商品（产品）和提供服务过程中向个人赠送礼品，属于下列情形之一的，不征收个人所得税：

①企业通过价格折扣、折让方式向个人销售商品（产品）和提供服务；

②企业在向个人销售商品（产品）和提供服务的同时给予赠品，如通信企业对个人购买手机赠话费、入网费，或者购话费赠手机等；

③企业对累积消费达到一定额度的个人按消费积分反馈礼品。

（22）自2022年1月1日起，对法律援助人员按照《中华人民共和国法律援助法》规定获得的法律援助补贴，免征个人所得税。

（23）自2022年10月1日至2025年12月31日，对出售自有住房并在现住房出售后1年内在市场重新购买住房的纳税人，对其出售现住房已缴纳的个人所得税予以退税优惠。其中，新购住房金额大于或等于现住房转让金额的，全部退还已缴纳的个人所得税；新购住房金额小于现住房转让金额的，按新购住房金额占现住房转让金额的比例退还出售现住房已缴纳的个人所得税。现住房转让金额为该房屋转让的市场成交价格。

新购住房为新房的，购房金额为纳税人在住房城乡建设部门网签备案的购房合同中注明的成交价格；新购住房为二手房的，购房金额为房屋的成交价格。纳税人出售和重新购买的住房应在同一城市范围内。同一城市范围是指同一直辖市、副省级城市、地级市（地区、州、盟）所辖全部行政区划范围。出售自有住房的纳税人与新购住房之间须直接相关，应为新购住房产权人或产权人之一。

（24）自2024年1月1日起，在全国范围实施个人养老金递延纳税优惠政策：在缴费环节，个人向个人养老金资金账户的缴费，按照12 000元/年的限额标准，在综合所得或经营所得中据实扣除；在投资环节，计入个人养老金资金账户的投资收益暂不征收个人所得税；在领取环节，个人领取的个人养老金，不并入综合所得，单独按照3%的税率计算缴纳个人所得税，其缴纳的税款计入“工资、薪金所得”项目。

（25）对个人投资者持有2024—2027年发行的铁路债券取得的利息收入，减按50%计入应纳税所得额计算征收个人所得税。税款由兑付机构在向个人投资者兑付利息时代扣代缴。

【特别提示】铁路债券是指以中国国家铁路集团有限公司为发行和偿还主体的债券，包括中国铁路建设债券、中期票据、短期融资券等债务融资工具。

（26）2027年12月31日前，对内地个人投资者通过沪港通、深港通投资香港联交所上市股票取得的转让差价所得和通过基金互认买卖香港基金份额取得的转让差价所得，继续暂免征收个人所得税。

（27）2027年12月31日前，对境外个人投资者投资经国务院批准对外开放的中国境内原油等货物期货品种取得的所得，暂免征收个人所得税。

（28）2027年12月31日前，一个纳税年度内在船航行时间累计满183天的远洋船员，其取得的工资薪金收入减按50%计入应纳税所得额，依法缴纳个人所得税。远洋船员是指在海事管理部门依法登记注册的国际航行船舶船员和在渔业管理部门依法登记注册的远洋渔业船员。在船航行时间是指远洋船员在国际航行或作业船舶和远洋渔业船舶上的工作天数。一个纳税年度内的在船航行时间为一个纳税年度内在船航行时间的累计天数。远洋船员可选择在当年预扣预缴税款或者次年个人所得税汇算清缴时享受上述优惠政策。

【点拨指导】税收法律、行政法规、部门规章和规范性文件中未明确规定纳税人享受减免税必须经税务机关审批，且纳税人取得的所得完全符合减免税条件的，无须经主管税务机关审核，纳税人可自行享受减免税。

税收法律、行政法规、部门规章和规范性文件中明确规定纳税人享受减免税必须经税务机关审批的，或者纳税人无法准确判断其取得的所得是否应享受个人所得税减免的，必须经主管税务机关按照有关规定审核或批准后，方可减免个人所得税。

【例】 居民个人张某为中国境内甲公司员工，本年取得的收入情况如下：

每月取得中国境内甲公司支付的税前工资、薪金收入 13 000 元；

2 月，为中国境内乙公司提供咨询服务取得税前劳务报酬收入 70 000 元；

4 月，出版小说一部，取得中国境内丙出版社支付的税前稿酬收入 60 000 元；

8 月，取得中国境内丁公司支付的税前特许权使用费收入 50 000 元；

9 月，将租入中国境内的一套住房转租，当月向出租方支付月租金 7 500 元，转租收取月租金 6 200 元，当月实际支付房屋租赁过程中的可以从租金收入中扣除的各种税费 500 元，并取得有效凭证；

10 月，以 165 万元的价格转让一套两年前无偿受赠获得的中国境内房产，该套房产受赠时市场价格为 135 万元，受赠及转让房产过程中已缴纳的税费为 10 万元；

11 月，在中国境内戊商场取得按消费积分反馈的价值 1 250 元的礼品，同时参加戊商场举行的抽奖活动，抽中价值 6 500 元的奖品。

张某本年专项扣除、专项附加扣除和依法确定的其他扣除共计 50 000 元。

要求：(1) 计算张某本年综合所得的应纳个人所得税；(2) 计算张某 9 月转租住房取得的租金收入的应纳个人所得税；(3) 计算张某 10 月转让受赠房产时的应纳个人所得税；(4) 计算张某 11 月取得商场按消费积分反馈礼品和抽奖所获奖品的应纳个人所得税。

【解析】 (1) 计算本年综合所得的应纳个人所得税。

本年综合所得应纳税所得额＝13 000×12＋70 000×(1－20%)＋60 000×(1－20%)×70%＋50 000×(1－20%)－60 000－50 000＝175 600(元)

本年综合所得应纳个人所得税＝175 600×20%－16 920＝18 200(元)

(2) 在计算财产租赁所得个人所得税时，应首先扣除财产租赁过程中缴纳的税费；其次扣除个人向出租方支付的租金（转租房屋所支付的租金）；再次扣除由纳税人负担的该出租财产实际开支的修缮费用；最后减除税法规定的费用扣除标准，即经上述减除后，如果余额不足 4 000 元，则减去 800 元，如果余额超过 4 000 元，则减去 20%。

转租住房应纳个人所得税＝(7 500－500－5 200－800)×10%＝100(元)

(3) 受赠人转让受赠房屋的，以其转让受赠房屋的收入减除原捐赠人取得该房屋的实际购置成本以及赠与和转让过程中受赠人支付的相关税费后的余额，为受赠人的应纳税所得额，依法计征个人所得税。

转让受赠房产的应纳税所得额＝1 650 000－1 350 000－100 000＝200 000(元)

转让受赠房产的应纳个人所得税＝200 000×20%＝40 000(元)

(4) 企业对累计消费达到一定额度的个人按消费积分反馈礼品，不征收个人所得税。

抽奖所获奖品的中奖所得应纳个人所得税＝6 500×20%＝1 300(元)

六、个人所得税征收管理

个人所得税的征收方式主要有两种：一是代扣代缴；二是自行纳税申报。

【特别提示】除了代扣代缴和自行纳税申报以外，一些地方为了提高征管效率，方便纳税人，对个别应税所得项目采取了委托代征的方式。

（一）代扣代缴方式

1. 个人所得税的扣缴义务人

在代扣代缴方式下，以支付所得的单位或者个人为扣缴义务人。扣缴义务人向个人支付应税款项时，应当依照《个人所得税法》规定预扣或者代扣税款，按时缴库，并专项记载备查。支付，包括现金支付、汇拨支付、转账支付和以有价证券、实物以及其他形式的支付。

自 2023 年 10 月 1 日起，法律、行政法规规定的代扣代缴税款，税务机关按不超过代扣税款的 0.5%支付手续费，且支付给单个扣缴义务人的年度最高限额为 70 万元，超过限额部分不予支付。对于法律、行政法规明确规定手续费比例的，按规定比例执行。

纳税人有中国公民身份号码的，以中国公民身份号码为纳税人识别号；纳税人没有中国公民身份号码的，由税务机关赋予其纳税人识别号。扣缴义务人扣缴税款时，纳税人应当向扣缴义务人提供纳税人识别号。扣缴义务人应当按照国家规定办理全员全额扣缴申报，并向纳税人提供其个人所得和已扣缴税款等信息。扣缴义务人在向纳税人支付各项应纳税所得时，必须履行代扣代缴税款的义务。扣缴义务人对纳税人的应扣未扣税款应由纳税人予以补缴。

2. 个人所得税代扣代缴的范围

（1）居民个人取得综合所得，按年计算个人所得税；有扣缴义务人的，由扣缴义务人按月或者按次预扣预缴税款。预扣预缴办法由国务院税务主管部门制定。

（2）居民个人取得工资、薪金所得时，可以向扣缴义务人提供专项附加扣除有关信息，由扣缴义务人扣缴税款时减除专项附加扣除。纳税人同时从两处以上取得工资、薪金所得，并由扣缴义务人减除专项附加扣除的，对同一专项附加扣除项目，在一个纳税年度内只能选择从一处取得的所得中减除。

（3）居民个人取得劳务报酬所得、稿酬所得、特许权使用费所得，应当在汇算清缴时向税务机关提供有关信息，减除专项附加扣除。

（4）非居民个人取得工资、薪金所得，劳务报酬所得，稿酬所得和特许权使用费所得，有扣缴义务人的，由扣缴义务人按月或者按次代扣代缴税款，不办理汇算清缴。

（5）纳税人取得利息、股息、红利所得，财产租赁所得，财产转让所得和偶然所得，按月或者按次计算个人所得税，有扣缴义务人的，由扣缴义务人按月或者按次代扣代缴税款。

【点拨指导】全员全额扣缴申报，是指扣缴义务人在代扣税款的次月15日内，向主管税务机关报送其支付所得的所有个人的有关信息、支付所得数额、扣除事项和数额、扣缴税款的具体数额和总额以及其他相关涉税信息资料。实行个人所得税全员全额扣缴申报的应税所得包括：工资、薪金所得；劳务报酬所得；稿酬所得；特许权使用费所得；利息、股息、红利所得；财产租赁所得；财产转让所得；偶然所得。

3. 个人所得税代扣代缴的期限

扣缴义务人每月或者每次预扣、代扣的税款，应当在次月15日内缴入国库，并向税务机关报送《个人所得税扣缴申报表》。

（二）自行纳税申报方式

1. 个人所得税的纳税人

个人所得税以所得人为纳税人。

2. 个人所得税自行纳税申报的范围

有下列情形之一的，纳税人应当依法办理纳税申报：

（1）取得综合所得需要办理汇算清缴；

（2）取得应税所得没有扣缴义务人；

（3）取得应税所得，扣缴义务人未扣缴税款；

（4）取得境外所得；

（5）因移居境外注销中国户籍；

（6）非居民个人在中国境内从两处以上取得工资、薪金所得；

（7）国务院规定的其他情形。

【点拨指导】取得综合所得需要办理汇算清缴的情形包括：①从两处以上取得综合所得，且综合所得年收入额减除专项扣除的余额超过6万元；②取得劳务报酬所得、稿酬所得、特许权使用费所得中一项或者多项所得，且综合所得年收入额减除专项扣除的余额超过6万元；③纳税年度内预缴税额低于应纳税额；④纳税人申请退税。纳税人申请退税，应当提供其在中国境内开设的银行账户，并在汇算清缴地就地办理税款退库。

【特别提示】2024年1月1日至2027年12月31日居民个人取得的综合所得，年度综合所得收入不超过12万元且需要汇算清缴补税的，或者年度汇算清缴补税金额不超过400元的，居民个人可免于办理个人所得税综合所得汇算清缴。居民个人取得综合所得时存在扣缴义务人未依法预扣预缴税款的情形除外。

3. 纳税人、扣缴义务人、税务机关的相关权利和义务

（1）纳税人可以委托扣缴义务人或者其他单位和个人办理汇算清缴。纳税人发现扣缴义务人提供或者扣缴申报的个人信息、所得、扣缴税款等与实际情况不符的，有权要求扣缴义务人修改。扣缴义务人拒绝修改的，纳税人应当报告税务机关，税务机关应当及时处理。

（2）扣缴义务人应当按照纳税人提供的信息计算税款、办理扣缴申报，不得擅自更改纳税人提供的信息。扣缴义务人发现纳税人提供的信息与实际情况不符的，可以要求纳税人修改。纳税人拒绝修改的，扣缴义务人应当报告税务机关，税务机关应当及时处理。

（3）纳税人需要享受税收协定待遇的，应当在取得应税所得时主动向扣缴义务人提出，并提交相关信息、资料，扣缴义务人代扣代缴税款时按照享受税收协定待遇有关办法办理。

（4）纳税人、扣缴义务人应当按照规定保存与专项附加扣除相关的资料。税务机关可以对纳税人提供的专项附加扣除信息进行抽查，具体办法由国务院税务主管部门另行规定。税务机关发现纳税人提供虚假信息的，应当责令改正并通知扣缴义务人；情节严重的，有关部门应当依法予以处理，纳入信用信息系统并实施联合惩戒。

（5）纳税人申请退税时提供的汇算清缴信息有错误的，税务机关应当告知其更正；纳税人更正的，税务机关应当及时办理退税。扣缴义务人未将扣缴的税款解缴入库的，不影响纳税人按照规定申请退税，税务机关应当凭纳税人提供的有关资料办理退税。

4. 个人所得税自行纳税申报的期限

（1）居民个人取得综合所得，按年计算个人所得税；有扣缴义务人的，由扣缴义务人按月或者按次预扣预缴税款；需要办理汇算清缴的，应当在取得所得的次年 3 月 1 日至 6 月 30 日内办理汇算清缴。预扣预缴办法由国务院税务主管部门制定。

（2）纳税人取得经营所得，按年计算个人所得税，由纳税人在月度或者季度终了后 15 日内向税务机关报送纳税申报表，并预缴税款；在取得所得的次年 3 月 31 日前办理汇算清缴。

（3）纳税人取得应税所得没有扣缴义务人的，应当在取得所得的次月 15 日内向税务机关报送纳税申报表，并缴纳税款。

（4）纳税人取得应税所得，扣缴义务人未扣缴税款的，纳税人应当在取得所得的次年 6 月 30 日前，缴纳税款；税务机关通知限期缴纳的，纳税人应当按照期限缴纳税款。

（5）居民个人从中国境外取得所得的，应当在取得所得的次年 3 月 1 日至 6 月 30 日内申报纳税。

（6）非居民个人在中国境内从两处以上取得工资、薪金所得的，应当在取得所得的次月 15 日内申报纳税。

> **答疑解惑**
>
> 刘某取得了中奖所得，发奖方未扣缴个人所得税，请问他需要自行申报吗？

（7）纳税人因移居境外注销中国户籍的，应当在注销中国户籍前办理税款清算。

> **【特别提示】**纳税人办理汇算清缴退税或者扣缴义务人为纳税人办理汇算清缴退税的，税务机关审核后，按照国库管理的有关规定办理退税。

（三）货币单位与外币折算

各项所得的计算，以人民币为单位。所得为人民币以外货币的，按照办理纳税申报或扣缴申报的上一月最后一日人民币汇率中间价，折合成人民币计算应纳税所得额。年度终了后办理汇算清缴的，对已经按月、按季或者按次预缴税款的人民币以外货币所得，不再重新折算；对应当补缴税款的所得部分，按照上一纳税年度最后一日人民币汇率中间价，折合成人民币计算应纳税所得额。

第2节即测即评

第6章

财产和行为税法律制度

素养提升

1. 我国征收房产税，有利于抑制房产投资投机行为，调控房产市场价格，节约和优化配置社会资源，规范房地产行业的发展，缩小财富差距，实现社会公平，体现了“坚持房子是用来住的、不是用来炒的定位”的要求。

2. 我国征收资源税，有利于“实施全面节约战略，推进各类资源节约集约利用，加快构建废弃物循环利用体系”，促进产业结构优化升级，实现我国经济社会可持续发展。

第1节　房产税法律制度

房产税，是以房产为征税对象，按照房产的计税价值或房产租金收入向房产所有人、承典人、房产代管人或者使用人征收的一种税。1986年9月15日国务院颁布了《中华人民共和国房产税暂行条例》（以下简称《房产税暂行条例》），自1986年10月1日起施行。2011年1月8日国务院发布《国务院关于废止和修改部分行政法规的决定》（国务院令第588号）对《房产税暂行条例》进行修订，自2011年1月8日起施行。

为积极稳妥推进房地产税立法与改革，引导住房合理消费和土地资源节约集约利用，促进房地产市场平稳健康发展，2021年10月23日，第十三届全国人大常委会第三十一次会议决定：授权国务院在部分地区开展房地产税改革试点工作。试点地区的房地产税征税对象为居住用和非居住用等各类房地产，不包括依法拥有的农村宅基地及其上住宅。土地使用权人、房屋所有权人为房地产税的纳税人。非居住用房地产继续按照《房产税暂行条例》执行。授权的试点期限为5年，自国务院试点办法印发之日起算。

一、房产税纳税人

（一）房产税纳税人的一般规定

房产税的纳税人，是指在我国城市、县城、建制镇和工矿区内拥有房屋产权的单位和个人。

【点拨指导】单位包括国有企业、集体企业、私营企业、股份制企业、外商投资企业、外国企业以及其他企业和事业单位、社会团体、国家机关、军队以及其他单位；个人包括个体工商户以及其他个人。

（二）房产税纳税人的具体规定

房产税的纳税人具体包括产权所有人、承典人、房产代管人或者使用人。

（1）产权属于国家所有的，其经营管理的单位为纳税人；产权属于集体和个人的，集体单位和个人为纳税人。

（2）产权出典的，承典人为纳税人。

【点拨指导】产权出典是指产权所有人为了某种需要，将自己的房屋在一定的期限内转让给他人使用，以押金形式换取一定数额的现金（或者实物），并立有某种合同（契约）的行为。其中，房屋所有人称为房屋出典人，支付现金（或者实物）的人称为房屋的承典人。

【知识链接】房产出租的，房产产权所有人（出租人）为纳税人。

（3）产权所有人（或出租人）、承典人均不在房产所在地的，房产代管人或者使用人为纳税人。

（4）产权未确定以及租典纠纷未解决的，房产代管人或者使用人为纳税人。

【点拨指导】租典纠纷，是指产权所有人在房产出典和租赁关系上，与承典人、租赁人发生各种争议，特别是悬而未决的有关权利和义务的争议。此外，还有一些产权归属不清的问题，也都属于租典纠纷。

（5）应税单位和个人无租使用其他单位的房产，由使用人代为缴纳房产税。

【点拨指导】无租使用其他单位房产的应税单位和个人，依照房产余值代缴纳房产税。

二、房产税征税范围

（一）房产税的征税对象

房产税的征税对象是房屋。

【点拨指导】房屋是指有屋面和围护结构（有墙或两边有柱），能够遮风避雨，可供人们在其中生产、工作、学习、娱乐、居住或储藏物资的场所。

【特别提示】独立于房屋之外的建筑物，如围墙、烟囱、水塔、菜窖、室外游泳池等不属于房产税的征税对象。

【特别提示】房地产开发企业建造的商品房在出售前不征收房产税，但对出售前房地开发企业已使用或出租、出借的商品房应按规定征收房产税。

（二）房产税的征税范围

房产税的征税范围是城市、县城、建制镇和工矿区的房屋，不包括农村。

【点拨指导】城市是指国务院批准设立的市，其征税范围为市区、郊区和市辖县城，不包括农村。县城是指未设立建制镇的县人民政府所在地的地区。建制镇是指经省、自治区、直辖市人民政府批准设立的建制镇。工矿区是指工商业比较发达，人口比较集中，符合国务院规定的建制镇的标准，但尚未设立建制镇的大中型工矿企业所在地。在工矿区开征房产税必须经省、自治区、直辖市人民政府批准。

三、房产税税率

我国现行房产税采用比例税率。从价计征和从租计征实行不同标准的比例税率。从价计征的，税率为1.2%。从租计征的，税率为12%。

【特别提示】若从租计征房产税的纳税人符合适用低税率4%的条件，则适用的税率为4%。

四、房产税计税依据

房产税以房产的计税价值或房产租金收入为计税依据。按房产计税价值征税的，称为从价计征；按房产租金收入征税的，称为从租计征。

（一）从价计征的房产税的计税依据

从价计征的房产税以房产余值为计税依据。房产余值，是房产的原值减除规定比例后的剩余价值。房产税依照房产原值一次减除10%～30%后的余值计算缴纳。具体扣减比例由省、自治区、直辖市人民政府确定。

1. 房产原值的确定

房产原值，是指纳税人按照会计制度规定，在账簿固定资产科目中记载的房屋原价。

【特别提示】自2009年1月1日起，对依照房产原值计税的房产，不论是否记载在会计账簿固定资产科目中，均应按照房屋原价计算缴纳房产税。房屋原价应根据国家有关会计制度的规定进行核算。对纳税人未按国家会计制度规定核算并记载的，应按规定予以调整或重新评估。

2. 房屋附属设备和配套设施的计税规定

房产原值应包括与房屋不可分割的各种附属设备或一般不单独计算价值的配套设施，主要包括：暖气、卫生、通风、照明、煤气等设备；各种管线，如蒸汽、压缩空气、石油、给水排水等管道及电力、电讯、电缆导线；电梯、升降机、过道、晒台等。

【点拨指导】凡以房屋为载体，不可随意移动的附属设备和配套设施，如给排水、采暖、消防、中央空调、电气及智能化楼宇设备等，无论在会计核算中是否单独记账与核算，都应计入房产原值，计征房产税。

【特别提示】纳税人对原有房屋进行改建、扩建的，要相应增加房屋的原值。对于更换房屋附属设备和配套设施的，在将其价值计入房产原值时，可扣减原来相应设备和设施的价值；对附属设备和配套设施中易损坏、需要经常更换的零配件，更新后不再计入房产原值。

（二）从租计征房产税的计税依据

1. 租金收入

房产出租的，以房屋出租取得的租金收入为计税依据，计缴房产税。

【特别提示】房产出租的，计征房产税的租金收入不含增值税。免征增值税的，确定计税依据时，租金收入不扣减增值税额。

房产的租金收入，是指房屋产权所有人出租房产使用权所取得的报酬，包括货币收入和实物收入。对以劳务或其他形式为报酬抵付房租收入的，应根据当地同类房产的租金水平，确定一个标准租金额从租计征。

2. 核定应纳税额

纳税人对个人出租房屋的租金收入申报不实或申报数与同一地段同类房屋的租金收入相比明显不合理的，税务部门可以按照《中华人民共和国税收征收管理法》的有关规定，采取科学合理的方法核定其应纳税额。

（三）特殊业务房产税的计税依据

1. 投资联营的房产的计税规定

（1）对以房产投资联营、投资者参与投资利润分红、共担风险的，按房产余值作为计税依据计缴房产税。

（2）对以房产投资收取固定收入、不承担经营风险的，实际上是以联营名义取得房屋租金，应以出租方取得的租金收入为计税依据计缴房产税。

2. 融资租赁房屋的计税规定

对融资租赁房屋，其租赁费包括购进房屋的价款、手续费、借款利息等，这与一般出租房屋的租金内涵是不同的，且租赁期满后，当承租方偿还最后一笔租赁费时，房屋产权要转移到承租方，这样，融资租赁房屋实质上相当于分期付款购买固定资产，因此应以房产余值计征房产税。由承租人自融资租赁合同约定开始日的次月起依照房产余值缴纳房产税。合同未约定开始日的，由承租人自合同签订的次月起依照房产余值缴纳房产税。

3. 居民住宅区内业主共有的经营性房产的计税规定

从2007年1月1日起，对居民住宅区内业主共有的经营性房产，由实际经营（包括自营和出租）的代管人或使用人缴纳房产税。其中，自营房产的，依照房产原值减除10%～30%后的余值计征，没有房产原值或不能将业主共有房产与其他房产的原值准确划分开的，由房产所在地地方税务机关参照同类房产核定房产原值；出租房产的，按照租金收入计征。

五、房产税应纳税额的计算

（一）从价计征房产税应纳税额的计算

从价计征是按房产的原值减除一定比例后的余值计征，其计算公式为：

从价计征的房产税应纳税额＝应税房产原值×(1－扣除比例)×1.2％

公式中，扣除比例幅度为10％～30％，具体减除幅度由省、自治区、直辖市人民政府规定。

（二）从租计征房产税应纳税额的计算

从租计征是按房产的租金收入计征，其计算公式为：

从租计征的房产税应纳税额＝租金收入×12％

【特别提示】若从租计征房产税的纳税人符合适用低税率4％的条件，则从租计征的房产税应纳税额＝租金收入×4％。

【例】甲公司本年年初拥有一栋房产，房产原值3 000万元，本年9月30日将其对外出租，租期为1年，每月收取不含增值税租金6万元。从价计征房产税税率为1.2％，从租计征房产税税率为12％，当地省政府规定的房产税扣除比例为30％。要求：计算本年甲公司该房产应纳房产税。

【解析】

应纳房产税＝3 000×(1－30％)×1.2％×9/12＋6×3×12％＝21.06(万元)

六、房产税税收优惠

（1）国家机关、人民团体、军队自用的房产免征房产税。

【特别提示】上述免税单位的出租房产以及非自身业务使用的生产、营业用房，不属于免税范围。

【特别提示】自2004年8月1日起，对军队空余房产租赁收入暂免征收房产税。

（2）由国家财政部门拨付事业经费（全额或差额）的单位（学校、医疗卫生单位、托儿所、幼儿园、敬老院以及文化、体育、艺术类单位）所有的、本身业务范围内使用的房产免征房产税。

【特别提示】上述单位所属的附属工厂、商店、招待所等不属于单位公务、业务的用房，应照章纳税。

（3）宗教寺庙、公园、名胜古迹自用的房产免征房产税。

【点拨指导】宗教寺庙自用的房产，是指举行宗教仪式等的房屋和宗教人员使用的生活用房屋。公园、名胜古迹自用的房产，是指供公共参观游览的房屋及其管理单位的办公用房屋。

【特别提示】宗教寺庙、公园、名胜古迹中附设的营业单位，如影剧院、饮食部、茶社、照相馆等所使用的房产及出租的房产，不属于免税范围，应照章征税。

（4）个人所有非营业用的房产免征房产税。个人所有的非营业用房，主要是指居民住房，不分面积多少，一律免征房产税。

【点拨指导】个人拥有的营业用房或者出租的房产不属于免税房产，应照章征税。

【特别提示】为了抑制房价的过快增长和房产投机行为，从 2011 年 1 月起，我国在上海、重庆两地进行房产税改革。

（5）经财政部批准免税的其他房产：

①经有关部门鉴定，对毁损不堪居住的房屋和危险房屋，在停止使用后，可免征房产税。

②纳税人因房屋大修导致连续停用半年以上的，在房屋大修期间免征房产税，免征税额由纳税人在申报缴纳房产税时自行计算扣除，并在申报表附表或备注栏中作相应说明。

【特别提示】纳税人房屋大修停用半年以上需要免征房产税的，应在房屋大修前向主管税务机关报送相关的证明材料，包括大修房屋的名称、坐落地点、产权证编号、房产原值、用途、房屋大修的原因、大修合同及大修的起止时间等信息和资料，以备税务机关查验。具体报送材料由各省、自治区、直辖市和计划单列市税务局确定。

③在基建工地为基建工地服务的各种工棚、材料棚、休息棚和办公室、食堂、茶炉房、汽车房等临时性房屋，施工期间一律免征房产税。但工程结束后，施工企业将这种临时性房屋交还或估价转让给基建单位的，应从基建单位接收的次月起，照章纳税。

④对房管部门经租的居民住房，在房租调整改革之前收取租金偏低的，可暂缓征收房产税。对房管部门经租的其他非营业用房，是否给予照顾，由各省、自治区、直辖市根据当地具体情况按税收管理体制的规定办理。

⑤对高校学生公寓免征房产税。

⑥对非营利性医疗机构、疾病控制机构和妇幼保健机构等卫生机构自用的房产，免征房产税。

⑦对老年服务机构自用的房产免征房产税。

【点拨指导】老年服务机构是指专门为老年人提供生活照料、文化、护理、健身等多方面服务的福利性、非营利性的机构，主要包括老年社会福利院、敬老院（养老院）、老年服务中心、老年公寓（含老年护理院、康复中心、托老所）等。

⑧对公共租赁住房免征房产税。

【特别提示】公共租赁住房经营单位应单独核算公共租赁住房租金收入，未单独核算的，不得享受免征房产税优惠政策。

对廉租住房经营管理单位按照政府规定价格向规定保障对象出租廉租住房的租金收

入，免征房产税。

对个人出租住房，不区分用途，按4%的税率征收房产税；对企事业单位、社会团体以及其他组织按市场价格向个人出租用于居住的住房，减按4%的税率征收房产税。

⑨国家机关、军队、人民团体、财政补助事业单位、居民委员会、村民委员会拥有的体育场馆，用于体育活动的房产，免征房产税。

对经费自理事业单位、体育社会团体、体育基金会、体育类民办非企业单位拥有并运营管理的体育场馆，符合相关条件的，其用于体育活动的房产，免征房产税。

对企业拥有并运营管理的大型体育场馆，其用于体育活动的房产，减半征收房产税。

【特别提示】享受上述税收优惠体育场馆的运动场地用于体育活动的天数不得低于全年自然天数的70%。

⑩自2024年1月1日至2027年12月31日，对国家级、省级科技企业孵化器、大学科技园和国家备案众创空间自用以及无偿或通过出租等方式提供给在孵对象使用的房产，免征房产税。

⑪自2019年1月1日至2027年供暖期结束，对向居民供热收取采暖费的供热企业，为居民供热所使用的厂房免征房产税；对供热企业其他厂房，应当按照规定征收房产税。

【特别提示】供热企业，是指热力产品生产企业和热力产品经营企业。热力产品生产企业包括专业供热企业、兼营供热企业和自供热单位。

对专业供热企业，按其向居民供热取得的采暖费收入占全部采暖费收入的比例，计算免征的房产税。

对兼营供热企业，视其供热所使用的厂房与其他生产经营活动所使用的厂房是否可以区分，按照不同方法计算免征的房产税。可以区分的，对其供热所使用厂房，按向居民供热取得的采暖费收入占全部采暖费收入的比例，计算免征的房产税。难以区分的，对其全部厂房，按向居民供热取得的采暖费收入占其营业收入的比例，计算免征的房产税。

对自供热单位，按向居民供热建筑面积占总供热建筑面积的比例，计算免征供热所使用厂房的房产税。

⑫自2021年10月1日起，对企事业单位、社会团体以及其他组织向个人、专业化规模化住房租赁企业出租住房的，减按4%的税率征收房产税。专业化规模化住房租赁企业的标准为：企业在开业报告或者备案城市内持有或者经营租赁住房1 000套（间）及以上或者建筑面积3万平方米及以上。各省、自治区、直辖市住房城乡建设部门会同同级财政、税务部门，可根据租赁市场发展情况，对本地区全部或者部分城市在50%的幅度内下调标准。

⑬自2023年1月1日至2027年12月31日，由省、自治区、直辖市人民政府根据本地区实际情况，以及宏观调控需要确定，对增值税小规模纳税人、小型微利企业和个

体工商户可以在 50%的税额幅度内减征房产税。[①]

七、房产税征收管理

（一）纳税义务发生时间

（1）纳税人将原有房产用于生产经营，从生产经营之月起，缴纳房产税。

（2）纳税人自行新建房屋用于生产经营，从建成之次月起，缴纳房产税。

（3）纳税人委托施工企业建设的房屋，从办理验收手续之次月起，缴纳房产税。

（4）纳税人购置新建商品房，自房屋交付使用之次月起，缴纳房产税。

（5）纳税人购置存量房，自办理房屋权属转移、变更登记手续，房地产权属登记机关签发房屋权属证书之次月起，缴纳房产税。

（6）纳税人出租、出借房产，自交付出租、出借房产之次月起，缴纳房产税。

（7）房地产开发企业自用、出租、出借本企业建造的商品房，自房屋使用或交付之次月起，缴纳房产税。

【特别提示】 自 2009 年 1 月 1 日起，纳税人因房产的实物或权利状态发生变化而依法终止房产税纳税义务的，其应纳税款的计算截止到房产的实物或权利状态发生变化的当月月末。

（二）纳税地点

房产税在房产所在地缴纳。房产不在同一地方的纳税人，应按房产的坐落地点分别向房产所在地的税务机关申报纳税。

（三）纳税期限

房产税实行按年计算、分期缴纳的征收办法。具体纳税期限由省、自治区、直辖市人民政府规定。

第1节即测即评

第 2 节　契税法律制度[②]

契税，是指国家在土地、房屋权属转移时，按照当事人双方签订的合同（契约），以及所确定价格的一定比例，向权属承受人征收的一种税。2020 年 8 月 11 日第十三届全国人民代表大会常务委员会第二十一次会议通过《中华人民共和国契税法》，自 2021 年 9 月 1 日起施行。

一、契税纳税人

契税的纳税人，是指在我国境内承受土地、房屋权属转移的单位和个人。

① 上述⑩至⑬的内容在《2025 年度初级会计专业技术资格考试大纲》中已经删除，本教材仍保留。

② 本节主要根据 2021 年 9 月 1 日起施行的《中华人民共和国契税法》编写。

【点拨指导】契税由权属的承受人缴纳。这里所说的“承受”，是指以受让、购买、受赠、互换等方式取得土地、房屋权属的行为。

【点拨指导】土地、房屋权属，是指土地使用权和房屋所有权；单位是指企业单位、事业单位、国家机关、军事单位和社会团体以及其他组织；个人是指个体经营者（即个体工商户）和其他个人，包括中国公民和外籍人员。

二、契税征税范围

契税以在我国境内转移土地、房屋权属的行为作为征税对象。土地、房屋权属未发生转移的，不征收契税。

契税的征税范围主要包括：

（一）土地使用权出让

土地使用权出让，特指国有土地使用权出让，它是指国家以土地所有者的身份将土地使用权在一定年限内让与土地使用者，并由土地使用者向国家支付土地使用出让金的行为。

（二）土地使用权转让

土地使用权转让，是指土地使用者以出售、赠与、互换或者其他方式将土地使用权转移给其他单位和个人的行为。

【特别提示】土地使用权转让不包括土地承包经营权和土地经营权的转移。

（三）房屋买卖

房屋买卖，是指房屋所有者将其房屋出售，由承受者交付货币、实物、无形资产或其他经济利益的行为。

（四）房屋赠与

房屋赠与，是指房屋所有者将其房屋无偿转让给受赠者的行为。

（五）房屋互换

房屋互换，是指房屋所有者之间相互交换房屋的行为。

（六）以其他方式转移土地、房屋权属的征税规定

（1）以作价投资（入股）、偿还债务、划转、奖励等方式转移土地、房屋权属的，应当依照税法规定征收契税。对于这些转移土地、房屋权属的形式，可以分别视同土地使用权转让、房屋买卖或者房屋赠与征收契税。

（2）土地使用权受让人通过完成土地使用权转让方约定的投资额度或投资特定项目，以此获取低价转让或无偿赠与的土地使用权的，属于契税征收范围，其计税价格由征收机关参照纳税义务发生时当地的市场价格核定。

（3）公司增资扩股中，对以土地、房屋权属作价入股或作为出资投入企业的，征收契税；企业破产清算期间，对非债权人承受破产企业土地、房屋权属的，征收契税。

（4）下列情形发生土地、房屋权属转移的，承受方应当依法缴纳契税：

①因共有不动产份额变化的；

②因共有人增加或者减少的；

③因人民法院、仲裁委员会的生效法律文书或者监察机关出具的监察文书等因素，发生土地、房屋权属转移的。

（七）不属于契税征税范围的行为

土地、房屋的典当、分拆（分割）、抵押以及出租等行为，不属于契税的征税范围。

三、契税税率

（一）契税幅度税率及其确定

契税采用比例税率，并实行3%～5%的幅度税率。契税的具体适用税率，由省、自治区、直辖市人民政府在上述规定的税率幅度内提出，报同级人民代表大会常务委员会决定，并报全国人民代表大会常务委员会和国务院备案。

（二）地方差别税率

省、自治区、直辖市可以依照上述规定的程序对不同主体、不同地区、不同类型的住房的权属转移确定差别税率。

四、契税计税依据

按照土地、房屋权属转移的形式、定价方法的不同，契税计税依据的确定也有所不同。具体有以下几种情况。

（一）成交价格

土地使用权出让、出售，房屋买卖，以成交价格作为计税依据。

【点拨指导】成交价格是指土地、房屋权属转移合同确定的价格，包括承受者应交付的货币、实物、无形资产或其他经济利益对应的价款。

【特别提示】计征契税的成交价格不含增值税。免征增值税的，确定计税依据时，成交价格不扣减增值税额。

土地使用权及所附建筑物、构筑物等（包括在建的房屋、其他建筑物、构筑物和其他附着物）转让的，计税依据为承受方应交付的总价款。

土地使用权出让的，计税依据包括土地出让金、土地补偿费、安置补助费、地上附着物和青苗补偿费、征收补偿费、城市基础设施配套费、实物配建房屋等应交付的货币以及实物、其他经济利益对应的价款。

房屋附属设施（包括停车位、机动车库、非机动车库、顶层阁楼、储藏室及其他房屋附属设施）与房屋为同一不动产单元的，计税依据为承受方应交付的总价款，并适用与房屋相同的税率；房屋附属设施与房屋为不同不动产单元的，计税依据为转移合同确定的成交价格，并按当地确定的适用税率计税。

承受已装修房屋的，应将包括装修费用在内的费用计入承受方应交付的总价款。

（二）核定价格

土地使用权赠与、房屋赠与以及其他没有价格的转移土地、房屋权属行为，以税务机关参照土地使用权出售、房屋买卖的市场价格依法核定的价格为计税依据。

（三）互换价格差额

土地使用权互换、房屋互换，以所互换的土地使用权、房屋价格的差额为计税依据。

【特别提示】土地使用权互换、房屋互换，互换价格相等的，互换双方计税依据为零；互换价格不相等的，以其差额为计税依据，由支付差额的一方缴纳契税。土地使用权与房屋所有权之间相互交换，也应按照上述办法确定计税依据。

（四）土地出让价款与成交价格

以划拨方式取得的土地使用权，经批准改为出让方式重新取得该土地使用权的，应由该土地使用权人以补缴的土地出让价款为计税依据缴纳契税。

先以划拨方式取得土地使用权，后经批准转让房地产，划拨土地性质改为出让的，承受方应分别以补缴的土地出让价款和房地产权属转移合同确定的成交价格为计税依据缴纳契税；划拨土地性质未发生改变的，承受方应以房地产权属转移合同确定的成交价格为计税依据缴纳契税。

（五）核定价格与差额

为了防止纳税人隐瞒、虚报成交价格以偷、逃税款，对纳税人申报的成交价格、互换价格差额明显偏低且无正当理由的，由税务机关依照《中华人民共和国税收征收管理法》的规定核定。税务机关依法核定计税价格，应参照市场价格，采用房地产价格评估等方法合理确定。

（六）计税依据不含增值税

契税计税依据不含增值税的具体情形为：

（1）土地使用权出售、房屋买卖，承受方计征契税的成交价格不含增值税；实际取得增值税发票的，成交价格按发票上注明的不含税价格确定。

（2）土地使用权互换、房屋互换，契税计税依据为不含增值税价格的差额。

（3）税务机关核定的契税计税价格为不含增值税价格。

五、契税应纳税额的计算

契税应纳税额依照省、自治区、直辖市人民政府确定的适用税率和税法规定的计税依据计算征收。其计算公式为：

应纳税额＝计税依据×税率

以作价投资（入股）、偿还债务等应交付经济利益的方式转移土地、房屋权属的，参照土地使用权出让、出售或房屋买卖确定契税适用税率、计税依据等。

以划转、奖励等没有价格的方式转移土地、房屋权属的，参照土地使用权或房屋赠与确定契税适用税率、计税依据等。

【例】甲公司出售一处位于郊区的仓库，取得收入160万元，又以300万元购入一处位于市区繁华地段的门面房，已知当地政府规定的契税税率为4%。要求：计算甲公司上述交易的应纳契税。

【解析】甲公司出售仓库不缴纳契税。

甲公司购入门面房应缴纳契税＝300×4%＝12(万元)

六、契税税收优惠

（一）全国法定免税情形

有下列情形之一的，免征契税：

（1）国家机关、事业单位、社会团体、军事单位承受土地、房屋权属用于办公、教学、医疗、科研、军事设施。

享受契税免税优惠的土地、房屋用途具体有：①用于办公的，限于办公室（楼）以及其他直接用于办公的土地、房屋；②用于教学的，限于教室（教学楼）以及其他直接用于教学的土地、房屋；③用于医疗的，限于门诊部以及其他直接用于医疗的土地、房屋；④用于科研的，限于科学试验的场所以及其他直接用于科研的土地、房屋；⑤用于军事设施的，限于直接用于《中华人民共和国军事设施保护法》规定的军事设施的土地、房屋。

（2）非营利性的学校、医疗机构、社会福利机构承受土地、房屋权属用于办公、教学、医疗、科研、养老、救助。

享受契税免税优惠的非营利性的学校、医疗机构、社会福利机构，限于上述三类单位中依法登记为事业单位、社会团体、基金会、社会服务机构等的非营利法人和非营利组织。其中：①学校的具体范围为经县级以上人民政府或者其教育行政部门批准成立的大学、中学、小学、幼儿园，实施学历教育的职业教育学校、特殊教育学校、专门学校，以及经省级人民政府或者其人力资源社会保障行政部门批准成立的技工院校；②医疗机构的具体范围为经县级以上人民政府卫生健康行政部门批准或者备案设立的医疗机构；③社会福利机构的具体范围为依法登记的养老服务机构、残疾人服务机构、儿童福利机构、救助管理机构、未成年人救助保护机构。

享受契税免税优惠的土地、房屋用途具体有：①用于养老的，限于直接用于为老年人提供养护、康复、托管等服务的土地、房屋；②用于救助的，限于直接为残疾人、未成年人、生活无着落的流浪乞讨人员提供养护、康复、托管等服务的土地、房屋。

（3）承受荒山、荒地、荒滩土地使用权用于农、林、牧、渔业生产。

（4）婚姻关系存续期间夫妻之间变更土地、房屋权属。

（5）法定继承人通过继承承受土地、房屋权属。

（6）依照法律规定应当予以免税的外国驻华使馆、领事馆和国际组织驻华代表机构承受土地、房屋权属。

【特别提示】根据国民经济和社会发展的需要，国务院对居民住房需求保障、企业改制重组、灾后重建等情形可以规定免征或者减征契税，报全国人民代表大会常务委员会备案。

（二）地方酌定减免税情形

省、自治区、直辖市可以决定对下列情形免征或者减征契税：

（1）因土地、房屋被县级以上人民政府征收、征用，重新承受土地、房屋权属；

（2）因不可抗力灭失住房，重新承受住房权属。

上述规定的免征或者减征契税的具体办法，由省、自治区、直辖市人民政府提出，报同级人民代表大会常务委员会决定，并报全国人民代表大会常务委员会和国务院备案。

【特别提示】经批准减征、免征契税的纳税人，改变有关土地、房屋的用途，或者有其他不再属于税法规定的减征、免征契税情形的，就不再属于减征、免征契税范围，并且应当补缴已经减征、免征的税款。纳税人符合减征或者免征契税规定的，应当按照规定进行申报。

（三）临时减免税情形

（1）夫妻因离婚分割共同财产发生土地、房屋权属变更的，免征契税。

（2）城镇职工按规定第一次购买公有住房的，免征契税。公有制单位为解决职工住房而采取集资建房方式建成的普通住房或由单位购买的普通商品住房，经县级以上地方人民政府房改部门批准、按照国家房改政策出售给本单位职工的，如属职工首次购买住房，比照公有住房免征契税。已购公有住房经补缴土地出让价款成为完全产权住房的，免征契税。

（3）自 2024 年 1 月 1 日至 2027 年 12 月 31 日，企业、事业单位改制重组执行以下契税政策：

①企业改制。企业按照《公司法》有关规定整体改制，包括非公司制企业改制为有限责任公司或股份有限公司，有限责任公司变更为股份有限公司，股份有限公司变更为有限责任公司，原企业投资主体存续并在改制（变更）后的公司中所持股权（股份）比例超过 75%，且改制（变更）后公司承继原企业权利、义务的，对改制（变更）后公司承受原企业土地、房屋权属，免征契税。

②事业单位改制。事业单位按照国家有关规定改制为企业，原投资主体存续并在改制后企业中出资（股权、股份）比例超过 50%的，对改制后企业承受原事业单位土地、房屋权属，免征契税。

③公司合并。两个或两个以上的公司，依照法律规定、合同约定合并为一个公司，且原投资主体存续的，对合并后公司承受原合并各方土地、房屋权属，免征契税。

④公司分立。公司依照法律规定、合同约定分立为两个或两个以上与原公司投资主

体相同的公司，对分立后公司承受原公司土地、房屋权属，免征契税。

⑤企业破产。企业依照有关法律法规规定实施破产，对债权人（包括破产企业职工）承受破产企业抵偿债务的土地、房屋权属，免征契税。对非债权人承受破产企业土地、房屋权属，凡按照《中华人民共和国劳动法》等国家有关法律法规政策妥善安置原企业全部职工规定，与原企业全部职工签订服务年限不少于3年的劳动用工合同的，对其承受所购企业土地、房屋权属，免征契税；与原企业超过30%的职工签订服务年限不少于3年的劳动用工合同的，减半征收契税。

⑥资产划转。对承受县级以上人民政府或国有资产管理部门按规定进行行政性调整、划转国有土地、房屋权属的单位，免征契税。同一投资主体内部所属企业之间土地、房屋权属的划转，包括母公司与其全资子公司之间，同一公司所属全资子公司之间，同一自然人与其设立的个人独资企业、一人有限公司之间土地、房屋权属的划转，免征契税。母公司以土地、房屋权属向其全资子公司增资，视同划转，免征契税。

⑦债权转股权。经国务院批准实施债权转股权的企业，对债权转股权后新设立的公司承受原企业的土地、房屋权属，免征契税。

⑧划拨用地出让或作价出资。以出让方式或国家作价出资（入股）方式承受原改制重组企业、事业单位划拨用地的，不属于上述规定的免税范围，对承受方应按规定征收契税。

⑨公司股权（股份）转让。在股权（股份）转让中，单位、个人承受公司股权（股份），公司土地、房屋权属不发生转移，不征收契税。

【特别提示】上述所称企业、公司，是指依照我国有关法律法规设立并在中国境内注册的企业、公司。所称投资主体存续，是指原改制重组企业、事业单位的出资人必须存在于改制重组后的企业，出资人的出资比例可以发生变动。所称投资主体相同，是指公司分立前后出资人不发生变动，出资人的出资比例可以发生变动。

七、契税征收管理

（一）纳税义务发生时间

契税的纳税义务发生时间是纳税人签订土地、房屋权属转移合同的当日，或者纳税人取得其他具有土地、房屋权属转移合同性质凭证的当日。具有土地、房屋权属转移合同性质的凭证包括契约、协议、合约、单据、确认书以及其他凭证。

纳税人应当在依法办理土地、房屋权属登记手续前申报缴纳契税。契税申报以不动产单元为基本单位。

因人民法院、仲裁委员会的生效法律文书或者监察机关出具的监察文书等发生土地、房屋权属转移的，纳税义务发生时间为法律文书等生效当日。

因改变土地、房屋用途等情形应当缴纳已经减征、免征契税的，纳税义务发生时间为改变有关土地、房屋用途等情形的当日。

因改变土地性质、容积率等土地使用条件须补缴土地出让价款，应当缴纳契税的，纳税义务发生时间为改变土地使用条件当日。

发生上述情形，按规定不再需要办理土地、房屋权属登记的，纳税人应自纳税义务发生之日起90日内申报缴纳契税。

（二）纳税地点

契税实行属地征收管理。纳税人发生契税纳税义务时，应向土地、房屋所在地的税务征收机关申报纳税。

（三）纳税申报

契税纳税人依法纳税申报时，应填报《财产和行为税税源明细表》（《契税税源明细表》部分），并根据具体情形提交下列资料：

（1）纳税人身份证件。具体是指：单位纳税人为营业执照，或者统一社会信用代码证书或者其他有效登记证书；个人纳税人中，自然人为居民身份证，或者居民户口簿或者入境的身份证件，个体工商户为营业执照。

（2）土地、房屋权属转移合同或其他具有土地、房屋权属转移合同性质的凭证。

（3）交付经济利益方式转移土地、房屋权属的，提交土地、房屋权属转移相关价款支付凭证。其中，土地使用权出让为财政票据，土地使用权出售、互换和房屋买卖、互换为增值税发票。

（4）因人民法院、仲裁委员会的生效法律文书或者监察机关出具的监察文书等因素发生土地、房屋权属转移的，提交生效法律文书或监察文书等。

【特别提示】符合减免税条件的，应按规定附送有关资料或将资料留存备查。

（四）完税凭证与权属登记

纳税人办理纳税事宜后，税务机关应当开具契税完税凭证。纳税人办理土地、房屋权属登记，不动产登记机构应当查验契税完税、减免税凭证或者有关信息。未按照规定缴纳契税的，不动产登记机构不予办理土地、房屋权属登记。

税务机关在契税足额征收或办理免税（不征税）手续后，应通过契税的完税凭证或契税信息联系单（以下简称“联系单”）等，将完税或免税（不征税）信息传递给不动产登记机构。能够通过信息共享即时传递信息的，税务机关可不再向不动产登记机构提供完税凭证或开具联系单。

（五）部门之间的工作配合

税务机关应当与相关部门建立契税涉税信息共享和工作配合机制。自然资源、住房城乡建设、民政、公安等相关部门应当及时向税务机关提供与转移土地、房屋权属有关的信息，协助税务机关加强契税征收管理。具体转移土地、房屋权属有关的信息包括：自然资源部门的土地出让、转让、征收补偿、不动产权属登记等信息，住房城乡建设部门的房屋交易等信息，民政部门的婚姻登记、社会组织登记等信息，公安部门的户籍人口基本信息。

各地税务机关应与当地房地产管理部门加强协作，采用不动产登记、交易和缴税“一窗受理”等模式，持续优化契税申报缴纳流程，共同做好契税征收与房地产管理衔接工作。

（六）契税的退还

在依法办理土地、房屋权属登记前，权属转移合同或权属转移合同性质凭证不生效、无效、被撤销或者被解除的，纳税人可以向税务机关申请退还已缴纳的税款，税务机关应当依法办理。

纳税人缴纳契税后发生下列情形，可依照有关法律法规申请退税：

（1）因人民法院判决或者仲裁委员会裁决导致土地、房屋权属转移行为无效、被撤销或者被解除，且土地、房屋权属变更至原权利人的。

（2）在出让土地使用权交付时，因容积率调整或实际交付面积小于合同约定面积须退还土地出让价款的。

（3）在新建商品房交付时，因实际交付面积小于合同约定面积须返还房价款的。

纳税人依照上述规定向税务机关申请退还已缴纳契税的，应提供纳税人身份证件，完税凭证复印件，并根据不同情形提交相关资料：

（1）在依法办理土地、房屋权属登记前，权属转移合同或合同性质凭证不生效、无效、被撤销或者被解除的，提交合同或合同性质凭证不生效、无效、被撤销或者被解除的证明材料。

（2）因人民法院判决或者仲裁委员会裁决导致土地、房屋权属转移行为无效、被撤销或者被解除，且土地、房屋权属变更至原权利人的，提交人民法院、仲裁委员会的生效法律文书。

（3）在出让土地使用权交付时，因容积率调整或实际交付面积小于合同约定面积须退还土地出让价款的，提交补充合同（协议）和退款凭证。

（4）在新建商品房交付时，因实际交付面积小于合同约定面积须返还房价款的，提交补充合同（协议）和退款凭证。

税务机关收取纳税人退税资料后，应向不动产登记机构核实有关土地、房屋权属登记情况。核实后符合条件的即时受理，不符合条件的一次性告知应补正资料或不予受理原因。

【特别提示】上述要求纳税人提交的资料，各省、自治区、直辖市和计划单列市税务局能够通过信息共享即时查验的，可公告明确不再要求纳税人提交。

第2节即测即评

第 3 节　土地增值税法律制度

土地增值税是对转让国有土地使用权、地上建筑物及其附着物并取得收入的单位和个人，就其转让房地产所取得的增值额征收的一种税。1993 年 12 月 13 日国务院颁布《中华人民共和国土地增值税暂行条例》（以下简称《土地增值税暂行条例》），自 1994 年 1 月 1 日起执行。2011 年 1 月 8 日国务院发布《国务院关于废止和修改部分行政法规的决定》（国务院令第 588 号）对《土地增值税暂行条例》进行修订，自 2011 年 1 月 8 日起施行。

一、土地增值税纳税人

土地增值税的纳税人为转让国有土地使用权、地上建筑物及其附着物（以下简称转让房地产）并取得收入的单位和个人。

【点拨指导】单位包括各类企业单位、事业单位、国家机关和社会团体及其他组织；个人包括个体经营者（即个体工商户）和其他个人。外商投资企业、外国企业、外国驻华机构及海外华侨、港澳台同胞和外国公民等也是土地增值税的纳税义务人。

【知识链接】契税的纳税人，是指在我国境内承受土地、房屋权属转移的单位和个人。

二、土地增值税征税范围

（一）征税范围的一般规定

（1）土地增值税只对转让国有土地使用权的行为征税，对出让国有土地的行为不征税。

【点拨指导】国有土地使用权，是指土地使用人根据国家法律、合同等规定，对国家所有的土地享有的使用权利。

土地增值税只对企业、单位和个人转让国有土地使用权的行为征税。对属于集体所有的土地，按现行法律规定须先由国家征用后才能转让。未经国家征用的集体土地不得转让，自行转让集体土地是一种违法行为，应由有关部门依照相关法律来处理，而不应纳入土地增值税的征税范围。

对于国有土地出让，由于土地使用权的出让方是国家，出让收入在性质上属于政府凭借所有权在土地一级市场上收取的租金，因此，政府出让土地的行为及取得的收入也不在土地增值税的征税之列。

【知识链接】国有土地使用权出让、土地使用权转让时，承受人均应缴纳契税。

（2）土地增值税既对转让国有土地使用权的行为征税，也对转让地上建筑物及其他附着物产权的行为征税。

【点拨指导】地上建筑物，是指建于土地上的一切建筑物，包括地上地下的各种附属设施，如厂房、仓库、商店、医院、住宅、地下室、围墙、烟囱、电梯、中央空调、管道等。附着物是指附着于土地上，不能移动，一经移动即遭损坏的种植物、养植物及其他物品。上述建筑物和附着物的所有者对自己的财产依法享有占有、使用、收益和处置的权利，即拥有排他性的全部产权。

纳税人转让地上建筑物和其他附着物的产权，取得的增值性收入，也应计算缴纳土地增值税。

【点拨指导】纳入土地增值税征税范围的增值额，是指纳税人转让房地产所取得的全部增值额，而不仅仅是土地使用权转让的收入。

（3）土地增值税只对有偿转让的房地产征税，对以继承、赠与等方式无偿转让的房地产，不予征税。

不征土地增值税的房地产赠与行为包括两种情况：①房产所有人、土地使用权所有人将房屋产权、土地使用权赠与直系亲属或承担直接赡养义务人的行为；②房产所有人、土地使用权所有人通过中国境内非营利的社会团体、国家机关将房屋产权、土地使用权赠与教育、民政和其他社会福利、公益事业的行为。

【点拨指导】社会团体，是指中国青少年发展基金会、希望工程基金会、宋庆龄基金会、减灾委员会、中国红十字会、中国残疾人联合会、全国老年基金会、老区促进会，以及经民政部门批准成立的其他非营利的公益性组织。

（二）征税范围的特殊规定

1. 企业改制重组

（1）非公司制企业整体改制为有限责任公司或者股份有限公司，有限责任公司（股份有限公司）整体改制为股份有限公司（有限责任公司），对改制前的企业将国有土地使用权、地上的建筑物及其附着物（以下简称房地产）转移、变更到改制后的企业，暂不征土地增值税。

【点拨指导】整体改制是指不改变原企业的投资主体，并承继原企业权利、义务的行为。

（2）按照法律规定或者合同约定，两个或两个以上企业合并为一个企业，且原企业投资主体存续的，对原企业将房地产转移、变更到合并后的企业，暂不征土地增值税。

（3）按照法律规定或者合同约定，企业分设为两个或两个以上与原企业投资主体相同的企业，对原企业将房地产转移、变更到分立后的企业，暂不征土地增值税。

（4）单位、个人在改制重组时以房地产作价入股进行投资，对其将房地产转移、变更到被投资的企业，暂不征土地增值税。

（5）上述改制重组有关土地增值税政策不适用于房地产转移任意一方为房地产开发企业的情形。

2. 房地产开发企业将开发的部分房地产转为企业自用或用于出租等商业用途

房地产开发企业将开发的部分房地产转为企业自用或用于出租等商业用途时，如果产权未发生转移，不征收土地增值税。

【知识链接】房地产开发企业建造的商品房，在出售前，不征收房产税；但对出售前房地产开发企业已使用或出租、出借的商品房，应按规定征收房产税。

3. 房地产的交换

由于房地产交换既发生了房产产权、土地使用权的转移，交换双方又取得了实物形态的收入，因此属于土地增值税的征税范围。但对个人之间互换自有居住用房地产的，经当地税务机关核实，可以免征土地增值税。

【知识链接】土地使用权互换、房屋互换，互换价格相等的，互换双方的契税计税依据为零；互换价格不相等的，以其差额为契税计税依据，由支付差额的一方缴纳契税。

【知识链接】自 2008 年 11 月 1 日起，对居民个人转让住房一律免征土地增值税。

4. 合作建房

对于一方出地，另一方出资金，双方合作建房，建成后按比例分房自用的，暂免征收土地增值税；建成后转让的，应征收土地增值税。

5. 房地产的出租

房地产出租，出租人虽取得了收入，但没有发生房产产权、土地使用权的转让，因此不属于土地增值税的征税范围。

6. 房地产的抵押和抵债

房产的所有权、土地使用权在抵押期间并没有发生权属的变更，因此，对房地产的抵押，在抵押期间不征收土地增值税。待抵押期满后，视该房地产是否转移产权而确定是否征收土地增值税。

对于以房地产抵债而发生房地产权属转让的，应列入土地增值税的征税范围。

【知识链接】土地、房屋权属的抵押，不属于契税的征税范围。以土地、房屋权属抵债，视同发生权属转移，承受人应当缴纳契税。

7. 房地产的代建行为

房地产的代建行为，是指房地产开发公司代客户进行房地产的开发，开发完成后向客户收取代建收入的行为。对于房地产开发公司而言，代建行为虽然取得了收入，但没有发生房地产权属的转移，其收入属于劳务收入性质，因此不属于土地增值税的征税范围。

8. 房地产的重新评估

国有企业在清产核资时对房地产进行重新评估而产生的评估增值，因其既没有发生房地产权属的转移，房产产权、土地使用权人也未取得收入，因此不属于土地增值税的征税范围。

9. 土地使用者处置土地使用权

土地使用者转让、抵押或置换土地，无论其是否取得了该土地的使用权属证书，无论其在转让、抵押或置换土地过程中是否与对方当事人办理了土地使用权属证书变更登记手续，只要土地使用者享有占有、使用、收益或处分该土地的权利，且有合同等证据表明其实质转让、抵押或置换了土地并取得了相应的经济利益，土地使用者及其对方当事人就应当依照税法规定缴纳土地增值税和契税等。

【知识链接】土地使用权在抵押期间并没有发生权属的变更，因此，对土地使用权的抵押，在抵押期间不征收土地增值税。待抵押期满后，视该土地使用权是否转移占有而确定是否征收土地增值税。对于以土地使用权抵债而发生土地使用权权属转让的，应列入土地增值税的征税范围。

【点拨指导】土地增值税和契税的征收情形都要求有产权权属变动。土地增值税还强调取得收入，而契税不要求必须取得收入。

三、土地增值税税率

土地增值税实行四级超率累进税率，如表6-1所示。

表6-1　土地增值税四级超率累进税率表

级数	增值额与扣除项目金额的比率	税率（%）	速算扣除系数（%）
1	不超过50%的部分	30	0
2	超过50%至100%的部分	40	5
3	超过100%至200%的部分	50	15
4	超过200%的部分	60	35

四、土地增值税计税依据

土地增值税的计税依据是纳税人转让房地产所取得的增值额。转让房地产的增值额，是纳税人转让房地产的收入减除税法规定的扣除项目金额后的余额。

【特别提示】土地增值额的大小，取决于转让房地产的收入额和扣除项目金额两个因素。

（一）应税收入的确定

纳税人转让房地产取得的应税收入，应包括转让房地产的全部价款及有关的经济收益。

【点拨指导】从收入的形式来看，应税收入包括货币收入、实物收入和其他收入。

1. 货币收入

货币收入，是指纳税人转让房地产而取得的现金、银行存款和国库券、金融债券、企业债券、股票等有价证券。

2. 实物收入

实物收入，是指纳税人转让房地产而取得的各种实物形态的收入，如钢材、水泥等建材，房屋、土地等不动产等。

【点拨指导】 对于实物收入，一般要按照公允价值确认应税收入。

3. 其他收入

其他收入，是指纳税人转让房地产而取得的无形资产收入或具有财产价值的权利，如专利权、商标权、著作权、专有技术使用权、土地使用权、商誉权等。

【点拨指导】 对于无形资产收入，一般要进行专门的评估，按照评估价确认应税收入。

【特别提示】 土地增值税纳税人转让房地产取得的收入为不含增值税收入。免征增值税的，确定计税依据时，转让房地产取得的收入不扣减增值税额。

4. 外币的折算

纳税人取得的收入为外国货币的，应当以取得收入当天或当月 1 日国家公布的市场汇价折合成人民币，据以计算土地增值税税额。当月以分期收款方式取得的外币收入，也应按实际收款日或收款当月 1 日国家公布的市场汇价折合成人民币。

（二）扣除项目及其金额

依照《土地增值税暂行条例》的规定，准予纳税人从房地产转让收入额减除的扣除项目金额具体包括以下内容。

1. 取得土地使用权所支付的金额

取得土地使用权所支付的金额包括以下两方面的内容：

（1）纳税人为取得土地使用权所支付的地价款。

【点拨指导】 地价款的确定有三种方式：①如果是以协议、招标、拍卖等出让方式取得土地使用权的，地价款为纳税人所支付的土地出让金；②如果是以行政划拨方式取得土地使用权的，地价款为按照国家有关规定补交的土地出让金；③如果是以转让方式取得土地使用权的，地价款为向原土地使用权人实际支付的地价款。

（2）纳税人在取得土地使用权时按国家统一规定缴纳的有关费用和税金。有关费用和税金是指纳税人在取得土地使用权过程中为办理有关手续，必须按国家统一规定缴纳的有关登记、过户手续费和契税。

2. 房地产开发成本

房地产开发成本，是指纳税人开发房地产项目实际发生的成本，包括土地的征用及拆迁补偿费、前期工程费、建筑安装工程费、基础设施费、公共配套设施费、开发间接费用等。

【点拨指导】（1）土地征用及拆迁补偿费，包括土地征用费，耕地占用税，劳动力安置费及有关地上、地下附着物拆迁补偿的净支出，安置动迁用房支出等。

（2）前期工程费，包括规划、设计、项目可行性研究和水文、地质、勘察、测绘、“三通一平”等支出。

（3）建筑安装工程费，是指以出包方式支付给承包单位的建筑安装工程费和以自营方式发生的建筑安装工程费。

（4）基础设施费，包括开发小区内道路、供水、供电、供气、排污、排洪、通讯、照明、环卫、绿化等工程发生的支出。

（5）公共配套设施费，包括不能有偿转让的开发小区内公共配套设施发生的支出。

（6）开发间接费用，是指直接组织、管理开发项目发生的费用，包括工资、职工福利费、折旧费、修理费、办公费、水电费、劳动保护费、周转房摊销等。

3. 房地产开发费用

房地产开发费用，是指与房地产开发项目有关的销售费用、管理费用和财务费用。根据现行财务会计制度的规定，这三项费用作为期间费用，在会计处理时按照实际发生额直接计入当期损益。但是，在计算土地增值税时，房地产开发费用并不是按照纳税人实际发生额进行扣除，应分别按以下两种情况进行扣除：

（1）财务费用中的利息支出，凡能够按转让房地产项目计算分摊并提供金融机构证明的，允许据实扣除，但最高不能超过按商业银行同类同期贷款利率计算的金额。其他房地产开发费用，按规定计算的金额（即取得土地使用权所支付的金额和房地产开发成本，下同）之和的5%以内计算扣除。计算扣除的具体比例，由各省、自治区、直辖市人民政府规定。若计算扣除的具体比例为5%，则计算公式为：

允许扣除的房地产开发费用＝利息＋(取得土地使用权所支付的金额＋房地产开发成本)×5%

（2）财务费用中的利息支出，凡不能按转让房地产项目计算分摊利息支出或不能提供金融机构证明的，房地产开发费用按规定计算的金额之和的10%以内计算扣除。计算扣除的具体比例，由各省、自治区、直辖市人民政府规定。若计算扣除的具体比例为10%，则计算公式为：

允许扣除的房地产开发费用＝(取得土地使用权所支付的金额＋房地产开发成本)×10%

【特别提示】财政部、国家税务总局对扣除项目金额中利息支出的计算问题作了两点专门规定：一是利息的上浮幅度按国家的有关规定执行，超过上浮幅度的部分不允许扣除；二是对于超过贷款期限的利息部分和加罚的利息不允许扣除。

4. 与转让房地产有关的税金

与转让房地产有关的税金，是指在转让房地产时缴纳的城市维护建设税、印花税。因转让房地产缴纳的教育费附加，也可视同税金予以扣除。

《土地增值税暂行条例》等规定的土地增值税扣除项目涉及的增值税进项税额，允许在销项税额中计算抵扣的，不计入扣除项目；不允许在销项税额中计算抵扣的，可以计入扣除项目。

【特别提示】自2016年5月1日销售不动产营改增之后，转让不动产不再缴纳营业税，而是缴纳增值税，但增值税属于价外税，不作为税金单独扣除。

【特别提示】房地产开发企业按照有关规定，其在转让房地产时缴纳的印花税已列入管理费用，故不允许单独再扣除。非房地产开发企业缴纳的印花税允许在此扣除。

5. 财政部确定的其他扣除项目

对从事房地产开发的纳税人可按规定计算的金额之和，加计20%计算扣除。具体公式为：

从事房地产开发的纳税人可加计扣除＝(取得土地使用权所支付的金额＋房地产开发成本)×20%

【特别提示】上述加计20%计算扣除优惠只适用于从事房地产开发的纳税人，除此之外的其他纳税人不适用。

【特别提示】从事房地产开发的纳税人只有在销售新建商品房时，才适用20%加计扣除的规定。

6. 旧房及建筑物的扣除金额

(1) 按评估价格扣除。

旧房及建筑物的评估价格，是指在转让已使用的房屋及建筑物时，由政府批准设立的房地产评估机构评定的重置成本价乘以成新度折扣率后的价格。评估价格须经当地税务机关确认。

【点拨指导】重置成本价，是指对旧房及建筑物，按转让时的建材价格及人工费用计算建造同样面积、同样层次、同样结构、同样建设标准的新房及建筑物所需花费的成本费用。成新度折扣率，是指按旧房的新旧程度作一定比例的折扣。

转让旧房应按房屋及建筑物的评估价格、取得土地使用权所支付的地价款和按国家统一规定缴纳的有关费用，以及在转让环节缴纳的税金作为扣除项目金额计征土地增值税。对取得土地使用权时未支付地价款或不能提供已支付的地价款凭据的，在计征土地增值税时不允许扣除。

(2) 按购房发票金额计算扣除。

纳税人转让旧房及建筑物，凡不能取得评估价格，但能提供购房发票的，经当地税务部门确认，《土地增值税暂行条例》规定的扣除项目的金额，可按发票所载金额并从购买年度起至转让年度止每年加计5%计算。对于纳税人购房时缴纳的契税，凡能够提供契税完税凭证的，准予作为“与转让房地产有关的税金”予以扣除，但不作为加计5%的基数。

7. 计税依据的特殊规定

（1）隐瞒、虚报房地产成交价格的。

隐瞒、虚报房地产成交价格，是指纳税人不报或有意低报转让土地使用权、地上建筑物及其附着物价款的行为。对于纳税人隐瞒、虚报房地产成交价格的，应由评估机构参照同类房地产的市场交易价格进行评估，税务机关根据评估价格确定转让房地产的收入。

（2）提供扣除项目金额不实的。

提供扣除项目金额不实，是指纳税人在纳税申报时，不据实提供扣除项目金额，而是虚增被转让房地产扣除项目的内容或金额，使税务机关无法从纳税人方面了解计征土地增值税所需的正确的扣除项目金额，以达到虚增成本偷税的目的。对于纳税人申报扣除项目金额不实的，应由评估机构按照“房屋重置成本价乘以房屋的成新度折扣率计算的房屋成本价”和“取得土地使用权时的基准地价”进行评估。税务机关根据评估价格确定房产的扣除项目金额，并用该房产所坐落土地取得时的基准地价或标准地价来确定土地的扣除项目金额，房产和土地的扣除项目金额之和即为该房地产的扣除项目金额。

（3）转让房地产的成交价格低于房地产评估价格，又无正当理由的。

转让房地产的成交价格低于房地产评估价格，又无正当理由，是指纳税人申报的转让房地产的成交价低于房地产评估机构通过市场比较法进行房地产评估时所确定的正常市场交易价，纳税人又不能提供有效凭据或无正当理由进行解释的行为。对于这种情况，应按评估的市场交易价确定其实际成交价，并以此作为转让房地产的收入计算征收土地增值税。

（4）非直接销售和自用房地产收入的确定。

房地产开发企业将开发产品用于职工福利、奖励、对外投资、分配给股东或投资人、抵偿债务、换取其他单位和个人的非货币性资产等，发生所有权转移时应视同销售房地产，其收入按下列方法和顺序确认：一是按本企业在同一地区、同一年度销售的同类房地产的平均价格确定；二是由主管税务机关参照当地当年、同类房地产的市场价格或评估价值确定。

五、土地增值税应纳税额的计算

（一）应纳税额的计算公式

土地增值税按照纳税人转让房地产所取得的增值额和规定的税率计算征收。土地增值税的计算公式是：

$$应纳税额=\sum（每级距的增值额\times 适用税率）$$

由于分步计算比较烦琐，一般可以采用速算扣除法计算。具体公式如下：

$$土地增值税应纳税额=增值额\times 适用税率-扣除项目金额\times 速算扣除系数$$

（二）应纳税额的计算步骤

根据上述计算公式，土地增值税应纳税额的计算可分为以下四步：

第一，计算增值额。

增值额＝房地产转让收入－扣除项目金额

第二，计算增值率。

增值率＝增值额÷扣除项目金额×100％

第三，确定适用税率。按照计算出的增值率，从土地增值税税率表中确定适用税率。

第四，计算应纳税额。

土地增值税应纳税额＝增值额×适用税率－扣除项目金额×速算扣除系数

【例】甲房地产企业开发一栋普通标准住宅，取得土地使用权时支付的土地出让金为 1 500 万元，缴纳的相关税费为 120 万元；房地产开发成本为 2 300 万元；房地产开发费用中的利息支出为 200 万元（不能提供金融机构证明）；当年该住宅全部销售，取得销售收入 8 000 万元（不含增值税）；缴纳城市维护建设税和教育费附加 400 万元，印花税 4 万元。该企业所在省人民政府规定的房地产开发费用的计算扣除比例为 10％，房地产开发加计扣除比率为 20％。要求：计算甲房地产企业的应纳土地增值税。

【解析】（1）住宅销售收入为 8 000 万元。

（2）转让房地产的扣除项目金额包括：

取得土地使用权所支付的金额＝1 500＋120＝1 620(万元)

房地产开发成本＝2 300(万元)

房地产开发费用＝(1 620＋2 300)×10％＝392(万元)

与转让房地产有关的税金＝400(万元)

按照《房地产开发企业财务制度》有关规定，房地产开发企业在转让时缴纳的印花税已列入管理费用中，故不允许单独再扣除。

加计扣除＝(1 620＋2 300)×20％＝784(万元)

转让房地产的扣除项目金额合计＝1 620＋2 300＋392＋400＋784＝5 496(万元)

（3）转让房地产的增值额＝8 000－5 496＝2 504(万元)

（4）增值额与扣除项目金额的比率＝2 504÷5 496×100％＝45.56％

增值额未超过扣除项目金额 50％，查表得知适用税率为 30％，速算扣除系数为 0。

（5）应纳土地增值税＝增值额×适用税率－扣除项目金额×速算扣除系数

＝2 504×30％＝751.2(万元)

六、土地增值税税收优惠

（1）纳税人建造普通标准住宅出售，增值额未超过扣除项目金额20%的，予以免税；超过20%的，应按全部增值额缴纳土地增值税。对于纳税人既建普通标准住宅又从事其他房地产开发的，应分别核算增值额。不分别核算增值额或不能准确核算增值额的，其建造的普通标准住宅不能适用这一免税规定。

【点拨指导】普通标准住宅，是指按所在地一般民用住宅标准建造的居住用住宅。高级公寓、别墅、度假村等不属于普通标准住宅。普通标准住宅与其他住宅的具体划分界限，2005年5月31日以前由各省、自治区、直辖市人民政府规定。2005年6月1日起，普通标准住宅应同时满足：住宅小区建筑容积率在1.0以上；单套建筑面积在120平方米以下；实际成交价格低于同级别土地上住房平均交易价格1.2倍以下。各省、自治区、直辖市根据实际情况，制定本地区享受优惠政策普通住房具体标准。允许单套建筑面积和价格标准适当浮动，但向上浮动的比例不得超过上述标准的20%。

（2）因国家建设需要依法征收、收回的房地产，免征土地增值税。

因国家建设需要依法征收、收回的房地产，是指因城市实施规划、国家建设的需要而被政府批准征收的房产或收回的土地使用权。因城市实施规划、国家建设的需要而搬迁，由纳税人自行转让原房地产的，免征土地增值税。

（3）企事业单位、社会团体以及其他组织转让旧房作为廉租住房、经济适用住房房源且增值额未超过扣除项目金额20%的，免征土地增值税。

（4）自2008年11月1日起，对居民个人转让住房暂免征收土地增值税。

（5）自2024年1月1日至2027年12月31日，执行以下企业改制重组有关土地增值税政策：

①企业按照《公司法》有关规定整体改制，包括非公司制企业改制为有限责任公司或股份有限公司，有限责任公司变更为股份有限公司，股份有限公司变更为有限责任公司，对改制前的企业将国有土地使用权、地上的建筑物及其附着物（以下简称房地产）转移、变更到改制后的企业，暂不征土地增值税。整体改制是指不改变原企业的投资主体，并承继原企业权利、义务的行为。

②按照法律规定或者合同约定，两个或两个以上企业合并为一个企业，且原企业投资主体存续的，对原企业将房地产转移、变更到合并后的企业，暂不征土地增值税。

③按照法律规定或者合同约定，企业分设为两个或两个以上与原企业投资主体相同的企业，对原企业将房地产转移、变更到分立后的企业，暂不征土地增值税。

④单位、个人在改制重组时以房地产作价入股进行投资，对其将房地产转移、变更到被投资的企业，暂不征土地增值税。

⑤上述改制重组有关土地增值税政策不适用于房地产转移任意一方为房地产开发企业的情形。

⑥改制重组后再转让房地产并申报缴纳土地增值税时，对“取得土地使用权所支付的金额”，按照改制重组前取得该宗国有土地使用权所支付的地价款和按国家统一规定缴纳的有关费用确定；经批准以国有土地使用权作价出资入股的，为作价入股时县级及以上自然资源部门批准的评估价格。按购房发票确定扣除项目金额的，按照改制重组前购房发票所载金额并从购买年度起至本次转让年度止每年加计 5%计算扣除项目金额，购买年度是指购房发票所载日期的当年。

⑦纳税人享受上述税收政策，应按税务机关规定办理。

⑧“不改变原企业投资主体”“投资主体相同”是指企业改制重组前后出资人不发生变动，出资人的出资比例可以发生变动；“投资主体存续”是指原企业出资人必须存在于改制重组后的企业，出资人的出资比例可以发生变动。①

七、土地增值税征收管理

（一）纳税申报

纳税人应在转让房地产合同签订后 7 日内，到房地产所在地主管税务机关办理纳税申报，并向税务机关提交房屋及建筑物产权、土地使用权证书，土地转让、房产买卖合同、房地产评估报告及其他与转让房地产有关的资料，然后在税务机关规定的期限内缴纳土地增值税。

纳税人因经常发生房地产转让而难以在每次转让后申报的，经税务机关审核同意后，可以定期进行纳税申报，具体期限由主管税务机关根据情况确定。

纳税人采取预售方式销售房地产的，对在项目全部竣工结算前转让房地产取得的收入，税务机关可以预征土地增值税。具体办法由各省、自治区、直辖市税务局根据当地情况制定。

对于纳税人预售房地产所取得的收入，凡当地税务机关规定预征土地增值税的，纳税人应当到主管税务机关办理纳税申报，并按规定比例预缴，待办理完纳税清算后，多退少补。

（二）纳税清算

1. 土地增值税的清算单位

土地增值税以国家有关部门审批的房地产开发项目为单位进行清算，对于分期开发的项目，以分期项目为单位清算。开发项目中同时包含普通住宅和非普通住宅的，应分别计算增值额。

2. 土地增值税的清算条件

（1）符合下列情形之一的，纳税人应进行土地增值税的清算：

①房地产开发项目全部竣工、完成销售的；

②整体转让未竣工决算房地产开发项目的；

---

① 该内容在《2025 年度初级会计专业技术资格考试大纲》中已经删除，本教材仍保留。

③直接转让土地使用权的。

【点拨指导】应当进行清算的情形是纳税人的开发项目或者土地使用权已经完全转让的情形。

（2）符合下列情形之一的，主管税务机关可要求纳税人进行土地增值税清算：

①已竣工验收的房地产开发项目，已转让的房地产建筑面积占整个项目可售建筑面积的比例在85%以上，或该比例虽未超过85%，但剩余的可售建筑面积已经出租或自用的；

②取得销售（预售）许可证满3年仍未销售完毕的；

③纳税人申请注销税务登记但未办理土地增值税清算手续的；

④省（自治区、直辖市、计划单列市）税务机关规定的其他情况。

3. 土地增值税清算应报送的资料

纳税人办理土地增值税清算应报送以下资料：

（1）房地产开发企业清算土地增值税书面申请、土地增值税纳税申报表。

（2）项目竣工决算报表、取得土地使用权所支付的地价款凭证、国有土地使用权出让合同、银行贷款利息结算通知单、项目工程合同结算单、商品房购销合同统计表等与转让房地产的收入、成本和费用有关的证明资料。

（3）主管税务机关要求报送的其他与土地增值税清算有关的证明资料等。

纳税人委托税务中介机构审核鉴证的清算项目，还应报送中介机构出具的《土地增值税清算税款鉴证报告》。

4. 清算后再转让房地产的处理

在土地增值税清算时未转让的房地产，清算后销售或有偿转让的，纳税人应按规定进行土地增值税的纳税申报，扣除项目金额按清算时的单位建筑面积成本费用乘以销售或转让面积计算。具体公式为：

清算后再转让房地产的扣除项目金额＝单位建筑面积成本费用×销售或转让面积

单位建筑面积成本费用＝清算时的扣除项目总金额÷清算的总建筑面积

5. 土地增值税的核定征收

房地产开发企业有下列情形之一的，税务机关可以参照与其开发规模和收入水平相近的当地企业的土地增值税税负情况，按不低于预征率的征收率核定征收土地增值税：

（1）依照法律、行政法规的规定应当设置但未设置账簿的；

（2）擅自销毁账簿或者拒不提供纳税资料的；

（3）虽设置账簿，但账目混乱或者成本资料、收入凭证、费用凭证残缺不全，难以确定转让收入或扣除项目金额的；

（4）符合土地增值税清算条件，企业未按照规定的期限办理清算手续，经税务机关责令限期清算，逾期仍不清算的；

(5) 申报的计税依据明显偏低，又无正当理由的。

(三) 纳税地点

土地增值税的纳税人应向房地产所在地主管税务机关办理纳税申报，并在税务机关核定的期限内缴纳土地增值税。

【点拨指导】房地产所在地，是指房地产的坐落地。纳税人转让的房地产坐落在两个或两个以上地区的，应按房地产所在地分别申报纳税。

在实际工作中，纳税地点的确定又可分为以下两种情况：

(1) 纳税人是法人。当转让的房地产坐落地与其机构所在地或经营所在地一致时，在办理税务登记的原管辖税务机关申报纳税即可；如果转让的房地产坐落地与其机构所在地或经营所在地不一致，应在房地产坐落地所管辖的税务机关申报纳税。

(2) 纳税人是自然人。当转让的房地产坐落地与其居住所在地一致时，在住所所在地税务机关申报纳税；当转让的房地产坐落地与其居住所在地不一致时，在办理过户手续所在地的税务机关申报纳税。

第3节即测即评

第 4 节　城镇土地使用税法律制度

城镇土地使用税是国家在城市、县城、建制镇和工矿区范围内，对使用土地的单位和个人，以其实际占用的土地面积为计税依据，按照规定的税额计算征收的一种税。1988 年 9 月 27 日国务院颁布《中华人民共和国城镇土地使用税暂行条例》(以下简称《城镇土地使用税暂行条例》)，自 1988 年 11 月 1 日起施行。2006 年 12 月 31 日、2011 年 1 月 8 日、2013 年 12 月 7 日、2019 年 3 月 2 日国务院对《城镇土地使用税暂行条例》进行了四次修订。

一、城镇土地使用税纳税人

(一) 城镇土地使用税纳税人的一般规定

城镇土地使用税的纳税人，是指在税法规定的征税范围内使用土地的单位和个人。

【点拨指导】单位包括国有企业、集体企业、私营企业、股份制企业、外商投资企业、外国企业以及其他企业和事业单位、社会团体、国家机关、军队以及其他单位；个人包括个体工商户以及其他个人。

(二) 城镇土地使用税纳税人的具体规定

城镇土地使用税的纳税人，根据用地者的不同情况分别确定为：

(1) 城镇土地使用税由拥有土地使用权的单位或个人缴纳。

（2）拥有土地使用权的纳税人不在土地所在地的，由代管人或实际使用人缴纳。

（3）土地使用权未确定或权属纠纷未解决的，由实际使用人纳税。

（4）土地使用权共有的，共有各方均为纳税人，由共有各方分别纳税。

【点拨指导】土地使用权共有的，以共有各方实际使用土地的面积占总面积的比例，分别计算缴纳城镇土地使用税。

【特别提示】城镇土地使用税一般遵循受益人纳税原则：谁使用，谁受益，谁纳税。

【点拨指导】用于租赁的房屋，由出租方缴纳城镇土地使用税。

二、城镇土地使用税征税范围

（一）城镇土地使用税征税范围的一般规定

城镇土地使用税的征税范围是税法规定的纳税区域内的土地。凡在城市、县城、建制镇、工矿区范围内的土地，不论是属于国家所有的土地，还是集体所有的土地，都属于城镇土地使用税的征税范围。

（二）城镇土地使用税征税范围的具体规定

城市，是指国务院批准设立的市。城市的征税范围包括市区和郊区。

县城，是指县人民政府所在地。县城的征税范围为县人民政府所在地的城镇。

建制镇，是指经省级人民政府批准设立的镇。建制镇的征税范围为镇人民政府所在地的地区，但不包括镇政府所在地所辖行政村。

工矿区，是指工商业比较发达，人口比较集中，符合国务院规定的建制镇标准，但尚未设立建制镇的大中型工矿企业所在地。工矿区的设立必须经省级人民政府批准。

【特别提示】建立在城市、县城、建制镇和工矿区以外的工矿企业不需缴纳城镇土地使用税。

【特别提示】自2009年1月1日起，公园、名胜古迹内的索道公司经营用地，应按规定缴纳城镇土地使用税。

三、城镇土地使用税税率

城镇土地使用税采用定额税率，即采用有幅度的差别税额，按大、中、小城市和县城、建制镇、工矿区分别规定每平方米城镇土地使用税年应纳税额。

【点拨指导】大、中、小城市以公安部门登记在册的非农业正式户口人数为依据，按照国务院颁布的《城市规划条例》中规定的标准划分。人口在50万以上者为大城市；人口在20万至50万之间者为中等城市；人口在20万以下者为小城市。

城镇土地使用税税率，如表6－2所示。

表 6-2　城镇土地使用税税率表

级别	人口	每平方米税额（元）
大城市	50 万以上	1.5～30
中等城市	20 万～50 万	1.2～24
小城市	20 万以下	0.9～18
县城、建制镇、工矿区		0.6～12

【点拨指导】城镇土地使用税规定了幅度税额，每个幅度税额的差距为 20 倍。例如，30÷1.5＝20。

省、自治区、直辖市人民政府，在上述规定的税额幅度内，根据市政建设情况、经济繁荣程度等条件，确定所辖地区的适用税额幅度。

【特别提示】经济落后地区，城镇土地使用税的适用税额标准可适当降低，但降低幅度不得超过上述规定最低税额的 30%。经济发达地区，城镇土地使用税的适用税额可以适当提高，但须报经财政部批准。

四、城镇土地使用税计税依据

城镇土地使用税以纳税人实际占用的土地面积为计税依据，土地面积计量标准为每平方米。

（1）测定的土地面积凡由省级人民政府确定的单位组织测定土地面积的，以测定的土地面积为准。

（2）证书确定的土地面积。尚未组织测定，但纳税人持有政府部门核发的土地使用证书的，以证书确定的土地面积为准。

（3）申报的土地面积。尚未核发土地使用证书的，应由纳税人据实申报土地面积，并据以纳税，待核发土地使用证书后再作调整。

五、城镇土地使用税应纳税额的计算

城镇土地使用税是以纳税人实际占用的土地面积为计税依据，按照规定的适用税额计算征收。其应纳税额计算公式为：

年应纳税额＝实际占用应税土地面积(计量标准为平方米)×适用税额

【例】甲公司本年实际占地面积为 20 000 平方米，经税务机关核定，该企业所在地段适用城镇土地使用税税率每平方米税额为 6 元。要求：计算甲公司全年应纳城镇土地使用税。

【解析】

应纳城镇土地使用税＝20 000×6＝120 000(元)

六、城镇土地使用税税收优惠

（一）免征城镇土地使用税的用地

下列用地免征城镇土地使用税：

（1）国家机关、人民团体、军队自用的土地。

（2）由国家财政部门拨付事业经费的单位自用的土地。

（3）宗教寺庙、公园、名胜古迹自用的土地。

【特别提示】公园、名胜古迹中附设的营业单位、影剧院、饮食部、茶社、照相馆、索道公司经营用地等均应按规定缴纳城镇土地使用税。

（4）市政街道、广场、绿化地带等公共用地。

（5）直接用于农、林、牧、渔业的生产用地。

（6）经批准开山填海整治的土地和改造的废弃土地，从使用的月份起免缴城镇土地使用税5～10年。

（7）由财政部另行规定免税的能源、交通、水利设施用地和其他用地。

（二）城镇土地使用税税收优惠的特殊规定

（1）城镇土地使用税与耕地占用税的征税范围衔接。

为避免对同一土地同时征收耕地占用税和城镇土地使用税，凡是缴纳了耕地占用税的，从批准征用之日起满1年后征收城镇土地使用税；征用非耕地因不需要缴纳耕地占用税，应从批准征用之次月起征收城镇土地使用税。

（2）免税单位与纳税单位之间无偿使用的土地。

对免税单位无偿使用纳税单位的土地（如公安、海关等单位使用铁路、民航等单位的土地），免征城镇土地使用税；对纳税单位无偿使用免税单位的土地，纳税单位应照章缴纳城镇土地使用税。

【点拨指导】主要看无偿使用方是否为免税单位：若为免税单位，则应免税；若为纳税单位，则应照章纳税。

（3）房地产开发公司开发建造商品房的用地。

房地产开发公司开发建造商品房的用地，除经批准开发建设经济适用房的用地外，对各类房地产开发用地一律不得减免城镇土地使用税。

（4）防火、防爆、防毒等安全防范用地。

对于各类危险品仓库、厂房所需的防火、防爆、防毒等安全防范用地，可由各省、自治区、直辖市税务局确定，暂免征收城镇土地使用税；对仓库库区、厂房本身用地，应依法征收城镇土地使用税。

（5）企业的铁路专用线、公路等用地。

对企业的铁路专用线、公路等用地除另有规定者外，在企业厂区（包括生产、办公及生活区）以内的，应照章征收城镇土地使用税；在厂区以外、与社会公用地段未加隔离的，暂免征收城镇土地使用税。

（6）石油天然气（含页岩气、煤层气）生产企业用地。

①下列石油天然气生产建设用地暂免征收城镇土地使用税：

a. 地质勘探、钻井、井下作业、油气田地面工程等施工临时用地；

b. 企业厂区以外的铁路专用线、公路及输油（气、水）管道用地；

c. 油气长输管线用地。

②在城市、县城、建制镇以外工矿区内的消防、防洪排涝、防风、防沙设施用地，暂免征收城镇土地使用税。

③除上述列举免税的土地外，其他油气生产及办公、生活区用地，依照规定征收城镇土地使用税。享受上述税收优惠的用地，用于非税收优惠用途的，不得享受税收优惠。

（7）林业系统用地。

①对林区的育林地、运材道、防火道、防火设施用地，免征城镇土地使用税。

②林业系统的森林公园、自然保护区，可比照公园免征城镇土地使用税。

③除上述列举免税的土地外，对林业系统的其他生产用地及办公、生活区用地，均应征收城镇土地使用税。

（8）盐场、盐矿用地。

①对盐场、盐矿的生产厂房、办公、生活区用地，应照章征收城镇土地使用税。

②对盐场的盐滩、盐矿的矿井用地，暂免征收城镇土地使用税。

③对盐场、盐矿的其他用地，由各省、自治区、直辖市税务局根据实际情况，确定征收城镇土地使用税或给予定期减征、免征的照顾。

（9）矿山企业用地。

矿山的采矿场、排土场、尾矿库、炸药库的安全区，以及运矿运岩公路、尾矿输送管道及回水系统用地，免征城镇土地使用税。

（10）电力行业用地。

①对火电厂厂区围墙内的用地，均应征收城镇土地使用税。对厂区围墙外的灰场、输灰管、输油（气）管道、铁路专用线用地，免征城镇土地使用税；厂区围墙外的其他用地，应照章征税。

②对水电站的发电厂房用地（包括坝内、坝外式厂房），生产、办公、生活用地，应征收城镇土地使用税；对其他用地给予免税照顾。

③对供电部门的输电线路用地、变电站用地，免征城镇土地使用税。

（11）水利设施用地。

①对水利设施及其管护用地（如水库库区、大坝、堤防、灌渠、泵站等用地），免征城镇土地使用税；其他用地，如生产、办公、生活用地，应照章征税。

②对兼有发电的水利设施用地征免城镇土地使用税问题，比照电力行业征免城镇土地使用税的有关规定办理。

（12）交通部门港口用地。

对港口的码头（即泊位，包括岸边码头、伸入水中的浮码头、堤岸、堤坝、栈桥等）用地，免征城镇土地使用税。

（13）民航机场用地。

①对机场飞行区（包括跑道、滑行道、停机坪、安全带、夜航灯光区）用地、场内外通讯导航设施用地和飞行区四周排水防洪设施用地，免征城镇土地使用税。

②在机场道路中，场外道路用地免征城镇土地使用税；场内道路用地依照规定征收城镇土地使用税。

③对机场工作区（包括办公、生产和维修用地及候机楼、停车场）用地、生活区用地、绿化用地，均须依照规定征收城镇土地使用税。

（14）老年服务机构自用的土地。

老年服务机构是指专门为老年人提供生活照料、文化、护理、健身等多方面服务的福利性、非营利性的机构，主要包括老年社会福利院、敬老院（养老院）、老年服务中心、老年公寓（含老年护理院、康复中心、托老所）等。对老年服务机构自用土地免征城镇土地使用税。

（15）对国家机关、军队、人民团体、财政补助事业单位、居民委员会、村民委员会拥有的体育场馆，用于体育活动的土地，免征城镇土地使用税。

对经费自理事业单位、体育社会团体、体育基金会、体育类民办非企业单位拥有并运营管理的体育场馆，符合相关条件的，其用于体育活动的土地，免征城镇土地使用税。

对企业拥有并运营管理的大型体育场馆，其用于体育活动的土地，减半征收城镇土地使用税。

【特别提示】享受上述税收优惠体育场馆的运动场地用于体育活动的天数不得低于全年自然天数的70%。

（16）自2024年1月1日至2027年12月31日，对国家级、省级科技企业孵化器、大学科技园和国家备案众创空间自用以及无偿或通过出租等方式提供给在孵对象使用的土地，免征城镇土地使用税。[①]

（17）自2019年1月1日至2027年供暖期结束，对向居民供热收取采暖费的供热企业，为居民供热所使用的土地免征城镇土地使用税；对供热企业其他土地，应当按照规定征收城镇土地使用税。

【特别提示】供热企业，是指热力产品生产企业和热力产品经营企业。热力产品生产企业包括专业供热企业、兼营供热企业和自供热单位。

对专业供热企业，按其向居民供热取得的采暖费收入占全部采暖费收入的比例，计

① 该内容在《2025年度初级会计专业技术资格考试大纲》中已经删除，本教材仍保留。

算免征的城镇土地使用税。

对兼营供热企业，视其供热所使用的土地与其他生产经营活动所使用的土地是否可以区分，按照不同方法计算免征的城镇土地使用税。可以区分的，对其供热所使用土地，按向居民供热取得的采暖费收入占全部采暖费收入的比例，计算免征的城镇土地使用税。难以区分的，对其全部土地，按向居民供热取得的采暖费收入占其营业收入的比例，计算免征的城镇土地使用税。

对自供热单位，按向居民供热建筑面积占总供热建筑面积的比例，计算免征供热所使用土地的城镇土地使用税。

（18）自2020年1月1日至2027年12月31日，对物流企业自有（包括自用和出租）或承租的大宗商品仓储设施用地，减按所属土地等级适用税额标准的50%计征城镇土地使用税。

【特别提示】物流企业，是指至少从事仓储或运输一种经营业务，为工农业生产、流通、进出口和居民生活提供仓储、配送等第三方物流服务，实行独立核算、独立承担民事责任，并在工商部门注册登记为物流、仓储或运输的专业物流企业。

物流企业的办公、生活区用地及其他非直接用于大宗商品仓储的土地，不属于减税范围，应按规定征收城镇土地使用税。

（19）自2023年1月1日至2027年12月31日，对增值税小规模纳税人、小型微利企业和个体工商户减半征收城镇土地使用税。

七、城镇土地使用税征收管理

（一）纳税义务发生时间

（1）纳税人购置新建商品房，自房屋交付使用之次月起，缴纳城镇土地使用税（房产税）。

（2）纳税人购置存量房，自办理房屋权属转移、变更登记手续，房地产权属登记机关签发房屋权属证书之次月起，缴纳城镇土地使用税（房产税）。

（3）纳税人出租、出借房产，自交付出租、出借房产之次月起，缴纳城镇土地使用税（房产税）。

（4）以出让或者转让方式有偿取得土地使用权的，应由受让方从合同约定交付土地时间之次月起缴纳城镇土地使用税；合同未约定交付土地时间的，由受让方从合同签订之次月起缴纳城镇土地使用税。

（5）纳税人新征用的耕地，自批准征用之日起满1年时，开始缴纳城镇土地使用税。

（6）纳税人新征用的非耕地，自批准征用次月起，缴纳城镇土地使用税。

【特别提示】自2009年1月1日起，纳税人因土地的权利发生变化而依法终止城镇土地使用税纳税义务的，其应纳税款的计算应截止到土地权利发生变化的当月月末。

（二）纳税地点

城镇土地使用税在土地所在地缴纳。纳税人使用的土地不属于同一省、自治区、直辖市管辖的，由纳税人分别向土地所在地税务机关缴纳城镇土地使用税；在同一省、自治区、直辖市管辖范围内，纳税人跨地区使用的土地，其纳税地点由各省、自治区、直辖市税务局确定。

第4节即测即评

（三）纳税期限

城镇土地使用税按年计算、分期缴纳，具体纳税期限由省、自治区、直辖市人民政府确定。

第5节　耕地占用税法律制度

耕地占用税，是对在中华人民共和国境内占用耕地建设建筑物、构筑物或者从事非农业建设的单位或者个人征收的一种税。2018年12月29日第十三届全国人民代表大会常务委员会第七次会议通过了《中华人民共和国耕地占用税法》（以下简称《耕地占用税法》），自2019年9月1日起施行。

【点拨指导】我国征收耕地占用税的目的是合理利用土地资源，加强土地管理，保护耕地。

一、耕地占用税纳税人

耕地占用税的纳税人为在我国境内占用耕地建设建筑物、构筑物或者从事非农业建设的单位或者个人。

【特别提示】单位包括企业、事业单位、社会团体、国家机关、部队以及其他单位；个人包括个体工商户、农村承包经营户以及其他个人。

经申请批准占用耕地的，纳税人为农用地转用审批文件中标明的建设用地人；农用地转用审批文件中未标明建设用地人的，纳税人为用地申请人，其中用地申请人为各级人民政府的，由同级土地储备中心、自然资源主管部门或政府委托的其他部门、单位履行耕地占用税申报纳税义务。未经批准占用耕地的，纳税人为实际用地人。

二、耕地占用税征税范围

（一）征税范围的一般规定

耕地占用税的征税范围包括纳税人为建设建筑物、构筑物或从事其他非农业建设而占用的国家所有和集体所有的耕地。

【点拨指导】耕地，是指用于种植农作物的土地。

占用园地、林地、草地、农田水利用地、养殖水面、渔业水域滩涂以及其他农用地建设建筑物、构筑物或者从事非农业建设的，依照税法规定缴纳耕地占用税。但占用上述农用地建设直接为农业生产服务的生产设施的，不缴纳耕地占用税。

【点拨指导】园地，包括果园、茶园、橡胶园、其他园地。其他园地包括种植桑树、可可、咖啡、油棕、胡椒、药材等其他多年生作物的园地。

林地，包括乔木林地、竹林地、红树林地、森林沼泽、灌木林地、灌丛沼泽、其他林地，不包括城镇村庄范围内的绿化林木用地，铁路、公路征地范围内的林木用地，以及河流、沟渠的护堤林用地。其他林地包括疏林地、未成林地、迹地、苗圃等林地。

草地，包括天然牧草地、沼泽草地、人工牧草地，以及用于农业生产并已由相关行政主管部门发放使用权证的草地。

农田水利用地，包括农田排灌沟渠及相应附属设施用地。

养殖水面，包括人工开挖或者天然形成的用于水产养殖的河流水面、湖泊水面、水库水面、坑塘水面及相应附属设施用地。

渔业水域滩涂，包括专门用于种植或者养殖水生动植物的海水潮浸地带和滩地，以及用于种植芦苇并定期进行人工养护管理的苇田。

（二）征税范围的特殊规定

建设直接为农业生产服务的生产设施占用上述农用地的，不缴纳耕地占用税。直接为农业生产服务的生产设施，是指直接为农业生产服务而建设的建筑物和构筑物。具体包括：储存农用机具和种子、苗木、木材等农业产品的仓储设施；培育、生产种子、种苗的设施；畜禽养殖设施；木材集材道、运材道；农业科研、试验、示范基地；野生动植物保护、护林、森林病虫害防治、森林防火、木材检疫的设施；专为农业生产服务的灌溉排水、供水、供电、供热、供气、通讯基础设施；农业生产者从事农业生产必需的食宿和管理设施；其他直接为农业生产服务的生产设施。

三、耕地占用税税率

（一）耕地占用税的税率形式及标准

耕地占用税实行幅度地区差别定额税率，以县、自治县、不设区的市、市辖区为单位，按人均占有耕地面积分设 4 档定额。耕地占用税税率，如表 6－3 所示。

表 6－3　耕地占用税税率表

级数	人均耕地面积	每平方米税额（元）
1	1 亩以下（含 1 亩）	10～50
2	1～2 亩（含 2 亩）	8～40
3	2～3 亩（含 3 亩）	6～30
4	3 亩以上	5～25

（二）耕地占用税具体适用税率的确定

各地区耕地占用税的适用税额，由省、自治区、直辖市人民政府根据人均耕地面积和经济发展等情况，在表6-3规定的税额幅度内提出，报同级人民代表大会常务委员会决定，并报全国人民代表大会常务委员会和国务院备案。各省、自治区、直辖市耕地占用税适用税额的平均水平，不得低于“各省、自治区、直辖市耕地占用税平均税额表”（见表6-4）规定的平均税额。

表6-4　各省、自治区、直辖市耕地占用税平均税额表

省、自治区、市辖区	平均税额（元/平方米）
上海	45
北京	40
天津	35
江苏、浙江、福建、广东	30
辽宁、湖北、湖南	25
河北、安徽、江西、山东、河南、重庆、四川	22.5
广西、海南、贵州、云南、陕西	20
山西、吉林、黑龙江	17.5
内蒙古、西藏、甘肃、青海、宁夏、新疆	12.5

【特别提示】在人均耕地低于0.5亩的地区，省、自治区、直辖市可以根据当地经济发展情况，适当提高耕地占用税的适用税率，但是提高的部分不得超过《耕地占用税法》确定的当地适用税率的50%。

【特别提示】占用基本农田的，适用税率应当按照《耕地占用税法》规定的当地适用税额，加按150%征收。

【特别提示】占用园地、林地、草地、农田水利用地、养殖水面、渔业水域滩涂以及其他农用地建设建筑物、构筑物或者从事非农业建设的，适用税额可以适当低于本地区确定的适用税额，但降低的部分不得超过50%。具体适用税额由省、自治区、直辖市人民政府提出，报同级人大常务委员会决定，并报全国人民代表大会常务委员会和国务院备案。

四、耕地占用税计税依据

耕地占用税以纳税人实际占用的耕地面积为计税依据，按照适用税额标准计算应纳税额，一次性缴纳。实际占用的耕地面积，包括经批准占用的耕地面积和未经批准占用的耕地面积。

【点拨指导】纳税人实际占用耕地面积的核定以农用地转用审批文件为主要依据，必要的时候应当实地勘测。

五、耕地占用税应纳税额的计算

耕地占用税应纳税额的计算公式为：

应纳税额＝实际占用的耕地面积(平方米)×适用税率

【例】 甲公司本年10月新占用8 000平方米耕地用于工业建设。本年10月20日接到土地管理部门通知需缴纳耕地占用税。所占耕地适用的耕地占用税定额税率为20元/平方米。要求：计算甲公司本年10月的应纳耕地占用税。

【解析】

甲公司本年10月的应纳耕地占用税＝8 000×20＝160 000(元)

六、耕地占用税税收优惠

(1) 军事设施、学校、幼儿园、社会福利机构、医疗机构占用耕地，免征耕地占用税。

【特别提示】 在农用地转用环节，用地申请人能举证建设用地人使用耕地用途符合上述规定的免税情形的，免征用地申请人的耕地占用税；在供地环节，建设用地人使用耕地用途符合上述规定的免税情形的，由用地申请人和建设用地人共同申请，按退税管理的规定退还用地申请人已经缴纳的耕地占用税。

【点拨指导】 免税的军事设施，具体范围为《中华人民共和国军事设施保护法》规定的军事设施。

免税的学校，具体范围包括县级以上人民政府教育行政部门批准成立的大学、中学、小学，学历性职业教育学校和特殊教育学校，以及经省级人民政府或其人力资源社会保障行政部门批准成立的技工院校。学校内经营性场所和教职工住房占用耕地的，按照当地适用税额缴纳耕地占用税。

免税的幼儿园，具体范围限于县级以上人民政府教育行政部门批准成立的幼儿园内专门用于幼儿保育、教育的场所。

免税的社会福利机构，具体范围限于依法登记的养老服务机构、残疾人服务机构、儿童福利机构、救助管理机构、未成年人救助保护机构内，专门为老年人、残疾人、未成年人、生活无着的流浪乞讨人员提供养护、康复、托管等服务的场所。

免税的医疗机构，具体范围限于县级以上人民政府卫生健康行政部门批准设立的医疗机构内专门从事疾病诊断、治疗活动的场所及其配套设施。医疗机构内职工住房占用耕地的，按照当地适用税额缴纳耕地占用税。

(2) 农村居民在规定用地标准以内占用耕地新建自用住宅，可以按照当地的适用税额标准减半征收耕地占用税。其中，农村居民经批准搬迁，新建自用住宅占用耕地不超过原宅基地面积的部分，免征耕地占用税。

（3）农村烈士遗属、因公牺牲军人遗属、残疾军人以及符合农村最低生活保障条件的农村居民，在规定用地标准以内新建自用住宅，免征耕地占用税。

（4）铁路线路、公路线路、飞机场跑道、停机坪、港口、航道、水利工程占用耕地，减按每平方米2元的税额征收耕地占用税。

【点拨指导】减税的铁路线路，具体范围限于铁路路基、桥梁、涵洞、隧道及其按照规定两侧留地、防火隔离带。专用铁路和铁路专用线占用耕地的，按照当地适用税额缴纳耕地占用税。

减税的公路线路，具体范围限于经批准建设的国道、省道、县道、乡道和属于农村公路的村道的主体工程以及两侧边沟或者截水沟。专用公路和城区内机动车道占用耕地的，按照当地适用税额缴纳耕地占用税。

减税的飞机场跑道、停机坪，具体范围限于经批准建设的民用机场专门用于民用航空器起降、滑行、停放的场所。

减税的港口，具体范围限于经批准建设的港口内供船舶进出、停靠以及旅客上下、货物装卸的场所。

减税的航道，具体范围限于在江、河、湖泊、港湾等水域内供船舶安全航行的通道。

减税的水利工程，具体范围限于经县级以上人民政府水行政主管部门批准建设的防洪、排涝、灌溉、引（供）水、滩涂治理、水土保持、水资源保护等各类工程及其配套和附属工程的建筑物、构筑物占压地和经批准的管理范围用地。

（5）根据国民经济和社会发展的需要，国务院可以规定免征或者减征耕地占用税的其他情形，报全国人民代表大会常务委员会备案。

【特别提示】按规定免征或者减征耕地占用税后，纳税人改变原占地用途，不再属于免征或者减征耕地占用税情形的，应当按照当地适用税额补缴耕地占用税。

（6）自2023年1月1日至2027年12月31日，对增值税小规模纳税人、小型微利企业和个体工商户减半征收耕地占用税。

七、耕地占用税征收管理

（一）纳税义务发生时间

耕地占用税纳税义务发生时间为纳税人收到自然资源主管部门办理占用耕地手续通知的当日。

未经批准占用耕地的，耕地占用税纳税义务发生时间为自然资源主管部门认定的纳税人实际占用耕地的当日。

因挖损、采矿塌陷、压占、污染等损毁耕地的纳税义务发生时间为自然资源、农业农村等相关部门认定损毁耕地的当日。

（二）纳税期限

纳税人应当自纳税义务发生之日起30日内申报缴纳耕地占用税。自然资源主管部门凭耕地占用税完税凭证或者免税凭证和其他有关文件发放建设用地批准书。

（三）纳税地点

纳税人占用耕地或其他农用地，应当在耕地或其他农用地所在地申报纳税。

（四）征收机关与部门配合

耕地占用税由税务机关负责征收。税务机关应当与相关部门建立耕地占用税涉税信息共享机制和工作配合机制。县级以上地方人民政府自然资源、农业农村、水利等相关部门应当定期向税务机关提供农用地转用、临时占地等信息，协助税务机关加强耕地占用税征收管理。税务机关发现纳税人的纳税申报数据资料异常或者纳税人未按照规定期限申报纳税的，可以提请相关部门进行复核，相关部门应当自收到税务机关复核申请之日起 30 日内向税务机关出具复核意见。

纳税人的纳税申报数据资料异常或者纳税人未按照规定期限申报纳税的，包括下列情形：

（1）纳税人改变原占地用途，不再属于免征或者减征耕地占用税情形，未按照规定进行申报的。

（2）纳税人已申请用地但尚未获得批准先行占地开工，未按照规定进行申报的。

（3）纳税人实际占用耕地面积大于批准占用耕地面积，未按照规定进行申报的。

（4）纳税人未履行报批程序擅自占用耕地，未按照规定进行申报的。

（5）其他应提请相关部门复核的情形。

县级以上地方人民政府自然资源、农业农村、水利、生态环境等相关部门向税务机关提供的农用地转用、临时占地等信息，包括农用地转用信息、城市和村庄集镇按批次建设用地转而未供信息、经批准临时占地信息、改变原占地用途信息、未批先占农用地查处信息、土地损毁信息、土壤污染信息、土地复垦信息、草场使用和渔业养殖权证发放信息等。各省、自治区、直辖市人民政府应当建立健全本地区跨部门耕地占用税部门协作和信息交换工作机制。

（五）其他规定

纳税人因建设项目施工或者地质勘查临时占用耕地，应当依照规定缴纳耕地占用税。纳税人在批准临时占用耕地期满之日起一年内依法复垦，恢复种植条件的，全额退还已经缴纳的耕地占用税。

【特别提示】临时占用耕地，是指经自然资源主管部门批准，在一般不超过 2 年内临时使用耕地并且没有修建永久性建筑物的行为。

因挖损、采矿塌陷、压占、污染等损毁耕地属于税法所称的非农业建设，应依照税法规定缴纳耕地占用税；自自然资源、农业农村等相关部门认定损毁耕地之日起 3 年内依法复垦或修复，恢复种植条件的，按规定办理退税。

第5节即测即评

纳税人改变原占地用途，不再属于免征或减征情形的，应自改变用途之日起 30 日内申报补缴税款，补缴税款按改变用途的实际占用耕地面积和改变用途时当地适用税额计算。

纳税人占地类型、占地面积和占地时间等纳税申报数据材料以自然资源等相关部门提供的相关材料为准；未提供相关材料或者材料信息不完整的，经主管税务机关提出申请，由自然资源等相关部门自收到申请之日起30日内出具认定意见。

第6节　车船税法律制度

车船税，是依照法律规定对在我国境内的车辆、船舶，按照规定税目和税额计算征收的一种税。2011年2月25日，第十一届全国人民代表大会常务委员会第十九次会议通过了《中华人民共和国车船税法》（以下简称《车船税法》），自2012年1月1日起施行。2019年4月23日，第十三届全国人民代表大会常务委员会第十次会议发布《关于修改〈中华人民共和国建筑法〉等八部法律的决定》，对《车船税法》进行了修正，自2019年11月1日起施行。

一、车船税纳税人

车船税的纳税人，是指在我国境内属于税法规定的车辆、船舶（以下简称车船）的所有人或者管理人。

从事机动车第三者责任强制保险业务的保险机构为机动车车船税的扣缴义务人。

【特别提示】上述说法为考试大纲及指定教材的说法。2004年5月1日起实施的《道路交通安全法》首次提出“建立机动车第三者责任强制保险制度，设立道路交通事故社会救助基金”。2006年3月21日国务院颁布《机动车交通事故责任强制保险条例》，“机动车第三者责任强制保险”从此被“机动车交通事故责任强制保险”（简称“交强险”）代替。因此，就目前的情形，准确的说法应为：从事机动车交通事故责任强制保险业务的保险机构为机动车车船税的扣缴义务人。但参加初级会计专业技术资格“经济法基础”考试时应以考试大纲及指定教材为准。

【特别提示】外商投资企业、外国企业、华侨、外籍人员和港、澳、台同胞，也属于车船税的纳税人。

二、车船税征收范围

车船税的征税范围是指在我国境内属于《车船税法》所规定的应税车辆和船舶。具体包括：

（1）依法应当在车船登记管理部门登记的机动车辆和船舶；

（2）依法不需要在车船登记管理部门登记的在单位内部场所行驶或者作业的机动车辆和船舶。

【点拨指导】车船管理部门是指公安、交通运输、农业、渔业、军队、武装警察部队等依法具有车船登记管理职能的部门和船舶检验机构；单位是指依照中国法律、行政法规规定，在中国境内成立的行政机关、企业、事业单位、社会团体以及其他组织。

【知识链接】依法不需要在车船登记管理部门登记的机场、港口、铁路站场内部行驶或者作业的车船，自车船税法实施之日起 5 年内免征车船税。

【特别提示】境内单位和个人租入外国籍船舶的，不征收车船税。境内单位和个人将船舶出租到境外的，应依法征收车船税。

【特别提示】拖拉机、电动自行车不属于车船税的征税范围。汽车、摩托车、电车、挂车、农用运输车属于车船税的征税范围。

三、车船税税目

车船税的税目分为六大类，包括乘用车、商用车、挂车、其他车辆、摩托车和船舶。

【点拨指导】乘用车，是指在设计和技术特性上主要用于载运乘客及随身行李，核定载客人数包括驾驶员在内不超过 9 人的汽车。

商用车包括客车和货车：客车为核定载客人数 9 人以上的车辆（包括电车）；货车包括半挂牵引车、三轮汽车和低速载货汽车等。半挂牵引车，是指装备有特殊装置用于牵引半挂车的商用车。三轮汽车，是指最高设计车速不超过每小时 50 公里，具有 3 个车轮的货车。低速载货汽车，是指以柴油机为动力，最高设计车速不超过每小时 70 公里，具有 4 个车轮的货车。

挂车，是指就其设计和技术特性需由汽车或者拖拉机牵引，才能正常使用的一种无动力的道路车辆。

其他车辆包括专用作业车和轮式专用机械车等（不包括拖拉机）。

摩托车，是指无论采用何种驱动方式，最高设计车速大于每小时 50 公里，或者使用内燃机，其排量大于 50 毫升的两轮或者三轮车辆。

船舶，是指各类机动、非机动船舶以及其他水上移动装置，包括机动船舶和游艇，但是船舶上装备的救生艇筏和长度小于 5 米的艇筏除外。拖船、非机动驳船分别按照机动船舶税额的 50%计算车船税。

【特别提示】纯电动乘用车和燃料电池乘用车不属于车船税征税范围，对其不征车船税。

四、车船税税率

（一）幅度定额税率

车船税采用定额税率，又称固定税额。根据《车船税法》的规定，对应车船税实行有幅度的定额税率，即对各类车船分别规定一个最低到最高限度的年税额。车船的适用税额依照“车船税税目税额表”执行。

（二）具体适用税额的确定

车辆的具体使用税额由省、自治区、直辖市人民政府根据《车船税法》所附“车船税税目税额表”确定车辆具体适用税额时，应当遵循以下原则：

（1）乘用车依排气量从小到大递增税额；

（2）客车按照核定载客人数 20 人以下和 20 人（含）以上两档划分，递增税额。

省、自治区、直辖市人民政府确定的车辆具体适用税额，应当报国务院备案。

船舶的具体适用税额由国务院在《车船税法》所附“车船税税目税额表”规定的税额幅度内确定。车船税税目税额表，如表 6－5 所示。

表 6－5　车船税税目税额表

税目		计税单位	年基准税额	备注
乘用车［按发动机汽缸容量（排气量）分档］	1.0 升（含）以下	每辆	60～360 元	核定载客人数 9 人（含）以下
	1.0 升以上至 1.6 升（含）		300～540 元	
	1.6 升以上至 2.0 升（含）		360～660 元	
	2.0 升以上至 2.5 升（含）		660～1 200 元	
	2.5 升以上至 3.0 升（含）		1 200～2 400 元	
	3.0 升以上至 4.0 升（含）		2 400～3 600 元	
	4.0 升以上		3 600～5 400 元	
商用车	客车	每辆	480～1 440 元	核定载客人数 9 人以上，包括电车
	货车	整备质量每吨	16～120 元	货车包括半挂牵引车、三轮汽车和低速载货汽车等；客货两用车依照货车的计税单位和年基准税额计征车船税
挂车		整备质量每吨	按照货车税额的 50%计算	
其他车辆	专用作业车	整备质量每吨	16～120 元	不包括拖拉机
	轮式专用机械车		16～120 元	
摩托车		每辆	36～180 元	
机动船舶	净吨位不超过 200 吨	净吨位每吨	3 元	拖船、非机动驳船分别按照机动船舶税额的 50%计算；拖船按照发动机功率每 1 千瓦折合净吨位 0.67 吨计算征收车船税
	净吨位超过 200 吨但不超过 2 000 吨		4 元	
	净吨位超过 2 000 吨但不超过 10 000 吨		5 元	
	净吨位超过 10 000 吨		6 元	
游艇	艇身长度不超过 10 米	艇身长度每米	600 元	
	艇身长度超过 10 米但不超过 18 米		900 元	
	艇身长度超过 18 米但不超过 30 米		1 300 元	
	艇身长度超过 30 米		2 000 元	
	辅助动力帆艇		600 元	

【点拨指导】排气量、整备质量、核定载客人数、净吨位、千瓦、艇身长度，以车船登记管理部门核发的车船登记证书或者行驶证所载数据为准。

【特别提示】依法不需要办理登记的车船和依法应当登记而未办理登记或者不能提供车船登记证书、行驶证的车船，以车船出厂合格证明或者进口凭证标注的技术参数、数据为准；不能提供车船出厂合格证明或者进口凭证的，由主管税务机关参照国家相关标准核定，没有国家相关标准的参照同类车船核定。

五、车船税计税依据

车船税以车船的计税单位数量为计税依据。车船税按车船的种类和性能，分别确定每辆、整备质量每吨、净吨位每吨和艇身长度每米为计税单位。

（1）辆数。乘用车、商用客车和摩托车，以辆数为计税依据。

（2）整备质量吨位数。商用货车、挂车、专用作业车和轮式专用机械车，以整备质量吨位数为计税依据。

（3）净吨位数。机动船舶，以净吨位数为计税依据。

（4）艇身长度。游艇以艇身长度为计税依据。

六、车船税应纳税额的计算

（一）应纳税额的计算公式

车船税各税目应纳税额的计算公式为：

应纳税额＝计税单位×适用年基准税额

【特别提示】拖船和非机动驳船的应纳税额＝计税单位×适用年基准税额×50%

【知识链接】车船税自纳税义务发生的当月起按月计算。

（二）购置的新车船应纳税额的计算

购置的新车船，购置当年的应纳税额自纳税义务发生的当月起按月计算，其计算公式为：

应纳税额＝适用年基准税额×应纳税月份数÷12

（三）保险机构代收代缴车船税和滞纳金的计算

（1）购买短期交强险的车辆。

对于境外机动车临时入境、机动车临时上道路行驶、机动车距规定的报废期限不足1年而购买短期交强险的车辆，保单中“当年应缴”项目的计算公式为：

当年应缴＝计税单位×年单位税额×应纳税月份数÷12

【点拨指导】应纳税月份数为“交强险”有效期起始日期的当月至截止日期当月的月份数。

（2）已向税务机关缴税的车辆或税务机关已批准减免税的车辆。

对于已向税务机关缴税或税务机关已经批准免税的车辆，保单中“当年应缴”项目应为零。对于税务机关已批准减税的机动车，保单中“当年应缴”项目应根据减税前的应纳税额扣除依据减税证明中注明的减税幅度计算的减税额确定，计算公式为：

减税车辆应纳税额＝减税前应纳税额×(1－减税幅度)

（3）对于2007年1月1日前购置的车辆或者曾经缴纳过车船税的车辆，保单中“往年补缴”项目的计算公式为：

往年补缴＝计税单位×年单位税额×(本次缴税年度－前次缴税年度－1)

【特别提示】对于2007年1月1日前购置的车辆，纳税人从未缴纳车船税的，前次缴税年度设定为2006年。

（4）对于2007年1月1日以后购置的车辆，纳税人从购置时起一直未缴纳车船税的，保单中“往年补缴”项目的计算公式为：

往年补缴＝购置当年欠缴的税款＋购置年度以后欠缴税款

购置当年欠缴的税款＝计税单位×年单位税额×应纳税月份数÷12

【点拨指导】应纳税月份数为车辆登记日期的当月至该年度终了的月份数。若车辆尚未到车船管理部门登记，则应纳税月份数为购置日期的当月至该年度终了的月份数。

购置年度以后欠缴税款＝计税单位×年单位税额×(本次缴税年度－车辆登记年度－1)

（5）滞纳金的计算。

对于纳税人在应购买“交强险”截止日期以后购买“交强险”的，或以前年度没有缴纳车船税的，保险机构在代收代缴税款的同时，还应代收代缴欠缴税款的滞纳金。

保单中“滞纳金”项目为各年度欠税应加收滞纳金之和。

每一年度欠税应加收的滞纳金＝欠税金额×滞纳天数×0.5‰

【特别提示】滞纳天数的计算自应购买“交强险”截止日期的次日起到纳税人购买“交强险”当日止。纳税人连续2年以上欠缴车船税的，应分别计算每一年度欠税应加收的滞纳金。

【特别提示】考试大纲及指定教材中“（三）保险机构代收代缴车船税和滞纳金的计算”的内容出自《国家税务总局 中国保险监督管理委员会关于保险机构代收代缴车船税有关问题的通知》（国税发〔2007〕98号），依据《国家税务总局 中国保险监督管理委员会关于机动车车船税代收代缴有关事项的公告》（国家税务总局公告2011年第75号），该文件已经废止。但参加初级会计专业技术资格“经济法基础”考试时应以考试大纲及指定教材为准。

七、车船税税收优惠

（一）免征车船税的车船

下列车船免征车船税：

（1）捕捞、养殖渔船。

【点拨指导】捕捞、养殖渔船是指在渔业船舶管理部门登记为捕捞船或者养殖船的渔业船舶。

（2）军队、武装警察部队专用的车船。

【点拨指导】军队、武装警察部队专用的车船，是指按照规定在军队、武装警察部队车船登记管理部门登记，并领取军队、武警牌照的车船。

（3）警用车船。

【点拨指导】警用车船，是指公安机关、国家安全机关、监狱、劳动教养管理机关和人民法院、人民检察院领取警用牌照的车辆和执行警务的专用船舶。

（4）悬挂应急救援专用号牌的国家综合性消防救援车辆和国家综合性消防救援专用船舶。

（5）依照法律规定应当予以免税的外国驻华使领馆、国际组织驻华代表机构及其有关人员的车船。

（6）对节约能源、使用新能源的车船，可以减征或免征车船税。

【点拨指导】免征车船税的使用新能源汽车是指纯电动商用车、插电式（含增程式）混合动力汽车、燃料电池商用车。

【特别提示】纯电动乘用车和燃料电池乘用车不属于车船税征税范围，对其不征车船税。

【特别提示】免征车船税的使用新能源汽车（不含纯电动乘用车和燃料电池乘用车），必须符合国家有关标准。

（7）临时入境的外国车船和香港特别行政区、澳门特别行政区、台湾地区的车船，不征收车船税。

（8）按照规定缴纳船舶吨税的机动船舶，自《车船税法》实施之日起5年内免征车船税。

（9）依法不需要在车船登记管理部门登记的机场、港口、铁路站场内部行驶或者作业的车船，自《车船税法》实施之日起5年内免征车船税。

【知识链接】注意不征税和免税的区别。拖拉机、电动自行车本身就不属于车船税的征税范围，因此不属于免税项目。

（二）车船税其他税收优惠

（1）对节约能源车船，减半征收车船税。

减半征收车船税的节约能源乘用车应同时符合以下标准：①获得许可在中国境内销

售的排量为1.6升以下（含1.6升）的燃用汽油、柴油的乘用车（含非插电式混合动力、双燃料和两用燃料乘用车）；②综合工况燃料消耗量应符合标准。

减半征收车船税的节约能源商用车应同时符合下列标准：①获得许可在中国境内销售的燃用天然气、汽油、柴油的重型商用车（含非插电式混合动力、双燃料和两用燃料轻型和重型商用车）；②燃用汽油、柴油的轻型和重型商用车综合工况燃料消耗量应符合标准。

（2）对受地震、洪涝等严重自然灾害影响纳税困难以及其他特殊原因确需减免税的车船，可以在一定期限内减征或者免征车船税。

【特别提示】具体减免期限和数额由省、自治区、直辖市人民政府确定，报国务院备案。

（3）省、自治区、直辖市人民政府根据当地实际情况，可以对公共交通车船，农村居民拥有并主要在农村地区使用的摩托车、三轮汽车和低速载货汽车定期减征或者免征车船税。

八、车船税征收管理

（一）纳税义务发生时间

车船税纳税义务发生时间为取得车船所有权或者管理权的当月。以购买车船的发票或其他证明文件所载日期的当月为准。

【点拨指导】车船税的纳税义务发生时间，为车船管理部门核发的车船登记证书或者行驶证书所记载日期的当月。纳税人未按照规定到车船管理部门办理应税车船登记手续的，以车船购置发票所载开具时间的当月作为车船税的纳税义务发生时间。对未办理车船登记手续且无法提供车船购置发票的，由主管地方税务机关核定纳税义务发生时间。

（二）纳税地点

车船税由地方税务机关负责征收。车船税的纳税地点为车船的登记地或者车船税扣缴义务人所在地。

【点拨指导】扣缴义务人代收代缴车船税的，纳税地点为扣缴义务人所在地。

纳税人自行申报缴纳车船税的，纳税地点为车船登记地的主管税务机关所在地。

依法不需要办理登记的车船，其车船税的纳税地点为车船的所有人或者管理人所在地。

（三）纳税申报

车船税按年申报，分月计算，一次性缴纳。纳税年度为公历1月1日至12月31日。具体申报纳税期限由省、自治区、直辖市人民政府规定。

（1）从事机动车第三者责任强制保险业务的保险机构为机动车车船税的扣缴义务人，应当在收取保险费时依法代收车船税，并出具代收税款凭证。

机动车车船税扣缴义务人在代收车船税时，应当在机动车交通事故责任强制保险的保险单以及保费发票上注明已收税款的信息，作为代收税款凭证。

（2）已完税或者依法减免税的车辆，纳税人应当向扣缴义务人提供登记地的主管税务机关出具的完税凭证或者减免税证明。

（3）纳税人没有按照规定期限缴纳车船税的，扣缴义务人在代收代缴税款时，可以一并代收代缴欠缴税款的滞纳金。

（4）扣缴义务人已代收代缴车船税的，纳税人不再向车辆登记地的主管税务机关申报缴纳车船税。没有扣缴义务人的，纳税人应当向主管税务机关自行申报缴纳车船税。

（5）纳税人缴纳车船税时，应当提供反映排气量、整备质量、核定载客人数、净吨位、千瓦、艇身长度等与纳税相关信息的相应凭证以及税务机关根据实际需要要求提供的其他资料。纳税人以前年度已经提供前款所列资料信息的，可以不再提供。

（6）已缴纳车船税的车船在同一纳税年度内办理转让过户的，不另纳税，也不退税。

（四）其他管理规定

（1）车辆所有人或者管理人在申请办理车辆相关登记、定期检验手续时，应当向公安机关交通管理部门提交依法纳税或者免税证明。公安机关交通管理部门核查后办理相关手续。

公安、交通运输、农业、渔业等车船登记管理部门、船舶检验机构和车船税扣缴义务人的行业主管部门应当在提供车船有关信息等方面，协助税务机关加强车船税的征收管理。

公安机关交通管理部门在办理车辆相关登记和定期检验手续时，经核查，对没有提供依法纳税或者免税证明的，不予办理相关手续。

（2）扣缴义务人应当及时解缴代收代缴的税款和滞纳金，并向主管税务机关申报。扣缴义务人向税务机关解缴税款和滞纳金时，应当同时报送明细的税款和滞纳金扣缴报告。扣缴义务人解缴税款和滞纳金的具体期限，由省、自治区、直辖市税务机关依照法律、行政法规的规定确定。

（3）购置的新车船，购置当年的应纳税额自纳税义务发生的当月起按月计算。应纳税额为年应纳税额除以 12 再乘以应纳税月份数。

（4）在一个纳税年度内，已完税的车船被盗抢、报废、灭失的，纳税人可以凭有关管理机关出具的证明和完税凭证，向纳税所在地的主管税务机关申请退还自被盗抢、报废、灭失月份起至该纳税年度终了期间的税款。已办理退税的被盗抢车船失而复得的，纳税人应当从公安机关出具相关证明的当月起计算缴纳车船税。

第6节即测即评

第 7 节　资源税法律制度①

资源税是对在中华人民共和国领域和中华人民共和国管辖的其他海域开发应税资源

① 本节主要根据 2020 年 9 月 1 日起施行的《中华人民共和国资源税法》编写。

的单位和个人征收的一种税。2019年8月26日第十三届全国人大常委会第十二次会议通过了《中华人民共和国资源税法》（以下简称《资源税法》），自2020年9月1日起施行。

一、资源税纳税人

资源税纳税人是指在中华人民共和国领域和中华人民共和国管辖的其他海域开发应税资源的单位和个人。对资源税纳税义务人的理解，应注意以下几点：

（1）仅对在中国领域及管辖的其他海域从事应税资源开发的单位和个人征收资源税，对进口的相关产品不征收资源税。

【特别提示】对于资源税，进口应税资源不征，出口应税资源不退（免）。

（2）资源税纳税义务人不仅包括符合规定的中国企业和个人，还包括外商投资企业和外国企业。中外合作开采陆上、海上石油资源的企业依法缴纳资源税。

【特别提示】2011年11月1日前已依法订立中外合作开采陆上、海上石油资源合同的，在该合同有效期内，继续依照国家有关规定缴纳矿区使用费，不缴纳资源税；合同期满后，依法缴纳资源税。

二、资源税征税范围和税目

应税资源的具体范围由《资源税法》所附“资源税税目税率表”确定，包括能源矿产、金属矿产、非金属矿产、水气矿产、盐类，共计五大类，各税目的征税对象包括原矿或选矿。

（一）能源矿产

能源矿产包括原油；天然气、页岩气、天然气水合物；煤；煤成（层）气；铀、钍；油页岩、油砂、天然沥青、石煤；地热。

（二）金属矿产

金属矿产包括黑色金属和有色金属。

（三）非金属矿产

非金属矿产包括矿物类、岩石类和宝玉石类。

（四）水气矿产

水气矿产包括二氧化碳气、硫化氢气、氦气、氡气、矿泉水。

（五）盐类

盐类包括钠盐、钾盐、镁盐、锂盐、天然卤水、海盐。

（六）自用应税产品

纳税人开采或者生产应税产品自用的，视同销售，应当依照《中华人民共和国资源税法》的规定缴纳资源税；但是自用于连续生产应税产品的，不缴纳资源税。

【特别提示】由于资源产品属于有形动产，资源税的征税范围与增值税的征税范围有一定程度的重叠。

【点拨指导】纳税人自用应税产品应当缴纳资源税的情形，包括纳税人以应税产品用于非货币性资产交换、捐赠、偿债、赞助、集资、投资、广告、样品、职工福利、利润分配或者连续生产非应税产品等。

【知识链接】纳税人自产自用的应税消费品，用于连续生产应税消费品的，不纳税（消费税）；用于其他方面的（生产非应税消费品、在建工程、管理部门、馈赠、赞助、集资、广告、样品、职工福利、奖励等），视同销售，在移送使用时纳税（消费税）。

【特别提示】资源税对应税资源的生产者或开采者征收，并且于其销售或自用时一次性征收，批发、零售等环节不征收资源税。

（七）试点征收水资源税

自2016年7月1日起在河北省开展水资源税改革试点，采取水资源费改税方式，将地表水和地下水纳入征税范围，实行从量定额计征。自2017年12月1日起在北京、天津、山西、内蒙古、山东、河南、四川、陕西、宁夏9个省（自治区、直辖市）扩大水资源税改革试点。2024年10月15日，财政部、国家税务总局、水利部联合公布《水资源税改革试点实施办法》，宣布自2024年12月1日起全面实施水资源税改革试点。

知识链接

《水资源税改革试点实施办法》

三、资源税税率

（一）比例税率与定额税率

资源税采用比例税率或者定额税率两种形式。税目、税率依照“资源税税目税率表”执行。其中，对地热、石灰岩、其他粘土、砂石、矿泉水和天然卤水6种应税资源采用比例税率或定额税率，其他应税资源均采用比例税率。

（二）具体适用税率的确定

“资源税税目税率表”中规定实行幅度税率的，其具体适用税率由省、自治区、直辖市人民政府统筹考虑该应税资源的品位、开采条件以及对生态环境的影响等情况，在“资源税税目税率表”规定的税率幅度内提出，报同级人民代表大会常务委员会决定，并报全国人民代表大会常务委员会和国务院备案。“资源税税目税率表”中规定征税对象为原矿或者选矿的，应当分别确定具体适用税率。

水资源税根据当地水资源状况、取用水类型和经济发展等情况实行差别税率。

资源税税目税率表，如表6-6所示。

表6-6 资源税税目税率表

税目			征税对象	税率
能源矿产	原油		原矿	6%
	天然气、页岩气、天然气水合物		原矿	6%
	煤		原矿或者选矿	2%～10%
	煤成（层）气		原矿	1%～2%
	铀、钍		原矿	4%
	油页岩、油砂、天然沥青、石煤		原矿或者选矿	1%～4%
	地热		原矿	1%～20%或者每立方米1～30元
金属矿产	黑色金属	铁、锰、铬、钒、钛	原矿或者选矿	1%～9%
	有色金属	铜、铅、锌、锡、镍、锑、镁、钴、铋、汞	原矿或者选矿	2%～10%
		铝土矿	原矿或者选矿	2%～9%
		钨	选矿	6.5%
		钼	选矿	8%
		金、银	原矿或者选矿	2%～6%
		铂、钯、钌、锇、铱、铑	原矿或者选矿	5%～10%
		轻稀土	选矿	7%～12%
		中重稀土	选矿	20%
		铍、锂、锆、锶、铷、铯、铌、钽、锗、镓、铟、铊、铪、铼、镉、硒、碲	原矿或者选矿	2%～10%
非金属矿产	矿物类	高岭土	原矿或者选矿	1%～6%
		石灰岩	原矿或者选矿	1%～6%或者每吨（或者每立方米）1～10元
		磷	原矿或者选矿	3%～8%
		石墨	原矿或者选矿	3%～12%
		萤石、硫铁矿、自然硫	原矿或者选矿	1%～8%
		天然石英砂、脉石英、粉石英、水晶、工业用金刚石、冰洲石、蓝晶石、硅线石（矽线石）、长石、滑石、刚玉、菱镁矿、颜料矿物、天然碱、芒硝、钠硝石、明矾石、砷、硼、碘、溴、膨润土、硅藻土、陶瓷土、耐火粘土、铁矾土、凹凸棒石粘土、海泡石粘土、伊利石粘土、累托石粘土	原矿或者选矿	1%～12%

续表

税目			征税对象	税率
非金属矿产	矿物类	叶蜡石、硅灰石、透辉石、珍珠岩、云母、沸石、重晶石、毒重石、方解石、蛭石、透闪石、工业用电气石、白垩、石棉、蓝石棉、红柱石、石榴子石、石膏	原矿或者选矿	2%～12%
		其他粘土（铸型用粘土、砖瓦用粘土、陶粒用粘土、水泥配料用粘土、水泥配料用红土、水泥配料用黄土、水泥配料用泥岩、保温材料用粘土）	原矿或者选矿	1%～5%或者每吨（或者每立方米）0.1～5 元
	岩石类	大理岩、花岗岩、白云岩、石英岩、砂岩、辉绿岩、安山岩、闪长岩、板岩、玄武岩、片麻岩、角闪岩、页岩、浮石、凝灰岩、黑曜岩、霞石正长岩、蛇纹岩、麦饭石、泥灰岩、含钾岩石、含钾砂页岩、天然油石、橄榄岩、松脂岩、粗面岩、辉长岩、辉石岩、正长岩、火山灰、火山渣、泥炭	原矿或者选矿	1%～10%
	宝玉石类	砂石	原矿或者选矿	1%～5%或者每吨（或者每立方米）0.1～5 元
		宝石、玉石、宝石级金刚石、玛瑙、黄玉、碧玺	原矿或者选矿	4%～20%
水气矿产	二氧化碳气、硫化氢气、氦气、氡气		原矿	2%～5%
	矿泉水		原矿	1%～20%或者每立方米 1～30 元
盐	钠盐、钾盐、镁盐、锂盐		选矿	3%～15%
	天然卤水		原矿	3%～15%或者每吨（或者每立方米）1～10 元
	海盐			2%～5%

四、资源税计税依据

（一）资源税计税依据的一般规定

资源税按照“资源税税目税率表”实行从价计征或者从量计征。以纳税人开发应税资源产品的销售额或者销售数量为计税依据。

“资源税税目税率表”中规定可以选择实行从价计征或者从量计征的，具体计征方式由省、自治区、直辖市人民政府提出，报同级人民代表大会常务委员会决定，并报全国人民代表大会常务委员会和国务院备案。

实行从价计征的，应纳税额按照应税资源产品（以下简称“应税产品”）的销售额乘以具体适用税率计算。实行从量计征的，应纳税额按照应税产品的销售数量乘以具体适用税率计算。

应税产品为矿产品的，包括原矿和选矿产品。

纳税人开采或者生产不同税目应税产品的，应当分别核算不同税目应税产品的销售额或者销售数量；未分别核算或者不能准确提供不同税目应税产品的销售额或者销售数量的，从高适用税率。

（二）销售额

（1）资源税应税产品销售额是指纳税人销售应税产品向购买方收取的全部价款，但不包括收取的增值税税款。计入销售额中的相关运杂费用，凡取得增值税发票或者其他合法有效凭据的，准予从销售额中扣除。相关运杂费用是指应税产品从坑口或者洗选（加工）地到车站、码头或者购买方指定地点的运输费用、建设基金以及随运销产生的装卸、仓储、港杂费用。

（2）纳税人申报的应税产品销售额明显偏低且无正当理由的，或者有自用应税产品行为而无销售额的，主管税务机关可以按下列方法和顺序确定其应税产品销售额：

①按纳税人最近时期同类产品的平均销售价格确定。

②按其他纳税人最近时期同类产品的平均销售价格确定。

③按后续加工非应税产品销售价格，减去后续加工环节的成本利润后确定。

④按应税产品组成计税价格确定。

组成计税价格＝成本×(1＋成本利润率)÷(1－资源税税率)

上述公式中的成本利润率由省、自治区、直辖市税务机关确定。

⑤按其他合理方法确定。

（三）销售数量

应税产品的销售数量，包括纳税人开采或者生产应税产品的实际销售数量和自用于应当缴纳资源税情形的应税产品数量。

（四）资源税计税依据的特殊规定

（1）纳税人外购应税产品与自采应税产品混合销售或者混合加工为应税产品销售的，在计算应税产品销售额或者销售数量时，准予扣减外购应税产品的购进金额或者购进数量；当期不足扣减的，可结转下期扣减。纳税人应当准确核算外购应税产品的购进金额或者购进数量，未准确核算的，一并计算缴纳资源税。

纳税人核算并扣减当期外购应税产品购进金额、购进数量，应当依据外购应税产品的增值税发票、海关进口增值税专用缴款书或者其他合法有效凭据。

（2）纳税人以外购原矿与自采原矿混合为原矿销售，或者以外购选矿产品与自产选矿产品混合为选矿产品销售的，在计算应税产品销售额或者销售数量时，直接扣减外购原矿或者外购选矿产品的购进金额或者购进数量。

纳税人以外购原矿与自采原矿混合洗选加工为选矿产品销售的，在计算应税产品销售额或者销售数量时，按照下列方法进行扣减：

$$准予扣减的外购应税产品购进金额(数量)=外购原矿购进金额(数量)\times\frac{本地区原矿适用税率}{本地区选矿产品适用税率}$$

不能按照上述方法计算扣减的，按照主管税务机关确定的其他合理方法进行扣减。

(3) 纳税人开采或者生产同一税目下适用不同税率应税产品的，应当分别核算不同税率应税产品的销售额或者销售数量；未分别核算或者不能准确提供不同税率应税产品的销售额或者销售数量的，从高适用税率。

(4) 纳税人以自采原矿（经过采矿过程采出后未进行选矿或者加工的矿石）直接销售，或者自用于应当缴纳资源税情形的，按照原矿计征资源税。

纳税人以自采原矿洗选加工为选矿产品（通过破碎、切割、洗选、筛分、磨矿、分级、提纯、脱水、干燥等过程形成的产品，包括富集的精矿和研磨成粉、粒级成型、切割成型的原矿加工品）销售，或者将选矿产品自用于应当缴纳资源税情形的，按照选矿产品计征资源税，在原矿移送环节不缴纳资源税。对于无法区分原生岩石矿种的粒级成型砂石颗粒，按照砂石税目征收资源税。

(5) 纳税人开采或者生产同一应税产品，其中既有享受减免税政策的，又有不享受减免税政策的，按照免税、减税项目的产量占比等方法分别核算确定免税、减税项目的销售额或者销售数量。

五、资源税应纳税额的计算

资源税的应纳税额，按照从价定率或者从量定额的办法，分别以应税产品的销售额乘以纳税人具体适用的比例税率或者以应税产品的销售数量乘以纳税人具体适用的定额税率计算。

(一) 从价定率计征资源税应纳税额的计算公式

采用从价定率办法计算应纳税额，其计算公式为：

应纳资源税=应税产品的销售额×适用的比例税率

【例】 甲煤矿本年 2 月开采原煤 100 万吨，当月对外销售 75 万吨；为职工宿舍供暖，使用本月开采的原煤 5 万吨；向洗煤车间移送本月开采的原煤 12 万吨加工洗煤，尚未对外销售；其余 8 万吨原煤待售。该煤矿每吨原煤不含增值税售价为 550 元（不含从坑口到车站、码头等的运输费用），适用的资源税税率为 5%。要求：计算甲煤矿本年 2 月的应纳资源税。

【解析】

应纳资源税=(75+5)×550×5%=2 200(万元)

(二) 从量定额计征资源税应纳税额的计算公式

采用从量定额办法计算应纳税额，其计算公式为：

应纳资源税=应税产品的销售数量×适用的定额税率

（三）代扣代缴资源税应纳税额的计算公式

扣缴义务人代扣代缴资源税应纳税额的计算：

代扣代缴应纳资源税＝收购未税产品的数量×适用定额税率

【特别提示】“扣缴义务人代扣代缴资源税”是考试大纲及指定教材中的说法，已经过时了。根据《国家税务总局关于公布取消一批税务证明事项以及废止和修改部分规章规范性文件的决定》（国家税务总局令第48号）的规定，废止了《中华人民共和国资源税代扣代缴管理办法》（国税发〔1998〕49号文件印发，国家税务总局令第44号修改）。根据《关于〈国家税务总局关于公布取消一批税务证明事项以及废止和修改部分规章规范性文件的决定〉的解读》，取消“资源税管理证明”后，实行纳税人自主申报，不再采用代扣代缴的征管方式，但参加初级会计专业技术资格“经济法基础”考试时应以考试大纲及指定教材为准。

六、资源税税收优惠

（一）免征资源税的情形

有下列情形之一的，免征资源税：

（1）开采原油以及在油田范围内运输原油过程中用于加热的原油、天然气；

（2）煤炭开采企业因安全生产需要抽采的煤成（层）气。

（二）减征资源税的情形

有下列情形之一的，减征资源税：

（1）从低丰度油气田开采的原油、天然气，减征20％资源税。

（2）高含硫天然气、三次采油和从深水油气田开采的原油、天然气，减征30％资源税。

（3）稠油、高凝油减征40％资源税。

（4）从衰竭期矿山开采的矿产品，减征30％资源税。

（5）自2023年1月1日至2027年12月31日，对增值税小规模纳税人、小型微利企业和个体工商户减半征收资源税（不含水资源税）。

（6）为促进页岩气开发利用，有效增加天然气供给，在2027年12月31日之前，继续对页岩气资源税（按6％的规定税率）减征30％。

（7）自2014年12月1日至2027年8月31日，对充填开采置换出来的煤炭，资源税减征50％。自2023年9月1日至2027年12月31日，该政策继续执行。①

根据国民经济和社会发展需要，国务院对有利于促进资源节约集约利用、保护环境等情形可以规定免征或者减征资源税，报全国人大常委会备案。

（三）地方减免资源税的情形

有下列情形之一的，省、自治区、直辖市可以决定免征或者减征资源税：

（1）纳税人开采或者生产应税产品过程中，因意外事故或者自然灾害等原因遭受重

① （5）至（7）的内容在《2025年度初级会计专业技术资格考试大纲》中已经删除，本教材仍保留。

大损失；

（2）纳税人开采共伴生矿、低品位矿、尾矿。

这里的免征或者减征资源税的具体办法，由省、自治区、直辖市人民政府提出，报同级人民代表大会常务委员会决定，并报全国人民代表大会常务委员会和国务院备案。

纳税人开采或者生产同一应税产品同时符合两项或者两项以上减征资源税优惠政策的，除另有规定外，只能选择其中一项执行。

【特别提示】纳税人的免税、减税项目，应当单独核算销售额或者销售数量；未单独核算或者不能准确提供销售额或者销售数量的，不予免税或者减税。

七、资源税征收管理

（一）纳税义务发生时间

纳税人销售应税产品，纳税义务发生时间为收讫销售款或者取得索取销售款凭据的当日；自用应税产品的，纳税义务发生时间为移送应税产品的当日。

资源税由税务机关征收管理。海上开采的原油和天然气资源税由海洋石油税务管理机构征收管理。

（二）纳税地点

纳税人应当在矿产品的开采地或者海盐的生产地缴纳资源税。

（三）纳税期限

资源税按月或者按季申报缴纳；不能按固定期限计算缴纳的，可以按次申报缴纳。

纳税人按月或者按季申报缴纳的，应当自月度或者季度终了之日起 15 日内，向税务机关办理纳税申报并缴纳税款；按次申报缴纳的，应当自纳税义务发生之日起 15 日内，向税务机关办理纳税申报并缴纳税款。

第7节即测即评

第 8 节　环境保护税法律制度

环境保护税是为了保护和改善环境，减少污染物排放，推进生态文明建设而征收的一种税。2016 年 12 月 25 日第十二届全国人大常委会第二十五次会议通过了《中华人民共和国环境保护税法》（以下简称《环境保护税法》），自 2018 年 1 月 1 日起施行。2018 年 10 月 26 日第十三届全国人大常委会第六次会议对《环境保护税法》进行了修正，自公布之日起施行。

一、环境保护税纳税人

环境保护税纳税人是在中华人民共和国领域和中华人民共和国管辖的其他海域，直接向环境排放应税污染物的企业事业单位和其他生产经营者。

【特别提示】对于环境保护税纳税人，按照规定征收环境保护税，不再征收排污费。

二、环境保护税征税范围

应税污染物，是指《环境保护税法》所附“环境保护税税目税额表”“应税污染物和当量值表”规定的大气污染物、水污染物、固体废物和噪声。

【特别提示】有下列情形之一的，不属于直接向环境排放污染物，不缴纳相应污染物的环境保护税：①企业事业单位和其他生产经营者向依法设立的污水集中处理、生活垃圾集中处理场所排放应税污染物的；②企业事业单位和其他生产经营者在符合国家和地方环境保护标准的设施、场所贮存或者处置固体废物的。

依法设立的城乡污水集中处理、生活垃圾集中处理场所超过国家和地方规定的排放标准向环境排放应税污染物的，应当缴纳环境保护税。

企业事业单位和其他生产经营者贮存或者处置固体废物不符合国家和地方环境保护标准的，应当缴纳环境保护税。

三、环境保护税税率

环境保护税实行定额税率。税目、税额依照“环境保护税税目税额表”执行，如表6－7所示。

表6－7　环境保护税税目税额表

税目		计税单位	税额	备注
大气污染物		每污染当量	1.2～12元	
水污染物		每污染当量	1.4～14元	
固体废物	煤矸石	每吨	5元	
	尾矿	每吨	15元	
	危险废物	每吨	1 000元	
	冶炼渣、粉煤灰、炉渣、其他固体废物（含半固态、液态废物）	每吨	25元	
噪声	工业噪声	超标1～3分贝	每月350元	1. 一个单位边界上有多处噪声超标，根据最高一处超标声级计算应纳税额；当沿边界长度超过100米有两处以上噪声超标，按照两个单位计算应纳税额
		超标4～6分贝	每月700元	
		超标7～9分贝	每月1 400元	
		超标10～12分贝	每月2 800元	
		超标13～15分贝	每月5 600元	

续表

税目		计税单位	税额	备注
噪声	工业噪声	超标16分贝以上	每月11 200元	2. 一个单位有不同地点作业场所的，应当分别计算应纳税额，合并计征 3. 昼、夜均超标的环境噪声，昼、夜分别计算应纳税额，累计计征 4. 声源一个月内超标不足15天的，减半计算应纳税额 5. 夜间频繁突发和夜间偶然突发厂界超标噪声，按等效声级和峰值噪声两种指标中超标分贝值高的一项计算应纳税额

应税大气污染物和水污染物的具体适用税额的确定和调整，由省、自治区、直辖市人民政府统筹考虑本地区环境承载能力、污染物排放现状和经济社会生态发展目标要求，在“环境保护税税目税额表”规定的税额幅度内提出，报同级人大常委会决定，并报全国人大常委会和国务院备案。

四、环境保护税计税依据

应税污染物的计税依据，按照下列方法确定：

（1）应税大气污染物按照污染物排放量折合的污染当量数确定；

（2）应税水污染物按照污染物排放量折合的污染当量数确定；

（3）应税固体废物按照固体废物的排放量确定；

（4）应税噪声按照超过国家规定标准的分贝数确定。

五、环境保护税应纳税额的计算

（一）应纳税额的计算公式

环境保护税应纳税额按照下列方法计算：

（1）应税大气污染物的应纳税额的计算。

应税大气污染物的应纳税额＝污染当量数×具体适用税额

（2）应税水污染物的应纳税额的计算。

应税水污染物的应纳税额＝污染当量数×具体适用税额

（3）应税固体废物的应纳税额的计算。

应税固体废物的应纳税额＝固体废物排放量×具体适用税额

（4）应税噪声的应纳税额的计算。

应税噪声的应纳税额＝超过国家规定标准的分贝数对应的具体适用税额

（二）排放量和噪声的分贝数的计算

应税大气污染物、水污染物、固体废物的排放量和噪声的分贝数，按照下列方法和顺序计算：

（1）纳税人安装使用符合国家规定和监测规范的污染物自动监测设备的，按照污染物自动监测数据计算；

（2）纳税人未安装使用污染物自动监测设备的，按照监测机构出具的符合国家有关规定和监测规范的监测数据计算；

（3）因排放污染物种类多等原因不具备监测条件的，按照国务院生态环境主管部门规定的排污系数、物料衡算方法计算；

（4）不能按照上述第（1）项至第（3）项规定的方法计算的，按照省、自治区、直辖市人民政府生态环境主管部门规定的抽样测算的方法核定计算。

【例】甲公司为一家工业生产企业，本年1月甲公司排放的大气污染物折合2 000污染当量。当地大气污染物适用税额为5元/污染当量。要求：计算甲公司本年1月的应纳环境保护税。

【解析】

甲公司本年1月应纳环境保护税＝2 000×5＝10 000(元)

六、环境保护税税收优惠

（一）暂予免征环境保护税的情形

下列情形暂予免征环境保护税：

（1）农业生产（不包括规模化养殖）排放应税污染物的；

（2）机动车、铁路机车、非道路移动机械、船舶和航空器等流动污染源排放应税污染物的；

（3）依法设立的城乡污水集中处理、生活垃圾集中处理场所排放相应应税污染物，不超过国家和地方规定的排放标准的；

（4）纳税人综合利用的固体废物，符合国家和地方环境保护标准的；

（5）国务院批准免税的其他情形。

其中，第（5）项免税规定，由国务院报全国人民代表大会常务委员会备案。

（二）减征环境保护税的情形

（1）纳税人排放应税大气污染物或者水污染物的浓度值低于国家和地方规定的污染物排放标准30％的，减按75％征收环境保护税。

（2）纳税人排放应税大气污染物或者水污染物的浓度值低于国家和地方规定的污染物排放标准50％的，减按50％征收环境保护税。

七、环境保护税征收管理

（一）征收管理的基本要求

（1）环境保护税由税务机关依照《中华人民共和国税收征收管理法》和《中华人民共和国环境保护税法》的有关规定征收管理。生态环境主管部门依照《中华人民共和国环境保护税法》和有关环境保护法律法规的规定负责对污染物的监测管理。

（2）生态环境主管部门应当将排污单位的排污许可、污染物排放数据、环境违法和受行政处罚情况等环境保护相关信息，定期交送税务机关。

（3）税务机关应当将纳税人的纳税申报、税款入库、减免税额、欠缴税款以及风险疑点等环境保护税涉税信息，定期交送生态环境主管部门。

（二）纳税义务发生时间

环境保护税的纳税义务发生时间为纳税人排放应税污染物的当日。

（三）纳税地点

环境保护税的纳税人应当向应税污染物排放地的税务机关申报缴纳环境保护税。

（四）纳税期限

环境保护税按月计算，按季申报缴纳。不能按固定期限计算缴纳的，可以按次申报缴纳。

纳税人按季申报缴纳的，应当自季度终了之日起15日内，向税务机关办理纳税申报并缴纳税款。纳税人按次申报缴纳的，应当自纳税义务发生之日起15日内，向税务机关办理纳税申报并缴纳税款。

第8节即测即评

第9节 印花税法律制度

印花税是对经济活动和经济交往中书立、领受、使用的应税经济凭证征收的一种税。因纳税人主要是通过在应税凭证上粘贴印花税票来完成纳税义务，故名印花税。2021年6月10日，第十三届全国人大常委会第二十九次会议通过了《中华人民共和国印花税法》（以下简称《印花税法》），自2022年7月1日起施行。

一、印花税纳税人

（一）印花税纳税人的一般规定

在中华人民共和国境内书立应税凭证、进行证券交易的单位和个人，为印花税的纳税人，应当依照《印花税法》的规定缴纳印花税。在中华人民共和国境外书立在境内使用的应税凭证的单位和个人，应当依照《印花税法》规定缴纳印花税。

【点拨指导】应税凭证，是指《印花税法》所附“印花税税目税率表”列明的合同、产权转移书据和营业账簿。单位，是指企业、行政单位、事业单位、军事单位、社会团体及其他单位；个人，是指个体工商户和其他个人。

【特别提示】如果一份合同或应税凭证由两方或两方以上当事人共同签订，签订合同或应税凭证的各方都是纳税人，应各就其所持合同或应税凭证的计税金额履行纳税义务。

书立应税凭证的纳税人，为对应税凭证有直接权利义务关系的单位和个人。采用委托贷款方式书立的借款合同纳税人，为受托人和借款人，不包括委托人。按买卖合同或者产权转移书据税目缴纳印花税的拍卖成交确认书纳税人，为拍卖标的的产权人和买受人，不包括拍卖人。

在中华人民共和国境外书立在境内使用的应税凭证，应当按规定缴纳印花税，包括以下几种情形：

（1）应税凭证的标的为不动产的，该不动产在境内；

（2）应税凭证的标的为股权的，该股权为中国居民企业的股权；

（3）应税凭证的标的为动产或者商标专用权、著作权、专利权、专有技术使用权的，其销售方或者购买方在境内，但不包括境外单位或者个人向境内单位或者个人销售完全在境外使用的动产或者商标专用权、著作权、专利权、专有技术使用权；

（4）应税凭证的标的为服务的，其提供方或者接受方在境内，但不包括境外单位或者个人向境内单位或者个人提供完全在境外发生的服务。

（二）印花税纳税人的具体规定

根据书立、领受、使用应税凭证的不同，纳税人可分为立合同人、立账簿人、立据人和使用人等。

（1）立合同人，是指合同的当事人，即对凭证有直接权利义务关系的单位和个人，但不包括合同的担保人、证人、鉴定人。当事人的代理人有代理纳税义务。

【点拨指导】合同，是指根据《民法典》的规定订立的各类合同，包括买卖、借款、融资租赁、租赁、承揽、建设工程、运输、技术、保管、仓储、财产保险共11类合同。

（2）立账簿人，是指开立并使用营业账簿的单位和个人。

【举例说明】如甲公司因业务需要，设立了若干营业账簿（含资金账簿），该公司即为印花税的纳税人。

（3）立据人，是指书立产权转移书据的单位和个人。

（4）使用人，是指在国外书立、领受，但在国内使用应税凭证的单位和个人。

【特别提示】上述“使用人”的含义为考试大纲及指定教材的说法，是不准确的。准确的说法为：“使用人，是指在我国境外书立、领受，但在我国境内使用应税凭证的单位和个人。”但参加初级会计专业技术资格“经济法基础”考试时应以考试大纲及指定教材为准。

【特别提示】同一应税凭证由两方以上当事人书立的，按照各自涉及的金额分别计算应纳税额。

二、印花税征税范围

我国现行印花税采取正列举形式，只对法律规定中列举的凭证征收，没有列举的凭证不征税。列举的凭证分为四类，即合同类，产权转移书据类，营业账簿类和证券交易类。具体征税范围如下：

（一）合同

合同是指平等主体的自然人、法人、其他组织之间设立、变更、终止民事权利义务关系的协议。按照《民法典》的规定对印花税税目中的合同进行分类，在税目税率表中列举了11大类合同。

（1）买卖合同，包括供应、预购、采购、购销结合及协作、调剂、补偿、易货等合同，还包括各出版单位与发行单位（不包括订阅单位和个人）之间订立的图书、报刊、音像征订凭证。

【特别提示】对于工业、商业、物资、外贸等部门经销和调拨商品、物资供应的调拨单（或其他名称的单、卡、书、表等），应当区分其性质和用途，即看其是作为部门内执行计划使用的，还是代替合同使用的，以确定是否贴花。凡属于明确双方供需关系，据以供货和结算，具有合同性质的凭证，应按规定缴纳印花税。

【点拨指导】对纳税人以电子形式签订的各类应税凭证按规定征收印花税。但需要注意的是，个人与电子商务经营者订立的电子订单，免征印花税。

【特别提示】对发电厂与电网之间、电网与电网之间（国家电网公司系统、南方电网公司系统内部各级电网互供电量除外）签订的购售电合同，按买卖合同征收印花税。对电网与用户之间签订的供用电合同不征收印花税。

【特别提示】企业之间书立的确定买卖关系、明确买卖双方权利义务的订单、要货单等单据，且未另外书立买卖合同的，应当按规定缴纳印花税。

（2）借款合同，包括银行及其他金融组织和借款人（不包括银行同业拆借）所签订的借款合同。

（3）融资租赁合同。

（4）租赁合同，包括租赁房屋、船舶、飞机、机动车辆、机械、器具、设备等合同，还包括企业、个人出租门店、柜台等所签订的合同，但不包括企业与主管部门签订的租赁承包合同。

（5）承揽合同，包括加工、定做、修缮、修理、印刷、广告、测绘、测试等合同。

（6）建设工程合同，包括勘察、设计、建筑、安装工程合同的总包合同、分包合同和转包合同。

（7）运输合同，包括民用航空运输、铁路运输、海上运输、内河运输、公路运输和联运合同。

（8）技术合同，包括技术开发、转让、咨询、服务等合同。

【特别提示】技术转让合同包括专利申请转让、非专利技术转让所书立的合同，但不包括专利权转让、专利实施许可所书立的合同。专利权转让、专利实施许可所书立的合同适用于“产权转移书据”。

【特别提示】技术咨询合同是合同当事人就有关项目的分析、论证、评价、预测和调查订立的技术合同，而一般的法律、会计、审计等方面的咨询不属于技术咨询，其所立合同不贴印花。

【点拨指导】技术服务合同的征税范围包括技术服务合同、技术培训合同和技术中介合同。

(9) 保管合同，包括保管合同或作为合同使用的仓单、栈单（入库单）。

【特别提示】对某些使用不规范的凭证不便计税的，可就其结算单据作为计税贴花的凭证。

(10) 仓储合同。

(11) 财产保险合同，包括财产、责任、保证、信用等保险合同。

下列情形的凭证，不属于印花税征收范围：

①人民法院的生效法律文书，仲裁机构的仲裁文书，监察机关的监察文书；

②县级以上人民政府及其所属部门按照行政管理权限征收、收回或者补偿安置房地产书立的合同、协议或者行政类文书；

③总公司与分公司、分公司与分公司之间书立的作为执行计划使用的凭证。

（二）产权转移书据

产权转移即财产权利关系的变更行为，表现为产权主体发生变更。产权转移书据是在产权的买卖、交换、继承、赠与、分割等产权主体变更过程中，由产权出让人与受让人之间所订立的民事法律文书。

我国印花税税目中的产权转移书据包括土地使用权出让书据，土地使用权、房屋等建筑物和构筑物所有权转让书据（不包括土地承包经营权和土地经营权转移），股权转让书据（不包括应缴纳证券交易印花税的）以及商标专用权、著作权、专利权、专有技术使用权转让书据。

（三）营业账簿

印花税税目中的营业账簿归属于财务会计账簿，是按照财务会计制度的要求设置的，反映生产经营活动的账册。按照营业账簿反映的内容不同，在税目中分为记载资金的营业账簿（以下简称资金账簿）和其他营业账簿两类。

【特别提示】资金账簿，是反映生产经营单位实收资本和资本公积金额增减变化的账簿。其他营业账簿，是反映除资金资产以外的其他生产经营活动内容的账簿，即除资金账簿以外的，归属于财务会计体系的其他生产经营用账册。

对记载资金的营业账簿征收印花税，对其他营业账簿不征收印花税。

（四）证券交易

证券交易，是指转让在依法设立的证券交易所、国务院批准的其他全国性证券交易场所交易的股票和以股票为基础的存托凭证。

证券交易印花税对证券交易的出让方征收，不对受让方征收。

三、印花税税率

印花税实行比例税率。

（1）借款合同、融资租赁合同，适用税率为万分之零点五。

（2）营业账簿，适用税率为万分之二点五。

（3）买卖合同，承揽合同，建设工程合同，运输合同，技术合同，商标专用权、著作权、专利权、专有技术使用权转让书据，适用税率为万分之三。

（4）土地使用权出让书据，土地使用权、房屋等建筑物和构筑物所有权转让书据（不包括土地承包经营权和土地经营权转移），股权转让书据（不包括应缴纳证券交易印花税的），适用税率为万分之五。

（5）租赁合同、保管合同、仓储合同、财产保险合同、证券交易，适用税率为千分之一。

印花税的税目、税率，依照《印花税法》所附“印花税税目税率表”执行，如表6－8所示。

表6－8　印花税税目税率表

税目		税率	备注
合同（指书面合同）	借款合同	借款金额的万分之零点五	指银行业金融机构、经国务院银行业监督管理机构批准设立的其他金融机构与借款人（不包括同业拆借）的借款合同
	融资租赁合同	租金的万分之零点五	
	买卖合同	价款的万分之三	指动产买卖合同（不包括个人书立的动产买卖合同）
	承揽合同	报酬的万分之三	
	建设工程合同	价款的万分之三	
	运输合同	运输费用的万分之三	指货运合同和多式联运合同（不包括管道运输合同）
	技术合同	价款、报酬或者使用费的万分之三	不包括专利权、专有技术使用权转让书据
	租赁合同	租金的千分之一	
	保管合同	保管费的千分之一	
	仓储合同	仓储费的千分之一	
	财产保险合同	保险费的千分之一	不包括再保险合同

续表

税目		税率	备注
产权转移书据	土地使用权出让书据	价款的万分之五	转让包括买卖（出售）、继承、赠与、互换、分割
	土地使用权、房屋等建筑物和构筑物所有权转让书据（不包括土地承包经营权和土地经营权转移）	价款的万分之五	
	股权转让书据（不包括应缴纳证券交易印花税的）	价款的万分之五	
	商标专用权、著作权、专利权、专有技术使用权转让书据	价款的万分之三	
营业账簿		实收资本（股本）、资本公积合计金额的万分之二点五	
证券交易		成交金额的千分之一	

四、印花税计税依据

（一）应税合同的计税依据

应税合同的计税依据，为合同列明的金额，不包括列明的增值税税款；合同中价款或者报酬与增值税税款未分开列明的，按照合计金额确定。

【举例说明】应税合同的计税依据具体包括：买卖合同和建设工程合同中的支付价款、承揽合同中的支付报酬、租赁合同和融资租赁合同中的租金、运输合同中的运输费用、保管合同中的保管费、仓储合同中的仓储费、借款合同中的借款金额、财产保险合同中的保险费以及技术合同中的支付价款、报酬或者使用费等。

（二）应税产权转移书据的计税依据

应税产权转移书据的计税依据，为产权转移书据所列的金额，不包括列明的增值税税款；产权转移书据中价款与增值税税款未分开列明的，按照合计金额确定。

应税合同、产权转移书据未列明价款或者报酬的，按照下列方法确定计税依据：

（1）按照订立合同、产权转移书据时市场价格确定；依法应当执行政府定价的，按照其规定确定。

（2）不能按照上述规定的方法确定的，按照实际结算的价款或者报酬确定。

（三）应税营业账簿的计税依据

应税营业账簿的计税依据，为营业账簿记载的实收资本（股本）与资本公积两项的合计金额。

【特别提示】已缴纳印花税的营业账簿，以后年度记载的实收资本（股本）、资本公积合计金额比已缴纳印花税的实收资本（股本）、资本公积合计金额增加的，按照增加部分计算应纳税额。

（四）证券交易的计税依据

证券交易的计税依据为成交金额。以非集中交易方式转让证券时无转让价格的，按照办理过户登记手续前一个交易日收盘价计算确定计税依据；办理过户登记手续前一个交易日无收盘价的，按照证券面值计算确定计税依据。

【提示】上一段中的第二句话是《中华人民共和国印花税法（征求意见稿）》中的条文，是考试大纲及指定教材的说法，而根据《中华人民共和国印花税法》，准确的说法为："证券交易无转让价格的，按照办理过户登记手续时该证券前一个交易日收盘价计算确定计税依据；无收盘价的，按照证券面值计算确定计税依据。"但参加初级会计专业技术资格"经济法基础"考试时应以考试大纲及指定教材为准。

（五）未列明金额时的计税依据

应税合同、产权转移书据未列明金额的，印花税的计税依据按照实际结算的金额确定。计税依据按照上述规定仍不能确定的，按照书立合同、产权转移书据时的市场价格确定；依法应当执行政府定价或者政府指导价的，按照国家有关规定确定。

（六）核定印花税计税依据

纳税人有以下情形的，税务机关可以核定纳税人印花税计税依据：

（1）未按规定建立印花税应税凭证登记簿，或未如实登记和完整保存应税凭证的。

（2）拒不提供应税凭证或不如实提供应税凭证致使计税依据明显偏低的。

（3）采用按期汇总缴纳办法的，未按税务机关规定的期限报送汇总缴纳印花税情况报告，经税务机关责令限期报告，逾期仍不报告的或者税务机关在检查中发现纳税人有未按规定汇总缴纳印花税情况的。

（七）印花税计税依据的其他规定以及补税和退税的具体情形

（1）同一应税合同、应税产权转移书据中涉及两方以上纳税人，且未列明纳税人各自涉及金额的，以纳税人平均分摊的应税凭证所列金额（不包括列明的增值税税款）确定计税依据。

（2）应税合同、应税产权转移书据所列的金额与实际结算金额不一致，不变更应税凭证所列金额的，以所列金额为计税依据；变更应税凭证所列金额的，以变更后的所列金额为计税依据。已缴纳印花税的应税凭证，变更后所列金额增加的，纳税人应当就增加部分的金额补缴印花税；变更后所列金额减少的，纳税人可以就减少部分的金额向税务机关申请退还或者抵缴印花税。

（3）纳税人因应税凭证列明的增值税税款计算错误导致应税凭证的计税依据减少或者增加的，纳税人应当按规定调整应税凭证列明的增值税税款，重新确定应税凭证计税依据。已缴纳印花税的应税凭证，调整后计税依据增加的，纳税人应当就增加部分的金额补缴印花税；调整后计税依据减少的，纳税人可以就减少部分的金额向税务机关申请退还或者抵缴印花税。

（4）纳税人转让股权的印花税计税依据，按照产权转移书据所列的金额（不包括列明的认缴后尚未实际出资权益部分）确定。

（5）应税凭证金额为人民币以外的货币的，应当按照凭证书立当日的人民币汇率中间价折合人民币确定计税依据。

（6）境内的货物多式联运，采用在起运地统一结算全程运费的，以全程运费作为运输合同的计税依据，由起运地运费结算双方缴纳印花税；采用分程结算运费的，以分程的运费作为计税依据，分别由办理运费结算的各方缴纳印花税。

（7）未履行的应税合同、产权转移书据，已缴纳的印花税不予退还及抵缴税款。

（8）纳税人多贴的印花税票，不予退税及抵缴税款。

五、印花税应纳税额的计算

（1）应税合同的应纳税额的计算公式为：

应纳税额＝价款或者报酬×适用税率

（2）应税产权转移书据的应纳税额的计算公式为：

应纳税额＝价款×适用税率

（3）应税营业账簿的应纳税额的计算公式为：

应纳税额＝实收资本(股本)、资本公积合计金额×适用税率

（4）证券交易的应纳税额的计算公式为：

应纳税额＝成交金额或者依法确定的计税依据×适用税率

【特别提示】同一应税凭证载有两个以上税目事项并分别列明金额的，按照各自适用的税目税率分别计算应纳税额；未分别列明金额的，从高适用税率。

【例】甲机械厂与乙运输公司签订了两份运输保管合同：第一份合同载明的金额合计60万元（运费和保管费并未分别记载）；第二份合同中注明运费40万元、保管费15万元。分别计算甲机械厂第一份、第二份合同应缴纳的印花税税额。

【解析】（1）甲机械厂第一份合同应纳印花税＝600 000×1‰＝600(元)

（2）甲机械厂第二份合同应纳印花税＝400 000×0.3‰＋150 000×1‰＝270(元)

六、印花税税收优惠

1. 法定凭证免税

下列凭证，免征印花税：

（1）应税凭证的副本或者抄本。

（2）依照法律规定应当予以免税的外国驻华使馆、领事馆和国际组织驻华代表机构为获得馆舍书立的应税凭证。

（3）中国人民解放军、中国人民武装警察部队书立的应税凭证。

（4）农民、家庭农场、农民专业合作社、农村集体经济组织、村民委员会购买农业

生产资料或者销售自产农产品书立的买卖合同和农业保险合同。

【特别提示】享受印花税免税优惠的家庭农场，具体范围为以家庭为基本经营单元，以农场生产经营为主业，以农场经营收入为家庭主要收入来源，从事农业规模化、标准化、集约化生产经营，纳入全国家庭农场名录系统的家庭农场。

（5）无息或者贴息借款合同、国际金融组织向中国提供优惠贷款书立的借款合同。

（6）财产所有人将财产赠与政府、学校、社会福利机构、慈善组织书立的产权转移书据。

【特别提示】①享受印花税免税优惠的学校，具体范围为经县级以上人民政府或者其教育行政部门批准成立的大学、中学、小学、幼儿园，实施学历教育的职业教育学校、特殊教育学校、专门学校，以及经省级人民政府或者其人力资源社会保障行政部门批准成立的技工院校。②享受印花税免税优惠的社会福利机构，具体范围为依法登记的养老服务机构、残疾人服务机构、儿童福利机构、救助管理机构、未成年人救助保护机构。③享受印花税免税优惠的慈善组织，具体范围为依法设立、符合《中华人民共和国慈善法》的规定，以面向社会开展慈善活动为宗旨的非营利性组织。

（7）非营利性医疗卫生机构采购药品或者卫生材料书立的买卖合同。

【特别提示】享受印花税免税优惠的非营利性医疗卫生机构，具体范围为经县级以上人民政府卫生健康行政部门批准或者备案设立的非营利性医疗卫生机构。

（8）个人与电子商务经营者订立的电子订单。

【特别提示】享受印花税免税优惠的电子商务经营者，具体范围按《中华人民共和国电子商务法》有关规定执行。

对应税凭证适用印花税减免优惠的，书立该应税凭证的纳税人均可享受印花税减免政策，明确特定纳税人适用印花税减免优惠的除外。

根据国民经济和社会发展的需要，国务院对居民住房需求保障、企业改制重组、破产、支持小型微型企业发展等情形可以规定减征或者免征印花税，报全国人大常委会备案。

2. 临时性减免税优惠

（1）对铁路、公路、航运、水路承运快件行李、包裹开具的托运单据，暂免贴花。

（2）各类发行单位之间，以及发行单位与订阅单位或个人之间书立的征订凭证，暂免征印花税。

（3）军事物资运输，凡附有军事运输命令或使用专用的军事物资运费结算凭证，免纳印花税。

（4）抢险救灾物资运输，凡附有县级以上（含县级）人民政府抢险救灾物资运输证明文件的运费结算凭证，免纳印花税。

（5）对资产公司成立时设立的资金账簿免征印花税。对资产公司收购、承接和处置不良资产，免征购销合同（《印花税法》实施后，更名为“买卖合同”）和产权转移书据应缴纳的印花税。

（6）金融资产管理公司按财政部核定的资本金数额，接收国有商业银行的资产，在办理过户手续时，免征印花税。

（7）国有商业银行按财政部核定的数额，划转给金融资产管理公司的资产，在办理过户手续时，免征印花税。

（8）对社保理事会委托社保基金投资管理人运用社保基金买卖证券应缴纳的印花税，实行先征后返。

（9）对社保基金持有的证券，在社保基金证券账户之间的划拨过户，不属于印花税的征税范围，不征收印花税。

（10）对被撤销金融机构接收债权、清偿债务过程中签订的产权转移书据，免征印花税。

（11）对发电厂与电网之间、电网与电网之间（国家电网公司系统、南方电网公司系统内部各级电网互供电量除外）签订的购售电合同按购销合同（《印花税法》实施后，更名为“买卖合同”）征收印花税。电网与用户之间签订的供用电合同不属于印花税列举征税的凭证，不征收印花税。

（12）外国银行分行改制为外商独资银行（或其分行）后，其在外国银行分行已经贴花的资金账簿、应税合同，在改制后的外商独资银行（或其分行）不再重新贴花。

（13）对经济适用住房经营管理单位与经济适用住房相关的印花税以及经济适用住房购买人涉及的印花税予以免征。开发商在商品住房项目中配套建造经济适用住房，如能提供政府部门出具的相关材料，可按经济适用住房建筑面积占总建筑面积的比例免征开发商应缴纳的印花税。

（14）对个人出租、承租住房签订的租赁合同，免征印花税。

（15）对个人销售或购买住房暂免征收印花税。

（16）对有关国有股东按照《境内证券市场转持部分国有股充实全国社会保障基金实施办法》向全国社会保障基金理事会转持国有股，免征证券（股票）交易印花税。

（17）在融资性售后回租业务中，对承租人、出租人因出售租赁资产及购回租赁资产所签订的合同，不征收印花税。

（18）对香港市场投资者通过沪股通和深股通参与股票担保卖空涉及的股票借入、归还，暂免征收证券（股票）交易印花税。

（19）对因农村集体经济组织以及代行集体经济组织职能的村民委员会、村民小组进行清产核资收回集体资产而签订的产权转移书据，免征印花税。

（20）对金融机构与小型企业、微型企业签订的借款合同免征印花税。

（21）对保险保障基金公司下列应税凭证，免征印花税：新设立的资金账簿；在对保险公司进行风险处置和破产救助过程中签订的产权转移书据；在对保险公司进行风险处置过程中与中国人民银行签订的再贷款合同；以保险保障基金自有财产和接收的受偿资产与保险公司签订的财产保险合同；对与保险保障基金公司签订上述产权转移书据或应税合同的其他当事人照章征收印花税。

（22）对与高校学生签订的高校学生公寓租赁合同，免征印花税。

（23）在国有股权划转和接收过程中，划转非上市公司股份的，对划出方与划入方签订的产权转移书据免征印花税；划转上市公司股份和全国中小企业股份转让系统挂牌公司股份的，免征证券交易印花税；对划入方因承接划转股权而增加的实收资本和资本公积，免征印花税。

（24）对公租房经营管理单位免征建设、管理公租房涉及的印花税。在其他住房项目中配套建设公租房，按公租房建筑而积占总建筑面积的比例免征建设、管理公租房涉及的印花税。对公租房经营管理单位购买住房作为公租房，免征印花税；对公租房租赁双方免征签订租赁协议涉及的印花税。

（25）对饮水工程运营管理单位为建设饮水工程取得土地使用权而签订的产权转移书据，以及与施工单位签订的建设工程承包合同，免征印花税。

（26）对商品储备管理公司及其直属库资金账簿免征印花税；对其承担商品储备业务过程中书立的购销合同（《印花税法》实施后，更名为“买卖合同”）免征印花税，对合同其他各方当事人应缴纳的印花税照章征收。

（27）自 2023 年 1 月 1 日至 2027 年 12 月 31 日，对增值税小规模纳税人、小型微利企业和个体工商户减半征收印花税（不含证券交易印花税）。

（28）自 2023 年 8 月 28 日起，证券交易印花税实施减半征收。

七、印花税征收管理

（一）纳税义务发生时间

印花税纳税义务发生时间为纳税人书立应税凭证或者完成证券交易的当日。证券交易印花税扣缴义务发生时间为证券交易完成的当日。

（二）纳税地点

纳税人为单位的，应当向其机构所在地的主管税务机关申报缴纳印花税；纳税人为个人的，应当向应税凭证书立地或者纳税人居住地的主管税务机关申报缴纳印花税。

不动产产权发生转移的，纳税人应当向不动产所在地的主管税务机关申报缴纳印花税。

纳税人为境外单位或者个人，在境内有代理人的，以其境内代理人为扣缴义务人；在境内没有代理人的，由纳税人自行申报缴纳印花税，具体办法由国务院税务主管部门规定。

证券登记结算机构为证券交易印花税的扣缴义务人，应当向其机构所在地的主管税务机关申报解缴税款以及银行结算的利息。

（三）纳税期限

印花税按季、按年或者按次计征。实行按季、按年计征的，纳税人应当自季度、年度终了之日起 15 日内申报并缴纳税款；实行按次计征的，纳税人应当自纳税义务发生之日起 15 日内申报并缴纳税款。

证券交易印花税按周解缴。证券交易印花税扣缴义务人应当自每周终了之日起 5 日内申报解缴税款以及银行结算的利息。

（四）缴纳方式

印花税一般采用申报的方式缴纳。

印花税也可以采用粘贴印花税票或者由税务机关依法开具其他完税凭证的方式缴纳。印花税票粘贴在应税凭证上的，由纳税人在每枚税票的骑缝处盖戳注销或者画销。

印花税票由国务院税务主管部门监制。

第9节即测即评

第7章

税收征管法律制度

第7章全文阅读

第7章即测即评

第8章

劳动合同与社会保险法律制度

第8章全文阅读

第8章即测即评

图书在版编目（CIP）数据

经济法基础 / 梁文涛主编；苏杉，张清亮副主编.
2 版. --北京：中国人民大学出版社，2025. 2.
（普通高等学校应用型教材）. --ISBN 978-7-300-33632-
9

Ⅰ. D922. 29

中国国家版本馆 CIP 数据核字第 2025E9A300 号

全国初级会计专业技术资格考试“岗课赛证融通”教材
普通高等学校应用型教材 · 会计
经济法基础（第 2 版）
主　编　梁文涛
副主编　苏　杉　张清亮
Jingjifa Jichu

出版发行	中国人民大学出版社		
社　　址	北京中关村大街 31 号	**邮政编码**	100080
电　　话	010－62511242（总编室）		010－62511770（质管部）
	010－82501766（邮购部）		010－62514148（门市部）
	010－62515195（发行公司）		010－62515275（盗版举报）
网　　址	http://www. crup. com. cn		
经　　销	新华书店		
印　　刷	北京市鑫霸印务有限公司	**版　　次**	2021 年 3 月第 1 版
开　　本	787 mm×1092 mm　1/16		2025 年 2 月第 2 版
印　　张	26. 25 插页 1	**印　　次**	2025 年 2 月第 1 次印刷
字　　数	569 000	**定　　价**	65. 00 元

中国人民大学出版社　管理分社

教师教学服务说明

中国人民大学出版社管理分社以出版工商管理和公共管理类精品图书为宗旨。为更好地服务一线教师，我们着力建设了一批数字化、立体化的网络教学资源。教师可以通过以下方式获得免费下载教学资源的权限：

★ 在中国人民大学出版社网站 www.crup.com.cn 进行注册，注册后进入“会员中心”，在左侧点击“我的教师认证”，填写相关信息，提交后等待审核。我们将在一个工作日内为您开通相关资源的下载权限。

★ 如您急需教学资源或需要其他帮助，请加入教师 QQ 群或在工作时间与我们联络。

中国人民大学出版社　管理分社

教师 QQ 群： 648333426（工商管理）　114970332（财会）　648117133（公共管理）
教师群仅限教师加入，入群请备注（学校+姓名）

联系电话： 010-62515735，62515987，62515782，82501048，62514760

电子邮箱： glcbfs@crup.com.cn

通讯地址： 北京市海淀区中关村大街甲 59 号文化大厦 1501 室（100872）

管理书社　　人大社财会　　公共管理与政治学悦读坊